에듀윌과 함께 시작하면,
당신도 합격할 수 있습니다!

대학 진학 후 진로를 고민하다 1년 만에
서울시 행정직 9급, 7급에 모두 합격한 대학생

다니던 직장을 그만두고
어릴 적 꿈이었던 경찰공무원에 합격한 30세 퇴직자

용기를 내 계리직공무원에 도전해
4개월 만에 합격한 40대 주부

직장생활과 병행하며 7개월간 공부해
국가공무원 세무직에 당당히 합격한 51세 직장인까지

누구나 합격할 수 있습니다.
시작하겠다는 '다짐' 하나면 충분합니다.

마지막 페이지를 덮으면,

**에듀윌과 함께
공무원 합격이 시작됩니다.**

누적판매량 255만 부 돌파!
62개월 베스트셀러 1위 공무원 교재

7·9급공무원 교재

| 기본서 (국어/영어/한국사) | 기본서 (행정학/행정법총론) | 단원별 기출&예상 문제집 (국어/영어/한국사) | 단원별 기출&예상 문제집 (행정학/행정법총론) |

9급공무원 교재

기출문제집 (국어/영어/한국사)   기출문제집 (행정학/행정법총론/사회복지학개론)   기출PACK 공통과목(국어+영어+한국사)   실전동형 모의고사 (국어/영어/한국사)

7급공무원 교재   국어 집중 교재

민경채 PSAT 기출문제집   7급 PSAT 기출문제집   매일 기출한자(빈출순)   국어 문법 단권화 요약노트

영어 집중 교재

빈출 VOCA

매일 3문 독해(4주 완성)

빈출 문법(4주 완성)

한국사 집중 교재

한국사 흐름노트

계리직공무원 교재

기본서
(우편일반/예금일반/보험일반)

기본서
(컴퓨터일반·기초영어)

단원별 기출&예상 문제집
(우편일반/예금일반/보험일반)

단원별 기출&예상 문제집
(컴퓨터일반·기초영어)

군무원 교재

기출문제집
(국어/행정법/행정학)

파이널 적중 모의고사
(국어+행정법+행정학)

* 에듀윌 공무원 교재 누적판매량 합산 기준(2012년 5월 14일~2024년 1월 31일)
* YES24 수험서 자격증 공무원 베스트셀러 1위 (2017년 3월, 2018년 4월~6월, 8월, 2019년 4월, 6월~12월, 2020년 1월~12월, 2021년 1월~12월, 2022년 1월~12월, 2023년 1월~12월, 2024년 1월 월별 베스트, 매월 1위 교재는 다름)

더 많은
공무원 교재

계리직공무원 1위

1초 합격예측
모바일 성적분석표

1초 안에 '클릭' 한 번으로 성적을 확인하실 수 있습니다!

활용 GUIDE

실시간 성적분석 방법!

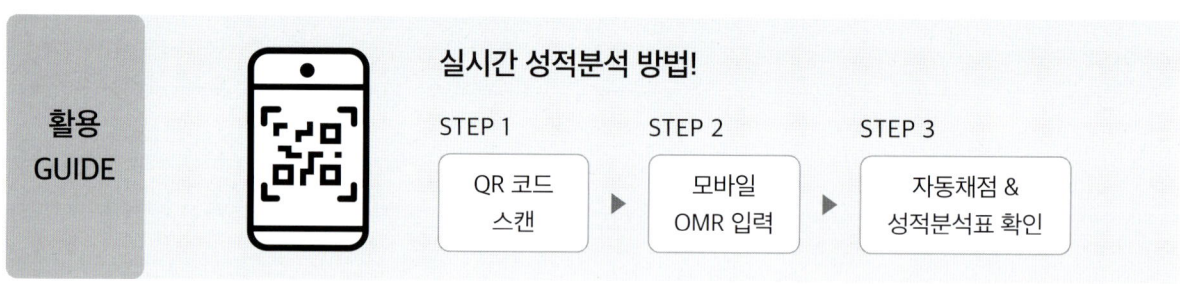

STEP 1 QR 코드 스캔 ▶ STEP 2 모바일 OMR 입력 ▶ STEP 3 자동채점 & 성적분석표 확인

STEP 1
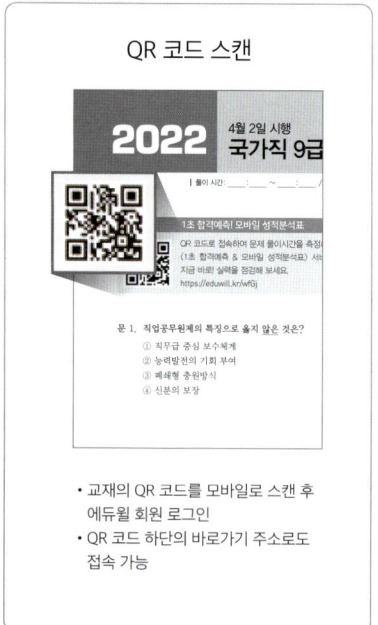

QR 코드 스캔

- 교재의 QR 코드를 모바일로 스캔 후 에듀윌 회원 로그인
- QR 코드 하단의 바로가기 주소로도 접속 가능

STEP 2
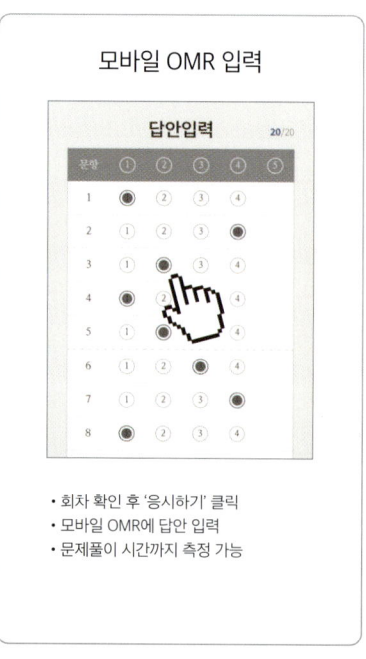

모바일 OMR 입력

- 회차 확인 후 '응시하기' 클릭
- 모바일 OMR에 답안 입력
- 문제풀이 시간까지 측정 가능

STEP 3
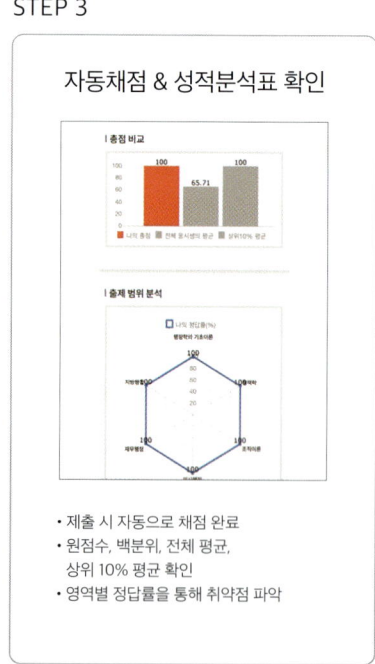

자동채점 & 성적분석표 확인

- 제출 시 자동으로 채점 완료
- 원점수, 백분위, 전체 평균, 상위 10% 평균 확인
- 영역별 정답률을 통해 취약점 파악

※ 본 서비스는 에듀윌 공무원 교재(연도별, 회차별 문항이 수록된 교재)를 구입하는 분에게 제공됨.

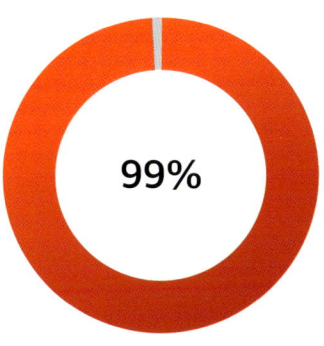

회독 플래너

회독 실패율 Zero!
따라만 하면
3회독 가능!!

PART	Chapter	1회독	2회독	3회독
Ⅰ. 보험개론	01 보험일반 이론	1~2	1	1
	02 생명보험 이론	3~6	2~3	2
	03 보험윤리와 소비자보호	7~8	4	3
	04 생명보험과 제3보험	9~10	5	4
	05 보험계약법(인보험편)	11~14	6~7	5
	06 우체국보험 일반현황	15~16	8	6
	07 리스크관리 및 자금운용	17~18	9	7
Ⅱ. 우체국보험 제도	01 우체국보험모집 및 언더라이팅	19~20	10	8
	02 우체국보험 계약유지 및 보험금 지급	21~24	11~12	9
Ⅲ. 우체국보험 상품	01 우체국보험 상품	25~30	13~15	10
		30일 완성!	**15일 완성!**	**10일 완성!**

직접 체크하는
회독 플래너

회독 실패율 Zero!
따라만 하면
3회독 가능!!

PART	Chapter	1회독	2회독	3회독
Ⅰ. 보험개론	01 보험일반 이론			
	02 생명보험 이론			
	03 보험윤리와 소비자보호			
	04 생명보험과 제3보험			
	05 보험계약법(인보험편)			
	06 우체국보험 일반현황			
	07 리스크관리 및 자금운용			
Ⅱ. 우체국보험 제도	01 우체국보험모집 및 언더라이팅			
	02 우체국보험 계약유지 및 보험금 지급			
Ⅲ. 우체국보험 상품	01 우체국보험 상품			

● 일 완성! ● 일 완성! ● 일 완성!

에듀윌이
너를
지지할게

ENERGY

시작하는 데 있어서
나쁜 시기란 없다.

– 프란츠 카프카(Franz Kafka)

설문조사에 참여하고 스타벅스 아메리카노를 받아가세요!

에듀윌 계리직공무원 기본서를 선택한 이유는 무엇인가요?

소중한 의견을 주신 여러분들에게 더욱더 완성도 있는 교재로 보답하겠습니다.

- **참여 방법** QR 코드 스캔 ▶ 설문조사 참여(1분만 투자하세요!)
- **이벤트 기간** 2024년 2월 20일~2026년 1월 31일
- **추첨 방법** 매월 1명 추첨 후 당첨자 개별 연락
- **경품** 스타벅스 아메리카노(tall size)

에듀윌 계리직공무원 기본서

보험일반

INTRO
머리말

반복학습이 기적을 만든다
필요한 것은 노력, 끈기, 단권화이다

계리직공무원 시험에서 '보험일반'은 우체국 업무에 필요한 사전 지식을 습득하는 과목으로, 잘하면 잘할수록 실무현장에서 많은 도움이 되는 과목입니다.

'보험일반' 과목에서 좋은 점수를 받기 위해서는 먼저 출제경향을 잘 파악하고, 우선순위를 정하여 출제빈도가 높은 부분 위주로 세밀하게 공부해야 합니다. 더불어 반복학습을 꾸준히 한다면 분량에 대한 부담도 줄고 높은 점수를 받을 수 있을 것입니다.

이 책의 방향

첫째, 최대한 적은 시간을 투자하여 한 권으로 고득점을 받을 수 있는 가장 완벽한 기본서를 지향합니다.

둘째, 이 교재로만 공부해도 합격할 수 있다는 자신감을 얻을 수 있습니다.

셋째, 시험장에 갈 때 단권화할 수 있는 한 권의 기본서로서 언제 어디서나 편리하게 학습할 수 있습니다.

이 책의 구성

첫째, 2023. 12. 28. 발표한 우정사업본부 개정 학습자료를 완벽하게 반영하였습니다.

둘째, 2023년 최신 기출문제를 수록하였습니다.

셋째, 학습포인트, 출제키워드 등 기출분석을 토대로 중요 내용을 잘 정리하여 단권화 정리에 유용합니다.

넷째, 필수이론 학습 후, 핵심지문 OX와 기출&예상문제를 통해 학습한 내용을 바로 점검할 수 있습니다.

개정된 학습자료에 대한 수험생의 불안감을 줄여주고, 새로운 출제방향을 최대한 빠르게 파악하고 안정적으로 대비할 수 있게 도움을 주고자 정성을 들였습니다. 본 교재를 통해서 수험기간을 단축할 수 있기를 희망합니다. 또한 그 시간을 즐기며 학습할 수 있는 계기를 만들기 바라며, 미래에 합격이라는 기쁨이 함께하기를 진심으로 기원합니다.

끝으로 이 책을 통해 공부하는 모든 수험생이 합격하기를 기원하며, 모든 이들의 소박한 바람이 결실을 맺을 수 있기를 간절히 바랍니다.
모두의 합격을 진심으로 기원하겠습니다. 파이팅!!

INSTRUCTION

이 책의 활용법

단권화 커리큘럼

맥을 잡는 기출분석

시험 기출분석으로 출제비중을 파악하고 학습의 강약 조절하기

학습포인트를 잡는 필수이론 & 단권화 MEMO

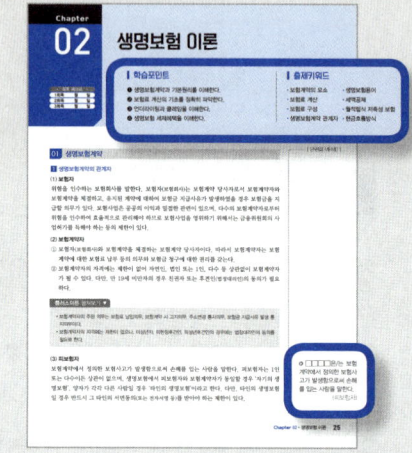

- 학습포인트와 출제키워드로 학습 방향 설정하기
- 중요 내용은 빈칸 문제로 한번 더 확인하기
- 이론을 학습하면서 단권화 MEMO에 중요 내용을 필기하기

무료 합격팩

3회독 플래너

체계적으로 계획된 회독 플래너를 따라만 하면 3회독 완성!

3회독 체크표

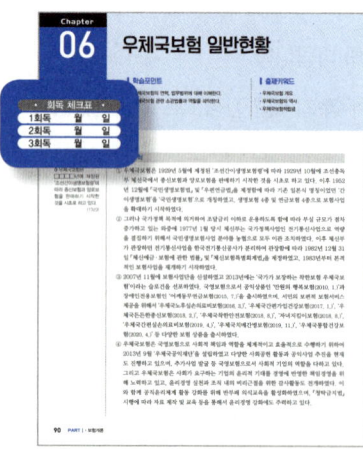

챕터마다 공부한 날을 기입하여 다회독 학습 관리

개념확인 핵심지문 O/X

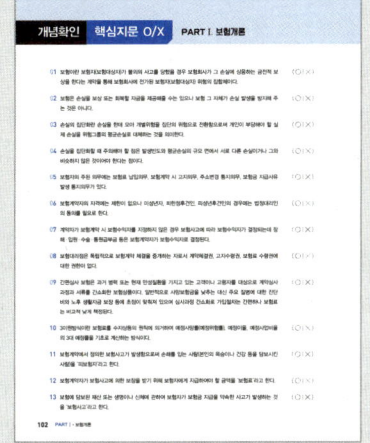

>>>  >>>

실전적용 기출&예상문제

PART별 핵심지문 O/X로 개념을 확실히 다잡기

PART별 다양한 기출&예상문제를 풀어보며 실전 감각 익히기

최신 3개년 기출 해설강의

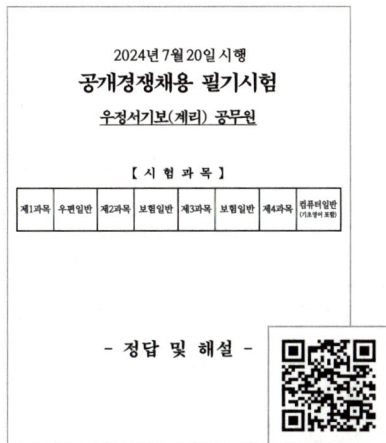

최신 3개년(2024~2022) 기출 해설강의 무료 제공
※ 2024년 시험 해설강의는 2024년 7월 20일 시험 이후 업로드 예정
※ 강의 수강 방법: 에듀윌 도서몰(book.eduwill.net)
▶ 동영상 강의실 또는 상단 QR 코드 스캔

관련 법령집

본책과 연계학습이 가능한 페이지링크로 심화학습 가능   ※도서 내 수록

GUIDE

계리직 시험 가이드

응시자격

구분	응시자격
응시 연령	18세 이상
학력 및 경력	제한 없음
응시자 거주지역 제한	응시자는 공고일 기준으로 주민등록이 되어 있어야 함 ex) 공고일 기준 주민등록이 서울특별시, 인천광역시, 경기도에 되어 있을 경우 서울청, 경인청 중 한 곳만 선택하여 응시 가능(최종 합격 후 임용된 곳에서 5년 근무 후 타 지역 전보 가능)
응시 결격 사유	「국가공무원법」상 결격사유에 해당되거나, 「국가공무원법」상 정년에 해당되는 자 또는 「공무원임용시험령」 등 관계법령에 의하여 응시자격을 정지당한 자는 응시할 수 없음(판단기준일: 면접시험 최종 예정일) ＊장애인·저소득층 구분 모집 응시대상자에 대한 상세 내용은 공고를 참고하기 바람
응시자격 부여	• 기준점수(등급): 한국사능력검정시험(국사편찬위원회) 3급 이상 • 인정 범위: 필기시험 시행 예정일 전날까지 점수(등급)가 발표된 시험으로 한정하며, 기준점수 이상으로 확인된 시험만 인정됨(단, 유효기간 없음) ＊성적표 제출방법은 최종 시험계획 공고 시 안내되므로 최종 시험계획 공고를 반드시 확인하기 바람

※ 선발인원(세부)·응시자격 등을 포함한 최종 우정9급(계리) 공무원 공개경쟁채용시험 계획 공고는 우정사업본부 홈페이지 등을 통해 공고문을 반드시 확인하시기 바랍니다.

필기시험 과목 및 방법

구분	2024년 이후 개편 사항
시험과목	• 우편일반: 20문항 • 예금일반: 20문항 • 보험일반: 20문항 • 컴퓨터일반(기초영어 포함): 컴퓨터일반 13문항, 기초영어 7문항
시험방법	• 매 과목당 100점 만점(과락 40점) • 객관식 4지 택일형 • 시험문항 총 80문항, 시험시간 총 80분

※ 2024년부터 금융상식 과목이 예금일반, 보험일반의 2과목으로 분리되고 한국사는 한국사능력검정시험으로 대체됩니다.
※ 2024년부터 컴퓨터일반 출제범위에서 자료구조·알고리즘, 프로그래밍언어론이 제외됩니다.
※ 2024년부터 기초영어의 출제문항이 7문항으로 확대되며, 문제 유형은 일반 상황 및 우체국 업무수행 과정에서 발생할 수 있는 상황 등에서 회화형·숙어형·독해형으로 출제됩니다.

시행정보

구분	공고일	시험일		선발인원
		필기	면접	
1회(2008)	2008. 6. 23.	2008. 8. 31.	2008. 10. 11.	295명
2회(2010)	2010. 3. 8.	2010. 7. 24.	2010. 9. 4.	281명
3회(2012)	2011. 11. 14.	2012. 3. 3.	2012. 4. 21.	317명
4회(2014)	2013. 10. 10.	2014. 2. 15.	2014. 4. 5.	287명
5회(2016)	2016. 3. 7.	2016. 7. 23.	2016. 10. 8.	205명
6회(2018)	2018. 3. 5.	2018. 7. 21.	2018. 10. 6.	355명
7회(2019)	2019. 7. 15.	2019. 10. 19.	2019. 12. 21.	350명
8회(2021)	2021. 1. 8.	2021. 3. 20.	2021. 5. 29.	331명
9회(2022)	2021. 12. 6.	2022. 5. 14.	2022. 7. 23.	464명
10회(2023)	2023. 2. 28.	2023. 6. 3.	2023. 8. 12.	374명
11회(2024)	2024. 4월 중	2024. 7. 20.	2024. 9월 중	미정

가산점 *제10회 시험 공고 기준

구분	가산비율	비고
취업지원대상자	과목별 만점의 10% 또는 5%	취업지원대상자 가점과 의사상자 등 가점은 본인에게 유리한 1개만 적용
의사상자 등 (의사자 유족, 의상자 본인 및 가족)	과목별 만점의 5% 또는 3%	

※ 국가직 공무원 직렬 공통으로 적용되었던 통신·정보처리 및 사무관리 분야 자격증 가산점은 「공무원임용시험령」 개정(2015. 5. 6.)에 따라 2017년부터 폐지되었습니다.

- 취업지원대상자
    - 취업지원대상자 가점을 받아 합격하는 사람은 선발 예정 인원의 30%를 초과할 수 없음
    - 선발 예정 인원이 4명 이상인 경우에 한하여 가산점을 적용함
    - 취업지원대상자 등록 여부, 가점비율은 응시자 본인이 사전에 국가보훈처에 확인

- 의사상자 등 대상자
    - 의사상자 등 대상자가 가점을 받아 합격하는 사람은 선발 예정 인원의 10%를 초과할 수 없음
    - 선발 예정 인원이 10명 이상인 경우에 한하여 가산점을 적용함
    - 의사상자 등 등록 여부, 가점비율은 응시자 본인이 사전에 보건복지부에 확인

- 가산점 적용 유의사항
    - 필기시험 시행일 전까지 해당 요건을 갖추어야 하며, 반드시 필기시험 답안지의 해당란에 표기해야 함
    - 가산특전대상자는 증빙서류(취업지원대상자 증명서 등)를 필기시험 합격자 발표일에 안내하는 방법으로 기간 내에 제출해야 함

ANALYSIS

기출분석으로 보는 보험일반

1~10회 시험 출제문항 키워드

PART	CHAPTER	10회(2023)	9회(2022)	8회(2021)	7회(2019)
Ⅰ 보험 개론	보험일반 이론			위험관리와 보험	
	생명보험 이론	보험계약의 요소, 세액공제	생명보험계약 관계자, 월적립식 저축성 보험	현금흐름방식	
	보험윤리와 소비자보호				
	생명보험과 제3보험				
	보험계약법 (인보험편)				
	우체국보험 일반현황		우체국보험적립금		
	리스크관리 및 자금운용	재무건전성			
Ⅱ 우체국 보험 제도	우체국보험 모집 및 언더라이팅	언더라이팅	보험계약, 청약서비스		
	우체국보험 계약유지 및 보험금 지급	보험금 지급, 효력상실 및 부활	보험료 납입, 환급금 대출	보험료 할인율	보험계약
Ⅲ 우체국 보험 상품	우체국보험 상품	보험상품(3), 제도성 특약	보장개시일, 보험상품, 연금보험상품	보험상품, 연금저축보험	보험상품(2), 보험 관련 세제

6회(2018)	5회(2016)	4회(2014)	3회(2012)	2회(2010)	1회(2008)
	보험료 계산	생명보험용어		보험료 계산	보험료 구성, 생명보험용어
		역선택			
			생명보험상품		
고지의무, 법적 성질		보험계약	보험계약, 보험 관련 세금	생명보험계약	보험계약
	우체국보험의 역사			우체국보험 개요	
보장성 보험, 보험상품(2)	보장성 보험, 보험상품	보험상품(2)	보험상품	보장성 보험, 보험상품	보험상품

CONTENTS

이 책의 차례

회독 플래너
- INTRO 머리말
- INSTRUCTION 이 책의 활용법
- GUIDE 계리직 시험 가이드
- ANALYSIS 기출분석으로 보는 보험일반

빈출도
- 없음 : 미출제
- ★ : 1~4문항 출제
- ★★ : 5~8문항 출제
- ★★★ : 9문항 이상 출제

PART Ⅰ 보험개론

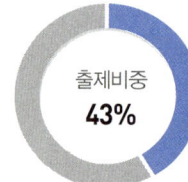
출제비중 **43%**

		페이지	빈출도
Chapter 01	보험일반 이론	16	★
Chapter 02	생명보험 이론	25	★★★
Chapter 03	보험윤리와 소비자보호	47	★
Chapter 04	생명보험과 제3보험	62	★
Chapter 05	보험계약법(인보험편)	75	★★
Chapter 06	우체국보험 일반현황	90	★
Chapter 07	리스크관리 및 자금운용	97	★
[개념확인 핵심지문 O/X]		102	
[실전적용 기출&예상문제]		105	

PART Ⅱ 우체국보험 제도

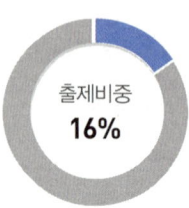
출제비중 **16%**

		페이지	빈출도
Chapter 01	우체국보험모집 및 언더라이팅	114	★
Chapter 02	우체국보험 계약유지 및 보험금지급	128	★★
[개념확인 핵심지문 O/X]		142	
[실전적용 기출&예상문제]		145	

*출제비중 및 빈출도는 전 10회(2008~2023) 시험을 기준으로 분석하였습니다.

PART III
우체국보험 상품

출제비중 **41%**

	페이지	빈출도
Chapter 01　우체국보험 상품	154	★★★
[개념확인 핵심지문 O/X]	273	
[실전적용 기출&예상문제]	275	

부록
관련 법령집

		페이지
01	상법	284

PART I

보험개론

Chapter 01   보험일반 이론
Chapter 02   생명보험 이론
Chapter 03   보험윤리와 소비자보호
Chapter 04   생명보험과 제3보험
Chapter 05   보험계약법(인보험편)
Chapter 06   우체국보험 일반현황
Chapter 07   리스크관리 및 자금운용

출제비중

43%

※전 10회(2008~2023) 시험을 기준으로 출제비중을 산출하였습니다.

출제문항 수 & 키워드

Chapter	문항 수	키워드
Chapter 01 보험일반 이론	1문항	위험관리와 보험
Chapter 02 생명보험 이론	10문항	보험계약의 요소, 보험료 계산, 보험료 구성, 생명보험계약 관계자, 생명보험용어, 세액공제, 월적립식 저축성 보험, 현금흐름방식
Chapter 03 보험윤리와 소비자보호	1문항	역선택
Chapter 04 생명보험과 제3보험	1문항	생명보험상품
Chapter 05 보험계약법(인보험편)	7문항	고지의무, 법적 성질, 보험계약, 보험 관련 세금, 생명보험계약
Chapter 06 우체국보험 일반현황	3문항	우체국보험 개요, 우체국보험의 역사, 우체국보험적립금
Chapter 07 리스크관리 및 자금운용	1문항	재무건전성

*출제키워드는 전 10회(2008~2023) 시험에서 출제된 문항을 기준으로 분석하였습니다.

Chapter 01 보험일반 이론

학습포인트
❶ 위험관리와 보험, 보험의 기능과 종류를 파악한다.
❷ 생명보험의 역사에 대한 내용을 이해한다.

출제키워드
- 위험관리와 보험

[단권화 MEMO]

01 위험관리와 보험

1 보험의 정의

① 사람은 출생에서 사망에 이르는 생애주기 동안 질병·상해·우연한 사고 등 수많은 위험에 노출되어 있으며, 생사에 관한 사고 및 질병은 가족의 생계 유지와도 관련되어 있다. 보험은 이러한 위험에 대비해 상부상조 정신을 바탕으로 경제적 손실을 보전하기 위한 준비제도로 볼 수 있다.
② 보험이란 장래 어떠한 손실이 발생할 경우 그 손실을 회복하는 데 드는 비용을 같은 위험에 노출되어 있는 여러 사람들이 공동으로 부담하는 제도적 장치이다. 손실이 발생할 경우 손실을 보상하거나, 다른 금전적 대가를 제공 혹은 위험과 관련된 서비스를 제공하기로 약정한 보험자(보험회사)에게 손실발생과 관련된 불확실성을 전가함으로써 계약자의 예기치 못한 손실을 집단화하여 분배하는 것으로 정의할 수 있다.
③ 보험이란 피보험자(보험대상자)가 불의의 사고를 당했을 경우 보험회사가 그 손실에 상응하는 금전적 보상을 한다는 계약을 통해 보험회사에 전가된 피보험자(보험대상자) 위험의 집합체이다.

2 보험의 목적과 특성

보험은 불확실한 손실에 대한 경제적 결과를 축소하고자 하는 것을 목적으로 한다. 또한 보험은 대규모의 불확실한 손실의 위험을 타인에게 전가하거나 타인과 공유하기 위한 수단을 제공한다. 하지만 보험은 손실을 보상 또는 회복할 자금을 제공해줄 수는 있으나 보험 그 자체가 손실발생을 방지해주는 것은 아니다. 보험의 특징은 일반적으로 다음의 다섯 가지로 정리할 수 있다.

(1) 예상치 못한 손실의 집단화

'손실의 집단화'란 손실을 한데 모아 개별위험을 집단의 위험으로 전환함으로써 개인이 부담해야 할 실제 손실을 위험그룹의 평균손실로 대체하는 것을 의미한다. 예를 들어 주택가격이 1억원인 주택이 1만 가구가 있고 1년 동안 평균 10건의 화재가 발생한다면, 1년간 총손실은 10억원으로 볼 수 있다. 보험이 없을 경우 1만 가구 중 10가구는 불확실한 1억원의 손실을 각각 부담해야 하지만 보험이 있음으로써 가구당 손실은 1년간 10만원으로 확정된다. 즉, 보험을 통해 불확실한 손실을 확정손실로 전환할 뿐 아니라, 손실을 개인으로부터 그룹 전체의 손실로 분산할 수 있다. 손실을 집단화할 때 주의해야 할 점은 발생 빈도와 평균손실의 규모 면에서 동종의 손실이거나 그와 비슷한 것이어야 한다는 것이다. 다른 특성을 가진 손실을 집단화하게 되면 보험료 책정이나 보상 등에 동일한 기준을 적용하는 과정에서 많은 문제가 발생하게 된다.

(2) 위험의 분산
보험은 위험을 분산시킨다. 개별적으로 감당하기 힘든 손실위험을 집단화하여 서로 분담(Risk Sharing)하는 것은 손실로부터의 회복을 보다 용이하게 해준다. 이러한 상호부조적 관계는 당사자 간의 자율적 시장거래를 통하여 달성된다는 특징을 가진다.

(3) 위험의 전가
보험은 형태상으로 계약에 의한 위험의 전가로 볼 수 있다. 즉, 손실의 빈도는 적으나 손실의 규모가 커서 스스로 부담하기 어려운 위험을 보험회사에 보험료 납부를 통해 전가함으로써, 개인이나 기업이 위험에 대해 보다 효과적으로 대응할 수 있게 해주는 사회적 장치이다.

(4) 실제 손실에 대한 보상(실손보상의 원리)
① 계약상의 보험금 지급 사유 발생 시, 보험사가 보상하는 것은 실제로 발생한 손실을 원상회복하거나 교체할 수 있는 금액으로 한정하기 때문에 이론적으로 보험보상을 통해 이익을 보는 경우는 없다. 다만, 손실금액을 확정할 수 없는 손실(신체적 손해, 미술품의 파손 등)이 발생할 경우에는 보험계약 시 사전에 결정한 금액을 보상할 수 있다. 이와 같이 보상을 실제 손실 또는 현금가치로 한정함으로써 보험에 수반되는 도덕적 해이를 줄일 수 있다.
② 실손보상의 원리는 보험으로 보상을 받기 위해서는 손실을 화폐가치로 환산할 수 있어야 함을 의미하기 때문에 정서적 가치 훼손, 정신적 괴로움과 같은 경우는 대체적으로 보험을 통해 보호받을 수 없다.

(5) 대수의 법칙 적용
보험의 주요한 혜택 중 하나는 손실을 예측하는 데 있다. 대수의 법칙은 표본이 클수록 결과가 점점 예측된 확률에 가까워진다는 통계학적인 정리로, 보험회사가 위험을 예측할 수 있는 이유가 여기에 있다. 예를 들어 동전을 던져 앞면이 나올 확률은 50%이지만, 4번을 던질 경우 정확하게 앞면이 두 번 나오기는 힘들다. 하지만 1만 번을 던질 경우 앞면이 나오는 경우는 50%에 극히 가까워지게 된다. 이와 같이 표본의 수를 늘리거나 실험횟수를 많이 거칠수록 결과는 예측치에 가까워지며 보험사는 이러한 논리로 동질의 위험에 대한 다수의 보험계약자를 확보함으로써 손실의 예측능력을 확보할 수 있다.

3 위험의 구분

(1) 순수위험·투기적 위험
위험은 사건 발생에 연동되는 결과에 따라 순수위험과 투기적 위험으로 분류할 수 있다. 원칙적으로 보험상품의 대상이 되는 위험은 순수위험에 국한된다.
① **순수위험**: 조기사망, 화재, 자연재해, 교통사고 등과 같이 사건의 발생 결과 손실만 발생하는 위험(Loss Only Risk)이다. 즉, 순수위험은 손실이 발생하거나 발생하지 않는 불확실성이며, 사건 발생이 곧 손실의 발생이므로 이익이 발생하지 않는다.

[단권화 MEMO]

○ □□의 법칙은 표본이 클수록 결과가 예측된 확률에 근접한다는 원칙이다.
(대수)

② **투기적 위험**: 주식투자, 복권, 도박 등과 같이 경우에 따라 이익 또는 손실이 발생할 수 있는 위험을 말한다.

(2) 정태적 위험·동태적 위험

위험의 발생 상황에 따라 정태적 위험(개인적 위험)과 동태적 위험(사회적 위험)으로도 구분할 수 있다.

① **정태적 위험(개인적 위험)**
  ㉠ 시간에 따른 사회·경제적 변화와 관계없이 발생할 수 있는 위험으로 자연재해, 인적 원인에 의한 화재·상해 등, 그리고 고의적인 사기·방화 등을 예로 들 수 있다.
  ㉡ 정태적 위험은 손실만을 발생시키는 순수위험적 성격을 갖고 있다. 사회적인 것이 아닌 개인적인 위험으로, 개별적 사건 발생은 우연적·불규칙적이나 집단적으로 관찰 시 일정한 확률을 갖기 때문에 예측이 가능하여 대부분 보험의 대상이 된다.

② **동태적 위험(사회적 위험)**
  ㉠ 시간 경과에 따른 사회·경제적 변화와 관계가 있는 위험으로 산업구조 변화, 물가변동, 생활양식 변화, 소비자 기호 변화, 정치적 요인 등 사회의 동적 변화에 따라 발생할 수 있는 불확실성이다.
  ㉡ 동태적 위험은 사회적인 특정 징후로 예측이 가능한 면도 있으나, 위험의 영향이 광범위하며 발생 확률을 통계적으로 측정하기 어렵다.
  ㉢ 동태적 위험은 정태적 위험과 달리 경제적 손실을 발생시킬 가능성과 동시에 이익을 창출할 기회, 사업기회 등을 제공함으로써 손실 혹은 이익을 초래하는 불확실성으로 투기적 위험과 함께 보험의 대상이 되기 어려운 특성을 가진다.

4 보험의 대상이 되는 불확실성(위험)의 조건

위험전가를 원하는 계약자와 보험회사 간 적정 수준의 보험료를 통해 전가할 수 있는 위험은 다음과 같은 조건을 만족해야 한다.

(1) 다수의 동질적 위험단위(Large Number of Similar Exposure Units)

건물 화재, 자동차 접촉사고 등과 같이 유사한 속성(발생빈도 및 손실규모)의 위험이 발생의 연관이 없이 독립적으로 다수 존재해야 하며, 대수의 법칙을 적용하여 손실을 예측할 수 있고 보험료를 계산할 수 있어야 한다.

(2) 우연적이고 고의성 없는 위험(Accidental and Unintentional)

손실사고 발생에 인위적이거나 의도가 개입되지 않으며, 미리 예측할 수 없이 무작위로 발생하는 손실이어야 한다.

(3) 한정적 측정 가능 손실(Determinable and Measurable Loss)

피해의 발생원인, 발생시점, 장소, 피해의 정도가 명확히 식별 가능하고 손실금액을 측정할 수 있어야 하며, 이를 위해서는 객관적 자료 수집과 처리를 통해 정확한 보험금 지급 및 적정 보험료 산정이 가능해야 한다.

(4) 측정 가능한 손실확률(Calculable Chance of Loss)

적정 보험료 및 준비금 산정을 위해 손실사건 발생확률을 추정할 수 있는 위험이어야 한다.

(5) 비재난적 손실(No Catastrophic Loss)
보험회사 혹은 인수집단의 능력으로 보상이 가능한 규모의 손실이어야 한다. 다만, 위험분산기법 발달, 보험사의 대규모화 등으로 전가 가능 위험의 범위가 확대되는 추세이다.
- 예 재난적 손실의 예시: 천재지변, 전쟁, 대량실업 등

(6) 경제적으로 부담 가능한 보험료 수준(Economically Feasible Premium)
위험에 따른 보험료가 매우 높게 산정되어 가입자가 경제적으로 부담이 불가능한 경우 시장성이 없어 계약이 거래되지 않는다.

02 보험의 기능과 종류

1 보험의 긍정적 기능

(1) 사회보장제도 보완
① 배경: 경제성장에 따른 도시화 및 핵가족화, 저출산 기조, 인구 구조 고령화, 소득재분배 구조 왜곡으로 인한 소득분포 불균형 등의 사회적 문제가 국민 경제에 미치는 영향을 완화하기 위해 정부차원에서 사회보장제도를 확충하고 있으나 그 수준이 국민 평균적인 기대에 미치지 못하고 있는 상황이다.
② 3층 보장론: 이를 보완하는 방안으로서 다음과 같은 3대 보장축 조화에 기반한 복지사회 구현을 3층 보장론이라 한다.
  ㉠ 사회보장: 정부가 최저 수준의 국민생활을 보장해준다.
  ㉡ 기업보장: 기업이 종업원의 퇴직 후 생활을 보장해준다.
  ㉢ 개인보장: 각 개인별 노후를 준비한다.
③ 예시: 일반적인 기업체에서 근무하고 있는 급여소득자의 경우 국민연금과 기업체로부터 수령하는 퇴직금·퇴직연금 그리고 개인적으로 준비하는 개인연금보험 등을 통해 노후생활을 준비해야 한다. 따라서 3층 보장론의 측면에서 볼 때, 정부의 사회보험과 민영보험은 상호보완적이면서도 경쟁관계라는 양면성을 가진다.

> **플러스이론 펼쳐보기 ▼   사회보장제도 정리**
>
> 사회보장제도는 국가가 국민 최저생활을 보장해주기 위해 실시하는 제도를 총칭하며, 우리나라의 경우 사회보험, 공공부조, 사회복지서비스 등으로 구성되어 있다.
> - 사회보험: 국민의 경제적 생활을 보장하기 위해 생활에 위협을 가져오는 사고가 발생할 경우 보험의 원리를 응용해 생활을 보장하고자 하는 사회보장 정책이다.
>   - 예 국민건강보험(장기요양보험), 국민연금, 산재보험, 고용보험 등 4대 보험
> - 공공부조: 국가 및 지방자치단체의 비용부담으로 생활유지능력이 없거나 생활이 어려운 국민에게 최저 생활을 보장하고 자립을 촉진하는 경제적 보호제도이다.
>   - 예 기초생활보장(생계급여, 주거급여, 의료급여, 교육급여, 해산급여, 장제급여, 자활급여)
> - 사회복지서비스: '삶의 질' 향상을 위해 사회적으로 꼭 필요하지만, 저수익성으로 민간 참여가 부진하기 때문에 정부·지방자치단체 등이 함께 제공하는 복지서비스이다.
>   - 예 노인복지, 장애인복지, 아동복지, 건강복지

(2) 손해 감소 동기부여

보험은 특정 우발적 사고 발생 시 손해를 보상해주는 것을 목적으로 하며, 사고 발생 자체를 예방 또는 진압하는 것을 목적으로 하지는 않는다. 하지만 보험회사는 사고 발생에 따른 보상책임 부담을 줄이기 위해 직·간접적인 노력을 하고 있다. 예를 들어 화재보험의 경우 면책제도, 보험료할인제도 등을 통해 보험 가입자의 소방설비 설치 등 사고예방 노력에 대한 동기를 부여하며, 각종 사고예방 선전·캠페인 등을 진행하기도 한다.

(3) 기업의 자본효율성 향상

기업은 보험이 없을 경우 우발적 사고에 대비하기 위한 거액의 자금을 준비금으로 적립해야 한다. 하지만 보험을 이용할 경우 소액의 자본(보험료)을 사용해 사전에 손실을 확정하고, 안정적으로 기업을 존속할 수 있어 기업의 자본효율성을 제고할 수 있다.

(4) 국가경제 발전에 기여

① 보험사는 향후 보험금 지급을 위해 계약자가 납입한 보험료를 적립하고 이를 효율적으로 운영하여 이익금이 발생할 경우 주주·계약자에 대한 배당을 실시하기도 한다. 이처럼 보험회사는 보험의 보장기능 외에도 금융기능을 일부 담당하고 있으며 생명보험의 경우 대부분 장기간에 걸친 계약이기 때문에 자산을 장기적 그리고 안정적으로 운용할 수 있는 특징이 있다. 이러한 특징으로 인해 국가 기간산업 등에 적립금을 투자함으로써 국가경제 발전에도 기여하고 있다.

② 화재·질병·사망 등 우발적 사고로 국민의 생활이 위협받게 되면 사회 불안이 급증하고, 국가는 이들의 생활을 보호하기 위해 재정 부담이 확대될 수밖에 없다. 그러나 보험이 존재함으로써 이러한 우발적 사고에 대한 손해를 보험회사가 보상하기 때문에 국가재정 부담의 기능도 수행한다고 볼 수 있다.

2 보험의 부정적 영향

(1) 보험회사 측면

① 보험회사는 계약자 확대, 보험료 과대계상 등을 통한 이익추구를 위해 피보험 목적물 가액을 과대하게 평가하여 피보험자(보험대상자)의 사행성을 자극해 도박과 같은 보험계약을 유발시킬 수 있다.

② 보험업 운용의 복잡함을 악용하여 보험금 지급을 위한 책임준비금을 적립하는 대신 자금을 부당하게 사용함으로써 피보험자에게 손해를 끼치고 사회에 악영향을 줄 수 있다.

(2) 보험 가입자 측면

① 보험 가입 이후 보험사고 발생 시 피보험자는 보험회사로부터 보험금을 지급받게 되며 이에 따라 보험 가입자들은 우발적 위험에 대비한 저축을 하거나 사고 발생을 예방하기 위한 노력을 기울이지 않을 수 있다.

② 보험금을 사취하기 위한 방화 등 고의적 사고를 일으키거나 사건 발생을 가장·위증하는 등 사회질서를 해치는 행위를 유발할 수 있다.

3 보험의 종류

보험은 「상법」상 손해보험과 인보험으로 분류된다.

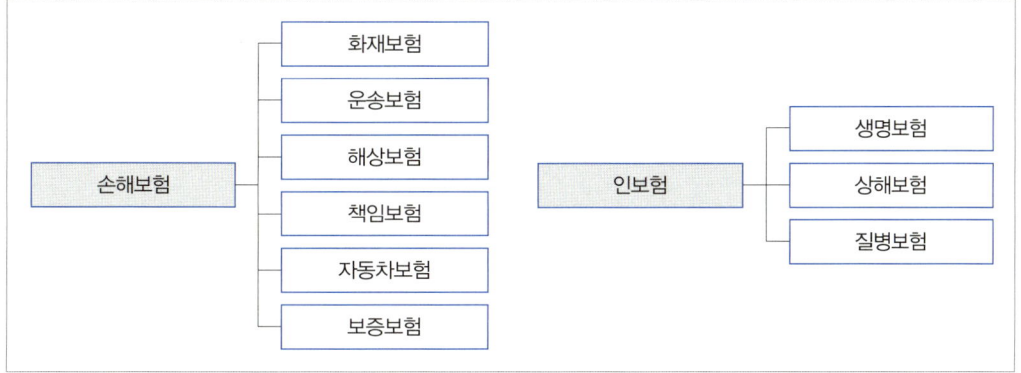

◎ 보험의 「상법」상 분류

(1) 손해보험
보험사고로 인하여 발생할 피보험자의 재산상의 손해에 대하여 보험자가 그 손해를 보상한다.
① **화재보험**: 화재나 번개로 인하여 재산상의 손해가 발생할 경우 보험증권에 의해 사전에 약정된 보험금을 지급한다(상품에 따라 태풍, 도난 등과 같은 손인들 및 소화활동을 할 때 발생한 피해 및 피난지에서의 피난 손해도 보상 포함).
② **운송보험**: 육상운송의 목적인 운송물에 대하여 그 운송에 관한 사고로 인하여 생길 손해의 보상을 목적으로 하는 보험이다(운송보험의 목적은 운송물로, 운송에 이용되는 용구 자체나 승객은 운송보험에서 담보되는 보험의 목적은 아님).
③ **해상보험**: 항해에 따르는 사고로 인해 발생할 수 있는 많은 종류의 위험을 종합적으로 담보하고, 보험사고 발생 시 보험증권에 의해 약정된 보험금을 지급한다.
④ **책임보험**: 피보험자가 보험기간 중의 사고로 인하여 제3자에게 배상할 책임을 질 경우에 보험자가 이로 인한 손해를 보상할 것을 목적으로 하는 보험이다.
⑤ **자동차보험**: 계약자가 자동차를 소유, 운행, 관리하는 동안 발생하는 각종 사고로 인해 생기는 피해에 대한 보험금을 지급한다.
⑥ **보증보험**: 각종 거래에서 발생하는 신용위험을 감소시키기 위해 보험의 형식으로 하는 보증제도로서 보증보험회사가 일정한 대가(보험료)를 받고 계약상의 채무이행 또는 법령상의 의무이행을 보증하는 특수한 형태의 보험이다.

(2) 인보험
피보험자의 생명이나 신체를 위협하는 사고가 발생한 경우 보험자가 일정한 금액 또는 기타의 급여를 지급한다.
① **생명보험**: 계약자의 사망 또는 일정 연령까지 생존 시 약정한 보험금을 지급하는 보험으로 노후의 생활비, 사망 후 유가족의 생활보호를 위한 자금 등을 마련하기 위해 이용하며, 보험금 지급사유에 따라 보험기간 중 계약자가 장해 또는 사망 시 보험금을 지급하는 사망보험, 계약자가 보험기간 종료일까지 생존하는 경우에만 지급하는 생존보험, 생존보험의 저축기능과 사망보험의 보장기능을 절충한 생사혼합보험으로 세분화할 수 있다.

② **상해보험**: 계약자가 우발적 사고로 신체에 상해를 입은 경우 보험금액 및 기타의 급여를 지급하는 보험으로 보험사고 발생으로 인한 상해의 정도에 따라 일정한 보험금을 지급하는 정액보험인 경우와 비정액보험인 경우가 있다.

③ **질병보험**: 보험자가 피보험자의 질병에 관한 보험사고가 발생할 경우 보험금이나 그 밖의 급여를 지급할 것을 약정한 보험으로 그 성질에 반하지 아니하는 범위에서 생명보험 및 상해보험에 관한 규정을 준용한다.

03 생명보험의 역사

1 생명보험의 역사

(1) 고대시대

기원전 고대시대부터 인류는 집단생활을 하면서 구성원끼리 서로 어려울 때 도와주는 문화를 가지고 있었다. 집단 구성원이 사망하거나 천재지변으로 손해가 발생할 경우 다른 구성원들이 손실비용을 부담하기도 하였다. 이는 오늘날 보험과 유사한 형태로 볼 수 있으며, 그 대표적인 제도로 기원전 3세기경의 에라노이(Eranoi)와 로마 제정시대의 콜레기아(Collegia Tenuiorum)를 들 수 있다.

① **에라노이**: 집단 구성원이 사망하거나 어려운 일이 생길 때를 대비하여 서로 도움을 주는 종교적 공제단체였다.

② **콜레기아**: 사회적 약자나 소외계층 등 하층민들이 서로 돕기 위해 조직했던 상호부조조합으로, 구성원이 낸 회비를 추후에 구성원의 사망 장례금, 유가족 지원금 등으로 지급하거나 예배 등 종교활동에 필요한 비용으로 사용하였다.

(2) 중세시대

① 중세시대 유럽에서는 과학·경제·금융이 급속도로 발전하기 시작하고 교역 또한 크게 발달하였다. 이에 따라 13~14세기경 독일에서 발달한 길드(Guild)는 교역의 발달에서 파생된 상호구제제도이다.

② 길드는 해상교역 중에 발생하는 선박이나 화물의 손해를 공동으로 부담하고 구성원의 사망, 화재, 도난 등의 재해도 구제해 주었다. 길드의 상호구제 기능은 그 필요성에 따라 전문화되고 자본주의 성립과 함께 영국의 우애조합(Friendly Society), 독일의 구제금고(Hilfskasse) 등의 형태로 발전하였으며, 이 시기에 생명보험·화재보험의 초기 형태가 나타나게 된다.

(3) 근대시대

① 근대에 들어 자본주의가 발달하게 되고 오늘날 생명보험 형태의 토대가 만들어졌다.

② 17세기 말 프랑스 루이 14세는 이탈리아 은행가 톤티(Lorenzo Tonti)가 고안한 연금제도인 톤틴연금을 시행하였다. 톤틴연금은 대중의 출자로 대량의 자금을 만드는 방법으로 출자자를 연령별 그룹으로 구분하여 그룹별로 결정된 일정 금액을 매년 국가에 납부하고 이를 그룹의 생존자 간에 분배하는 일종의 종신연금과 같은 제도였다. 최초로 사망률, 이자 계산방법 등 근대식 수리기법이 적용된 제도로 이후 근대적 생명보험 발달에 크게 기여하였다. 하지만 타인의 죽음을 기뻐하는 도덕적 폐단과 국고부담 과중으로 인하여 루이 15세에 의해 1763년 폐지된다. 이후 1787년에 제국보험회사(Compaie Royale d'Assurance)가 설립되었

으나 이 역시 프랑스 대혁명으로 해체되고, 19세기까지 생명보험의 발전은 완만하게 진행되었다.
③ 1762년 영국에서 세계 최초의 근대적인 생명보험회사인 '에쿼터블' 생명보험회사가 설립되었다. 에쿼터블 생명보험은 최초로 수학적으로 예측한 인간의 예상 수명을 보험에 적용하였고 이에 따라 적절한 보험료를 산출하는 체계화된 시스템과 해약환급금, 신체검사, 가입금액 한도, 배당 등 오늘날 생명보험 운영의 토대가 되는 각종 근대적인 제도를 도입하였다.
④ 독일에서는 자본주의 경제가 성숙됨에 따라 1828년 고타(Gotha) 생명보험회사가 설립되었으며 미국에서는 1812년 펜실베니아생명보험회사 설립 이후 메사추세츠생명, 뉴욕생명, 뉴잉글랜드생명 등이 설립되면서 본격적으로 생명보험이 보급되었다.

2 우리나라 생명보험의 역사

(1) 상호부조제도(계와 보)
우리나라에서도 생명보험과 유사한 제도가 있었다. 삼한시대의 '계'와 신라·고려시대의 '보'가 이에 해당한다.
① 계(契): 삼한시대부터 시작되었던 '계(契)'는 공통된 이해를 가진 사람들 간의 상호협동조직이었다. 처음에는 '상호부조'라는 목적으로 시작되었으나 조선시대에 와서는 친목 도모, 관혼상제 공동부담 등 다양한 계가 등장하게 되었으며 지금까지도 목돈 마련을 위해 대중적으로 활용되는 수단이기도 하다.
② 보(寶): 신라시대 불교의 '삼보'에서 비롯된 '보(寶)'는 일종의 재단의 성격을 가지고 있었으며, 특정 공공사업을 수행할 목적으로 일정한 기본자산을 마련한 뒤 그 기금을 대출하여 생기는 이자로 경비를 충당하거나 자선에 활용하는 제도였다. 이후 고려시대에 국가의 공공목적 수행을 위한 재원의 확보책으로 많이 활용되었으나, 시간이 지날수록 고리대(高利貸)의 성격이 짙어져 사회 문제를 일으키기도 하였다.

(2) 근대적 생명보험
① 1876년 일본에 의한 강화도조약 체결 이후 미국·독일·영국 등 서양 열강의 보험회사들이 진출하기 시작했다. 1891년 일본의 테이코쿠생명이 부산에 대리점을 내며 쿄사이생명, 니혼생명, 치요타생명 등이 인천·목포 등 항구도시를 중심으로 대리점을 개설하였다.
② 우리나라 최초의 생명보험사는 1921년 한상룡씨가 설립한 '조선생명보험주식회사'이다. 그리고 이듬해인 1922년 최초의 손해보험회사인 '조선화재해상보험주식회사'가 설립되었다. 하지만 일본강점기 동안 일본계 보험회사들과 경쟁하는 과정에서 무너지게 되었고 광복 이후에는 일본 생명보험사들이 보험료를 환급하지 않고 철수하는 사태가 벌어져, 당시 보험계약자에게 큰 경제적 피해를 입힘과 동시에 보험에 대한 불신풍조가 오랫동안 지속되는 계기가 되었다.
③ 1940년대부터 1950년대 말에는 대한생명, 협동생명, 고려생명, 흥국생명, 제일생명(현 알리안츠), 동방생명(현 삼성생명), 대한교육보험(현 교보생명) 등이 설립되었다.
④ 1960년대 정부의 경제개발계획이 추진되면서 생명보험회사가 국민저축기관으로 지정되었으며, 1970년대에는 경제성장과 함께 보험산업도 발전하면서 시장도 개인보험 위주로 전환된다. 이후 1980년대 경제 고속성장 및 가계소득 증가로 생명보험산업도 고도성장을 이룰 수 있었다.

[단권화 MEMO]

⑤ 1990년대 보험시장 개방, 금융자율화 정책 등으로 생명보험 시장 내에서도 본격적인 경쟁이 시작되었으며, 규모 위주 성장전략에 따른 과다한 실효해약 등으로 경영부실이 확대되기 시작하였다. 결국 1997년 IMF 외환위기가 발생하고 1998년 4개 생명보험회사의 허가가 취소되는 등 생명보험업계의 대규모 구조조정이 이루어졌다.

(3) 현대적 생명보험

2000년대 이후로는 「보험업법」 개정을 통한 방카슈랑스 제도 도입으로 방카슈랑스전문보험회사가 출범하였다. 이와 함께 홈쇼핑, TM(Tele-Marketing), CM(Cyber-Marketing) 등에서의 판매가 활발해지는 등 생명보험의 판매채널이 다양해지는 양상을 보이고 있으며, 정보통신기술의 발전으로 2013년부터는 인터넷 전문 생명보험회사가 출범하는 등 온라인채널이 지속적으로 확대되는 추세이다. 2021년에는 금융소비자의 권익 증진과 건전한 시장질서 구축을 위한 법적 기반 마련을 위해 「금융소비자 보호에 관한 법률」(금융소비자보호법)이 시행되었고, 향후 금융소비자 보호의 중요성은 더욱 커질 것으로 전망된다.

연도	주요 내용
2000년대	• 방카슈랑스 제도 도입 • 홈쇼핑, T/M, C/M, 대형마트 등 판매채널 다양화
2013년	• 인터넷 전문 생명보험사 출범 • 온라인 채널 확대 가속화
2015년	생명·손해보험협회, '온라인 보험 슈퍼마켓(보험다모아)' 서비스 개설
2017년	생명·손해보험협회, 보험 가입내역과 숨은 보험금을 조회할 수 있는 '내보험찾아줌(ZOOM)' 서비스 운영 실시
2021년	「금융소비자 보호에 관한 법률」 시행으로 건전한 시장질서 구축을 위한 체계 마련 및 금융소비자 보호의 실효성 확대

◎ 2000년대 이후 생명보험산업의 주요 연혁

Chapter 02 생명보험 이론

학습포인트
1. 생명보험계약과 기본원리를 이해한다.
2. 보험료 계산의 기초를 정확히 파악한다.
3. 언더라이팅과 클레임을 이해한다.
4. 생명보험 세제혜택을 이해한다.

출제키워드
- 보험계약의 요소
- 보험료 계산
- 보험료 구성
- 생명보험계약 관계자
- 생명보험용어
- 세액공제
- 월적립식 저축성 보험
- 현금흐름방식

회독 체크표
1회독	월 일
2회독	월 일
3회독	월 일

01 생명보험계약

1 생명보험계약의 관계자

(1) 보험자
위험을 인수하는 보험회사를 말한다. 보험자(보험회사)는 보험계약 당사자로서 보험계약자와 보험계약을 체결하고, 유지된 계약에 대하여 보험금 지급사유가 발생하였을 경우 보험금을 지급할 의무가 있다. 보험사업은 공공의 이익과 밀접한 관련이 있으며, 다수의 보험계약자로부터 위험을 인수하여 효율적으로 관리해야 하므로 보험사업을 영위하기 위해서는 금융위원회의 사업허가를 득해야 하는 등의 제한이 있다.

(2) 보험계약자
① 보험자(보험회사)와 보험계약을 체결하는 보험계약 당사자이다. 따라서 보험계약자는 보험계약에 대한 보험료 납부 등의 의무와 보험금 청구에 대한 권리를 갖는다.
② 보험계약자의 자격에는 제한이 없어 자연인, 법인 또는 1인, 다수 등 상관없이 보험계약자가 될 수 있다. 다만, 만 19세 미만자의 경우 친권자 또는 후견인(법정대리인)의 동의가 필요하다.

> **플러스이론 펼쳐보기 ▼**
> - 보험계약자의 주된 의무는 보험료 납입의무, 보험계약 시 고지의무, 주소변경 통지의무, 보험금 지급사유 발생 통지의무이다.
> - 보험계약자의 자격에는 제한이 없으나, 미성년자, 피한정후견인, 피성년후견인의 경우에는 법정대리인의 동의를 필요로 한다.

(3) 피보험자
보험계약에서 정의한 보험사고가 발생함으로써 손해를 입는 사람을 말한다. 피보험자는 1인 또는 다수이든 상관이 없으며, 생명보험에서 피보험자와 보험계약자가 동일할 경우 '자기의 생명보험', 양자가 각각 다른 사람일 경우 '타인의 생명보험'이라고 한다. 다만, 타인의 생명보험일 경우 반드시 그 타인의 서면동의(또는 전자서명 등)를 받아야 하는 제한이 있다.

[단권화 MEMO]

○ □□□□은/는 보험계약에서 정의한 보험사고가 발생함으로써 손해를 입는 사람을 말한다.
(피보험자)

[단권화 MEMO]

(4) 보험수익자

① 피보험자에게 보험사고 발생 시 보험자에게 보험금 지급을 청구·수령할 수 있는 권리를 가진 사람으로 그 수나 자격에 대한 제한이 없다. 보험수익자와 보험계약자가 동일한 경우 '자기를 위한 보험', 양자가 각각 다른 사람일 경우 '타인을 위한 보험'이라고 한다.
② 보험수익자가 여러 명일 경우 대표자를 지정해야 하며, 보험수익자의 지정과 변경권은 보험계약자에게 있다.
③ 보험계약자와 피보험자가 다른 '타인의 생명보험'일 경우 보험수익자 지정 또는 변경 시 피보험자의 동의가 필요하다.

플러스이론 펼쳐보기 ▼ 보험금을 받는 자를 지정하지 않은 경우

계약자가 보험계약 시 보험수익자를 지정하지 않은 경우, 보험사고에 따라 보험수익자가 결정된다.

보험사고별 종류	보험수익자
사망보험금	피보험자의 상속인
생존보험금	보험계약자
장해·입원·수술·통원급부금 등	피보험자

(5) 기타

계약자와 보험자 간의 계약 체결을 위해 중간에서 도와주는 보조자가 있다. 보험설계사, 보험대리점, 보험중개사 등이 보험계약의 체결을 지원하는 모집 보조자이다.

구분	내용
보험설계사	보험회사, 대리점, 중개사에 소속되어 보험계약 체결을 중개하는 자
보험대리점	• 보험자를 위해 보험계약 체결을 대리하는 자 • 계약체결권, 고지수령권, 보험료 수령권의 권한을 가지고 있음
보험중개사	• 독립적으로 보험계약 체결을 중개하는 자 • 보험대리점과 달리 계약체결권, 고지수령권, 보험료 수령권에 대한 권한이 없음

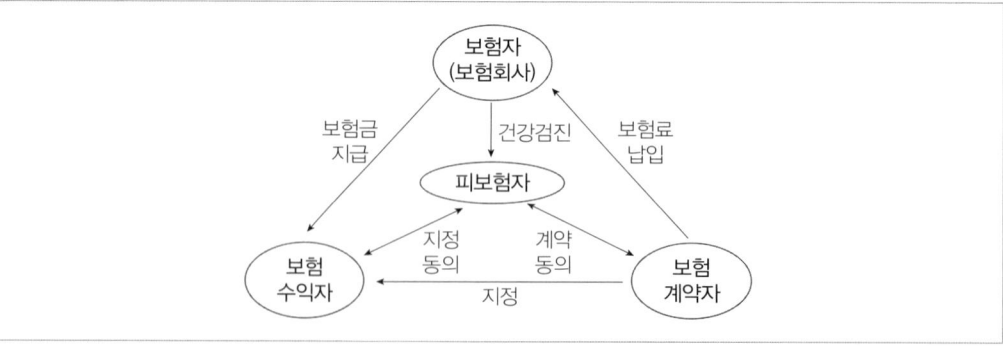

○ 생명보험계약 관계자

2 보험계약의 요소

(1) 보험목적물(보험대상)
보험사고 발생의 객체로 생명보험에서는 피보험자의 생명 또는 신체를 말한다. 보험의 목적물은 보험자(보험회사)가 배상하여야 할 범위와 한계를 정해준다.

(2) 보험사고(보험금 지급사유)
보험에 담보된 재산 또는 생명이나 신체에 관하여 보험자(보험회사)가 보험금 지급을 약속한 사고(위험)가 발생하는 것으로, 생명보험의 경우 피보험자의 사망·생존, 장해, 입원, 진단 및 수술, 만기 등이 보험금 지급사유로 규정된다.

(3) 보험기간
보험에 의한 보장이 제공되는 기간으로 위험기간 또는 책임기간이라고 한다. 「상법」에서는 보험자의 책임을 최초의 보험료를 지급받은 때로부터 개시한다고 규정하고 있다.

(4) 보험금
보험기간 내 보험사고가 발생하였을 때 보험자(보험회사)가 지급해야 하는 금액이다. 보험금은 보험계약 체결 시 보험자와 보험계약자 간 합의에 의해 설정할 수 있다.

(5) 보험료
보험계약자가 보험사고에 의한 보장을 받기 위해 보험자(보험회사)에게 지급하여야 할 금액으로 만약 보험료를 납부하지 않는다면 그 계약은 해제 혹은 해지된다.

(6) 보험료 납입기간
보험료 납입을 보험기간(보장기간)의 전 기간에 걸쳐서 납부하는 보험을 '전기납(全期納)보험'이라고 하며, 보험료의 납입기간이 보험기간보다 짧은 기간에 종료되는 보험을 '단기납(短期納)보험'이라 한다.

02 생명보험의 기본원리

1 상부상조의 정신
상부상조(相扶相助)의 정신은 다수의 사람들이 모여 언제 일어날지 모르는 각종 사고에 대비해 서로 일정 금액을 모금하여 공동준비재산을 마련해두고, 그 구성원 가운데 예기치 못한 불행을 당한 사람에게 미리 약정된 금액을 지급함으로써 서로를 돕는 것이다. 이러한 상부상조의 정신을 과학적이고 합리적인 방법으로 제도화한 것이 생명보험이며, 이의 기초가 되는 것으로 대수의 법칙, 생명표, 수지상등의 원칙 등이 있다.

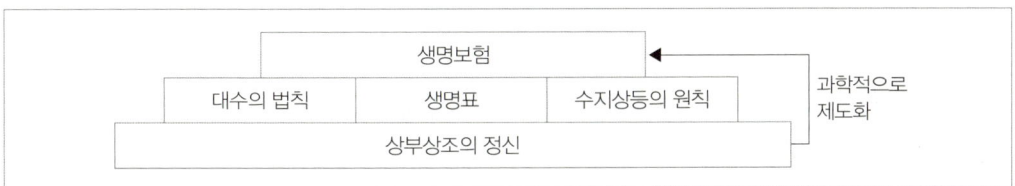

● 생명보험의 기본원리

[단권화 MEMO]

2 대수의 법칙

① 측정대상의 숫자 또는 측정횟수가 많아지면 많아질수록 예상치가 실제치에 근접한다는 원칙을 말한다. 즉, 관찰의 횟수를 늘려가면 일정한 발생확률이 산출되고 관찰대상이 많을수록 확률의 정확성은 커지게 되는데, 이를 대수의 법칙이라고 한다.

② 다음 표는 주사위를 던졌을 때 실행횟수별 각 숫자가 나올 확률을 표시한 결과이다. 주사위 각 숫자의 이론적인 산출 가능 확률은 1/6, 즉 16.67%이다. 실행횟수가 제한(6번 실행)되었을 경우와 실행횟수가 증가했을 경우의 각 숫자별 산출 확률상의 편차를 비교해보면 실행횟수가 증가할수록 이론적인 확률과 실제 산출 확률 간 편차가 줄어드는 것을 확인할 수 있다.

구분		1	2	3	4	5	6	합계
6번 실행	횟수(건)	0	2	2	0	1	1	6
	확률(%)	0.0	33.3	33.3	0.0	16.7	16.7	100
	표준편차(%)				14.9			
100번 실행	횟수(건)	9	20	21	20	15	15	100
	확률(%)	9.0	20.0	21.0	20.0	15.0	15.0	100
	표준편차(%)				4.6			
500번 실행	횟수(건)	82	82	68	88	82	98	500
	확률(%)	16.4	16.4	13.6	17.6	16.4	19.6	100
	표준편차(%)				2.0			
1,000번 실행	횟수(건)	168	144	178	168	174	168	1,000
	확률(%)	16.8	14.4	17.8	16.8	17.4	16.8	100
	표준편차(%)				1.2			
10,000번 실행	횟수(건)	1,619	1,710	1,648	1,659	1,688	1,676	10,000
	확률(%)	16.2	17.1	16.5	16.6	16.9	16.8	100
	표준편차(%)				0.3			

◎ 대수의 법칙 예시

③ 이러한 대수의 법칙에 따라 특정인의 우연한 사고 발생 가능성 및 발생시기 등은 불확실하지만, 많은 사람들을 대상으로 관찰해보면 통계적인 사고 발생확률을 산출할 수 있게 된다. 따라서 생명보험에서는 다수의 피보험자로 구성된 동일한 성질의 위험을 가진 보험집단이 존재해야 하고, 그 피보험자 수가 많을수록 통계적 수치의 정확성이 커지게 되어 보험자(보험회사)가 정확한 보험요율을 산정하고, 미래에 발생할 수 있는 손실의 빈도와 강도에 대하여 보다 정확하게 예측할 수 있다.

3 생명표

① 대수의 법칙에 각 연령대별 생사잔존상태(생존자 수, 사망자 수, 생존율, 평균여명)를 나타낸 표를 생명표 또는 사망표라고 하며, 생명표는 국민생명표와 경험생명표로 분류할 수 있다.

㉠ **국민생명표**: 국민 또는 특정지역의 인구를 대상으로 그 인구 통계에 의해 사망상황을 작성한 생명표이다.
㉡ **경험생명표**: 생명보험회사, 공제조합 등의 가입자에 대해 실제 사망 경험을 근거로 작성한 생명표이다.
㉢ **우체국보험생명표**: 우체국보험 가입자의 실제 사망현황을 감안하여 작성한 생명표이다.
② 또한 사람의 사망률은 일반적으로 의료기술 발달, 생활수준 향상 등에 따라 낮아지는 특성을 가지고 있어 사망상황을 측정하는 방법 및 연도에 따라 생명표를 분류하기도 한다.

4 수지상등의 원칙

① 보험계약자가 납입하는 보험료 총액과 보험회사가 지급하는 보험금 및 사업비 등 지출비용의 총액이 동일한 금액이 되도록 하는 것을 수지상등(收支相等)의 원칙이라 한다.
② 보험계약자 1인당 보험료를 P, 가입자 수를 n, 보험집단의 사고발생건수를 a, 1회 지급 보험금을 R이라고 하면, 수지상등의 원칙은 다음과 같은 등식으로 나타낼 수 있다.

$$P \times n = R \times a$$
(총 보험료) = (사업비 등을 포함한 총 보험금)

③ 보험회사에서 수지상등의 원칙을 실현하기 위해 대수의 법칙이 작용하는 충분한 피보험자 수를 확보한 보험집단을 형성하고 보험집단 내 우연적인 보험사고 발생확률과 이에 따른 평균적인 손실금액을 산정하여 총 지급보험금을 예측하며, 이에 부합하는 보험료를 개별 보험계약자로부터 징수하여 보험료 총액과 사업비 등을 포함한 지급보험금 총액 간의 균형이 이루어지도록 해야 한다.

03 보험료 계산의 기초(3이원방식, 현금흐름방식)

1 3이원방식

보험료를 수지상등의 원칙에 의거하여 예정사망률(예정위험률), 예정이율, 예정사업비율의 3대 예정률을 기초로 계산하는 방식이다.

(1) 예정사망률(예정위험률)

특정 개인의 수명은 예측하기 힘들기 때문에 대다수 사람의 일정한 사망(위험)비율을 관찰하여 사망, 질병, 장해 등 보험사고가 발생할 확률을 대수의 법칙에 의해 미리 예측하여 보험료 계산에 적용하는 것을 '예정사망률(예정위험률)'이라고 한다.

> **플러스이론 펼쳐보기 ▼ 예정사망률과 보험료의 관계**
>
> • 예정사망률이 낮아지면 사망보험(피보험자 사망 시 보험금이 지급되는 보험)의 보험료는 내려가고, 생존보험(일정 시점까지 피보험자 생존 시에만 보험금이 지급되는 보험)의 보험료는 올라간다.
> • 이와 반대로 예정사망률이 높아지면 사망보험의 보험료는 올라가고, 생존보험의 보험료는 내려간다.

○ 보험료는 □□□□의 원칙에 의거하여 예정사망률, 예정이율, 예정사업비율의 3대 예정률을 기초로 계산한다.
(수지상등)

(2) 예정이율

보험자(보험회사)는 장래의 보험금 지급에 대비하여 보험계약자가 납입한 보험료를 적립·운용(運用)하게 되며, 이에 따라 적립 보험료는 시간이 흐르면서 이자와 운용 수익이 발생하게 된다. 이러한 기대수익을 사전에 예상하여 일정 비율로 보험료를 할인해주는 할인율을 '예정이율'이라고 한다.

> **플러스이론 펼쳐보기 ▼**　**예정이율과 보험료의 관계**
>
> 예정이율이 낮아지면 보험료는 올라가고, 예정이율이 높아지면 보험료는 내려간다.

(3) 예정사업비율

보험자(보험회사)가 보험계약을 유지·관리해 나가기 위해서는 여러 비용이 수반된다. 따라서 보험자는 보험사업 운영에 필요한 경비를 미리 예상하고 계산해 보험료에 포함시키고 있으며, 보험료 중 이러한 경비의 비율을 '예정사업비율'이라고 한다.

> **플러스이론 펼쳐보기 ▼**　**예정사업비율과 보험료의 관계**
>
> 예정사업비율이 낮아지면 보험료는 내려가고, 예정사업비율이 높아지면 보험료는 올라간다.

2 현금흐름방식

현금흐름방식은 기존의 3이원방식 가격요소와 함께 계약유지율, 판매량, 투자수익률 등 다양한 가격요소를 반영하여 보험료를 산출하는 방식이다. 기존의 3이원을 조합하여 정해진 수식으로 보험료를 산출하는 방식이 아닌 다양한 기초율을 가정하여 미래 현금흐름을 예측하고, 이에 따른 목표 수익률을 만족시키는 영업보험료를 역으로 산출하는 방식을 통해 보험회사는 상품개발의 유연성을 제고할 수 있고 보험소비자는 상품선택의 폭을 확대할 수 있다.

구분	3이원방식	현금흐름방식
기초율 가정	3이원(위험률, 이자율, 사업비율)	• 3이원을 포함한 다양한 기초율 • 경제적 가정: 투자수익률, 할인율, 적립이율 등 • 계리적 가정: 위험률, 해지율, 손해율, 사업비용 등
기초율 가정 적용	• 보수적 표준기초율 일괄 가정 • 기대이익 내재	• 각 보험회사별 최적가정 • 기대이익 별도 구분
장점	• 보험료 산출이 비교적 간단함 • 기초율 예측 부담이 경감됨	• 상품개발 시 수익성 분석을 동시에 할 수 있으며 상품개발 후 리스크 관리가 용이함 • 새로운 가격요소 적용으로 정교한 보험료 산출이 가능함
단점	• 상품개발 시 별도의 수익성 분석이 필요함 • 상품개발 후 리스크 관리가 어려움	• 정교한 기초율 예측의 부담 • 산출방법이 복잡하고, 전산시스템 관련 비용이 많음

◎ 3이원방식과 현금흐름방식 비교

04 영업보험료의 구성

영업보험료(총 보험료)는 보험계약자가 실제로 보험회사에 납입하는 보험료를 뜻하며, 이는 순보험료와 부가보험료로 구성된다.

○ 영업보험료(총 보험료)의 구성

1 순보험료

(1) 개념

순보험료는 장래의 보험금 지급의 재원(財源)이 되는 보험료로, 위험보험료와 저축보험료로 구분할 수 있다.

(2) 구분

① 위험보험료: 사망보험금, 장해보험금 등 보험사고 발생 시 보험금 지급 재원이 되는 보험료이다.
② 저축보험료: 만기보험금, 중도보험금 등의 지급 재원이 되는 보험료이다.

2 부가보험료

(1) 개념

보험회사가 보험계약을 체결, 유지 및 관리하기 위한 경비에 사용되는 보험료로, 예정사업비율을 기초로 계산되며 신계약비, 계약체결비용 및 계약관리비용(유지관련비용, 기타비용)으로 구분된다.

(2) 구분

① 계약체결비용(신계약비): 보상금 및 수당, 보험가입증서 발행 등 신계약과 관련한 비용에 사용되는 보험료이다.
② 계약관리비용 – 유지관련비용(유지비): 인건비, 관리비 등 계약이 소멸하기까지 계약을 유지해가는 데 사용되는 보험료이다.
③ 계약관리비용 – 기타비용(수금비): 보험료 수금에 필요한 경비로 사용되는 보험료이다.

3 보험료의 산정

(1) 일시납보험료

보험계약 및 유지에 필요한 모든 보험료를 한번에 납입하는 방식으로, 일시납방식 보험계약에서는 미래에 예상되는 모든 보험금 지급비용 충당에 필요한 금액을 일시금으로 납입한다.

[단권화 MEMO]

(2) 자연보험료
매년 납입 순보험료 전액이 그해 지급되는 보험금 총액과 일치하도록 계산하는 방식으로 자연보험료는 나이가 들수록 사망률(위험률)이 높아짐에 따라 보험금 지급이 증가하므로 보험료가 매년 높아지게 된다.

(3) 평준보험료
정해진 시기에 매번 납입하는 보험료의 액수가 동일한 산정방식으로 사망률(위험률)이 낮은 계약 전반기 동안에 납입된 평준보험료는 보험금 및 비용 지급분 대비 크다. 이렇게 남은 보험료에 이자가 붙어 기금이 조성되며, 사망률(위험률)이 높아지는 계약 후반기에 이 기금과 납입된 평준보험료가 보험금 및 비용 지급에 사용된다. 즉, 동일한 보험료를 납입함으로써 계약 후반기에 늘어나는 보험금 지급에 대비하여 전반기에 미리 기금을 조성해 놓는 방식이다.

(4) 유동적 보험료
기본적으로 보험계약자는 보험기간 중에 보험회사가 정한 납입보험료의 최저·최고치 규정에 따라 본인이 원하는 만큼의 보험료를 납입할 수 있다.

4 배당

(1) 배당의 의의
유배당보험의 경우 보험회사는 계약에 대해 잉여금이 발생할 경우 잉여금의 일정 비율을 계약자배당준비금으로 적립하여 이를 보험계약자에게 배당금으로 지급한다.

> **플러스이론 펼쳐보기 ▼** **잉여금**
>
> 보험료 산출 시 사용되는 기초율을 '예정률'이라고 하며, 여기에는 예정이율, 예정위험률, 예정사업비율이 있다. 예정률은 적정수준의 안전성을 가정하고 있으므로 수지계산에 있어서 과잉분을 낳는 것이 일반적이다. 이러한 보험료계산의 기초는 보험회사 경영상의 잉여금액에 큰 영향을 주게 되며, 보험료의 과잉분에 따른 잉여금은 보험회사의 경영형태 여하에 불구하고 대부분 계약자에게 정산환원되어야 한다. 이를 '계약자배당'이라 하고, 주식회사의 주주배당과는 그 성질이 상이하다고 볼 수 있다.

(2) 배당금의 지급
배당금은 「보험업감독규정」의 기준에 의해 보험회사의 경영성과에 따라 계약자에게 배당되며, 지급방법은 아래와 같다.
① 현금지급: 배당금 발생 시 계약자에게 현금으로 지급하는 방식이다.
② 보험료 상계: 계약자가 납입해야 하는 보험료를 배당금으로 대납(상계)하는 방식이다.
③ 보험금 또는 제환급금 지급 시 가산: 계약이 소멸할 때까지 혹은 보험계약자의 청구가 있을 때까지 발생한 배당금을 보험회사가 적립하여 보험금 또는 각종 환급금 지급 시 가산하는 방식이다.

> 「보험업감독규정」 제6-14조(계약자배당금의 산출 및 적립) ⑨ 생명보험회사는 계약자배당금을 현금지급·납입할 보험료와 상계·보험금 또는 제환급금 지급 시 가산방법 중 계약자가 선택하는 방법에 따라 지급하여야 한다. (이하 생략)

(3) 보험안내자료상 배당에 대한 예상의 기재금지 및 예외사항

① 「보험업법」은 보험모집 시 미래 경영상황에 따라 변동될 수 있는 불확실한 배당을 과장되게 기재함으로써 발생할 수 있는 과당경쟁 및 고객과의 마찰 등을 방지하기 위해 보험모집에 사용되는 보험안내자료상 보험회사의 장래 이익배당 또는 잉여금 분배에 대한 추정내용을 기재하지 못하도록 규제하고 있다(「보험업법」 제95조 제3항).

② 다만, 보험계약자의 이해를 돕기 위하여 금융위원회가 필요하다고 인정하는 경우에는 예외를 두고 있다. 이에 따라 배당이 있는 연금보험의 경우 직전 5개년도 실적을 근거로 장래 계약자배당을 예시할 수 있으나, 보험계약자가 오해하지 않도록 장래의 배당금은 추정에 따른 금액으로 실제 배당금액과 차이가 발생할 수 있음을 명시해야 한다(「보험업감독규정」 제4-34조 제3항).

> 「보험업법」 제95조(보험안내자료) ③ 보험안내자료에는 보험회사의 장래의 이익 배당 또는 잉여금 분배에 대한 예상에 관한 사항을 적지 못한다. 다만, 보험계약자의 이해를 돕기 위하여 금융위원회가 필요하다고 인정하여 정하는 경우에는 그러하지 아니하다.
> → 계약자배당이 있는 연금보험

> 「보험업감독규정」 제4-34조(보험안내자료의 기재사항 등) ③ 법 제95조 제3항의 규정에 의한 "금융위원회가 필요하다고 인정하여 정하는 경우"란 계약자배당이 있는 연금보험을 말하며 직전 5개년도 실적을 근거로 장래의 계약자배당을 예시할 수 있다. 이 경우 장래의 계약자배당금액은 예상금액이므로 실제금액과 차이가 있을 수 있음을 명시하여야 한다.

05 언더라이팅과 클레임

1 언더라이팅(Underwriting)과 언더라이터(Underwriter)

(1) 언더라이팅의 의미

① 보험사업은 동질성 있는 피보험자의 위험을 적절한 위험집단으로 분류하고, 동일 위험군에 대해 동일한 보험료율을 적용할 수 있도록 보험 가입자 간 공평성을 유지해야 합리적으로 운영될 수 있다. 이처럼 보험회사 입장에서 보험 가입을 원하는 피보험자(보험대상자)의 위험을 각 위험집단으로 분류하여 보험 가입 여부를 결정(계약인수·계약거절·조건부인수 등)하는 일련의 과정이 언더라이팅(청약심사)이다.

② 언더라이팅을 위해 피보험자의 환경·신체·재정·도덕적 위험 등 전반에 걸친 위험평가가 이루어지며, 언더라이팅 과정 및 결과에 따라 보험회사는 보험계약청약에 대한 승낙 여부와 보험료 및 보험금의 한도를 설정할 수 있다.

③ 위험평가의 과정을 통한 언더라이팅은 우량 피보험자 선택, 보험사기와 같은 역선택 위험 방지 등 보험사업의 핵심적인 업무에 해당되며 언더라이터(청약심사업무담당자)뿐 아니라 보험고객 모집조직, 상품개발 및 보험계리 조직, 보험금 지급조사 조직, 경영진에 이르는 모든 관계자들이 전사적·유기적으로 연계된 종합적인 의사결정 과정이다.

[단권화 MEMO]

○ ☐☐☐☐은/는 보험회사가 보험 가입을 원하는 피보험자(보험대상자)의 위험을 각 위험집단으로 분류하여 보험 가입 여부를 결정하는 일련의 과정이다.
(언더라이팅)

[단권화 MEMO]

> **플러스이론 펼쳐보기 ▼** 역선택 위험
>
> 보험계약자 스스로 위험도가 매우 높은 상황임을 알고 있으나, 보험금 등의 수령을 목적으로 위험 사실을 의도적으로 은폐하여 보험을 가입하는 행위이다. 언더라이팅을 통해 이러한 보험사기 가능성이 높은 계약을 사전에 차단함으로써 위험률차손익을 관리할 수 있으며 선의의 계약자를 보호할 수 있다.

(2) 언더라이팅의 필요성

보험회사는 합리적인 사업운영을 위해 보험계약자를 공평하게 대우해야 하며, 보험계약자는 자신의 위험도에 대한 적절한 보험료를 납부함으로써 쌍방 간의 공평성이 유지된다. 보험회사 입장에서 계약 수 확대를 위해 무분별하게 위험이 높은 보험계약(현 건강상태 감안 시 높은 수준의 위험 또는 고위험 직업군에 종사하는 피보험자 등)까지 인수할 경우, 당초 예상 대비 실제 보험금 지급액이 증가함에 따라 정상적인 사업운영과 보험 가입자 간 공평성을 유지하기가 어려워진다. 반대로 지나치게 엄격한 위험 선택 기준을 적용한다면 보험산업 내에서 회사의 경쟁력을 상실하게 될 수 있다. 따라서 보험회사는 피보험자 및 보험계약자의 위험 수준을 적절하게 유지할 필요가 있으며, 보험회사가 감내하는 위험 수준에 부합하는 보험료를 보험계약자에게 부담시킴으로써 공평성을 유지하기 위해 언더라이팅이 필요하다. 언더라이팅을 통한 위험 분석 및 선별 능력은 곧 보험회사의 경쟁력으로 직결된다. 언더라이팅이 발달된 보험회사는 영업적인 측면에서의 경쟁력 우위와 함께 보다 적절하고 효율적인 보험리스크 관리를 통해 단기적뿐만 아니라 중·장기적으로도 안정적인 수익을 창출할 수 있으며, 선의의 고객 보호에도 기여할 수 있다.

(3) 언더라이터(Underwriter)

언더라이터는 언더라이팅, 즉 보험계약의 위험을 평가하고 선택하며 위험인수기준과 처리절차(계약인수·계약거절·조건부계약인수)를 결정하는 직무를 수행하는 전문가이다.

(4) 언더라이터의 역할

언더라이터는 보험설계사를 통해 접수된 청약서를 검토하고 보험 가입의 승인 여부 또는 특별한 조건으로 조건부인수를 할 것인지 결정한다. 또한 피보험자의 위험 수준에 따른 적절한 보험료 및 보장한도를 결정함으로써 보험회사와 보험 가입자 간의 공평성을 제고하는 역할도 수행하며 양측 모두에게 득이 될 수 있도록 비용에 있어서는 효율적으로, 가입심사에 있어서는 공정하게 업무를 수행해야 하는 책임을 가진다.

> **플러스이론 펼쳐보기 ▼** 이상적인 언더라이터의 조건
>
> - 모든 계약을 합리적이고 객관적으로 인수한다.
> - 이를 위해 논리적이며 유연한 사고를 바탕으로 법과 규정 등을 준수해야 한다.

2 언더라이팅(Underwriting)의 대상

언더라이팅이 필요한 위험 대상은 크게 환경적·신체적·도덕적·재정적 위험으로 분류할 수 있다.

(1) 환경적 언더라이팅

환경적 위험의 대표적인 항목으로는 피보험자의 직업, 운전 차량의 종류, 흡연, 음주, 취미생활, 부업활동, 거주지 위험 등이 있다. 국내 보험업계에서는 업계 표준직업분류 및 등급표에 따라 위험등급을 비위험직·위험직 1~4등급으로 구분하고 있으며, 각 보험사 자체적으로 이를 세분화하여 위험등급을 나누고 등급별 보장범위 및 가입한도 등을 설정하여 운영한다. 직업(운전, 취미 등을 포함) 등의 환경적 위험요소에 대해 각각의 위험등급별 보장범위 이내에서는 계약을 인수하고, 보장범위를 초과하는 경우에는 계약을 거절하는 것이 일반적이다.

(2) 신체적 언더라이팅

신체적 언더라이팅은 개인 신체상 위험을 평가하는 절차로서 언더라이팅에 있어서 매우 중요하다. 일반적으로 신체적 위험에는 피보험자(보험대상자)의 연령, 성별, 체격, 과거 및 현재 병력, 가족력 등에 따른 사망 또는 발병 가능성 등이 포함되며 세부평가를 위해 피보험자에 대한 전문의의 진단결과나 기타자료를 참고한다.

(3) 도덕적 언더라이팅

① 보험업 내에서의 도덕적 위험은 고의적·악의적으로 보험을 악용 또는 역이용하려는 행위와 그 결과를 의미하며 보험 가입 이후 의식적 또는 무의식적으로 부주의, 과실 등으로 보험사고의 발생 가능성이 높아짐에 따른 손해 확대위험 등도 이에 포함된다.

② 도덕적 위험은 보험계약의 피보험자가 자기 자신인지, 타인인지에 따라 자기 자신을 이용한 위험과 타인을 이용한 위험으로 구분할 수 있다. 이에 따라 보험회사는 피보험자를 대상으로 사망·입원 등을 보험금 지급사유로 하는 고액의 보험 가입 후, 고의적인 보험사고 유발 또는 사고 과장으로 보험금을 타려는 행위와 부실고지 등을 통해 보험회사를 의도적으로 속이는 행위 등을 사전에 차단하기 위해 도덕적 위험평가를 실시한다.

> **플러스이론 펼쳐보기 ▼**   **도덕적 위험의 영향**
>
> - 도덕적 위험 발생 증가 → 손해율 증가 및 보험회사 경영수지 악화 → 보험료 인상
> - 보험과 보험회사의 이미지 악화, 보험에 대한 불신풍조로 인해 사회 전체적인 피해가 증가한다.

(4) 재정적 언더라이팅

① **목적**: 보험계약자의 가입상품 보장내용이 청약자의 생활환경·소득수준에 적합한지 여부를 확인함으로써 보험을 투기의 목적으로 가입하는 것을 예방하고, 피보험자가 적정 수준의 보장을 받도록 하는 것이다.

② 보험설계사의 입장에서는 다수의 계약보다 단일 고액보장계약을 선호할 수도 있다. 하지만 언더라이터 입장에서는 보험회사의 위험노출 수준을 고려하여 비정상적 고액계약에 대한 주의 깊은 언더라이팅 과정이 필요하다. 실제로 고액의 보험 가입자일수록 사망 확률이 높다는 보도 및 연구자료가 있으며, 여러 국가들에서 고액계약의 피보험자가 자살, 의문의 죽음, 실종되는 등의 사건이 발생하고 있다. 따라서 언더라이터는 재정적 위험평가를 통해 기본적으로 역선택의 예방과 계약 실효를 방지해야 하며, 보험회사의 위험노출 수준을 적절하게 조절해야 할 필요가 있다.

[단권화 MEMO]

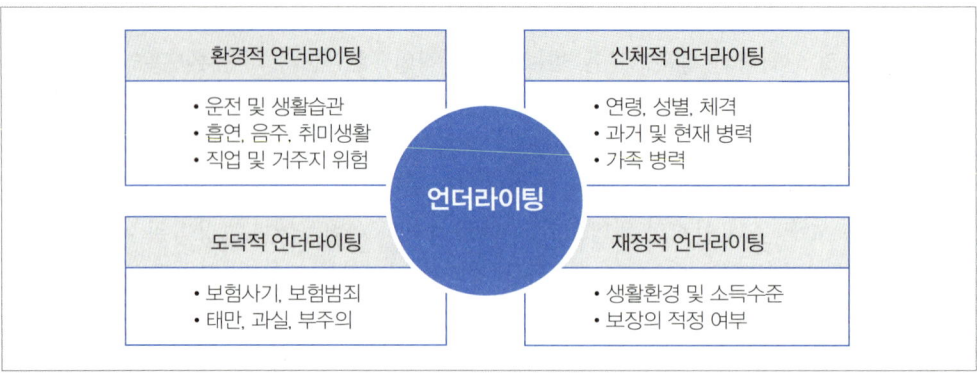

◎ 언더라이팅 대상 분류

3 언더라이팅(Underwriting)의 절차

보험계약은 보험계약자의 청약과 보험회사의 승인으로 성립된다. 보험계약자의 청약 이후 보험회사는 승인 여부를 결정하기 위해 건강검진 등을 통하여 피보험자의 건강 상태를 확인하고 직업, 소득수준 등 중요 정보를 파악하여 동일 위험집단별로 분류하고 적정 가입조건을 제시한다. 이와 같은 일련의 절차를 언더라이팅이라고 한다. 현재 국내 대부분의 생명보험회사에서는 모집조직에 의한 선택(1단계), 건강진단에 의한 선택(2단계), 언더라이팅 부서에 의한 선택(3단계), 계약적부확인(4단계), 사고 및 사망 조사(5단계)로 절차가 구성되어 있다.

(1) 1단계 - 모집조직에 의한 선택

① 보험설계사는 고객과 가장 먼저 접촉하여 피보험자의 건강상태, 생활환경 등에 대해 파악하고 1차 위험선택의 기능을 수행한다. 또한 보험설계사는 피보험자와 보험계약자에게 위험정보 수집을 위한 청약서상 언더라이팅 판단자료를 사실에 입각해 알리도록 해야 하며, 계약조건 결정에 필수적인 기본 정보를 고객에게 정확히 고지·안내해야 한다.

② 보험설계사는 모집단계에서 향후 보험분쟁의 발생을 예방하기 위해 상품에 대한 충분한 설명과 계약상의 중요한 사실을 계약자와 피보험자에게 알려야 하며, 보험료 수령 등이 정확히 이행될 수 있도록 해야 한다. 이를 위해 보험설계사는 상품 및 약관 등 기초서류에 대한 정확한 지식을 가지고 있어야 하며 특히 언더라이팅을 위한 기초정보를 수집하는 과정에서 피보험자와의 불만을 야기하지 않고 정보를 수집할 수 있어야 한다. 또한 계약체결 시 보험회사의 언더라이팅 절차를 설명하면서 계약적부확인 등 추가조사가 있을 수 있으며, 경우에 따라서는 계약조건이 변경될 수 있음을 계약자와 피보험자에게 충분히 설명해야 한다. 최근에는 모집조직에 의한 선택과정을 차별화하는 '무심사 보험'과 '간편심사 보험'의 개발이 활발해지고 있다.

> **플러스이론 펼쳐보기 ▼** 무심사 보험과 간편심사 보험(유병자 보험)
>
> - 무심사 보험: 고령자의 경우 기존 병력으로 인해 일반 고객과 동일한 계약 기준으로 인수가 불가한 경우가 발생할 수 있어 이러한 경우에 보험료를 일반보험에 비해 할증하여 보험계약을 인수하는 보험상품이다.
> - 간편심사 보험(유병자 보험): 과거 병력 또는 현재 만성질환을 가지고 있는 고객이나 고령자를 대상으로 계약심사 과정과 서류를 간소화한 보험상품이다. 일반적으로 사망보험금을 낮추는 대신 주요 질병에 대한 진단비와 노후 생활자금 보장 등에 초점이 맞춰져 있다. 심사과정 간소화로 가입절차는 간편하나 보험료는 비교적 높게 책정된다.

(2) 2단계 - 건강진단에 의한 선택

계약인수 과정에서의 건강진단(건강진단을 필요로 하는 계약의 경우)은 보험회사가 보다 객관적인 입장에서 피보험자의 중요 고지내용에 대한 확인 또는 중요 고지내용의 추가 등을 수행하기 위한 선택과정이다. 이를 위한 수단으로는 병원진단, 서류진단, 방문진단이 실시되고 있다.

플러스이론 펼쳐보기 ▼ 무진단 계약인수

- 편의성 제고 측면보다는 재무적 관점에서의 비용절감 측면에서 도입되었다.
- 건강진단 절차를 생략함으로써 일부 표준미달체 계약인수에 따른 사망 및 발병률이 증가하여 추가 보험금 지급이 발생할 수 있으나, 이러한 추가보험금 지급비용과 건강검진 비용을 상계처리한다.
- 무진단 계약인수에 따른 언더라이팅 비용 절감액이 사고보험금 증가액을 상쇄할 수 있는 경우에 한해 재무적 유용성이 확보된다.
- 무진단 보험은 건강진단 절차만을 생략할 수 있는 보험으로, 고지의무 등에서는 일반보험과 동일하므로 고지의무가 없는 무심사 보험과 차이가 있다.

(3) 3단계 - 언더라이팅 부서에 의한 선택

언더라이팅 부서의 언더라이터가 1단계, 2단계 선택 과정에서 수집한 정보를 토대로 피보험자의 위험을 종합적으로 평가하여 청약의 승낙 여부를 결정하고, 피보험자 위험도를 분류하여 위험 수준에 따라 계약내용과 조건, 보험료, 보험금액 등을 최종 결정하는 언더라이팅 과정이다.

플러스이론 펼쳐보기 ▼ 언더라이팅 부서의 주요 역할

- 영업적 역할: 언더라이팅 과정에서 영업력을 축소시키지 않아야 한다.
- 관리적 역할: 효율적인 언더라이팅을 통해 관리 부담 축소 및 비용 측면의 효율성을 제고한다.
- 공익적 역할: 모든 피보험자(보험대상자)에 대해 공정하게 언더라이팅을 실시한다.

플러스이론 펼쳐보기 ▼ 언더라이터가 활용하는 주요 수집정보

- 청약서상의 계약 전 알릴 의무사항과 보험설계사의 모집보고서
- 의적진단보고서(병원진단 또는 서류)
- 계약적부확인에 의한 조사보고서 등

(4) 4단계 - 계약적부확인

① 계약적부확인: 언더라이터가 3단계 선택 과정에서 보험금액이 과도하게 크거나 피보험자의 잠재적 위험이 높은 것으로 의심되는 경우 또는 계약 성립 이후라도 역선택 가능성이 높다고 의심되거나 사후분쟁의 여지가 있는 계약에 대해 보험회사 직원이나 계약적부확인 전문회사 직원이 피보험자의 체질 및 환경 등 계약선택상 필요한 모든 사항을 직접 면담·확인하는 것을 말한다.

② 목적: 계약적부확인은 계약선택의 합리성을 제고하고, 고객의 고지의무사항 위반 계약을 조기에 발견함으로써 양질의 계약을 확보하고 역선택 방지 및 보험사고 발생 시 분쟁을 최소화하며 보험금을 신속하게 지급하는 데 목적이 있다.

③ 계약적부조사 과정에서 ㉠ 청약서에 피보험자의 자필서명이 누락된 경우, ㉡ 피보험자가 보험 가입에 동의하지 않은 경우, ㉢ 피보험자가 청약서상 고지사항에 대해 고지하지 않거나 병력을 축소 고지한 경우, ㉣ 피보험자의 직업·운전·취미 등의 위험이 청약서에 고지한 내용보다 높은 경우 등 고객의 고지의무사항 위반 수준에 따라 해당 계약을 감액하거나 해지, 무효, 취소 처리할 수 있다.

※ 표준약관에서는 피보험자의 고지의무 위반사실을 안 날로부터 1개월 이내, 계약체결일로부터 3년 이내에 해지하거나 보장을 제한할 수 있도록 규정하고 있다.

(5) 5단계 - 사고 및 사망조사

보험계약 체결 이후 보험사고 발생으로 보험계약자가 보험금 지급을 신청한 경우 고지의무와 관련하여 의심가는 사항이 있는 계약에 대해 실시하는 사후적 심사과정이다. 이를 통해 역선택에 따른 보험금 지급을 최소화할 수 있다.

4 표준미달체/우량체의 인수

국내 보험업계에서의 언더라이팅은 표준체 중심으로 되어 있다. 앞서 언급한 4가지 언더라이팅 대상(환경적, 신체적, 도덕적, 재정적)에 대한 평가 결과가 표준체 기준 위험보다 높은 경우 표준미달체, 위험이 낮은 경우 우량체로 분류된다.

(1) 표준미달체

표준미달체로 분류된 경우 보험료 할증, 보험금 삭감, 부담보 등의 형태로 계약을 인수한다.

① **보험료 할증**: 표준미달체의 위험 수준이 시간 흐름에 따라 증가하는 체증성의 경우와 일정한 상태를 유지하는 항상성의 경우에 주로 적용된다.
② **보험금 삭감**: 보험 가입 후 시간 흐름에 따라 위험 수준이 감소하는 체감성 위험에 대해 적용하며 보험 가입 후 일정 기간 내 보험사고 발생 시 미리 정해진 비율로 보험금을 감액하여 지급한다.
③ **부담보**: 보험 가입 기간 중 특정 신체 부위 및 특정 질환에 대해 일정 기간 또는 전 기간 동안 질병으로 인한 수술 및 입원 등의 각종 보장을 제외하는 조건부 계약의 형태이다.

(2) 우량체

체격과 혈압 등 신체 이상 여부와 흡연·음주 등에 대한 평가 결과 우량체로 분류되는 경우 보험료 할인혜택이 부여된다.

5 언더라이팅(Underwriting)의 실무

(1) 청약서 작성 시 주의사항

① 청약서 작성 시 ㉠ 계약 전 알릴 의무사항의 고지사항 작성, ㉡ 보험계약 청약서 및 계약 전 알릴 의무사항의 성명과 서명란, ㉢ 신용정보의 제공·활용에 대한 동의란에 반드시 보험계약자와 피보험자의 자필서명이 필요하다.
② 피보험자가 과거 또는 현재 병력이 있을 경우 계약 전 알릴 의무사항의 고지사항을 피보험자가 작성해야 하며 질병명(진단명), 치료내용, 치료시기 및 기간, 현재 상태 등 병력정보에 대해서도 정확하게 기재하도록 설명해야 한다.

③ 청약서 기재사항은 원칙적으로 보험설계사가 임의대로 수정할 수 없으며, 변경이나 수정이 필요한 경우 새로운 청약서 발행이 필요하다. 다만, 부득이한 경우 보험회사별로 차이가 있을 수 있으나 보험계약자 및 피보험자의 동의를 득한 후 수정할 수 있으며 청약서 원본과 부본상에 두 줄로 삭선 처리 후 정정서명을 받아야 한다.

④ 보험계약자와 피보험자가 동일하지 않은 경우 피보험자와의 관계와 함께 근무처, 직위, 수행업무 등 직업과 관련된 사항, 그리고 집과 직장 주소 모두 상세하고 정확하게 기재하도록 설명해야 한다.

⑤ 피보험자의 체격, 흡연, 음주관련 정보의 경우 언더라이팅 측면에서 중요한 정보이므로 피보험자가 직접 작성하도록 안내해야 하며 운전, 취미 등 기타사항과 타 보험사 가입 보험상품, 해외출국 예정 여부에 대해서도 정확하게 고지하도록 설명해야 한다.

(2) 보험 가입한도

① 언더라이터가 보험계약을 인수하기로 최종 승인하기 이전에 일정한 가입한도에 대한 선택이 이루어진다.

② 일반적으로 위험한 업종에 종사하는 사람의 위험 발생빈도가 높게 나타나며, 비운전자보다 운전자의 사고 발생 가능성이 높게 나타난다. 따라서 고위험군 피보험자의 위험부담이 저위험군 피보험자에게 전이되지 않도록 통제하기 위한 수단으로 보험료를 차등 부과하는 등의 위험군별 보험 가입한도를 운영한다. 이러한 보험 가입한도 기준은 보험회사별 경영방침 및 판매전략에 따라 일부 상이할 수 있으나 보험업 전반적인 공익성 및 보험 가입자의 보호 측면에서 엄격히 규제되고 있다.

③ 일반적으로 가입한도 운영 기준에는 직업(업종) 위험등급과 운전 위험등급이 있으며, 이러한 분류 목적은 직업 세분화를 통해 다양한 위험을 보다 합리적으로 선택하고 동일 위험군으로 분류된 피보험자 집단 간 위험도를 등급별로 건전하게 유지하는 데 있다. 직업 위험등급과 운전 위험등급이 상이할 경우 더 높은 위험등급을 적용하게 된다.

④ 위험등급은 업계 전체의 경험사망률을 기반으로 설정되나, 해당 등급별 가입한도는 보험회사별 운영기준에 따라 상이할 수 있어 청약서 뒷면에 가입한도를 표기함으로써 계약자 및 피보험자에게 이를 고지한다. 대부분의 국내 보험회사는 청약서상에 사망보험금, 장해보험금, 입원보험금의 가입한도를 명시하고 있다. 또한 업종별 위험등급을 크게 5등급 체계로 분류하여 같은 위험등급일 경우 그 위험의 실제 난이도와 관계없이 가입한도를 동일하게 적용하는 것이 일반적이다.

(3) 건강진단 가입한도

건강진단결과에 따른 가입한도 설정이 필요한 경우는 크게 세 가지로 나눌 수 있다.

① 보험회사에서 정한 건강진단 범위를 초과하여 가입하는 경우: 일반적으로 연령이 높을수록 위험 발생 가능성이 높으므로 보험 가입에 있어 가입 가능한 상품 또는 지급한도 등에 제한이 있을 수 있다. 또한 이러한 경우 진단보험금 기준이 낮게 설정되어 있어 건강진단을 받을 가능성이 높아진다. 실무적으로는 보험회사에서 청약서를 발행 또는 입력 시 자동적으로 건강진단 대상 여부를 통보해준다.

[단권화 MEMO]

② **피보험자가 과거 또는 현재 병력이 있는 경우**: 피보험자가 청약서상 질문에 해당하는 병력을 고지했거나, 현재 병력을 가지고 있는 경우 건강진단이 필요하다. 실무적으로는 보험회사의 운영방침에 따라 과거 및 최근 보험금(장해급여금, 진단급여금, 납입면제, 입원급여금 등)을 수령한 이력(해당 보험사 또는 타 보험사)이 있는 경우에도 건강진단 대상에 해당할 수 있다.

③ **언더라이터의 건강진단 지시**: 언더라이팅 과정에서 고객이 제공한 고지사항에 문제점이 발견된 경우 또는 계약적부 과정 등에서 추가적으로 과거 및 현재 병력 등이 발견되었을 경우 건강진단 대상에 해당할 수 있다. 실무적으로는 보험설계사가 피보험자의 단순 질병에 대해 해당 언더라이터에게 건강진단 여부를 문의하여 처리하는 경우도 있을 수 있다. 보험회사 입장에서 모든 질병에 대한 건강진단은 비효율적일 수 있으며, 보험설계사의 과도한 진단 여부 문의 역시 업무상 효율성을 저하시킬 수 있기 때문에 업무 간소화 및 편리성을 위해 보험회사별로 건강진단이 필요없는 질병 등을 선정하여 운영하기도 한다.

(4) 특이계약(외국인, 해외체류자)

① **외국인**: 외국인, 재외국민 및 외국국적동포의 경우 법무부 등록 또는 국내거소신고를 통해 외국인등록증 또는 국내거소신고증이 발급되어 이를 통해 실명확인이 가능하다. 외국인은 체류 목적 및 체류예정 기간에 따라 위험을 평가해 보험계약 인수 여부를 결정한다. 보험사별로 차이가 있으나, 일반적으로는 단기체류의 경우 인수를 거절하고 방문동거, 거주, 재외동포, 영주의 경우 큰 제한 없이 인수한다.

② **해외체류자**: 해외거주자 혹은 예정자의 경우 거주지역의 위험도 및 거주 목적을 기반으로 위험을 평가한다. 보험사별로 차이가 있으나 일반적으로 다음과 같은 경우는 계약인수를 거절하고 있으며, 해외 체류기간이 일정 기간을 초과하는 경우 역시 보험사별 차이가 있을 수 있으나 일반적으로는 계약인수를 거절한다.
  ㉠ 이민 또는 귀화 목적으로 거주하는 경우
  ㉡ 열대·한대·동란 및 전쟁지역 등의 지역을 목적지로 하는 경우
  ㉢ 해외 노무자·탐험대·등반대의 경우

6 클레임(Claim) 업무

(1) 정의와 분류

① **정의**: 보험업에서 '클레임(Claim)'이란 보험금 청구에서 지급까지 일련의 업무를 뜻하며, 보험금 청구 접수, 사고조사, 조사건 심사, 수익자 확정, 보험금 지급 등의 업무가 포함된다. 이 과정에서 다음과 같은 부수적인 업무도 수행된다.
  ㉠ 지급 청구건이 약관 규정상 지급사유에 해당되지 않는 경우 이에 대한 부지급처리 업무
  ㉡ 클레임 업무 과정에서 발생 가능한 민원업무 및 법원소송업무
  ㉢ 보험 가입자의 채권자가 보험금액 등을 압류하는 경우에 발생하는 채권가압류 처리 등

② **분류**: 클레임은 보험사고의 분류와 동일하게 생존, 사망, 장해, 진단, 수술, 입원, 통원 등으로 구분할 수 있으며, 발생 원인이 사고 혹은 질병인지에 따라 재해와 질병으로 구분할 수 있다.

> ▶ □□□은/는 보험금 청구에서 지급까지 일련의 업무를 뜻한다.
> (클레임)

(2) 클레임 업무의 필요성

매 건마다 적게는 수십만원에서 많게는 수십억원의 보험금 지급 여부를 결정하게 되는 클레임 업무는 잘못 처리되었을 경우 현실적으로 상당한 금액이 보험금으로 지출되기 때문에 회사의 경영수지에 큰 영향을 미칠 수 있다. 또한 자신의 위험을 숨기고 보험에 가입한 후 보험사고가 발생하거나 고의적인 보험사고를 야기하는 경우를 정확히 찾아내지 못하여 정당하지 못한 보험금이 지급된다면, 다수의 선의의 가입자들에게 막대한 피해를 야기하게 될 것이다. 따라서 선의의 가입자를 보호하고 보험경영의 건전성을 도모하기 위해서는 보험계약 체결단계의 언더라이팅 업무와 함께 보험금 지급 단계의 클레임 업무 또한 매우 중요하며 업무의 전문성이 요구된다.

(3) 클레임 업무 담당자에게 요구되는 요건

① **조사 경험 및 조사 기법**: 사고조사 및 현장조사 등 다양한 조사 업무를 경험해야 하며, 이를 통한 조사 기법을 터득하고 현실적으로 적용할 수 있어야 한다.
② **법률 지식**: 보험 관련 법규와 약관을 올바르게 해석하고 적용할 수 있어야 한다. 적절한 클레임 심사를 위해서는 보험 관련 법률지식을 숙지하고, 해당 보험사고와 관련된 약관 및 법규정을 조사업무에 적용할 수 있어야 하며, 이를 통해 법원 소송 및 민원발생에도 효율적으로 대응할 수 있다.
③ **의학 지식**: 사고 및 현장 조사와 관련하여 의사와 면담이 필요할 경우 해당 건과 관련된 중요한 질문을 통해 업무처리에 필요한 답변을 얻어낼 수 있으며, 보험계약자 또는 피보험자가 계약 전 알릴 의무 위반 시 인과관계 여부 판단 및 각종 검사결과를 통한 환자의 이상 여부를 파악할 수 있다.

06 생명보험 세제

1 생명보험의 세제혜택 부여 목적

국가가 국민의 생활 및 경제적 안정성을 보장할 수 있는 수준에는 한계가 있으며, 이러한 한계를 보험을 통해 보완할 수 있다. 이러한 관점에서 생명보험의 세제혜택은 ① 민영보험의 육성과 발전을 통한 위험 및 사회보장 기능 강화와 국민 개인의 3층 보장(사회보장, 기업보장, 개인보장) 완성에 기반한 복지국가 실현, ② 경제개발에 필요한 산업자금 조달을 위한 저축 유인책 기능 수행을 위해 도입되었다.

(1) 사회보장 기능 강화 및 복지국가 실현

국가에서 책임지고 시행하고 있는 사회보장제도는 국민 개개인의 다양한 위험 보장을 감당하기에 재정적 한계 등 현실적 어려움이 존재하기 때문에 보험의 순기능을 활용하여 이를 보완하고 있다. 현재 우리나라는 세계 최저수준 출산율과 평균수명 증가 등으로 초고령화사회 진입이 빠르게 진행되고 있다. 경제협력개발기구(OECD)에서는 개인이 은퇴 후 연금으로 은퇴 전 소득의 60~70%를 충당할 수 있어야 노후 생활을 안정적으로 유지할 수 있다고 권고하고 있다. 하지만 우리나라의 공적연금 소득대체율은 31.2%(2021년 기준) 수준으로, OECD 38개국 평균치 42.2%(2021년 기준) 대비 열위한 상황이며 국민 개개인으로 본다면 조기퇴직 증가 등으로 노후를 위한 은퇴준비 기간 및 자금이 부족한 실정이다. 이에 따라 국가는 국민 개개인의 미래보장을 보완하기 위한 수단 중 하나로써, 생명보험의 긍정적 기능을 인정하여 다양한 세제혜택을 부여하고 있다.

(2) 산업자금 조달을 위한 저축 유인책 기능 수행

① 대부분의 생명보험계약은 만기가 10년 이상으로, 적립금 자산을 활용해 장기간에 걸쳐 안정적으로 유가증권 투자 및 대출 운용이 가능하다. 이를 통해 다음과 같은 국가경제발전에 필요한 역할을 수행할 수 있다.
  ㉠ 사회간접자본 및 국가경제발전에 필요한 산업자금 지원역할 수행
  ㉡ 투자확대를 통한 경제활성화
  ㉢ 일자리 창출 등
② 위와 같은 생명보험의 경제발전 측면의 순기능을 확대하기 위해서도 생명보험에 대한 세제혜택이 지속적으로 유지될 필요가 있다.

2 보험계약 세제

개인보험계약의 계약자 및 수익자는 「소득세법」, 「조세특례제한법」에 의해 보험료 납입 및 보험금 수령 시 보험료 세액공제, 저축성 보험 보험차익 비과세 등의 세제혜택을 받을 수 있다.

보장성 보험료의 세액공제
「소득세법」 제59조의4(특별세액공제) ① 근로소득이 있는 거주자(일용근로자는 제외한다. 이하 이 조에서 같다)가 해당 과세기간에 만기에 환급되는 금액이 납입보험료를 초과하지 아니하는 보험의 보험계약에 따라 지급하는 다음 각 호의 보험료를 지급한 경우 그 금액의 100분의 12(제1호의 경우 100분의 15)에 해당하는 금액을 해당 과세기간의 종합소득산출세액에서 공제한다. 다만, 다음 각 호의 보험료별로 그 합계액이 각각 연 100만원을 초과하는 경우 그 초과하는 금액은 각각 없는 것으로 한다.
  1. 기본공제대상자 중 장애인을 피보험자 또는 수익자로 하는 장애인전용보험으로서 대통령령으로 정하는 장애인전용보장성 보험료
  2. 기본공제대상자를 피보험자로 하는 대통령령으로 정하는 보험료(제1호에 따른 장애인전용보장성 보험료는 제외한다)

연금계좌의 세액공제
「소득세법」 제59조의3(연금계좌세액공제) ① 종합소득이 있는 거주자가 연금계좌에 납입한 금액 중 다음 각 호에 해당하는 금액을 제외한 금액(이하 '연금계좌 납입액')의 100분의 12[해당 과세기간에 종합소득과세표준을 계산할 때 합산하는 종합소득금액이 4천 500만원 이하(근로소득만 있는 경우에는 총 급여액 5천 500만원 이하)인 거주자에 대해서는 100분의 15]에 해당하는 금액을 해당 과세기간의 종합소득산출세액에서 공제한다. (이하 생략)

저축성 보험의 보험차익 비과세
「소득세법」 제16조(이자소득) ① 이자소득은 해당 과세기간에 발생한 다음 각 호의 소득으로 한다.
  9. 대통령령으로 정하는 저축성 보험의 보험차익. 다만, 다음 각 목의 어느 하나에 해당하는 보험의 보험차익은 제외한다.
    가. 최초로 보험료를 납입한 날부터 만기일 또는 중도해지일까지의 기간이 10년 이상으로서 대통령령으로 정하는 요건을 갖춘 보험
    나. 대통령령으로 정하는 요건을 갖춘 종신형 연금보험 (이하 생략)

> **비과세 종합저축(보험)**
> 「조세특례제한법」 제88조의2(비과세종합저축에 대한 과세특례) ① 다음 각 호의 어느 하나에 해당하는 거주자가 1명당 저축원금이 5천만원(제89조에 따른 세금우대종합저축에 가입한 거주자로서 세금우대종합저축을 해지 또는 해약하지 아니한 자의 경우에는 5천만원에서 해당 거주자가 가입한 세금우대종합저축의 계약금액 총액을 뺀 금액으로 한다) 이하인 대통령령으로 정하는 저축(이하 이 조에서 '비과세종합저축'이라 한다)에 2025년 12월 31일까지 가입하는 경우 해당 저축에서 발생하는 이자소득 또는 배당소득에 대해서는 소득세를 부과하지 아니한다. (이하 생략)

(1) 일반 보장성 보험료의 세액공제

일반 보장성 보험은 만기 환급되는 금액이 납입보험료를 초과하지 않는 보험으로 보험계약 또는 보험료 납입영수증에 보험료 공제대상임이 표시된 보험계약으로 생명보험, 상해보험 및 화재·도난 기타의 손해를 담보하는 손해보험 등이 이에 해당한다.

① **세액공제 사항**: 일용근로자를 제외한 근로소득자가 기본공제대상자를 피보험자로 하는 일반 보장성 보험에 가입한 경우 과세기간에 납입한 보험료(100만원 한도)의 12%에 해당되는 금액을 종합소득산출세액에서 공제받을 수 있다.

② **근로소득자**
   ㉠ **세액공제 제외대상**: 세액공제 대상을 근로소득자로 제한하고 있어 연금소득자 또는 개인사업자 등은 보장성 보험에 가입하더라도 세액공제를 받을 수 없다.
   ㉡ **근로소득자**: 사장·임원·직원 등이며, 일용근로자는 제외된다. 다만, 개인사업자에게 고용된 직원이 근로소득자일 경우에는 세액공제가 가능하다.

③ **기본공제대상자**: 피보험자에 해당하는 기본공제대상자는 본인을 포함한 부양가족으로, 근로소득자 본인에 대해서는 별도의 요건이 없으나 배우자 및 부양가족 등은 근로소득자 본인이 보험료를 납입하더라도 소득 및 연령 요건 미충족 시 세액공제를 받을 수 없다. 다만, 기본공제대상자가 장애인일 경우 연령에 상관없이 소득금액 요건만 충족하면 세액공제가 가능하다.

보험료 납입인	피보험자	소득금액 요건	연령 요건	세액공제 여부
본인	부모	연간 100만원 이하	만 60세 이상	가능
	배우자		특정 요건 없음	
	자녀		만 20세 이하	
	형제자매		만 20세 이하 또는 만 60세 이상	

◉ 기본공제대상자 요건

④ **보장성 보험 중도해지 시 세액공제 여부**: 과세기간 중 보장성 보험을 해지할 경우 해지 시점까지 납입한 보험료에 대해 세액공제가 가능하며, 이미 세액공제를 받은 보험료에 대한 추징 또한 없다.

(2) 장애인전용 보장성 보험료의 세액공제

근로소득자가 기본공제대상자 중 장애인을 피보험자 또는 수익자로 하는 장애인전용보험(보험계약 또는 보험료 납입영수증에 장애인전용 보험으로 표시) 및 장애인전용보험 전환특약을 부가한 보장성 보험의 경우 과세기간 납입 보험료(1년 100만원 한도)의 15%에 해당되는 금액을 종합소득산출세액에서 공제받을 수 있다.

[단권화 MEMO]

◉ 일반 보장성 보험 중 근로소득자의 연간공제 한도는 □만원이다. 단, 일용근로자는 제외된다.
(100)

> **플러스이론 펼쳐보기 ▼** 장애인전용보험 전환특약
>
> - 전환대상상품: 보장성 보험 전 상품(판매중지 상품 포함)
>   ※ 계약자가 법인인 상품, 장애인전용보험 등은 제외된다.
> - 전환대상계약: 전환대상상품의 피보험자(또는 수익자)가「소득세법」상 장애인인 계약
>   ※ 피보험자가 다수일 경우, 피보험자 모두 장애인인 경우에 적용 가능하다(수익자도 동일).

> **플러스이론 펼쳐보기 ▼** 보장성 보험료 세액공제 가능 여부
>
> | 예시 | 세액공제 가능 여부 |
> |---|---|
> | 근로소득자 본인이 보험료를 납입하는 보장성 보험의 피보험자가 연간 소득 100만원을 초과하는 배우자인 경우 | 세액공제 적용대상이 아님 |
> | 근로소득자 본인이 보험료를 납입하는 각 보장성 보험의 피보험자가 각각 연간 소득 100만원 미만의 부양가족 중 만 59세 부모와 만 20세 형제일 경우 | 만 20세 형제의 경우 요건에 충족하여 세액공제 적용대상이나, 부모의 경우 적용대상이 아님 |
> | 보장성 보험의 피보험자가 태아인 경우 | 출생 전이므로 기본공제대상자에 해당하지 않음 |
> | 보험계약기간이 2020년 6월부터 2021년 5월까지인 보장성 보험의 보험료를 2020년 6월에 일시 납부했을 경우 | 2020년(납부일이 속하는 과세기간)의 근로소득에서 세액공제(기간별 안분 계산 ×) |
> | 보장성 보험의 2020년 중 2개월치 보험료를 미납하여 2021년 중 납부한 경우 | 세액공제는 납부일이 속하는 과세기간에 적용되므로 미납분 보험료의 경우 실제 납부한 과세기간에 공제 가능 |
> | 자영업을 영위하는 사람(장애인)이 본인 명의로 보장성 보험에 가입한 경우 | 자영업자는 근로소득자에 해당하지 않으므로 세액공제 대상에서 제외 |

(3) 연금계좌의 세액공제

연금계좌에는 연금저축계좌와 퇴직연금계좌가 있다. 연금저축계좌는 금융회사와 체결한 계약에 따라 '연금저축'이라는 명칭으로 설정하는 계좌이며, 연금저축보험, 연금저축신탁, 연금저축펀드가 이에 해당한다. 퇴직연금계좌는 퇴직연금을 지급받기 위해 가입하는 계좌로 확정급여형(DB형), 확정기여형(DC형) 및 개인형 퇴직연금(IRP) 등이 있다. 이 중 확정급여형(DB형) 퇴직연금은 세액공제대상에서 제외된다.

① **세액공제사항**: 종합소득자가 과세기간 중 연금저축계좌에 납입한 금액 600만원 한도의 12% 세액공제[종합소득금액 4천 500만원 이하(근로소득만 있는 경우 총 급여액 5천 500만원 이하)인 거주자는 15%]를 해당 과세기간 종합소득산출세액에서 공제한다.

② **세액공제 요건**: 보장성 보험료 세액공제가 근로소득자에 한해 가능한 것과 달리, 연금계좌의 세액공제는 근로소득 외의 종합소득이 있는 경우에도 가능하다.

종합소득금액 (근로소득만 있는 경우 총 급여액)	세액공제대상 납입한도 (퇴직연금 합산 시)	공제율 (지방소득세 미포함)
4천 500만원 이하 (5천 500만원 이하)	600만원 (900만원)	15%
4천 500만원 초과 (5천 500만원 초과)		12%

◎ 연금계좌 세액공제 납입한도 및 공제율

(4) 저축성 보험의 보험차익 비과세

저축성 보험의 보험차익은 보험계약에 따라 만기 또는 해지환급금(피해자 사망, 질병, 부상, 상해 등에 따른 보험금은 제외) 등과 납입보험료 총액을 뺀 금액을 뜻한다. 일반적으로 저축성 보험의 보험차익은 이자소득으로 「소득세법」상 과세대상이지만, 다음 1~3까지의 조건 충족 시 이자소득세가 비과세된다. 다만, 보험계약 체결 이후 비과세 요건을 미충족하게 되는 경우 비과세 대상이 되지 못한다. 단, 2~3에 해당되는 보험계약이 계약 체결 이후 비과세 요건을 충족하지 못하더라도 1의 요건을 충족하는 경우 비과세 대상으로 인정된다.

1	- 2와 3을 제외한 저축성 보험 - 최초 보험료 납입 시점부터 만기일 또는 중도해지일까지 기간이 10년 이상으로 계약자 1인당 납입 보험료 합계액이 2017년 3월 31일까지 가입한 경우 2억원 이하, 2017년 4월 1일 이후 가입한 경우 1억원 이하인 계약의 보험차익에 대해 비과세한다. - 단, 최초 보험료 납입일로부터 만기일 또는 중도해지일까지의 기간은 10년 이상이나, 납입 보험료를 최초 납입일부터 10년이 경과하기 전에 확정된 기간 동안 연금형태로 분할하여 지급받는 경우는 비과세 요건에서 제외한다.

2	- 월적립식 저축성 보험
	- 최초 보험료 납입 시점부터 만기일 또는 중도해지일까지 기간이 10년 이상으로 아래 각 요건을 모두 충족하는 계약에 대해 보험차익을 비과세한다.
	  - 최초 납입일로부터 납입기간이 5년 이상인 월적립식 보험계약
	  - 최초 납입일로부터 매월 납입 기본보험료가 균등(최초 계약 기본보험료의 1배 이내로 기본보험료를 증액하는 경우 포함)하고 기본보험료 선납기간이 6개월 이내
	  - 계약자 1명당 매월 납입 보험료 합계액이 150만원 이하(2017년 4월 1일부터 가입한 보험계약에 한해 적용)
	- 월적립식 보험료 합계액은 만기 환급금액이 납입보험료를 초과하지 않는 보험계약으로 아래 조건을 충족하는 순수보장성 보험은 제외한다.
	  - 저축을 목적으로 하지 않고 피보험자의 사망·질병·부상 등 신체상의 상해나 자산의 멸실·손괴만을 보장하는 보험계약
	  - 만기 또는 보험 계약기간 중 특정 시점에서의 생존을 보험사건으로 보험금을 지급하지 않는 보험계약

3	- 아래의 요건들을 갖춘 종신형 연금보험
	  - 계약자가 보험료 납입기간 만료 후 만 55세 이후부터 사망 시까지 보험금·수익 등을 연금으로 지급받는 계약
	  - 연금 외의 형태로 보험금·수익 등이 지급되지 않는 계약
	  - 사망 시(「통계법」 제18조에 따라 통계청장이 승인하여 고시하는 통계표에 따른 성별·연령별 기대여명 연수(소수점 이하는 버리며, 이하 이 조에서 '기대여명연수'라 함) 이내에서 보험금·수익 등을 연금으로 지급하기로 보증한 기간(이하 '보증기간'이라 함)이 설정된 경우로서 계약자가 해당 보증기간 이내에 사망한 경우에는 해당 보증기간의 종료 시] 보험계약 및 연금재원이 소멸하는 계약
	  - 계약자, 피보험자 및 수익자가 동일한 계약으로 최초 연금지급개시 이후 사망일 전에 중도해지할 수 없는 계약
	  - 매년 수령 연금액(연금수령 개시 후에 금리변동에 따라 변동된 금액과 이연하여 수령하는 연금액은 포함하지 아니함)이 아래의 계산식에 따른 금액 이내인 계약
	    (연금수령 개시일 현재 연금계좌 평가액 ÷ 연금수령 개시일 현재 기대여명연수) × 3

(5) 비과세종합저축(보험)에 대한 과세특례

① 비과세종합저축은 만 65세 이상 또는 장애인 등을 가입대상으로 하며, 1인당 저축원금 5천만원까지 납입 가능하다. 여기서 발생한 이자소득은 전액 비과세(직전 3개 과세기간 중 「소득세법」 제14조 제3항 제6호에 따른 소득의 합계액이 1회 이상 연 2천만원을 초과한 자 제외)이며, 고령자, 장애인 등에 대한 복지강화와 생활안정 지원 등을 위해 한시적으로 운용되는 상품이기 때문에 2025년 12월 31일까지 가입이 가능하다.

> 세금우대종합저축에 가입한 거주자로 그 계약을 유지하고 있는 대상은 5천만원에서 세금우대종합저축 계약금액 총액을 뺀 금액을 상한으로 한다.

② 비과세종합저축 가입 요건: 아래 각 요건을 모두 갖추어야 한다.
  ㉠ 「금융실명거래 및 비밀보장에 관한 법률」 제2조 제1호에 따른 금융회사 등 및 아래에 해당하는 공제회가 취급하는 저축(투자신탁·보험·공제·증권저축·채권저축 등 포함)
    - 군인공제회, 한국교직원공제회, 대한지방행정공제회, 경찰공제회, 대한소방공제회, 과학기술인공제회

[단권화 MEMO]

　　　ⓒ 가입 당시 저축자가 비과세 적용을 신청할 것
③ 비과세종합저축 가입대상 한정
　　㉠ 만 65세 이상 거주자 또는 「장애인복지법」 제32조에 따라 등록한 장애인
　　㉡ 「독립유공자예우에 관한 법률」 제6조에 따라 등록한 독립유공자와 그 유족 또는 가족
　　㉢ 「국가유공자 등 예우 및 지원에 관한 법률」 제6조에 따라 등록한 상이자
　　㉣ 「국민기초생활 보장법」 제2조 제2호에 해당되는 수급자
　　㉤ 「고엽제후유의증 등 환자지원 및 단체설립에 관한 법률」 제2조 제3호에 따른 고엽제후유의증환자
　　㉥ 「5·18민주유공자예우 및 단체설립에 관한 법률」 제4조 제2호에 따른 5·18민주화운동 부상자

Chapter 03 보험윤리와 소비자보호

학습포인트
1. 보험영업윤리 관련 내용을 이해한다.
2. 보험범죄의 특징, 방지활동 등을 파악한다.
3. 보험모집 준수사항과 보험소비자 보호제도를 파악한다.

출제키워드
- 역선택

01 보험영업윤리

1 '보험회사 영업행위 윤리준칙'

국내 보험업계는 2018년 6월 '보험회사 영업행위 윤리준칙'을 제정하고 보험소비자의 권익제고를 위한 기본지침으로 활용하고 있다.

> **플러스이론 펼쳐보기 ▼** '보험회사 영업행위 윤리준칙'의 주요 내용
>
> - 영업활동의 기본원칙: 보험소비자 권익 제고를 위해 신의성실, 공정한 영업풍토 조성, 보험관계 법규 준수 등 보험상품 판매 과정에서 준수해야 할 기본 원칙이다.
> - 판매 관련 보상체계의 적정성 제고: 보험소비자의 권익 침해를 방지하기 위해 평가 및 보상체계에 판매실적 외 불완전판매건수, 고객수익률, 소비자만족도, 계약 관련 서류 충실성 등 관련 요소들을 충분히 반영하여 운영한다.
> - 영업행위의 내부통제 강화: 윤리준칙 준수 여부에 대해 주기적으로 점검하고, 위법·부당행위 내부 신고제도를 운영한다.
> - 보험소비자와의 정보 불균형 해소: 충실한 설명의무를 이행하고, 계약체결 및 유지단계에서 필요한 정보를 제공한다.
> - 합리적 분쟁해결 프로세스 구축: 독립적이고 공정한 민원처리를 위한 민원관리 시스템을 구축하고 분쟁방지 및 효율적 처리방안 등을 마련한다.

2 보험영업활동

(1) 보험영업활동 기본원칙

① 보험회사는 보험상품을 판매하고 서비스를 제공하는 일련의 과정에서 보험소비자의 권익이 침해되는 일이 발생하지 않도록 노력해야 한다.
② 보험모집자는 금융인으로서 사명감과 윤리의식을 가지고, 보험소비자의 권익보호를 최우선 가치로 삼고 영업활동을 수행해야 한다.
③ 보험회사는 보험모집자의 도입·양성·교육·관리 등에 있어 법령을 준수하고, 건전한 금융거래 질서가 유지될 수 있도록 노력해야 한다.
④ 보험회사 및 보험모집자는 부당한 모집행위나 과당경쟁을 하지 않고 합리적이고 공정한 영업풍토를 조성함으로써 모집질서를 확립하고 보험계약자의 권익보호에 최선을 다해야 한다.

⑤ 보험회사 및 보험모집자는 보험상품 판매에 관한 보험관계 법규 등을 철저히 준수해야 하며, 법령 등에서 정하고 있지 않은 사항은 사회적 규범과 시장의 일관된 원칙 등을 고려하여 선의의 판단에 따라 윤리적으로 행동해야 한다.

(2) 보험상품 판매 전·후 보험소비자와의 정보 불균형 해소

① **신의성실의 원칙 준수** — 신의에 합당하고 성실하게 행동하여야 한다는 원칙이다.
  ㉠ 보험회사 및 보험모집자는 보험소비자의 권익을 보호하기 위해 보험영업활동 시 합리적으로 행동하고, 적절하게 판단해야 하며, 보험소비자가 합리적인 선택을 할 수 있도록 지원해야 한다.
  ㉡ 보험회사는 보험상품 판매과정에서 보험소비자에게 피해가 생긴 경우 신속한 피해구제를 위해 노력해야 한다.
  ㉢ 보험모집자는 보험소비자와의 신뢰관계를 성실하게 유지해야 하며, 이를 위해 정직, 신용, 성실 및 전문직업의식을 가지고 보험영업활동을 수행해야 한다.

② **보험소비자에게 적합한 상품 권유**: 보험회사 및 보험모집자는 보험소비자의 연령, 보험 가입목적, 보험상품 가입경험 및 이해수준 등에 대한 충분한 정보를 파악하고 보험상품에 대한 합리적 정보를 제공함으로써 불완전판매가 발생하지 않도록 노력해야 한다.

③ **부당한 영업행위 금지**
  ㉠ 보험소비자의 보험 가입 니즈와 구매 의사에 반하는 다른 보험상품의 구매를 강요하는 행위를 금지한다.
  ㉡ 새로운 보험상품을 판매하기 위해 보험소비자가 가입한 기존 상품을 해지하도록 유도하는 행위를 금지한다.
  ㉢ 보험회사로부터 승인을 받지 않은 보험 안내자료나 상품 광고 등을 영업에 활용하는 행위를 금지한다.
  ㉣ 보험소비자에게 객관적이고 올바른 정보를 제공하지 않아 보험소비자의 합리적인 선택이 불가능하게 하는 행위를 금지한다.
  ㉤ 보험회사의 대출, 용역 등 서비스 제공과 관련하여, 보험소비자의 의사에 반하는 보험상품의 구매를 강요하는 행위를 금지한다.
  ㉥ 보험소비자가 보험상품의 중요한 사항을 보험회사에 알리는 것을 방해하거나, 알리지 아니할 것을 권유하는 행위를 금지한다.
  ㉦ 실제 명의인이 아닌 자의 보험계약을 모집하거나 실제 명의인의 동의가 없는 보험계약을 모집하는 행위를 금지한다.
  ㉧ 보험소비자의 자필서명을 받지 아니하고 서명을 대신하는 행위를 금지한다.

④ **보험상품 권유 시 충실한 설명의무 이행**
  ㉠ 보험회사 및 보험모집자는 보험상품을 권유할 때 보험소비자가 보험상품의 종류 및 특징, 유의사항 등을 제대로 이해할 수 있도록 충분히 설명하여야 한다.
  ㉡ 보험회사는 보험계약 체결 시부터 보험금 지급 시까지의 주요 과정을 보험업법령에서 정하는 바에 따라 보험소비자에게 충분히 설명하여야 한다.
  ㉢ 보험회사는 중도해지 시 불이익, 보장이 제한되는 경우 등 보험소비자의 권익에 관한 중요사항은 반드시 설명하고, 상품설명서 등 관련 정보를 보험소비자에게 제공해야 한다.
  ㉣ 보험회사 및 보험모집자는 보험상품의 기능을 왜곡하여 설명하는 등 보험계약자의 이익과 필요에 어긋나는 설명행위를 해서는 안 된다.

⑤ 보험계약 유지관리의 강화: 보험회사는 보험소비자에게 보험료 납입안내, 보험금 청구절차 안내 등 보험계약 유지관리서비스를 강화하여 보험소비자의 만족도를 제고하도록 노력해야 한다.

(3) 보험소비자에 대한 정보 제공

① 정보의 적정성 확보
- ㉠ 보험모집자는 보험회사가 제작하여 승인된 보험안내자료만 사용해야 하며, 승인되지 않은 보험안내자료를 임의로 제작하거나 사용할 수 없다.
- ㉡ 보험회사는 보험상품 안내장, 약관, 광고, 홈페이지 등 보험소비자에게 정보를 제공하는 수단에 대해 부정확한 정보나 과대광고로 보험소비자가 피해를 입는 일이 없도록 해야 한다.
- ㉢ 보험회사는 보험상품에 대한 판매광고 시 보험협회의 상품광고 사전심의 대상이 되는 보험상품에 대해서는 보험협회로부터 심의필을 받아야 하며, 공정한 거래질서를 해치거나 보험소비자의 윤리적·정서적 감정을 훼손하는 내용을 제외해야 한다.
- ㉣ 보험소비자에게 제공하는 정보는 보험소비자가 알기 쉽도록 간단·명료하게 작성되어야 하며, 객관적인 사실에 근거하여 보험소비자가 오해할 우려가 있는 정보를 배제해야 한다.

② 정보의 시의성 확보
- ㉠ 보험소비자에 대한 정보제공은 제공시기 및 내용을 보험소비자의 관점에서 고려하고, 정보제공이 시의적절하게 이루어질 수 있도록 운영해야 한다.
- ㉡ 보험회사는 공시자료 내용에 변경이 생긴 경우 특별한 사유가 없는 한 지체 없이 자료를 수정함으로써 보험소비자에게 정확한 정보를 제공해야 한다.

③ 계약체결·유지 단계의 정보 제공
- ㉠ 보험모집자는 보험소비자에게 보험계약 체결 권유 단계에서 상품설명서를 제공해야 하며, 보험계약 청약 단계에서는 보험계약청약서 부본 및 보험약관을 제공해야 한다.
- ㉡ 보험모집자는 보험소비자에게 제공하는 보험안내자료상의 예상수치가 실제 적용되는 이율이나 수익률 등과 다를 수 있다는 점을 분명하게 설명해야 한다.
- ㉢ 보험회사는 1년 이상 유지된 계약에 대해 보험계약 관리내용을 연 1회 이상 보험소비자에게 제공해야 하며, 변액보험에 대해서는 분기별로 1회 이상 제공해야 한다.
- ㉣ 보험회사는 저축성 보험에 대해 판매시점의 공시이율을 적용한 경과기간별 해지환급금을 보험소비자에게 안내하고, 해지환급금 및 적립금을 공시기준에 따라 공시해야 한다.
- ㉤ 보험회사는 미가입 시 과태료 부과 등 행정조치가 취해지는 의무보험에 대해서는 보험기간이 만료되기 일정 기간 이전에 보험만기 도래 사실 및 계약 갱신 절차 등을 보험소비자에게 안내해야 한다.

(4) 모집질서 개선을 통한 보험소비자 보호

① 완전판매 문화 정착 및 건전한 보험시장 질서 확립
- ㉠ 보험회사는 보험소비자 보호 강화를 위해 완전판매 문화가 정착되도록 노력해야 하며 보험모집자의 모집관리 지표를 측정·관리하고 그 결과에 따라 완전판매 교육체계를 마련해야 한다.

ⓒ 불완전판매 등 보험모집자의 부실모집 행위에 대하여 양정기준을 운영함으로써 보험모집자의 불완전판매 재발을 방지해야 한다.

ⓒ 보험소비자 등에게 「금융소비자 보호에 관한 감독규정」 제14조 제4항에 따른 금융소비자 의사에 반하여 보험계약 체결을 강요하여서는 안 된다.

② 보험회사와 보험모집자의 불공정행위 금지

㉠ 보험회사 및 보험모집자는 위탁계약서의 내용을 충실히 이행해야 하며, 위탁계약서에 명시된 것 이외의 항목에 대해서는 부당하게 지원 및 요구를 하지 않아야 한다.

㉡ 보험회사는 정당한 사유 없이 보험모집자에게 지급되어야 할 수수료의 일부 또는 전부를 지급하지 않거나, 지급을 지연해서는 안 된다. 또한 기지급된 수수료에 대해 정당한 사유 없이 환수해서는 안 된다.

㉢ 보험회사는 보험설계사에게 보험료 대납 등 불법모집행위를 강요하는 행위를 하여서는 안 된다.

③ 보험모집자의 전문성 제고

㉠ 보험모집자는 판매하는 상품에 대한 모집자격을 갖추어야 하며, 판매하는 상품에 대한 충분한 지식을 갖추어야 한다.

㉡ 보험회사는 보험설계사의 전문성 제고를 위한 교육프로그램을 운영하여 보험설계사가 종합적인 재무·위험전문 컨설턴트로서 보험소비자에게 최고의 서비스를 제공할 수 있도록 지원해야 한다.

㉢ 보험회사는 협회에서 시행하는 우수인증설계사에 대한 우대방안을 마련하여 불완전판매가 없는 장기근속의 우수한 설계사 양성을 도모해야 한다.

(5) 개인정보의 보호

① 개인정보의 수집 및 이용: 보험회사는 보험상품 판매를 위해 개인정보의 수집 및 이용이 필요할 경우 명확한 동의절차를 밟아야 하며, 그 목적에 부합하는 최소한의 정보만 수집·이용해야 한다.

② 개인정보의 보호 및 파기

㉠ 보험회사는 수집한 개인정보를 고객의 동의 없이 제3자에게 제공해서는 아니 되며, 개인정보가 외부에 유출되지 않도록 기술적·관리적 조치를 취해야 한다.

㉡ 보험회사는 수집한 개인정보를 당해 목적 이외에는 사용하지 아니하며 그 목적이 달성되었을 때에는 수집한 정보를 파기해야 한다.

(6) 판매 관련 보상체계

① 보험회사는 보험상품을 판매하는 과정에서 판매담당 직원과 보험소비자 간의 이해상충이 발생하지 않도록 판매담당 직원 및 단위조직(이하 '판매담당 직원 등')에 대한 평가 및 보상체계를 설계해야 한다.

[단권화 MEMO: 보험소비자에게 금융상품을 직접 판매하는 직원과 이러한 직원들의 판매실적에 따라 주로 평가받는 직원 및 영업 단위조직으로, 보험설계사와 보험대리점은 포함되지 않는다.]

② 보험회사는 판매담당 직원 등에 대한 평가 및 보상체계에서 판매실적 이외에도 불완전판매 건수, 고객수익률, 소비자만족도 조사결과, 계약 관련 서류의 충실성, 판매프로세스 적정성 점검결과 등 관련 요소들을 충분히 반영하여 평가결과에 실질적인 차별화가 있도록 운영해야 한다. 다만, 구체적인 반영 항목 및 기준은 각 보험회사가 합리적으로 마련하여 운영할 수 있다.

③ 보험소비자들이 판매담당 직원의 불건전영업행위, 불완전판매 등으로 금융거래를 철회·해지하는 경우 보험회사는 판매담당 직원에게 이미 제공된 금전적 보상을 환수할 수 있으며, 이를 위해 보상의 일정 부분은 소비자에게 상품 및 서비스가 제공되는 기간에 걸쳐 분할 또는 연기하여 제공할 수 있다.

④ 판매담당 직원 등에 대한 성과·보상체계 설정 부서, 성과평가 부서, 상품개발·영업 관련 부서, 준법감시 부서 등이 불완전판매 등 관련 정보를 수집·공유하고 특정 보험상품에 대한 판매 목표량과 판매실적 가중치 부여의 적정 여부, 부가상품 판매에 따른 불완전판매 발생 사례 및 발생 가능성 등에 대해서 정기적으로 협의·검토해야 한다.

(7) 분쟁 방지 및 민원 처리

① 불완전판매 등에 대한 관리
  ㉠ 보험회사는 보험상품 판매 과정에서 불완전판매가 발생하지 않도록 보험소비자 보호 관점에서 지속적으로 관리해야 한다.
  ㉡ 보험회사는 상품 및 서비스와 관련한 주요 보험소비자 불만사항에 대해 그 불만내용과 피해에 대한 분석을 통해 불만의 주요 원인을 파악하고, 이를 관련 부서와 협의하여 개선해야 한다.

② 민원관리시스템 구축
  ㉠ 보험회사는 독립적이고 공정한 민원처리와 구제절차를 마련하여 운영해야 하며, 보험소비자가 시의적절하고 효율적으로 이용할 수 있도록 해야 한다.
  ㉡ 보험회사는 보험소비자가 다양한 민원접수 채널을 통해 민원을 제기할 수 있도록 해야 하고, 해당 민원을 One-Stop으로 처리할 수 있도록 전산화된 시스템을 구축해야 한다.
  ㉢ 보험회사는 민원관리시스템을 통한 민원처리 시 접수사실 및 사실관계 조사현황 등을 보험소비자에게 고지해야 하며, 민원인의 의견을 검토하여 민원예방에 노력해야 한다.

③ 분쟁방지 및 효율적 처리방안 마련
  ㉠ 보험회사는 보험소비자와의 분쟁을 해결하는 부서를 지정하고, 분쟁이 발생하지 않도록 분쟁예방 대책을 마련해야 한다.
  ㉡ 보험회사는 분쟁발생 시 조기에 분쟁이 해소될 수 있도록 노력해야 하며, 분쟁과 관련하여 정당한 사유 없이 보험소비자에게 피해가 발생하지 않아야 한다.
  ㉢ 보험회사는 분쟁발생 시 보험소비자에게 분쟁 해결에 관한 내부 절차를 알려야 한다.
  ㉣ 보험회사는 보험소비자가 분쟁 처리 결과에 이의가 있는 경우 이의제기 방법 또는 객관적인 제3자를 통한 분쟁해결 방법에 대해 안내해야 한다.

(8) 내부 신고제도의 운영

① 목적: 보험회사는 금융사고를 미연에 방지하고, 사고발생 시 피해를 최소화하기 위해 내부 신고제도를 운영한다.

② 신고대상 행위
  ㉠ 횡령, 배임, 공갈, 절도, 뇌물수수 등 범죄 혐의가 있는 행위
  ㉡ 업무와 관련하여 금품, 향응 등을 요구하거나 수수하는 행위
  ㉢ 업무와 관련된 상사의 위법 또는 부당한 지시행위
  ㉣ 기타 위법 또는 부당한 업무처리로 판단되는 일체의 행위

02 보험범죄 방지활동

1 보험범죄의 개념

'보험범죄'란 보험계약을 악용하여 보험 원리상 지급받을 수 없는 보험금을 수령하거나, 실제 손해액 대비 많은 보험금을 청구하는 행위 또는 보험 가입 시 실제 위험수준 대비 낮은 보험료를 납입할 목적으로 행하는 일체의 불법행위로 연성사기와 경성사기로 구분할 수 있다.

(1) 연성사기(Soft Fraud)

우연히 발생한 보험사고의 피해를 부풀려 실제 발생한 손해 이상의 과다한 보험금을 청구하는 행위이다. 그 유형으로는 경미한 질병·상해에도 장기간 입원하는 행위, 보험료 절감을 위해 보험 가입 시 보험회사에 허위 정보를 제공(고지의무 위반)하는 행위 등이 있다.

(2) 경성사기(Hard Fraud)

보험계약에서 담보하는 재해, 상해, 도난, 방화, 기타의 손실을 의도적으로 각색 또는 조작하는 행위를 말한다. 그 유형으로는 피보험자의 신체에 상해를 입히거나 방화·살인 등 피보험자를 해치는 행위 또는 생존자를 사망한 것으로 위장함으로써 보험금을 받으려는 행위가 이에 속한다. 경성사기의 경우 사기행위를 통한 보험금 부정 편취 과정에서 추가적인 피해자가 발생하게 된다. 과거에는 연성사기가 보험범죄의 대부분을 차지했으나 최근에는 보험금을 편취할 목적으로 고의의 보험사고를 일으키는 경성사기가 증가하고 있다.

> **플러스이론 펼쳐보기 ▼** 보험범죄와 구별되는 유형(정보의 불균형으로 인해 발생)
>
> - 도덕적 해이: 경우에 따라서 보험범죄로 규정하기는 어려우나, 보험사고의 발생 가능성을 높이거나 손해를 증대시킬 수 있는 보험계약자 또는 피보험자의 고의 또는 불성실에 의한 행동이다. 보험계약자 또는 피보험자가 직접적으로 보험제도를 악용·남용하는 행위에 의해 야기되는 내적 도덕적 해이와 피보험자와 관계있는 의사, 병원, 변호사 등이 간접적으로 보험을 악용·남용하는 행위에 의해 위험을 야기하는 외적 도덕적 해이로 구분할 수 있다.
> - 역선택: 보험계약에 있어 '역선택'이란 특정군의 특성에 기초하여 계산된 위험보다 높은 위험을 가진 집단이 동일 위험군으로 분류되어 보험계약을 체결함으로써 그 동일 위험군의 사고발생률을 증가시키는 현상이다. 보험에 가입하고자 하는 자가 지금까지 걸렸던 질병이나 외상 등 현재에 이르기까지의 병력이 있었다고 하더라도 그 병력으로 인한 보험금 수령 사실이 없을 경우 보험회사로서는 보험계약 당시 이러한 병력에 대한 여부를 확인하기가 매우 어렵다.

2 보험범죄의 특성

(1) 관련·후속 범죄의 유발

보험금을 부정적으로 편취하기 위해 피보험자인 가족 또는 제3자를 해하거나 살해하는 경우 또는 진단서 등의 문서 위조, 건물 방화 등 다른 범죄가 함께 발생하는 경우가 많다.

(2) 범죄 입증의 어려움

보험범죄가 성립되기 위해서는 고액의 보험금을 편취하기 위해 다수의 보험에 계약한 사실이나 보험사고가 고의·허위에 의한 것임을 입증해야 하나, 보험사고의 과실이나 고의를 구분하는 것이 어렵다. 특히 생명보험의 경우 사고가 발생하고 상당 기간이 경과한 후 보험금을 청구하는 경우가 많아 입증이 더욱 어려울 수 있다.

(3) 수법의 다양화 · 지능화 · 조직화

보험사기 조사 등 보험회사의 보험범죄 대처가 강화되면서 보험사고를 고의로 일으키거나 보험금 편취 목적의 보험 가입 사실을 숨기기 위해 치밀하고 다양한 형태의 수법이 사용되고 있다. 최근에는 개인의 단독 범행뿐 아니라 가족, 조직폭력배, 전문 브로커 등에 의한 조직적 · 계획적 보험사기가 증가하고 있는 추세이다.

3 보험범죄의 유형

(1) 사기적 보험계약 체결

보험계약자가 보험계약 시 자신의 건강 · 직업 등의 정보를 허위로 알리거나 타인에게 자신을 대신해 건강진단을 받게 하는 행위 등을 통해 중요한 사실을 숨기는 행위가 이에 속한다.

> **플러스이론 펼쳐보기 ▼**   **사기적 보험계약 체결 예시**
>
> - 암 등 고위험군 질병을 진단받은 자가 보험 가입을 위해 진단사실을 은폐하는 행위
> - 피보험자가 제3자를 통한 대리진단으로 다수의 보험에 가입하는 행위
> - 이미 사망한 자를 피보험자로 보험에 가입하는 행위
> - 자동차 등과 관련하여 보험사고 발생 후 사고일자 등을 조작 · 변경하여 보험에 가입하는 행위

(2) 보험사고 위장 또는 허위사고

보험사고 자체를 위장하거나 보험사고가 아닌 것을 보험사고로 조작하는 행위이다.

> **플러스이론 펼쳐보기 ▼**   **보험사고 위장 또는 허위사고 예시**
>
> - 피보험자가 생존 중이나, 사망보험금 편취를 위해 사망한 것처럼 위장하는 행위
> - 보험사고를 조작하여 병원 또는 의원으로부터 허위진단서를 발급받아 보험금을 청구하는 행위
> - 기존 다른 사고로 인한 부상을 경미한 사고로 인해 발생한 것처럼 조작하여 보험금을 청구하는 행위

(3) 보험금 과다청구

보험사고에 따른 실제 피해보다 과다한 보험금을 지급받기 위해 병원과 공모하여 부상 정도나 장해등급을 상향, 또는 통원치료를 하였음에도 입원치료를 받은 것으로 서류를 조작하는 행위 등 사기적으로 보험금을 과다청구하는 행위이다.

> **플러스이론 펼쳐보기 ▼**   **보험금 과다청구 예시**
>
> - 보험 가입자가 피보험자와 병원에 내원하여 '일반질병'을 보험계약에서 정한 '특정질병'으로 허위진단서를 발급받아 보험금을 과다청구하는 경우
> - 병원 입원기간 동안 외출, 외박 등을 통해 정상적인 사회활동을 하였음에도 입원한 것처럼 진단서를 발급받는 행위

(4) 고의적인 보험사고 유발

보험금을 부정 편취하기 위해 고의적인 살인 · 방화 · 자해 등으로 사고를 유발하는 가장 악의적인 보험범죄 유형이다. 최근에는 가족 또는 지인들과 사전 공모하여 고의로 사고를 일으키는 등 계획적 · 조직적 보험범죄 양상을 보이고 있다.

[단권화 MEMO]

> **플러스이론 펼쳐보기 ▼** 고의적인 보험사고 유발 예시
>
> - 피보험자 본인이 신체 일부를 절단 또는 고층에서 뛰어내리거나 운행 중인 차량에 고의로 충돌하는 행위
> - 보험수익자가 보험금을 노리고 피보험자의 신체에 고의로 상해를 입히거나 살해하는 행위

4 보험범죄 방지활동

(1) 정부 및 유관기관의 방지활동

보험범죄가 급증함에 따라 정부 및 금융감독원, 보험협회 등 유관기관은 보험사기 적발 및 예방을 위한 대책과 방지활동을 강화하고 있다. 검·경찰과 유관기관이 함께 참여하는 '보험범죄 전담합동대책반'을 구성·운영해온 바 있으며, 경찰청은 기획수사 및 특별단속을 지속적으로 실시하고 있다. 보험회사에서는 자체적으로 보험심사시스템을 구축하는 등 언더라이팅을 강화하여 역선택을 방지하고, 보험사기특별조사반을 설치하여 금융감독원의 보험사기대응단 및 생·손보협회의 보험범죄방지부서와 유기적인 협조체제를 갖추고 보험범죄에 대처하고 있다.

> **플러스이론 펼쳐보기 ▼** 보험범죄 방지활동 관련 주요 연혁
>
> | | |
> |---|---|
> | 1999년 | 국무총리실, 매년 법무부 등 관계기관 합동으로 '보험범죄 근절 대책' 마련 및 시행 조치 |
> | 2008년 | 「보험업법」상 보험계약자 등의 의무로 보험사기 행위금지 조항 신설(제102조의2) |
> | 2011년 | 금융감독원, 건강보험심사평가원과 업무협약을 체결, 부적정 급여 청구 의료기관 정보를 공유하고 의료비 허위·부당청구, 허위입원확인서 발급 등 의료기관의 불법행위에 공동 대응할 수 있는 방안 마련 |
> | 2014년 | 「보험업법」상 보험관계 업무 종사자의 의무로 보험사의 임직원, 보험설계사, 보험대리점, 보험중개사, 손해사정사 등이 고의로 보험사고 발생·보험사고 발생조작·피해과장 등으로 보험금을 수령하도록 하는 행위를 금지하는 조항 신설(제102조의3) |
> | 2016년 | 「보험사기방지 특별법」을 제정, 보험사기행위에 대한 정의 및 처벌 강화 등을 통해 보험범죄에 대한 사회적 경각심을 제고하고 실질적인 보험범죄 예방에 기여할 수 있는 제도적 기반 마련 |
> | 2019년 | 금융감독원, 보험사기 피해로 할증된 자동차보험료 환급제도 마련 및 보험사기 피해사고 조회서비스 도입(자동차 보험사기 피해정보 확인 및 보험료 환급을 요청할 수 있도록 '과납보험료 통합조회시스템' 개선) |
> | 2020년 | 금융감독원, 코로나19 상황을 틈타 고액 일당 지급 등을 미끼로 한 보험사기가 급증함에 따라 소비자 경보 발령, 관련 콘텐츠 모니터링 및 보험사기 기획조사 강화 |
> | 2021년 | 금융감독원, 국민건강보험공단보험협회와 '공·민영보험 공동조사 협의회' 출범, 공·민영보험이 연계된 대규모 보험사기 공동조사 등 상호협력을 통해 공·민영보험 재정 건전화 도모 |
> | 2022년 | 금융감독원, 기업형 브로커 조직이 개입된 백내장 등 실손보험 관련 보험사기 급증에 따라 소비자 경보 발령, 백내장 보험사기 혐의 특별 신고기간 및 포상금 제도 운영 |

(2) 보험모집 종사자의 방지활동

보험설계사 등 보험모집자는 업무특성상 보험계약자 등과 1차적 접점관계에 있으며 보험계약자 또는 피보험자의 건강상태 및 재산상황 등을 가장 먼저 인지할 수 있는 위치에 있어, 보험계약 모집이나 보험금 지급 신청 시 보험계약자의 보험범죄 유발 가능성 등을 파악하고 모방범죄 등을 예방하기 위한 활동에 참여해야 한다.

03 보험모집 준수사항

1 개요

(1) 보험모집의 개념

'보험모집'이란 보험회사와 보험에 가입하려는 소비자 사이에서 보험계약의 체결을 중개·대리하는 행위이다. 일반적으로는 소비자를 대상으로 보험상품을 판매하는 행위로 정의할 수 있다.

(2) 보험모집의 자격

「보험업법」상 보험을 모집할 수 있는 자격은 아래와 같이 제한된다.
① **보험설계사**: 보험회사, 보험대리점 또는 보험중개사에 소속되어 보험계약 체결을 중개하는 자
② **보험대리점**: 보험회사를 위하여 보험계약의 체결을 대리하는 자
③ **보험중개사**: 독립적으로 보험계약의 체결을 중개하는 자
④ 보험회사의 임직원(대표이사, 사외이사, 감사 및 감사위원은 제외)

2 보험모집 관련 준수사항

(1) 「보험업법」상 준수사항 주요 내용

① **보험안내자료(제95조)**: 보험모집을 위해 사용하는 보험안내자료는 다음과 같은 사항을 명백하고 알기 쉽게 적어야 한다.
  ㉠ 보험회사의 상호나 명칭 또는 보험설계사, 보험대리점 또는 보험중개사의 이름·상호나 명칭
  ㉡ 보험 가입에 따른 권리·의무에 관한 주요 사항
  ㉢ 보험약관으로 정하는 보장에 관한 사항
  ㉣ 보험금 지급제한 조건에 관한 사항
  ㉤ 해약환급금에 관한 사항
  ㉥ 「예금자보호법」에 따른 예금자보호와 관련된 사항 등

② **설명의무(제95조의2 등)**
  ㉠ 보험회사는 보험계약의 체결 시부터 보험금 지급 시까지의 주요 과정을 대통령령으로 정하는 바에 따라 일반보험계약자에게 설명하여야 한다. 다만, 일반보험계약자가 설명을 거부하는 경우에는 설명하지 않아도 된다.
  ㉡ 보험회사는 일반보험계약자가 보험금 지급을 요청하는 경우 대통령령으로 정하는 바에 따라 보험금 지급절차 및 지급내역 등을 설명해야 하며, 보험금을 감액하거나 지급하지 않는 경우 그 사유에 대해 설명해야 한다.

③ **통신수단을 이용한 모집 관련 준수사항(제96조)**: 전화·우편·컴퓨터통신 등 통신수단을 이용하여 모집을 하는 자는 「보험업법」상 보험모집을 할 수 있는 자이어야 하며, 사전에 통신수단을 이용한 모집에 동의한 자를 대상으로 해야 한다. 또한 통신수단을 이용해 보험계약을 청약한 경우 청약의 내용 확인 및 정정, 청약 철회 및 계약해지도 통신수단을 이용할 수 있도록 해야 한다. 계약을 해지하고자 하는 경우에는 보험계약자가 계약을 해지하기 전에 안전성 및 신뢰성이 확보되는 방법을 이용하여 보험계약자 본인임을 확인받은 경우에 한정한다.

[단권화 MEMO]

④ 보험계약 체결 또는 모집에 관한 금지행위(제97조)
  ㉠ 보험계약자 또는 피보험자로 하여금 이미 성립된 보험계약을 부당하게 소멸시킴으로써 새로운 보험계약(기존보험계약과 보장 내용 등이 비슷한 경우)을 청약하게 하거나 새로운 보험계약을 청약하게 함으로써 기존보험계약을 부당하게 소멸시키거나 그 밖에 부당하게 보험계약을 청약하게 하거나 이러한 것을 권유하는 행위
  ㉡ 실제 명의인이 아닌 자의 보험계약을 모집하거나 실제 명의인의 동의가 없는 보험계약을 모집하는 행위
  ㉢ 보험계약자 또는 피보험자의 자필서명이 필요한 경우에 보험계약자 또는 피보험자로부터 자필서명을 받지 아니하고 서명을 대신하거나 다른 사람으로 하여금 서명하게 하는 행위
  ㉣ 다른 모집 종사자의 명의를 이용하여 보험계약을 모집하는 행위
  ㉤ 보험계약자 또는 피보험자와의 금전대차의 관계를 이용하여 보험계약자 또는 피보험자로 하여금 보험계약을 청약하게 하거나 이러한 것을 요구하는 행위
  ㉥ 정당한 이유 없이 「장애인차별금지 및 권리구제 등에 관한 법률」 제2조에 따른 장애인의 보험 가입을 거부하는 행위
  ㉦ 보험계약의 청약철회 또는 계약해지를 방해하는 행위
⑤ 특별이익의 제공 금지(제98조): 보험계약의 체결 또는 모집에 종사하는 자는 그 체결 또는 모집과 관련하여 보험계약자나 피보험자에게 다음과 같은 특별이익을 제공하거나 제공하기로 약속하여서는 아니 된다.
  ㉠ 금품
  ㉡ 기초서류에서 정한 사유에 근거하지 아니한 보험료의 할인 또는 수수료의 지급
  ㉢ 기초서류에서 정한 보험금액보다 많은 보험금액의 지급 약속
  ㉣ 보험료 대납
  ㉤ 보험회사로부터 받은 대출금에 대한 이자의 대납
  ㉥ 보험료로 받은 수표 또는 어음에 대한 이자 상당액의 대납
  ㉦ 「상법」 제682조에 따른 제3자에 대한 청구권 대위행사의 포기 등
⑥ 수수료 지급 등의 금지(제99조): 보험회사는 「보험업법」상 보험을 모집할 수 있는 자 이외의 자에게 모집을 위탁하거나 모집에 관하여 수수료, 보수, 그 밖의 대가를 지급하지 못한다.

(2) '생명보험 공정경쟁질서 유지에 관한 협정'에서 정한 준수사항
① 무자격자 모집 금지: 보험회사는 「보험업법」상 보험모집을 할 수 없거나, 보험모집 등에 관한 부당한 행위로 보험모집을 할 수 없게 된 자에게 보험모집을 위탁하여서는 아니 된다.
② 특별이익의 제공 금지: 보험회사는 보험모집자가 보험계약자에게 보험료의 할인 기타 특별한 이익을 제공하거나 이를 약속하는 행위를 하지 못하도록 하여야 하며 회사 또한 동일한 행위를 하여서는 아니 된다.
③ 작성계약 금지: 보험회사는 보험계약자의 청약이 없음에도 보험모집자가 계약자 또는 피보험자의 명의를 가명·도명·차명으로 보험계약 청약서를 임의로 작성하여 성립시키는 계약을 하지 못하도록 하여야 한다.
④ 경유계약 금지: 보험회사는 보험모집자 본인이 모집한 계약을 타인의 명의로 처리하지 못하도록 하여야 한다.

⑤ 허위사실 유포 금지 : 보험회사는 보험모집자가 다른 회사를 모함하거나 허위사실을 유포하는 행위를 하지 못하도록 하여야 하며, 회사 또한 동일한 행위를 하여서는 아니 된다.

(3) 「금융소비자 보호에 관한 법률」상 준수사항 주요 내용

① 설명의무(제19조)

> 「금융소비자 보호에 관한 법률」 제19조(설명의무) ① 금융상품판매업자등은 일반금융소비자에게 계약 체결을 권유(금융상품자문업자가 자문에 응하는 것을 포함한다)하는 경우 및 일반금융소비자가 설명을 요청하는 경우에는 다음 각 호의 금융상품에 관한 중요한 사항(일반금융소비자가 특정 사항에 대한 설명만을 원하는 경우 해당 사항으로 한정한다)을 일반금융소비자가 이해할 수 있도록 설명하여야 한다.
> 1. 다음 각 목의 구분에 따른 사항
>   가. 보장성 상품
>   1) 보장성 상품의 내용
>   2) 보험료(공제료를 포함한다. 이하 같다)
>   3) 보험금(공제금을 포함한다. 이하 같다) 지급제한 사유 및 지급절차
>   4) 위험보장의 범위
>   5) 그 밖에 위험보장 기간 등 보장성 상품에 관한 중요한 사항으로서 대통령령으로 정하는 사항
>   나. 투자성 상품
>   1) 투자성 상품의 내용
>   2) 투자에 따른 위험
>   3) 대통령령으로 정하는 투자성 상품의 경우 대통령령으로 정하는 기준에 따라 금융상품직접판매업자가 정하는 위험등급
>   4) 그 밖에 금융소비자가 부담해야 하는 수수료 등 투자성 상품에 관한 중요한 사항으로서 대통령령으로 정하는 사항
>   다. 예금성 상품
>   1) 예금성 상품의 내용
>   2) 그 밖에 이자율, 수익률 등 예금성 상품에 관한 중요한 사항으로서 대통령령으로 정하는 사항
>   라. 대출성 상품
>   1) 금리 및 변동 여부, 중도상환수수료(금융소비자가 대출만기일이 도래하기 전 대출금의 전부 또는 일부를 상환하는 경우에 부과하는 수수료를 의미한다. 이하 같다) 부과 여부·기간 및 수수료율 등 대출성 상품의 내용
>   2) 상환방법에 따른 상환금액·이자율·시기
>   3) 저당권 등 담보권 설정에 관한 사항, 담보권 실행사유 및 담보권 실행에 따른 담보목적물의 소유권 상실 등 권리변동에 관한 사항
>   4) 대출원리금, 수수료 등 금융소비자가 대출계약을 체결하는 경우 부담하여야 하는 금액의 총액
>   5) 그 밖에 대출계약의 해지에 관한 사항 등 대출성 상품에 관한 중요한 사항으로서 대통령령으로 정하는 사항
> 2. 제1호 각 목의 금융상품과 연계되거나 제휴된 금융상품 또는 서비스 등(이하 "연계·제휴서비스등"이라 한다)이 있는 경우 다음 각 목의 사항
>   가. 연계·제휴서비스등의 내용
>   나. 연계·제휴서비스등의 이행책임에 관한 사항
>   다. 그 밖에 연계·제휴서비스등의 제공기간 등 연계·제휴서비스등에 관한 중요한 사항으로서 대통령령으로 정하는 사항
> 3. 제46조에 따른 청약 철회의 기한·행사방법·효과에 관한 사항
> 4. 그 밖에 금융소비자 보호를 위하여 대통령령으로 정하는 사항

② 금융상품판매업자등은 제1항에 따른 설명에 필요한 설명서를 일반금융소비자에게 제공하여야 하며, 설명한 내용을 일반금융소비자가 이해하였음을 서명, 기명날인, 녹취 또는 그 밖에 대통령령으로 정하는 방법으로 확인을 받아야 한다. 다만, 금융소비자 보호 및 건전한 거래질서를 해칠 우려가 없는 경우로서 대통령령으로 정하는 경우에는 설명서를 제공하지 아니할 수 있다.

③ 금융상품판매업자등은 제1항에 따른 설명을 할 때 일반금융소비자의 합리적인 판단 또는 금융상품의 가치에 중대한 영향을 미칠 수 있는 사항으로서 대통령령으로 정하는 사항을 거짓으로 또는 왜곡(불확실한 사항에 대하여 단정적 판단을 제공하거나 확실하다고 오인하게 할 소지가 있는 내용을 알리는 행위를 말한다)하여 설명하거나 대통령령으로 정하는 중요한 사항을 빠뜨려서는 아니 된다.

④ 제2항에 따른 설명서의 내용 및 제공 방법·절차에 관한 세부내용은 대통령령으로 정한다.

② **불공정영업행위의 금지(제20조)**

> 「금융소비자 보호에 관한 법률」 제20조(불공정영업행위의 금지) ① 금융상품판매업자등은 우월적 지위를 이용하여 금융소비자의 권익을 침해하는 다음 각 호의 어느 하나에 해당하는 행위(이하 "불공정영업행위"라 한다)를 해서는 아니 된다.
> 1. 대출성 상품, 그 밖에 대통령령으로 정하는 금융상품에 관한 계약체결과 관련하여 금융소비자의 의사에 반하여 다른 금융상품의 계약체결을 강요하는 행위
> 2. 대출성 상품, 그 밖에 대통령령으로 정하는 금융상품에 관한 계약체결과 관련하여 부당하게 담보를 요구하거나 보증을 요구하는 행위
> 3. 금융상품판매업자등 또는 그 임직원이 업무와 관련하여 편익을 요구하거나 제공받는 행위
> 4. 대출성 상품의 경우 다음 각 목의 어느 하나에 해당하는 행위
>   가. 자기 또는 제3자의 이익을 위하여 금융소비자에게 특정 대출 상환방식을 강요하는 행위
>   나. 1)부터 3)까지의 경우를 제외하고 수수료, 위약금 또는 그 밖에 어떤 명목이든 중도상환수수료를 부과하는 행위
>   1) 대출계약이 성립한 날부터 3년 이내에 상환하는 경우
>   2) 다른 법령에 따라 중도상환수수료 부과가 허용되는 경우
>   3) 금융소비자 보호 및 건전한 거래질서를 해칠 우려가 없는 행위로서 대통령령으로 정하는 경우
>   다. 개인에 대한 대출 등 대통령령으로 정하는 대출상품의 계약과 관련하여 제3자의 연대보증을 요구하는 경우
> 5. 연계·제휴서비스등이 있는 경우 연계·제휴서비스등을 부당하게 축소하거나 변경하는 행위로서 대통령령으로 정하는 행위. 다만, 연계·제휴서비스등을 불가피하게 축소하거나 변경하더라도 금융소비자에게 그에 상응하는 다른 연계·제휴서비스등을 제공하는 경우와 금융상품판매업자등의 휴업·파산·경영상의 위기 등에 따른 불가피한 경우는 제외한다.
> 6. 그 밖에 금융상품판매업자등이 우월적 지위를 이용하여 금융소비자의 권익을 침해하는 행위
>
> ② 불공정영업행위에 관하여 구체적인 유형 또는 기준은 대통령령으로 정한다.

③ **부당권유행위 금지(제21조)**

> 「금융소비자 보호에 관한 법률」 제21조(부당권유행위 금지) 금융상품판매업자등은 계약 체결을 권유(금융상품자문업자가 자문에 응하는 것을 포함한다. 이하 이 조에서 같다)하는 경우에 다음 각 호의 어느 하나에 해당하는 행위를 해서는 아니 된다. 다만, 금융소비자 보호 및 건전한 거래질서를 해칠 우려가 없는 행위로서 대통령령으로 정하는 행위는 제외한다.
> 1. 불확실한 사항에 대하여 단정적 판단을 제공하거나 확실하다고 오인하게 할 소지가 있는 내용을 알리는 행위
> 2. 금융상품의 내용을 사실과 다르게 알리는 행위
> 3. 금융상품의 가치에 중대한 영향을 미치는 사항을 미리 알고 있으면서 금융소비자에게 알리지 아니하는 행위

4. 금융상품 내용의 일부에 대하여 비교대상 및 기준을 밝히지 아니하거나 객관적인 근거 없이 다른 금융상품과 비교하여 해당 금융상품이 우수하거나 유리하다고 알리는 행위
5. 보장성 상품의 경우 다음 각 목의 어느 하나에 해당하는 행위
   가. 금융소비자(이해관계인으로서 대통령령으로 정하는 자를 포함한다. 이하 이 호에서 같다)가 보장성 상품 계약의 중요한 사항을 금융상품직접판매업자에게 알리는 것을 방해하거나 알리지 아니할 것을 권유하는 행위
   나. 금융소비자가 보장성 상품 계약의 중요한 사항에 대하여 부실하게 금융상품직접판매업자에게 알릴 것을 권유하는 행위
6. 투자성 상품의 경우 다음 각 목의 어느 하나에 해당하는 행위
   가. 금융소비자로부터 계약의 체결권유를 해줄 것을 요청받지 아니하고 방문·전화 등 실시간 대화의 방법을 이용하는 행위
   나. 계약의 체결권유를 받은 금융소비자가 이를 거부하는 취지의 의사를 표시하였는데도 계약의 체결권유를 계속하는 행위
7. 그 밖에 금융소비자 보호 또는 건전한 거래질서를 해칠 우려가 있는 행위로서 대통령령으로 정하는 행위

04 보험소비자 보호제도

1 보험소비자 보호제도

(1) 「예금자보호법」

보험회사의 인가취소나 해산 또는 파산 시 보험계약자 등은 「예금자보호법」에 따라 예금보험공사로부터 보험금을 지급받을 수 있다.

구분	주요 내용
지급 사유	보험금 지급정지, 보험회사의 인가취소·해산·파산·제3자 계약이전 시 계약이전에서 제외된 경우
보호대상	예금자(개인 및 법인 포함)
보장금액	• 1인당 최고 5,000만원(원금 및 소정의 이자 합산) • 동일한 금융기관 내에서 보호받을 수 있는 총 합산금액임
산출기준	• 해지환급금(사고보험금, 만기보험금)과 기타 제지급금의 합산금액 • 대출 채무가 있는 경우 이를 먼저 상환하고 남은 금액
보험상품별 보호 여부	• 보호상품: 개인이 가입한 보험계약, 퇴직보험, 변액보험계약 특약 및 최저보증금, 예금자보호대상 금융상품으로 운용되는 확정기여형 퇴직연금제도 및 개인형 퇴직연금제도의 적립금, 원본이 보전되는 금전신탁 등 • 비보호상품: 보험계약자 및 보험료납부자가 법인인 보험계약, 보증보험계약, 재보험계약, 변액보험계약 주계약, 확정급여형 퇴직연금제도의 적립금 등

● 「예금자보호법」에 의한 보험계약 보장(예금보험공사)

(2) 금융분쟁조정위원회(「금융소비자 보호에 관한 법률」 제2절 금융분쟁의 조정)

금융회사, 예금자 등 금융수요자 및 기타 이해관계자는 금융 관련 분쟁 발생 시 금융감독원에 분쟁의 조정을 신청할 수 있다. 금융감독원은 분쟁 관계당사자에게 내용을 통지하고 합의를 권고할 수 있으며, 분쟁조정 신청일 이후 30일 이내로 합의가 이루어지지 않는 경우 금융감독원장은 지체 없이 이를 금융분쟁조정위원회로 회부해야 한다. 금융분쟁조정위원회는 조정 회부로부터 60일 이내에 이를 심의하여 조정안을 마련해야 하며, 금융감독원장은 신청인과 관계당사자에게 이를 제시하고 수락을 권고할 수 있다. 관계당사자가 조정안을 수락한 경우 해당 조정안은 재판상 화해와 동일한 효력을 갖는다.

(3) 고객상담창구 및 보험 가입 조회

금융감독원·생명보험협회·보험회사는 보험 관련 소비자상담 등을 위해 고객상담창구를 설치 및 운영하고 있으며, 생명보험협회의 경우 생존자 및 사망자에 대한 보험 가입 조회제도를 운영하고 있다(www.klia.or.kr). 보험 가입내역은 생명보험과 손해보험에 대해 확인이 가능하나, 우체국, 새마을금고 등 공제보험의 가입내역은 조회할 수 없다(우체국보험의 경우 우체국예금보험 홈페이지의 계약사항조회를 통해 확인 가능).

2 보험금 대리청구인 지정제도

보험계약자와 피보험자 그리고 보험수익자가 동일한 본인을 위한 보험상품 가입 시 보험금을 수령하기 위해서는 본인이 직접 보험금을 청구해야 한다. 하지만 치매 등 보험사고 발생으로 본인이 의식불명상태 등 스스로 보험금 청구가 현실적으로 어려운 상황이 발생할 수 있다. 따라서 이러한 경우를 방지하고자 보험금 대리청구인을 미리 지정해두어 대리청구인이 피보험자(수익자)를 대신하여 보험금을 청구할 수 있도록 제도를 실시하고 있다.

3 생명보험 광고심의제도

① 생명보험업계는 보험소비자 보호 및 보험업 이미지 제고를 위해 2005년 '생명보험 광고에 관한 규정'을 제정하고 생명보험 광고에 대한 심의제도를 운영하고 있다. 이는 「금융소비자 보호에 관한 법률」 제22조 '금융상품 등에 관한 광고 관련 준수사항'을 법적 근거로 하고 있으며, 생명보험회사가 보험상품을 광고하기 위해 반드시 안내해야 하는 필수안내사항 및 금지사항 등을 규정하고 있다.

② 이와 달리 정부기관, 곧 우체국보험을 포함한 우정사업본부의 광고는 「정부기관 및 공공법인 등의 광고시행에 관한 법률」에 따라 기본계획을 수립하고, 광고를 동법 시행령 제6조(업무의 위탁)에 따라 정부광고 업무를 수탁한 한국언론진흥재단의 정부광고통합시스템에 의뢰하며 해당 시스템을 통해 소요경비를 지출한다.

4 보험민원

(1) 보험민원의 정의

보험업에서 '민원'이란 보험회사가 계약에 따른 의무를 이행하지 않거나 보험상품 및 서비스가 고객 입장에서 기대에 미치지 못했을 때 또는 고객에 대한 관리가 적절히 이루어지지 않았을 경우 발생할 수 있는 보험회사에 대한 이의신청·진정·건의·질의 및 기타 특정한 행위를 요하는 의사표시로 정의할 수 있다.

(2) 보험민원의 특징

① 일반적으로 보험은 상품의 특성상 어느 정도의 민원을 내포할 수밖에 없다. 보험금의 지급책임이 장래의 우연한 보험사고의 발생 여부에 달려 있으며, 보험계약 시 보험회사와 계약자를 연결하는 판매채널이 존재하므로 불완전판매 등의 민원도 상당 비중을 차지한다. 또한 보험회사의 상품개발 및 판매 정책 등에 의해서도 발생할 수 있어 상품기획 단계에서부터 민원소지나 불완전판매 소지가 없는지 보험회사 스스로 판단하는 제도를 운영하기도 한다.

② 보험민원은 보험회사가 민원평가 및 평판 등을 의식하여 원칙적으로 수용할 수 없는 민원까지 수용할 경우, 악성민원인에 의해 남용될 소지가 크다. 이러한 경우 보험회사와 감독당국의 민원·분쟁처리 효율성을 크게 저하시켜 결국 선량한 소비자의 정당한 민원·분쟁처리가 지연될 수도 있다. 따라서 보험회사는 정확한 사실관계 확인을 바탕으로 관련 법규 및 기준에 근거하여 민원을 객관적·합리적으로 처리해야 한다.

(3) 현장에서의 보험민원 주요 유형

실제 보험영업 및 관리과정에서 많이 발생하는 민원 유형은 다음 표와 같이 분류할 수 있다.

주요 유형	세부 유형
불완전판매	• 약관 및 청약서 부본 미교부 • 고객불만 야기 및 부적절한 고객불만 처리 • 고객의 니즈에 부합하지 않는 상품을 변칙 판매
부당행위	• 자필서명 미이행 • 적합성원칙 등 계약권유준칙 미이행 • 약관상 중요 내용에 대한 설명 불충분 및 설명의무 위반 • 고객의 계약 전 알릴 의무 방해 및 위반 유도 • 대리진단 유도 및 묵인 • 약관과 다른 내용의 보험안내자료 제작 및 사용 • 특별이익 제공 또는 제공의 약속 • 보험료, 보험금 등을 횡령 및 유용 • 개인신용정보관리 및 보호 관련 중요사항 위반 • 보험료 대납, 무자격자 모집 또는 경유계약
보험금 지급	• 보험금 지급처리 지연 • 보험금 부지급 또는 지급 처리과정에서의 불친절 • 최초 안내(기대)된 보험금 대비 적은 금액의 지급
계약인수	• 계약인수 과정에서 조건부 가입에 대한 불만 • 계약적부심사 이후 계약해지 처리 불만 • 장애인 계약 인수과정에서 차별로 오인함에 따른 불만 • 계약 전 알릴 의무 위반사항과 인과관계 여부에 대한 불만

◦ 현장에서의 민원 주요 유형

Chapter 04 생명보험과 제3보험

학습포인트
❶ 생명보험상품의 종류별 특징을 정리하고 정확히 구분한다.
❷ 제3보험의 의의와 특징, 관련 법규, 상품 등을 이해한다.

출제키워드
· 생명보험상품

01 생명보험 개요

1 생명보험의 의의
일상생활에는 예측하기 힘들고 우연발생적인 사고의 가능성이 항상 존재하는데 이로 인해 발생하는 경제적 손실을 보전하고, 우리 주변을 둘러싸고 있는 여러 가지 위험으로부터 안정적인 생활을 영위할 필요에 따라 만들어진 제도가 보험이다.

2 생명보험의 개요
생명보험은 주로 사람의 생사(生死)에 관련된 불의의 사고에 대한 경제적 손실을 보전하며 많은 사람이 모여 합리적으로 계산된 소액의 분담금(보험료)을 모아서 공동준비재산을 조성하고 불의의 사고가 발생했을 경우에 약정된 금액(보험금)을 지급하는 것이 생명보험이다.

02 생명보험상품

1 생명보험상품의 특성

(1) 상품의 특성

① **무형의 상품**: 생명보험은 형태가 보이지 않는 무형의 상품이므로 타상품과 성능을 비교 검증하기 힘들다. 따라서 보험 가입자의 정확한 이해가 중요하며, 상품 권유단계부터 가입자에게 필요한 가입설계, 보장내용 및 보험금 지급절차, 이를 수록한 약관에 대한 충분한 설명이 필요하다.

② **미래지향적·장기효용성 상품**: 일반적으로 제조업체의 상품은 구입 즉시 사용으로 인한 만족감을 느끼는 현재지향적 상품이지만, 생명보험상품은 불확실한 미래에 대한 보장을 주기능으로 하는 미래지향적인 상품으로 가입과 효용이 동시에 발생하지 않고 사망, 상해, 만기, 노후 등 보험금 지급사유가 발생했을 때 효용을 주는 상품이다.

③ **장기계약·비자발적 상품**: 제조업체 상품은 대개 돈을 내고 상품을 구입하는 즉시 계약이 소멸되지만, 생명보험상품은 짧게는 수년부터 길게는 종신 동안 계약의 효력이 지속되고, 스스로의 필요에 의해 자발적으로 가입하기도 하지만 대부분의 경우 보험판매자의 권유와 설득에 의해 가입하게 되는 비자발적인 상품이다.

(2) 상품의 구성

생명보험상품은 일반적으로 주계약(기본보장계약)과 특약(추가보장계약)으로 구성된다.

> 생명보험상품 = 주계약 + 특약

① **주계약**: 보험계약에 있어서 기본이 되는 중심적인 보장내용 부분으로 보험계약의 가장 큰 특징이자 가입목적을 나타내며 계약성립의 기본이 되는 부분이다.

② **특약**: 다수의 보험계약자들의 다양한 욕구를 모두 충족시키기 위해 부가하는 것이 특약이며, 주계약 외에 별도의 보장을 받기 위해 주계약에 부가하는 계약을 의미한다.

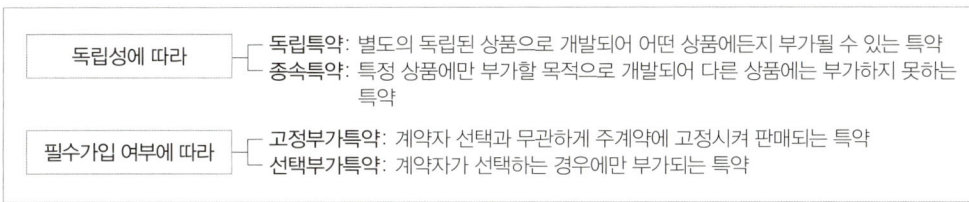

○ 특약의 분류

2 생명보험상품의 종류

○ 생명보험상품의 종류

(1) 사망보험

피보험자가 보험기간 중 사망하였을 때 보험금을 지급하는 보험이다. 사망보험은 정기·종신보험으로 구분된다.

① **정기보험**(定期保險): 보험기간을 미리 정해놓고 피보험자가 그 기간 내에 사망하였을 때 보험금이 지급되는 보험이다.

② **종신보험**(終身保險): 보험기간을 정하지 않고 피보험자가 일생을 통해 언제든지 사망하였을 때 보험금을 지급하는 보험이다.

[단권화 MEMO]

(2) 생존보험
피보험자가 보험기간이 끝날 때까지 생존했을 때에만 보험금이 지급되는 보험으로서 저축 기능이 강한 반면, 보장 기능이 약하다는 결함을 갖고 있지만, 만기보험금을 매년 연금형식으로 받을 수 있는 등 노후대비에 좋은 이점이 있다.

(3) 생사혼합보험(양로보험)
사망보험의 보장 기능과 생존보험의 저축 기능을 결합한 보험이다. 요즘 판매되는 대부분의 생명보험상품은 암 관련, 성인병 관련, 어린이 관련 등 고객 성향에 맞춰 특화한 생사혼합보험이다.

(4) 저축성 보험
생명보험 고유의 기능인 위험보장보다는 생존 시에 보험금이 지급되는 저축 기능을 강화한 보험으로 목돈 마련에 유리한 고수익 상품이다.
① **보장 부분**: 위험보험료를 예정이율로 부리하여 피보험자가 사망 또는 장해를 당했을 때 보험금을 지급하는 부분이다.
② **적립 부분**: 저축보험료를 일정 이율로 부리하여 만기 또는 중도 생존 시 적립된 금액을 지급하는 부분이다.

(5) 보장성 보험
주로 사망, 질병, 재해 등 각종 위험보장에 중점을 둔 보험으로, 보장성 보험은 만기 시 환급되는 금액이 없거나 기납입 보험료보다 적거나 같다.

(6) 교육보험
자녀의 교육자금을 종합적으로 마련할 수 있도록 설계된 보험으로, 부모 생존 시뿐만 아니라 사망 시에도 양육자금을 지급해주는 특징이 있다. 즉, 교육보험은 일정 시점에서 계약자와 피보험자가 동시에 생존했을 때 생존급여금을 지급하고, 계약자가 사망하고 피보험자가 생존하였을 때 유자녀 학자금을 지급하는 형태이다.

(7) 연금보험
소득의 일부를 일정 기간 적립했다가 노후에 연금을 수령하여 일정 수준의 소득을 계속 유지함으로써 노후의 생활능력을 보호하기 위한 보험이다. 연금은 가입자가 원할 경우 지급기간을 확정하여 받거나 종신토록 받을 수 있다.

(8) 변액보험
계약자가 납입한 보험료를 특별계정을 통해 기금을 조성한 후 주식, 채권 등에 투자하여 발생한 이익을 보험금 또는 배당으로 지급하는 상품으로 변액종신보험, 변액연금보험, 변액유니버셜보험 등이 있다.

(9) CI(Critical Illness)보험
중대한 질병이며 치료비가 고액인 암, 심근경색, 뇌출혈 등에 대한 급부를 중점적으로 보장해주는 보험으로, 생존 시 고액의 치료비, 장해에 따른 간병비, 사망 시 유족들에게 사망보험금 등을 지급해주는 상품이다.

03 제3보험

1 개요

관련 법령집 ▶ P.286

(1) 의의

① '제3보험'이란 "위험보장을 목적으로 사람의 질병·상해 또는 이에 따른 간병에 관하여 금전 및 그 밖의 급여를 지급할 것을 약속하고 대가를 수수하는 계약으로서 대통령령으로 정하는 계약이다."(「보험업법」 제2조 제1호)라고 정의된다.

> 「보험업법」 제2조(정의) 이 법에서 사용하는 용어의 뜻은 다음과 같다.
> 1. "보험상품"이란 위험보장을 목적으로 우연한 사건 발생에 관하여 금전 및 그 밖의 급여를 지급할 것을 약정하고 대가를 수수(授受)하는 계약(「국민건강보험법」에 따른 건강보험, 「고용보험법」에 따른 고용보험 등 보험계약자의 보호 필요성 및 금융거래 관행 등을 고려하여 대통령령으로 정하는 것은 제외한다)으로서 다음 각 목의 것을 말한다.
>   가. 생명보험상품: 위험보장을 목적으로 사람의 생존 또는 사망에 관하여 약정한 금전 및 그 밖의 급여를 지급할 것을 약속하고 대가를 수수하는 계약으로서 대통령령으로 정하는 계약
>   나. 손해보험상품: 위험보장을 목적으로 우연한 사건(다목에 따른 질병·상해 및 간병은 제외한다)으로 발생하는 손해(계약상 채무불이행 또는 법령상 의무불이행으로 발생하는 손해를 포함한다)에 관하여 금전 및 그 밖의 급여를 지급할 것을 약속하고 대가를 수수하는 계약으로서 대통령령으로 정하는 계약
>   다. 제3보험상품: 위험보장을 목적으로 사람의 질병·상해 또는 이에 따른 간병에 관하여 금전 및 그 밖의 급여를 지급할 것을 약속하고 대가를 수수하는 계약으로서 대통령령으로 정하는 계약 (이하 생략)

② 제3보험의 경우 생명보험의 약정된 정액보상적 특성과 손해보험의 실손보상적 특성을 모두 가지는 보험을 의미하게 된다. 사람의 신체에 대한 보험의 성격에 따라 분류하면 생명보험이라 할 수 있으나, 비용손해와 의료비 등 실손 부분에 대해 보상한다고 분류하게 되면 손해보험으로 볼 수 있다. 이에 생명보험 영역, 손해보험 영역 두 분야에 걸쳐 있다는 의미에서 제3보험 혹은 Gray Zone 보험이라고 불리기도 한다.

③ 생명보험의 경우 질병보장상품 등이 해당되고, 각종 질병치료비 등의 실손보상은 손해보험으로 분류할 수 있는데 이와 같은 중복된 영역에 대하여 제3보험이라는 용어를 사용하게 되었다. 우리나라에서는 2003년 8월 「보험업법」 개정을 통해 최초로 제3보험이 제정되었다. 제3보험의 종류로는 상해보험, 질병보험, 간병보험이 있으며, 생명보험사·손해보험사는 제3보험업 겸영이 가능하다.

구분	생명보험	손해보험	제3보험
보험사고대상 (조건)	사람의 생존 또는 사망	피보험자 재산상의 손해	신체의 상해, 질병, 간병
보험기간	장기	단기	단기·장기 모두 존재
피보험이익	원칙적으로 불인정	인정	원칙적으로 불인정
피보험자 (보험대상자)	보험사고 대상	손해에 대한 보상받을 권리를 가진 자	보험사고 대상
보상방법	정액보상	실손보상	정액보상, 실손보상

◎ 생명보험·손해보험·제3보험의 구분

[단권화 MEMO]

○ ☐☐보험은 생명보험의 약정된 정액보상적 특성과 손해보험의 실손보상적 특성을 모두 가지는 보험을 의미한다.
(제3)

(2) 제3보험의 종목

제3보험은 「보험업감독규정」에 따르면 상해보험·질병보험·간병보험으로 구분된다. 우연한 사고로 인한 신체에 입은 상해에 대한 치료 등에 소요되는 비용을 보장하는 '상해보험'과 질병 또는 질병으로 인한 입원·수술 등에 소요되는 비용을 보장하는 '질병보험' 그리고 치매 또는 일상생활장해 등으로 타인의 간병을 필요로 하는 상태로 진단받았거나 그와 관련한 소요되는 비용을 보장하는 '간병보험'이 있다.

보험계약(종목)	내용
상해보험 (계약)	사람의 신체에 입은 상해에 대하여 치료에 소요되는 비용 및 상해의 결과에 따른 사망 등의 위험에 관하여 금전 및 그 밖의 급여를 지급할 것을 약속하고 대가를 수수하는 보험(계약)
질병보험 (계약)	사람의 질병 또는 질병으로 인한 입원·수술 등의 위험(질병으로 인한 사망 제외)에 관하여 금전 및 그 밖의 급여를 지급할 것을 약속하고 대가를 수수하는 보험(계약)
간병보험 (계약)	치매 또는 일상생활장해 등 타인의 간병을 필요로 하는 상태 및 이로 인한 치료 등의 위험에 관하여 금전 및 그 밖의 급여를 지급할 것을 약속하고 대가를 수수하는 보험(계약)

● 제3보험업의 보험계약 ※ 출처: 「보험업감독규정」 별표1

(3) 제3보험의 특성

제3보험은 다음과 같이 생명보험의 특성과 손해보험의 특성을 모두 가지고 있다.

구분	특성		
생명보험으로서 제3보험	• 피보험자의 동의 필요 • 만 15세 미만 계약 허용	• 피보험이익 평가 불가 • 중과실 담보	• 보험자 대위 금지
손해보험으로서 제3보험	• 실손보상의 원칙 • 보험사고 발생 불확정성		

● 제3보험업의 특성

2 제3보험의 관련 법규

(1) 「상법」상의 분류

「상법」에서 생명보험, 상해보험, 질병보험, 화재보험, 운송보험, 해상보험, 책임보험, 자동차보험 등에 대한 정의는 있지만 제3보험이라는 분류는 없다. 대신 제3보험과 관련된 생명보험, 상해보험, 질병보험 등 관련 법규를 준용하게 된다.

「상법」 내 관련 법규

제2절 생명보험

제730조(생명보험자의 책임) 생명보험계약의 보험자는 피보험자의 사망, 생존, 사망과 생존에 관한 보험사고가 발생할 경우에 약정한 보험금을 지급할 책임이 있다.

제731조(타인의 생명의 보험) ① 타인의 사망을 보험사고로 하는 보험계약에는 보험계약 체결 시에 그 타인의 서면(「전자서명법」 제2조 제2호에 따른 전자서명이 있는 경우로서 대통령령으로 정하는 바에 따라 본인 확인 및 위조·변조 방지에 대한 신뢰성을 갖춘 전자문서를 포함한다)에 의한 동의를 얻어야 한다.

제3절 상해보험

제737조(상해보험자의 책임) 상해보험계약의 보험자는 신체의 상해에 관한 보험사고가 생길 경우에 보험금액 기타의 급여를 할 책임이 있다.

제739조(준용규정) 상해보험에 관하여는 제732조를 제외하고 생명보험에 관한 규정을 준용한다.

제4절 질병보험

제739조의2(질병보험자의 책임) 질병보험계약의 보험자는 피보험자의 질병에 관한 보험사고가 발생할 경우 보험금이나 그 밖의 급여를 지급할 책임이 있다.

제739조의3(질병보험에 대한 준용규정) 질병보험에 관하여는 그 성질에 반하지 아니하는 범위에서 생명보험 및 상해보험에 관한 규정을 준용한다.

(2) 「보험업법」상의 분류

「보험업법」 제2조(정의)에서 '위험보장을 목적으로 사람의 질병·상해 또는 이에 따른 간병에 관하여 금전 및 그 밖의 급여를 지급할 것을 약속하고 대가를 수수하는 계약으로서 대통령령으로 정하는 계약'으로 정의하고 있다. 그리고 「보험업법」 제4조에서는 보험종목을 구분하여 제3보험을 생명보험이나 손해보험이 아닌 독립된 하나의 보험업으로 구분하고 있다.

> **「보험업법」상 관련 법규**
>
> **제2조(정의)** 이 법에서 사용하는 용어의 뜻은 다음과 같다.
> 1. "보험상품"이란 위험보장을 목적으로 우연한 사건 발생에 관하여 금전 및 그 밖의 급여를 지급할 것을 약정하고 대가를 수수(授受)하는 계약(「국민건강보험법」에 따른 건강보험, 「고용보험법」에 따른 고용보험 등 보험계약자의 보호 필요성 및 금융거래 관행 등을 고려하여 대통령령으로 정하는 것은 제외한다)으로서 다음 각 목의 것을 말한다.
>   가. 생명보험상품: 위험보장을 목적으로 사람의 생존 또는 사망에 관하여 약정한 금전 및 그 밖의 급여를 지급할 것을 약속하고 대가를 수수하는 계약으로서 대통령령으로 정하는 계약
>   나. 손해보험상품: 위험보장을 목적으로 우연한 사건(다목에 따른 질병·상해 및 간병은 제외한다)으로 발생하는 손해(계약상 채무불이행 또는 법령상 의무불이행으로 발생하는 손해를 포함한다)에 관하여 금전 및 그 밖의 급여를 지급할 것을 약속하고 대가를 수수하는 계약으로서 대통령령으로 정하는 계약
>   다. 제3보험상품: 위험보장을 목적으로 사람의 질병·상해 또는 이에 따른 간병에 관하여 금전 및 그 밖의 급여를 지급할 것을 약속하고 대가를 수수하는 계약으로서 대통령령으로 정하는 계약 (이하 생략)
>
> **제4조(보험업의 허가)** ① 보험업을 경영하려는 자는 다음 각 호에서 정하는 보험종목별로 금융위원회의 허가를 받아야 한다.
> 1. 생명보험업의 보험종목
>   가. 생명보험
>   나. 연금보험(퇴직보험을 포함한다)
>   다. 그 밖에 대통령령으로 정하는 보험종목
> 2. 손해보험업의 보험종목
>   가. 화재보험
>   나. 해상보험(항공·운송보험을 포함한다)
>   다. 자동차보험
>   라. 보증보험
>   마. 재보험(再保險)
>   바. 그 밖에 대통령령으로 정하는 보험종목
> 3. 제3보험업의 보험종목
>   가. 상해보험
>   나. 질병보험
>   다. 간병보험
>   라. 그 밖에 대통령령으로 정하는 보험종목 (이하 생략)

[단권화 MEMO]

3 제3보험의 겸영

(1) 겸영금지
「보험업법」에서는 장기적으로 안정적 위험을 담보로 하는 생명보험업과 단기 거대위험 등을 담보로 하는 손해보험업이 서로 다른 성격으로 보험계약자에게 손해를 끼칠 리스크로 인해 생명보험업과 손해보험업의 겸영을 금지하고 있다.

(2) 겸영이 가능한 경우
① 보험회사가 생명보험업이나 손해보험업에 해당하는 전 종목에 관하여 허가를 받았을 때에는 제3보험업에 대해서도 허가를 받은 것으로 본다. 따라서 이러한 경우 제3보험업에 대해서는 겸영을 허용하고 있다(「보험업법」 제4조 제3항).

> 「보험업법」 제4조(보험업의 허가) ③ 생명보험업이나 손해보험업에 해당하는 보험종목의 전부(제1항 제2호 라목에 따른 보증보험 및 같은 호 마목에 따른 재보험은 제외한다)에 관하여 제1항에 따른 허가를 받은 자는 제3보험업에 해당하는 보험종목에 대한 허가를 받은 것으로 본다.

② 생명보험회사나 손해보험회사는 질병보험 주계약에 각종 특약을 부가하여 보장을 확대한 보험상품을 판매하고 있다. 다만, 손해보험회사에서 판매하는 질병사망 특약의 보험기간은 80세 만기, 보험금액 한도는 개인당 2억원 이내로 부가할 수 있으며, 만기 시 지급하는 환급금이 납입보험료 합계액 범위 내여야 하는 요건이 충족되는 경우 겸영이 가능하다(「보험업법 시행령」 제15조 제2항).

구분	생명보험	손해보험
보험만기	제한 없음	80세 이하
보험금액		개인당 2억원 이내
만기환급금		납입보험료 합계액 범위 내

◉ 제3보험(질병사망)의 특약에 따른 겸영 가능 요건

> 「보험업법 시행령」 제15조(겸영 가능 보험 종목) ② 법 제10조 제3호에서 "대통령령으로 정하는 기준에 따라 제3보험의 보험종목에 부가되는 보험"이란 질병을 원인으로 하는 사망을 제3보험의 특약 형식으로 담보하는 보험으로서 다음 각 호의 요건을 충족하는 보험을 말한다.
> 1. 보험만기는 80세 이하일 것
> 2. 보험금액의 한도는 개인당 2억원 이내일 것
> 3. 만기 시에 지급하는 환급금은 납입보험료 합계액의 범위 내일 것

04 제3보험 상품

관련 법령집 ▶ P.286

1 제3보험 상품의 분류

제3보험은 상해보험, 질병보험, 간병보험으로 분류할 수 있다. 상해보험은 생명보험의 재해보험 상품과 손해보험의 상해보험 상품이 있다. 질병보험은 각종 암, 뇌혈관질환 등의 진단보험과 암보험, CI보험 등의 상품이 있다. 그리고 간병보험의 경우에는 공적·민영 장기간병보험 상품을 판매하고 있다.

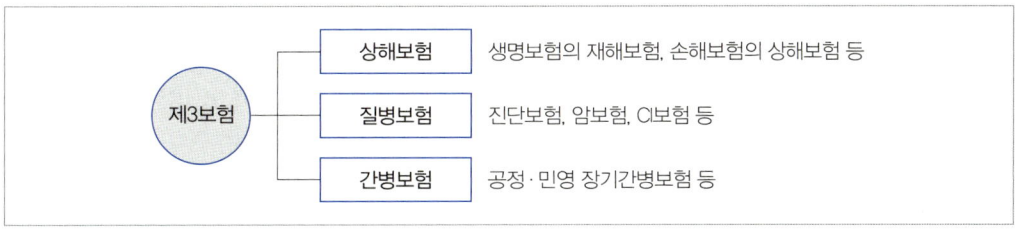

○ 제3보험 보장성에 따른 상품 분류

2 상해보험

(1) 정의

상해보험은 갑작스럽고 우연한 외래 사고로 인해 사람의 신체에 입은 상해에 대하여 발생한 비용을 보상하는 상품이다. 즉, 교통재해 및 각종 사고 발생 시 보험금을 지급하는 상품을 말한다. 상해보험은 외부로부터의 급작스러운 사고로 인한 상해 인정 여부가 중요한 조건이 되는데 단, 피보험자의 책임 있는 사유로 타인에게 상해 등을 입힌 경우는 보장하지 않는다.

(2) 상해사고의 요건

① 급격성: 보험사고가 급작스럽게 발생하여 결과의 발생을 피할 수 없을 정도로 급박한 상태에서 발생한 것을 의미한다. 이는 단순히 시간이 흐른 것을 의미하는 것이 아니기 때문에 질병 등의 경우에는 상해보험의 보험사고에 충족할 수 없다.

② 우연성: 피보험자가 보험사고의 핵심적인 요건으로 원인 또는 결과의 발생을 예견할 수 없는 상태를 말한다.

③ 외래성: 보험사고의 신체 상해의 발생 원인이 피보험자 신체에 내재되어 있는 내부 요인이 아니라 신체의 외부적 요인에 기인하는 것을 의미한다. 따라서 피보험자가 의도하거나 예상할 수 있었던 자살, 싸움 등의 원인에 의한 사고는 상해보험의 보험사고가 아니다.

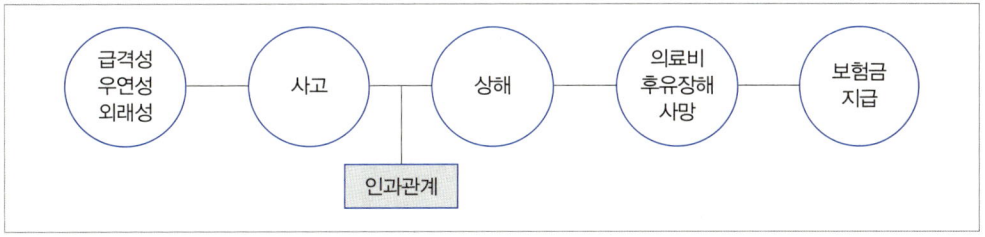

○ 상해요건과 보험금 지급 단계

(3) 보상 제외 사항

보장되는 사고에서 치료 및 결과에 따라 면·부책 여부가 결정된다. 질병에 의해 발생되는 상해사고는 보상이 제외되지만, 상해에 의해 발생되는 질병의 경우는 보상이 된다.

원인	결과	보상 여부
상해	질병 발생	보상 해당
질병	상해 발생	보상 제외

○ 보상 제외 사항

[단권화 MEMO]

(4) 상해보험의 종류

① **생명보험의 재해보험과 손해보험의 상해보험**: 생명보험의 재해보험은 특정 재해분류표(보험상품 약관 참고) 등을 이용하여 담보위험을 열거 및 보장해주는 상품이고 손해보험의 상해보험은 특정 상해사고를 보상하는 특별약관으로 보장하는 형태이다.

② **보장내용**: 일반적인 상해보험의 주요 보장내용은 다음과 같다.

구분	내용
상해입원급부금	보험기간 중 상해로 인해 직접치료를 목적으로 입원하였을 경우
상해수술급부금	보험기간 중 상해로 인해 직접치료를 목적으로 수술을 받았을 경우
상해장해급부금	보험기간 중 상해로 인해 장해분류표에서 정한 각 장해지급률에 해당하는 장해상태가 되었을 경우
상해사망보험금	보험기간 중에 상해의 직접적인 원인으로 사망하였을 경우
만기환급금	보험기간이 끝날 때까지 피보험자가 살아있는 경우

○ 일반적인 상해보험 보장내용

(5) 알릴 의무 관련 유의사항

① **직업이 변경되었을 경우**: 상해보험은 직업(직무)의 성격에 맞춰서 사고의 발생 가능성이 달라지기 때문에 보험요율을 구분하여 산출하게 된다. 변경된 직업(직무)별 위험도에 따라 사고발생 가능성도 증가 또는 감소할 수 있으므로 계약자의 납입보험료도 그에 따라 달라진다.

② **위험한 직업 및 직무로 변경 시 보험회사에 고지**: 보험기간 중 사고발생 위험이 증가된 때에는 그 사실을 보험회사에 통지할 의무가 있으므로 보험 가입자는 피보험자의 직업이 위험한 직업으로 변경된 경우 보험회사에 알려야 한다. 또한 추후 분쟁의 소지를 방지하기 위해 서면 등으로 변경을 통지하고, 보험증권에 확인을 받아두는 것이 안전하다. 만약, 변경된 직업 및 직무와 관계가 없는 사고의 경우에는 보험 가입자가 직업 및 직무의 변경 사실을 알리지 않고 있어도 보험금이 전액 지급된다.

3 질병보험

(1) 정의

'질병보험'이란 암, 성인병 등의 각종 질병으로 인한 진단, 입원, 수술 시 보험금을 지급하는 상품을 의미한다. 단, 질병으로 인한 사망은 제외된다. 우리나라에서는 질병보험을 건강보험이라고도 하는데, 그 종류로는 진단보험, 암보험, CI보험, 실손의료보험 등이 있다. 이러한 질병보험상품들이 각종 질병에 따라 발생하는 진단비, 수술비, 입원비 등의 각종 의료비를 보장하고 있다.

> 「상법」 제739조의2(질병보험자의 책임) 질병보험계약의 보험자는 피보험자의 질병에 관한 보험사고가 발생할 경우 보험금이나 그 밖의 급여를 지급할 책임이 있다.
> 제739조의3(질병보험에 대한 준용규정) 질병보험에 관하여는 그 성질에 반하지 아니하는 범위에서 생명보험 및 상해보험에 관한 규정을 준용한다.

(2) 질병보험 시장의 변화
① **급속한 인구노령화의 진행**: 최근 의료기술 발전 등으로 평균수명이 연장됨에 따라 노인인구가 급증하고 있다. 따라서 각종 노인성 질환의 발생률도 증가하고 있으며, 질병에 대한 치료기간이 길어지게 되었다. 그에 따라 질병보험의 종류 및 지급방식도 변화하고 있다.
② **질병 형태의 변화**: 국내·외 환경 변화에 따라 생활양식의 서구화 등으로 질병 형태가 변화하고 있으며, 이에 따라 의료비용도 급증하는 현상이 초래되고 있다.
③ **새로운 상품개발**: IMF 이후 대량판매되었던 종신보험시장이 포화됨에 따라 새롭게 CI보험(중대한 질병보험), 온라인 미니보험 등 다양한 질병 중심의 상품을 개발 및 판매하는 추세 변화가 나타나고 있다.
④ **고액의 의료비용 발생**: 중대한 질병에 걸려도 과거와 달리 생존률 및 완치율이 높아서 의료비 외에도 각종 비용이 추가적으로 발생하게 되어 경제적 부담이 가중되었다.

(3) 질병보험의 특성
① **질병 보상한도의 설정**: 진단비, 수술비에는 1회 보상한도 금액을 설정하고 있다. 입원의 경우에는 입원일수를 120일 또는 180일 등으로 한도를 정하고 있다.
② **질병의 진단에 대한 판정기준**: 새로운 질병이 지속적으로 증가하고 있어 이로 인한 분쟁을 줄이기 위한 약관의 판정기준 및 용어의 정의를 정확히 규정하고 있다.
③ **보험나이에 따른 보험료 계산**: 질병보험은 연령별로 보험료가 차이가 있으며, 고연령일수록 보험료가 증가하게 된다.
④ **면책 질병 및 개시일**: 선천적인 질병, 정신질환, 알코올 중독 및 마약 등의 질병은 면책 질병으로 분류되며 질병보험의 책임개시일은 보험계약일로 하나, 일부 질병담보(예 암 90일)의 경우 보험계약일(당일 포함)로부터 일정 기간의 면책기간을 둔다.
⑤ **부담보조건 인수로 보험 가입대상 확대**: 계약 전 알릴의무에 해당하는 질병으로 피보험자가 과거에 의료기관에서 진단 또는 치료를 받은 경우 부담보조건의 계약을 인수하고 가입 이후 해당 질병으로 보험금 지급사유가 발생하여도 보험금을 지급하지 않는다. 그 외의 질병에 대해서는 보상하도록 하여 보험 가입 대상을 확대할 수 있도록 하고 있다.

(4) 질병보험의 일반적 가입 조건
질병보험은 각종 질병, 암 등 다양한 보험사고가 발생하여 치료를 위해 발생하는 각종 의료비 등을 보장하는 보험상품이다. 진단확정 시 수술, 입원, 요양 등의 발생비용에 대해 보장해준다.
① 질병보험의 종류로는 보장하는 내용에 따라 암보험, 실손의료보험 등이 있고, 만기환급금의 유무에 따라 순수보장형과 만기환급형으로 구분할 수 있다.
② 보험기간은 10년 이상이 대부분이며, 0세부터 가입이 가능하다(사망보장의 경우 만 15세 이상). 그러나 고연령이거나 건강상태에 따라 가입이 제한될 수 있다.
③ 질병보험은 일반적으로 연령이 증가함에 따라 위험도가 증가하므로 보험료가 높아진다. 암보험 등 특화된 질병만을 보장하는 상품의 경우 저렴한 보험료를 책정받을 수 있지만, 대신 보장해주는 질병의 종류가 많지 않다. 그리고 보험금의 지급사유가 발생하기 전에 사망한 경우에는 보험계약은 소멸하게 된다. 이때 보험금 대신 책임준비금을 지급하게 된다.

[단권화 MEMO]

(5) 질병보험의 종류
① **진단비 보장보험**: 뇌출혈, 급성심근경색증, 말기신부전증, 말기간경화 등의 질병으로 진단받을 경우 진단보험금으로 보장해준다.
② **암보험**: '암'이라 함은 비정상적 세포성 종양으로 한국표준질병·사인분류 중 '대상이 되는 악성신생물 분류표(일부 제외)'에서 정한 질병을 말한다. 이러한 질병을 치료하기 위한 자금을 보장받기 위한 보험을 '암보험 상품'이라고 한다.
  ㉠ **암보험의 종류**: 암보험의 종류는 만기환급금에 따라 순수보장형과 만기환급형으로 구분되는데, 암과 관련하여 진단, 입원, 수술 등에 따라 지급되며 만기환급형의 경우 만기환급금이 지급된다. 한편, 특정 암(예 3대 주요 암)만을 집중적으로 보장하는 형태의 상품도 있다.
  ㉡ **암보험금의 종류**
    ⓐ **암진단보험금**: 보험기간 중 피보험자가 암 보장개시일 이후에 암으로 진단 확정되었을 때 보험금을 지급하게 된다. 암보험 상품에 따라서 특정 암에 대해 추가 약정금액을 지급하기도 한다.
    ⓑ **암 수술보험금**: 보험기간 중 피보험자가 암 보장개시일 이후에 암으로 진단이 확정되었을 때, 직접적인 치료를 목적으로 수술을 받은 경우 암 수술보험금을 지급한다.
    ⓒ **암 직접치료 입원보험금**: 암으로 진단 확정되고, 직접적인 치료를 목적으로 입원하여 치료를 받는 경우 입원 1일당 약정 보험금을 지급하게 된다.
    ⓓ **암 직접치료 통원보험금**: 피보험자가 암 보장개시일 이후에 암으로 진단 확정되고, 직접적인 치료를 목적으로 하여 통원하였을 경우 통원 1회당 약정 보험금을 지급하게 된다.
    ⓔ **암 사망보험금**: 피보험자가 보험기간 중 암 보장개시일 이후에 암으로 진단 확정되고, 해당 암으로 인해 사망하였을 경우 암 사망 약정 보험금을 지급하게 된다.
    ⓕ **방사선 약물치료비**: 피보험자가 보험기간 중 암 보장개시일 이후 암으로 진단 확정되고, 치료를 목적으로 항암방사선치료나 항암약물치료를 받는 경우에 약정 보험금을 지급하게 된다.
  ㉢ **암보험의 일반적 가입 조건**: 암보험상품의 보험기간은 10년 이상으로서 가입 가능연령은 0세 이상(사망보장의 경우 만 15세 이상)이고, 일반적으로 연령이 증가함에 따라 위험도가 증가하므로 보험료도 증가하게 된다. 갱신형 상품의 경우에는 갱신 시 보험료가 변동이 될 수 있으므로 계약자에게 이 사실을 안내해야 한다. 그리고 암보험의 경우 도덕적 해이 발생 방지를 위해 일정 기간 이후부터 보장이 개시되도록 하고, 가입 후 일정 시점(보통 1년)을 기준으로 보험금이 차등 책정된다.
③ **실손의료보험**
  ㉠ **상품개요**: 실손의료보험은 피보험자가 질병·상해로 입원(또는 통원) 치료를 하게 될 경우 실제 부담하게 되는 의료비(국민건강보험 급여 항목 중 본인부담액 + 비급여 항목의 합계액)의 일부를 보험회사가 보상하는 상품이다.
  ㉡ **실손의료보험의 가입 전 주의사항**: 실손의료보험은 동일인이 여러 개를 가입해도 실제 손해액 이내로 보상하게 된다. 즉, 가입자가 다수의 실손의료보험을 가입하더라도 초과이익 금지를 위해 본인이 부담한 치료비를 상품별로 비례보상하게 되므로 다수의 실손의료보험에 가입했다고 하더라도 치료비가 가입 상품의 수만큼 지급되는 것은 아니다. 따라서 보험계약 체결 전 중복가입(기가입) 여부를 반드시 확인해야 한다.

ⓒ 단체 – 개인실손보험 간 연계제도: 퇴직자의 단체실손보험 해지에 따른 보장공백을 해소하고 단체·개인실손보험의 중복가입자에 대한 보험료 이중부담을 해소하기 위해 단체 – 개인실손보험 간 연계제도가 운영 중이다. 단체실손보험에 5년 이상 가입한 사람이 퇴직할 경우 1개월 이내 개인실손으로 전환하여 가입할 수 있으며, 개인실손보험에 1년 이상 가입한 사람이 취직 등으로 회사의 단체실손보험에 가입 시 기존에 가입한 개인실손보험의 보험료 납입 및 보장을 중지한 후 퇴직 후 1개월 이내 중지했던 개인실손보험을 재개할 수 있다.

4 간병보험

(1) 정의

① 간병보험: 피보험자가 보험기간 중 상해 또는 질병으로 장기요양상태가 되거나 중증치매 등으로 일상생활이 어려워졌을 때 간병을 필요로 하게 되면, 이를 약관에 의거하여 보험금을 지급하는 상품이다.
② 장기요양상태: 거동이 불편하여 장기요양이 필요하다고 판단되었을 경우 「노인장기요양보험법」에 따라 국민건강보험공단의 장기요양등급 판정위원회에서 장기요양 1등급 또는 장기요양 2등급 등으로 판정받은 경우를 말한다.
③ 중증치매: 각종 상해 또는 질병 등으로 인지기능 장애가 발생한 상태를 말한다.

(2) 간병보험의 특성

① 보험금 지급사유: 간병보험은 치매상태와 일상생활에서 행동의 제한이 있는 상태에 있을 때 보험금을 지급하는 것으로 기존 진단, 수술, 입원 등의 사유로 보험금을 지급하는 질병보험과는 다르다.
② 노인장기요양보험의 장기요양등급 적용: 노인장기요양보험제도의 도입 이후로 기존 일상생활기본동작제한 장해평가표(ADLs)를 기준으로 적용하는 방식과 정부의 장기요양등급을 기준으로 적용하는 상품이 판매되고 있다.

(3) 간병보험의 종류

① 장기간병보험(공적): 「노인장기요양보험법」에 따라 2008년 7월 1일부터 노인장기요양보험제도가 시행되면서, 고령 및 노인성 질병 등으로 인한 장기간의 간병·요양 문제를 국가와 사회가 책임을 분담하게 되었다. 노인장기요양보험은 공적 장기간병보험에 해당된다. 노인장기요양보험은 만 65세 이상의 노인 및 노인성 질병(치매, 뇌혈관성질환, 파킨슨병 등)을 가진 만 65세 미만의 자를 대상으로 한다. 그리고 심신의 기능 상태에 따라 장기요양 인정점수로 등급을 판정하고, 등급에 따라 노인요양시설 등과 계약을 체결하여 요양서비스를 제공받게 되며 해당 비용을 지원받게 된다.
② 장기간병보험(민영): 우리나라에서 민영 장기간병보험은 2003년 8월부터 판매되기 시작하였다. 민영 장기간병보험은 보험금 지급방식에 따라 정액보상형과 실손보상형으로 구분되는데, 상품구조에 따라 연금형, 종신보장형, 정기보장형과 특약형태로 구분할 수 있다. 또한 갱신형 혹은 비갱신형으로 구분이 가능하다.

[단권화 MEMO]

(4) 보험금 지급사유

① 피보험자의 보험금 지급기준표에 따라 보험수익자에게 약정한 보험금을 지급하기도 하며, 또한 보험기간 중 장기요양상태 보장개시일 이후에 장기요양상태(장기요양 1등급 또는 장기요양 2등급 등)가 되었을 때에 따라 지급하기도 한다(단, 최초 1회에 한하여 지급). 그리고 보험기간이 끝날 때까지 살아있을 때에는 건강관리자금으로 구분하여 지급하게 된다.

② 간병보험은 보험기간 중 '일상생활장해상태' 또는 '치매상태'가 되는 경우 약관에 따라 보험금을 지급하는 상품도 있지만, 공적 요양보험의 장기요양 등급판정을 받으면 보험금을 지급하는 상품도 있다. 공적 기준인 장기요양등급과 관련된 경우에는 만 65세 이상이거나 노인성 질병환자를 보험금 지급 대상으로 하지만 회사 자체 판단기준에 따라 '일상생활 장해상태' 또는 '치매상태'를 보장하는 상품의 경우에는 보험 가입일 이후 '일상생활 장해상태' 또는 '치매상태'로 진단 확정되면 지급대상이 될 수 있다.

Chapter 05 보험계약법(인보험편)

학습포인트
1. 「상법」 제4편 보험편 중 제3장(인보험) 관련 법률의 내용을 이해한다.
2. 보험계약의 법적 성질, 특성, 요소, 성립과 체결, 철회·무효·취소·실효, 고지의무, 효과, 부활 등을 파악한다.

출제키워드
- 고지의무
- 법적 성질
- 보험계약
- 보험 관련 세금
- 생명보험계약

회독 체크표
- 1회독 월 일
- 2회독 월 일
- 3회독 월 일

01 의의

관련 법령집 ▶ P.284, P.286

'보험계약'이란 당사자 일방(보험계약자)이 약정한 보험료를 납부하고, 상대방(보험자)이 재산 또는 생명이나 신체에 불확정한 사고가 생길 경우에 일정한 보험금액 기타의 급여를 지급할 의무를 부담하는 계약(「상법」 제638조, 제730조)을 말하며, 그 법률효과로서 피보험자의 사망, 생존 등에 관한 보험사고가 발생할 경우 보험계약관계자인 보험계약자, 피보험자, 보험수익자 및 보험자 사이에 보험료 지급에 관한 권리·의무관계인 보험관계가 형성된다.

> 「상법」 제638조(보험계약의 의의) 보험계약은 당사자 일방이 약정한 보험료를 지급하고 재산 또는 생명이나 신체에 불확정한 사고가 발생할 경우에 상대방이 일정한 보험금이나 그 밖의 급여를 지급할 것을 약정함으로써 효력이 생긴다.
> 제730조(생명보험자의 책임) 생명보험계약의 보험자는 피보험자의 사망, 생존, 사망과 생존에 관한 보험사고가 발생할 경우에 약정한 보험금을 지급할 책임이 있다.

02 법적 성질

관련 법령집 ▶ P.284

1 낙성계약 — 계약 당사자의 의사표시 합치만으로 효력이 발생하는 계약을 의미한다.

보험계약은 보험계약자의 청약과 동시에 최초 보험료를 미리 납부하는 것이 보험거래의 관행이므로 보험계약은 요물계약처럼 운용되고 있다. 그러나 보험계약은 본질적으로 낙성계약이므로 보험료의 선납이 없어도 보험계약은 유효하게 성립된다. 다만, 최초보험료의 납부 없이는 보험자의 책임이 개시하지 않는다.

> 「상법」 제656조(보험료의 지급과 보험자의 책임개시) 보험자의 책임은 당사자 간에 다른 약정이 없으면 최초의 보험료의 지급을 받은 때로부터 개시한다.

[단권화 MEMO]

2 불요식계약

보험계약은 보험계약에 대해 특별한 방식을 요구하지 않는 불요식계약이다. 따라서 보험계약은 서면으로 체결되지 아니하여도 효력이 있다. 그러나 실제의 보험실무에서는 정형화된 보험계약 청약서가 이용되고 있다.

3 쌍무계약

보험계약은 보험자와 보험계약자 사이에 이루어지는 채권계약으로, 계약이 성립하면 보험계약자는 보험료 납부의무를 가지게 되며 보험자는 보험사고의 발생을 조건으로 보험금 지급의무를 부담한다. 이 두 채무 사이에는 대가관계가 있으므로 보험계약은 보험자와 보험계약자 사이의 의무관계로 놓인 쌍무계약이며, 대가관계의 유상계약이다.

4 부합계약성

보험계약은 다수인을 상대로 체결되고, 보험의 기술성과 단체성으로 인해 그 정형성이 요구되므로 부합계약에 속한다. 보험계약은 일반적으로 보험회사가 미리 작성한 보통보험약관을 매개로 체결되는데, 보험계약자는 약관을 승인하거나 거절하는 형식을 취하므로 약관해석 시 작성자 불이익의 원칙을 두고 있다.

5 상행위성

영리보험에 있어서 보험계약은 상행위성이 인정되며, 이를 영업으로 하는 보험자가 상인이 된다. 따라서 보험계약에도 상행위에 관한 규정이 적용되나 그 특수성으로 인해 많은 제약을 받는다.

6 사행계약성

보험계약에서 보험자의 보험금 지급의무는 우연한 사고의 발생을 전제로 하고 있으나 정보의 비대칭성으로 보험범죄나 인위적 사고의 유발과 같은 도덕적 위험이 내재해 있으며, 이를 규제하기 위하여 피보험이익, 실손보상 원칙, 최대선의 원칙 등을 두고 보험의 투기화를 막는 제도적 장치가 있다.

7 최대선의성과 윤리성

일반적으로 보험계약에서 보험자의 보험금 지급책임은 우연한 사고의 발생으로 생성되는 소위 사행성계약이므로, 보험계약자 측의 선의가 반드시 요청된다.

8 계속계약성

보험계약은 보험회사가 일정 기간 안에 보험사고가 발생하면 보험금을 지급하는 것을 내용으로 하여 그 기간 동안에 보험관계가 지속되는 계속계약의 성질을 지니며, 「상법」상 독립한 계약이다. 따라서 보험계약자 등은 보험료를 모두 납부한 후에도 보험자에 대한 통지의무와 같은 보험계약상의 의무를 진다.

03 특성

1 사익조정성(영리성)

보험계약자는 자기의 개인적인 위험을 보험자에게 전가하고, 보험자는 위험을 인수하는 대가로 보험료를 받게 된다. 여기서 보험계약법은 보험계약자와 보험자 사이의 이해관계를 합리적으로 조정하는 역할을 담당하게 되고, 보험자의 입장에서 보험의 인수는 영리추구를 위한 수단으로 사용된다. 보험계약법은 사회보험과는 달리 사보험관계에 적용되는 법으로서, 사보험은 국가가 경제적 약자를 지원하는 사회보장적 성격을 지니는 사회보험과는 그 성격이 크게 다르다고 볼 수 있다.

(1) 보험공법의 의의
보험사업에 대한 감독과 규제에 관한 법이다(예 「보험업법」).

(2) 보험사법의 의의
보험계약을 둘러싼 법률관계로, 어느 당사자가 어떠한 의무를 지고 권리를 갖는가에 대한 관계를 규율하는 것이다(예 보험계약법).

2 단체성

보험자와 계약을 체결하는 많은 보험 가입자(보험계약자)들은 경제적인 면에 있어서는 서로 연결이 되어 있고, 이들은 하나의 위험단체 혹은 보험단체를 구성하게 된다. 즉, 보험계약자는 보험자와 계약을 체결하는 것이지만, 보험계약의 배후에는 수많은 보험계약자로 구성된 보험단체 또는 위험단체의 관념이 존재하고 있다.

3 기술성

각각의 개별 보험계약자의 입장에서는 보험사고의 발생 여부는 극히 우연한 것이다. 그러나 보험단체를 통해 대량적으로 관찰하면 사고의 발생은 상당히 규칙적인 성질을 가지고 있고, 여기에서 보험사업의 합리적인 경영이 가능하게 된다. 보험자는 대수의 법칙과 수지상등의 원칙에 따라 보험사업을 영위하여야 하고, 이를 뒷받침하기 위해 보험계약법은 기술적인 성격을 가지게 된다.

4 사회성과 공공성

보험사업은 다른 상거래와는 달리 공공성과 사회성이 특히 강조된다. 보험제도는 다수의 가입자로부터 거둔 보험료를 기초로 하여, 가입자의 경제적 안정을 도모함을 목적으로 하기 때문이다.

5 상대적 강행법성

「상법」에 속하는 상거래의 하나인 보험계약은 고도로 기술적인 거래로서 약관에 의해 체결되는 부합거래이다. 사적 자치의 원칙상 보험계약법은 임의법인 것이 원칙이지만, 계약자는 보험자에 비하여 법적으로나 경제적으로나 열세를 보이고 있다. 따라서 보험계약법은 상대적 강행법규를 많이 정하여 둠으로써 약자인 보험계약자를 보호하도록 이루어져 있다.

04 요소

1 보험대상자와 보험목적물

보험사고 발생의 객체로, 생명보험에서는 피보험자의 생명 또는 신체를 가리킨다. 보험계약에서의 목적물은 보험사고 발생 후 보험자가 배상하여야 할 범위와 한계를 정해준다.

2 보험사고

'보험사고'란 보험에 담보된 재산 또는 생명이나 신체에 관하여 불확정한 사고, 즉 위험이 발생하는 것을 말하며, '보험금 지급사유'라고도 한다. 보험계약에서는 보험금이 지급되는 구체적인 조건을 '보험사고'라고 하며, 보험사고는 보험상품에 따라 다르지만 대개 생명보험은 보험대상자의 생존, 사망, 장해 등을 보험사고로 하고 있다.

> 「상법」 제644조(보험사고의 객관적 확정의 효과) 보험계약 당시에 보험사고가 이미 발생하였거나 또는 발생할 수 없는 것인 때에는 그 계약은 무효로 한다. 그러나 당사자 쌍방과 피보험자가 이를 알지 못한 때에는 그러하지 아니하다.

3 보험료와 보험금

보험사고가 발생할 경우 보험자가 지급하는 금액을 '보험금'이라고 하며, 보험자의 보험금 지급에 대한 반대급부로서 보험계약자가 보험자에게 내는 금액을 '보험료'라고 한다. 보험자의 보험금 지급책임은 다른 약정이 없는 한 보험계약자로부터 최초의 보험료(제1회 보험료)를 받은 때(자동이체 납입 및 신용카드 납입의 경우에는 자동이체 신청 및 신용카드 매출승인에 필요한 정보를 제공한 때. 다만, 계약자의 귀책사유로 자동이체 또는 매출승인이 불가능한 경우에는 보험료가 납입되지 않은 것으로 봄)부터 시작된다.

> 「상법」 제658조(보험금액의 지급) 보험자는 보험금액의 지급에 관하여 약정기간이 있는 경우에는 그 기간 내에 약정기간이 없는 경우에는 제657조 제1항의 통지를 받은 후 지체 없이 지급할 보험금액을 정하고 그 정하여진 날부터 10일 내에 피보험자 또는 보험수익자에게 보험금액을 지급하여야 한다.

4 보험기간과 보험료 납입기간

① 보험에 의한 보장이 제공되는 기간으로「상법」에서는 보험자의 책임을 최초의 보험료를 지급받은 때부터 개시한다고 규정되어 있다. 보험자의 보험금 지급책임이 존속하는 기간을 '보험기간'이라고 하고, 계약자가 보험자에게 보험료를 납입하여야 할 기간을 '보험료 납입기간'이라고 한다.

② 보험기간과 보험료 납입기간이 일치하는 경우를 '전기납', 보험료 납입기간이 보험기간보다 짧은 경우를 '단기납'이라고 한다.

05 성립과 체결

1 보험계약의 성립과 거절

관련 법령집 ▶ P.284

① 보험계약은 보험계약자의 청약과 보험자의 승낙으로 성립된다. 보험자는 계약자의 청약에 대해 피보험자가 계약에 적합하지 않을 경우 계약을 거절할 수 있으며, 보험자가 계약을 거절한 때에는 보험료를 받은 기간에 대하여 일정 이자를 보험료에 더하여 돌려준다. 단, 계약자가 최초 보험료를 신용카드로 납부한 계약에 대한 승낙거절 시 이자를 지급하지 않고, 신용카드 매출만 취소한다.

② 보험자는 계약의 청약을 받고, 제1회 보험료를 받은 경우에 건강진단을 받지 않는 계약은 청약일, 진단계약은 진단일부터 30일 이내에 계약을 승낙 또는 거절하여야 한다. 만일 30일 이내에 승낙 또는 거절의 통지를 하지 않으면 계약은 승낙된 것으로 본다.

> 「상법」 제638조의2(보험계약의 성립) ① 보험자가 보험계약자로부터 보험계약의 청약과 함께 보험료 상당액의 전부 또는 일부의 지급을 받은 때에는 다른 약정이 없으면 30일 내에 그 상대방에 대하여 낙부의 통지를 발송하여야 한다. 그러나 인보험계약의 피보험자가 신체검사를 받아야 하는 경우에는 그 기간은 신체검사를 받은 날부터 기산한다.
> ② 보험자가 제1항의 규정에 의한 기간 내에 낙부의 통지를 해태한 때에는 승낙한 것으로 본다.
> ③ 보험자가 보험계약자로부터 보험계약의 청약과 함께 보험료 상당액의 전부 또는 일부를 받은 경우에 그 청약을 승낙하기 전에 보험계약에서 정한 보험사고가 생긴 때에는 그 청약을 거절할 사유가 없는 한 보험자는 보험계약상의 책임을 진다. 그러나 인보험계약의 피보험자가 신체검사를 받아야 하는 경우에 그 검사를 받지 아니한 때에는 그러하지 아니하다.

2 보험계약의 체결

보험계약은 특별한 방식을 요구하지 않는 불요식의 낙성계약이므로, 보험계약자의 청약에 대하여 보험자가 승낙한 때에 성립한다. 승낙의 방법에는 청약의 경우와 같이 제한이 없으나 보험자는 별도의 승낙 의사표시를 행하지 않고 보험증권의 교부로 갈음하고 있으며, 실제로는 보험자의 승낙절차와 보험가입증서(보험증권)의 교부절차는 통합되어 이루어진다. 보험자가 승낙할 경우 보험자의 책임은 최초 보험료가 지급된 때로 소급하여 개시된다.

3 승낙의제

보험계약자가 보험계약의 청약 시에 보험료 상당액을 납부한 때에는 보험자는 다른 약정이 없는 한 30일 내에 승낙의 통지를 발송해야 하고, 이를 해태한 때에는 승낙한 것으로 본다(「상법」 제638조의2 제1항·제2항). 다만, 인보험계약의 피보험자가 신체검사를 받아야 하는 경우에는 그 기간은 신체검사를 받은 날로부터 기산한다.

> 「상법」 제638조의2(보험계약의 성립) ① 보험자가 보험계약자로부터 보험계약의 청약과 함께 보험료 상당액의 전부 또는 일부의 지급을 받은 때에는 다른 약정이 없으면 30일 이내에 그 상대방에 대하여 낙부의 통지를 발송하여야 한다. 그러나 인보험계약의 피보험자가 신체검사를 받아야 하는 경우에는 그 기간은 신체검사를 받은 날부터 기산한다.
> ② 보험자가 제1항의 규정에 의한 기간 내에 낙부의 통지를 해태한 때에는 승낙한 것으로 본다.

[단권화 MEMO]

[단권화 MEMO]

4 승낙 전 사고담보

보험자가 청약을 승낙하기 전에 보험사고가 생긴 때에는 고지의무위반, 건강진단 불응 등 해당 청약을 거절할 사유가 없는 한 보험자는 보험계약상의 책임을 진다(「상법」 제638조의2 제3항).

> 「상법」 제638조의2(보험계약의 성립) ③ 보험자가 보험계약자로부터 보험계약의 청약과 함께 보험료 상당액의 전부 또는 일부를 받은 경우에 그 청약을 승낙하기 전에 보험계약에서 정한 보험사고가 생긴 때에는 그 청약을 거절할 사유가 없는 한 보험자는 보험계약상의 책임을 진다. 그러나 인보험계약의 피보험자가 신체검사를 받아야 하는 경우에 그 검사를 받지 아니한 때에는 그러하지 아니하다.

5 보험가입증서(보험증권)의 교부

'보험가입증서(보험증권)'란 보험계약의 성립 및 그 내용에 관한 증거로서 보험자가 교부하는 문서를 말한다. 보험자는 계약이 성립한 때에는 보험가입증서(보험증권)를 교부한다. 그런데 보험가입증서(보험증권)의 교부 여부는 보험계약의 효력발생에 아무런 영향을 미치지 못한다. 보험가입증서(보험증권)는 계약이 성립한 후 보험계약 당사자 간의 계약 내용을 나타낼 뿐 계약의 성립요건은 아니다. 따라서 배달착오 등으로 인해 보험계약자에게 보험가입증서(보험증권)가 도달하지 못한 경우에도 보험계약은 유효하게 성립한 것이다.

> 「상법」 제640조(보험증권의 교부) ① 보험자는 보험계약이 성립한 때에는 지체 없이 보험증권을 작성하여 보험계약자에게 교부하여야 한다. 그러나 보험계약자가 보험료의 전부 또는 최초의 보험료를 지급하지 아니한 때에는 그러하지 아니하다.
> ② 기존의 보험계약을 연장하거나 변경한 경우에는 보험자는 그 보험증권에 그 사실을 기재함으로써 보험증권의 교부에 갈음할 수 있다.

06 철회·무효·취소·실효

1 보험계약의 철회

보험계약자는 보험가입증서(보험증권)를 받은 날부터 15일 이내에 청약을 철회할 수 있다. 다만, 진단계약, 보험기간이 90일 이내인 계약 또는 전문금융소비자가 체결한 계약은 청약을 철회할 수 없으며, 청약일로부터 30일이 초과한 계약도 청약철회가 불가하다(일자 계산은 초일 불산입을 적용하므로 1일에 보험가입증서를 받은 경우 16일까지 청약철회가 가능).

> 「보험업감독업무시행세칙」 별표 15(표준약관)
> □ 생명보험
> 제17조(청약의 철회) ① 계약자는 보험증권을 받은 날부터 15일 이내에 그 청약을 철회할 수 있습니다. 다만, 회사가 건강상태 진단을 지원하는 계약, 보험기간이 90일 이내인 계약 또는 전문금융소비자가 체결한 계약은 청약을 철회할 수 없습니다.
>
> 【전문금융소비자】 보험계약에 관한 전문성, 자산규모 등에 비추어 보험계약에 따른 위험감수능력이 있는 자로서, 국가, 지방자치단체, 한국은행, 금융회사, 주권상장법인 등을 포함하며 「금융소비자 보호에 관한 법률」 제2조(정의) 제9호에서 정하는 전문금융소비자를 말합니다.
> 【일반금융소비자】 전문금융소비자가 아닌 계약자를 말합니다.
>
> ② 제1항에도 불구하고 청약한 날부터 30일이 초과된 계약은 청약을 철회할 수 없습니다.

「민법」 제157조(기간의 기산점) 기간을 일, 주, 월 또는 연으로 정한 때는 기간의 초일은 산입하지 아니한다. 그러나 그 기간이 오전 영시로부터 시작하는 때에는 그러하지 아니하다.

2 보험계약의 무효와 취소

'보험계약의 무효'란 무효사유에 의하여 계약의 법률상 효력이 처음부터 발생하지 않은 것을 말하며, '계약의 취소'란 계약이 처음에는 유효하게 성립되었으나, 계약 이후에 취소사유의 발생으로 계약의 법률상 효력이 계약시점으로 소급되어 없어지는 것을 말한다.

구분	보험계약의 무효	보험계약의 취소

요건	• 사기에 의한 초과, 중복보험
	• 기발생 사고
	• 피보험자의 자격미달(사망보험의 경우)
		• 보험자의 법률 위반이 존재할 때
		• '3대 기본 지키기'를 미이행했을 때
		  - 고객 자필 서명
		  - 청약서 부본 전달
		  - 약관 중요내용 설명 및 교부

효력	보험금 지급사유가 발생하더라도 보험금 지급을 하지 않음	보험자는 납입한 보험료에 일정 이자를 합한 금액을 계약자에게 반환함

◎ 보험계약의 무효와 취소

「보험업감독업무시행세칙」 별표 15(표준약관)
□ 생명보험
제19조(계약의 무효) 다음 중 한 가지에 해당되는 경우에는 계약을 무효로 하며 이미 납입한 보험료를 돌려드립니다. 다만, 회사의 고의 또는 과실로 계약이 무효가 된 경우와 회사가 승낙 전에 무효임을 알았거나 알 수 있었음에도 보험료를 반환하지 않은 경우에는 보험료를 납입한 날의 다음 날부터 반환일까지의 기간에 대하여 회사는 이 계약의 보험계약대출이율을 연단위 복리로 계산한 금액을 더하여 돌려드립니다.
1. 타인의 사망을 보험금 지급사유로 하는 계약에서 계약을 체결할 때까지 피보험자의 서면(「전자서명법」 제2조 제2호에 따른 전자서명이 있는 경우로서 「상법 시행령」 제44조의2에 정하는 바에 따라 본인 확인 및 위조·변조 방지에 대한 신뢰성을 갖춘 전자문서를 포함)에 의한 동의를 얻지 않은 경우. 다만, 단체가 규약에 따라 구성원의 전부 또는 일부를 피보험자로 하는 계약을 체결하는 경우에는 이를 적용하지 않습니다. 이때 단체보험의 보험수익자를 피보험자 또는 그 상속인이 아닌 자로 지정할 때에는 단체의 규약에서 명시적으로 정한 경우가 아니면 이를 적용합니다.
2. 만 15세 미만자, 심신상실자 또는 심신박약자를 피보험자로 하여 사망을 보험금 지급사유로 한 계약의 경우. 다만, 심신박약자가 계약을 체결하거나 소속 단체의 규약에 따라 단체보험의 피보험자가 될 때에 의사능력이 있는 경우에는 계약이 유효합니다.
3. 계약을 체결할 때 계약에서 정한 피보험자의 나이에 미달되었거나 초과되었을 경우. 다만, 회사가 나이의 착오를 발견하였을 때 이미 계약나이에 도달한 경우에는 유효한 계약으로 보나, 제2호의 만 15세 미만자에 관한 예외가 인정되는 것은 아닙니다.

3 보험계약의 실효

'보험계약의 실효'란 특정 원인이 발생하여 계약의 효력이 장래에 소멸되는 것을 말한다. 취소의 경우 계약시점으로 소급되어 없어지는 데 반해 실효는 장래에 대해서만 효력을 가진다.

[단권화 MEMO]

[단권화 MEMO]

구분	내용
당연실효	• 최초보험료의 부지급 • 보험기간의 만료 • 보험회사가 파산선고를 받고 3개월이 경과하였을 때 • 사망사고 등 보험사고의 발생 • 보험목적의 멸실
임의해지	보험계약자가 보험사고 발생 전에 계약의 전부 또는 일부를 해지할 때(타인을 위한 계약의 경우 타인의 동의를 얻지 못하면 해지할 수 없음)
해지권 행사	보험자는 계속보험료 미지급, 고지의무 위반, 통지의무 위반 등의 경우 보험계약에 대한 해지권을 행사하였을 때(타인을 위한 계약의 경우 보험계약자가 납입을 지체하여도 보험회사가 상당기간 보험료 납입을 최고한 후가 아니면 계약을 해지할 수 없음)

◉ 보험계약의 실효

07 고지의무

관련 법령집 ▶ P.284

보험계약자 또는 피보험자는 청약 시 청약서에서 질문한 사항에 대해 보험자에게 사실대로 알려야 하며, 이를 '고지의무'라 한다. 고지의무는 계약 청약 시뿐만 아니라 부활 시에도 이행하여야 한다.

구분	질문 항목(요약)
현재 및 과거의 질병 (6개 항목)	• 최근 3개월 이내에 의사로부터 질병확정진단, 질병의심소견, 치료, 입원, 수술(제왕절개 포함), 투약 등 의료행위를 받은 사실 여부 • 최근 3개월 이내에 특정 약물 복용 여부 • 최근 1년 이내에 의사로부터 진찰 또는 검사를 통하여 추가검사 여부 • 최근 5년 이내 입원, 수술, 7일 이상 치료 또는 30일 이상 투약 여부 등
외부환경 (10개 항목)	• 직업, 운전 여부, 위험이 높은 취미(암벽등반 등) 등 • 부업(계절업무 종사), 해외위험지역 출국계획, 음주, 흡연, 체격, 타보험 가입현황 등

◉ 청약서상 '계약 전 알릴의무 질문 항목'(예시)

※ 출처: 「보험업감독업무시행세칙」 별표 14
〈표준사업방법서 – 부표1. 계약 전 알릴의무 사항〉

「상법」 제651조(고지의무 위반으로 인한 계약해지) 보험계약 당시에 보험계약자 또는 피보험자가 고의 또는 중대한 과실로 인하여 중요한 사항을 고지하지 아니하거나 부실의 고지를 한 때에는 보험자는 그 사실을 안 날로부터 1월 내에, 계약을 체결한 날로부터 3년 내에 한하여 계약을 해지할 수 있다. 그러나 보험자가 계약 당시에 그 사실을 알았거나 중대한 과실로 인하여 알지 못한 때에는 그러하지 아니하다.
제651조의2(서면에 의한 질문의 효력) 보험자가 서면으로 질문한 사항은 중요한 사항으로 추정한다.
제652조(위험변경증가의 통지와 계약해지) ① 보험기간 중에 보험계약자 또는 피보험자가 사고발생의 위험이 현저하게 변경 또는 증가된 사실을 안 때에는 지체 없이 보험자에게 통지하여야 한다. 이를 해태한 때에는 보험자는 그 사실을 안 날로부터 1월 내에 한하여 계약을 해지할 수 있다.
② 보험자가 제1항의 위험변경증가의 통지를 받은 때에는 1월 내에 보험료의 증액을 청구하거나 계약을 해지할 수 있다.
제653조(보험계약자 등의 고의나 중과실로 인한 위험증가와 계약해지) 보험기간 중에 보험계약자, 피보험자 또는 보험수익자의 고의 또는 중대한 과실로 인하여 사고발생의 위험이 현저하게 변경 또는 증가된 때에는 보험자는 그 사실을 안 날부터 1월 내에 보험료의 증액을 청구하거나 계약을 해지할 수 있다.

1 고지의무 당사자

'고지의무자'란 보험계약법상 고지할 의무를 부담하는 보험계약자, 피보험자 및 이들의 대리인이다. 그러나 보험수익자에게는 고지의무가 부여되지 않는다. 고지수령권자는 보험자 또는 보험자로부터 고지수령권을 받은 자이다.

2 고지의무 위반의 효과

① 보험계약 당시에 보험계약자 또는 피보험자가 고의 또는 중대한 과실로 인하여 중요한 사항을 고지하지 아니하거나 부실의 고지를 한 때에는 보험자는 그 사실을 안 날로부터 1월 내에, 계약을 체결한 날로부터 3년 내에 한하여 계약을 해지할 수 있다. 이 경우 보험자는 해지환급금을 지급한다.

② 피보험자의 직업 또는 직종에 관한 고지의무를 위반함으로써 보험 가입한도액을 초과 청약한 경우에는 그 초과 청약액에 대해서만 계약을 해지하고, 초과 가입액에 대한 보험료는 반환한다. 다만, 승낙거절 직업 또는 직종에 대해서는 계약 전부를 해지한다.

③ 그러나 고지의무를 위반한 사실이 보험금 지급사유 발생에 영향을 미쳤음을 보험자가 증명하지 못하는 경우에는 해당 보험금을 지급한다.

구분	내용
고의	보험계약자가 중요한 사실을 알면서 이를 고지하지 않거나 허위사실인 줄 알면서 고지한 것
중대한 과실	보험계약자가 주의를 기울였으면 제대로 고지할 수 있는 것을 주의를 다하지 아니하여 불고지 또는 부실고지를 한 것 • 불고지: 중요한 사항을 알리지 않는 것 • 부실고지: 중요한 사항에 관하여 사실과 다르게 말하는 것

◎ 고지의무 위반의 요건

「보험업감독업무시행세칙」 별표 15(표준약관)
□ 생명보험
제14조(계약 전 알릴 의무 위반의 효과) ① 회사는 계약자 또는 피보험자가 제13조(계약 전 알릴 의무)에도 불구하고 고의 또는 중대한 과실로 중요한 사항에 대하여 사실과 다르게 알린 경우에는 회사가 별도로 정하는 방법에 따라 계약을 해지하거나 보장을 제한할 수 있습니다. 그러나 다음 중 한 가지에 해당되는 때에는 계약을 해지하거나 보장을 제한할 수 없습니다.
  1. 회사가 계약 당시에 그 사실을 알았거나 과실로 인하여 알지 못하였을 때
  2. 회사가 그 사실을 안 날부터 1개월 이상 지났거나 또는 보장개시일부터 보험금 지급사유가 발생하지 않고 2년(진단계약의 경우 질병에 대하여는 1년)이 지났을 때
  3. 계약을 체결한 날부터 3년이 지났을 때
  4. 회사가 이 계약을 청약할 때 피보험자의 건강상태를 판단할 수 있는 기초자료(건강진단서사본 등)에 따라 승낙한 경우에 건강진단서 사본 등에 명기되어 있는 사항으로 보험금 지급사유가 발생하였을 때(계약자 또는 피보험자가 회사에 제출한 기초자료의 내용 중 중요사항을 고의로 사실과 다르게 작성한 때에는 계약을 해지하거나 보장을 제한할 수 있습니다)
  5. 보험설계사 등이 계약자 또는 피보험자에게 고지할 기회를 주지 않았거나 계약자 또는 피보험자가 사실대로 고지하는 것을 방해한 경우, 계약자 또는 피보험자에게 사실대로 고지하지 않게 하였거나 부실한 고지를 권유했을 때. 다만, 보험설계사 등의 행위가 없었다 하더라도 계약자 또는 피보험자가 사실대로 고지하지 않거나 부실한 고지를 했다고 인정되는 경우에는 계약을 해지하거나 보장을 제한할 수 있습니다.

[단권화 MEMO]

② 회사는 제1항에 따라 계약을 해지하거나 보장을 제한할 경우에는 계약 전 알릴 의무 위반사실(계약해지 등의 원인이 되는 위반사실을 구체적으로 명시)뿐만 아니라 계약 전 알릴 의무 사항이 중요한 사항에 해당되는 사유 및 계약의 처리결과를 "반대증거가 있는 경우 이의를 제기할 수 있습니다"라는 문구와 함께 계약자에게 서면 또는 전자문서 등으로 알려드립니다. 회사가 전자문서로 안내하고자 할 경우에는 계약자에게 서면 또는 「전자서명법」 제2조 제2호에 따른 전자서명으로 동의를 얻어 수신확인을 조건으로 전자문서를 송신하여야 합니다. 계약자의 전자문서 수신이 확인되기 전까지는 그 전자문서는 송신되지 않은 것으로 봅니다. 회사는 전자문서가 수신되지 않은 것을 확인한 경우에는 서면(등기우편 등)으로 다시 알려드립니다.
③ 제1항에 따라 계약을 해지하였을 때에는 제32조(해지환급금) 제1항에 따른 해지환급금을 드리며, 보장을 제한하였을 때에는 보험료, 보험가입금액 등이 조정될 수 있습니다.
④ 제13조(계약 전 알릴 의무)의 계약 전 알릴 의무를 위반한 사실이 보험금 지급사유 발생에 영향을 미쳤음을 회사가 증명하지 못한 경우에는 제1항에도 불구하고 계약의 해지 또는 보장을 제한하기 이전까지 발생한 해당 보험금을 지급합니다.
⑤ 회사는 다른 보험가입 내역에 대한 계약 전 알릴 의무 위반을 이유로 계약을 해지하거나 보험금 지급을 거절하지 않습니다.

3 고지의무 위반에 대해 해지할 수 없는 경우

고지의무(계약 전 알릴 의무) 위반에 대해서 해지할 수 없는 경우도 있다.
① 보험자가 계약 당시에 고지의무 위반사실을 알았거나 과실로 알지 못한 경우
② 보험자가 고지의무 위반사실을 안 날로부터 1개월 이상 지났거나 보장개시일부터 보험금 지급사유가 발생하지 않고 2년 이상 지났을 때
③ 계약을 체결한 날부터 3년이 지났을 때
④ 보험을 모집한 자(이하 '모집자 등')가 계약자 또는 피보험자에게 고지할 기회를 주지 않았거나 계약자 또는 피보험자가 사실대로 고지하는 것을 방해한 경우, 계약자 또는 피보험자에게 사실대로 고지하지 않게 하였거나 부실한 고지를 권유했을 때. 다만, 모집자 등의 행위가 없었다 하더라도 계약자 또는 피보험자가 사실대로 고지하지 않거나 부실한 고지를 했다고 인정되는 경우에는 계약을 해지하거나 보장을 제한할 수 있다.

※ 일반적으로 약관상에는 계약자 보호를 위해 「상법」 규정보다 강화된 규정을 두고 있다.

「상법」 제655조(계약해지와 보험금청구권) 보험사고가 발생한 후라도 보험자가 제650조, 제651조, 제652조 및 제653조에 따라 계약을 해지하였을 때에는 보험금을 지급할 책임이 없고 이미 지급한 보험금의 반환을 청구할 수 있다. 다만, 고지의무(告知義務)를 위반한 사실 또는 위험이 현저하게 변경되거나 증가된 사실이 보험사고 발생에 영향을 미치지 아니하였음이 증명된 경우에는 보험금을 지급할 책임이 있다.

08 보험계약의 효과

관련 법령집 ▶ P.284, P.286

1 보험자의 의무

(1) 보험가입증서(보험증권) 교부의무

보험계약이 성립하면 보험자는 지체 없이 보험가입증서(보험증권)를 작성하여 교부할 의무가 있다. 보험계약자는 보험자에 대해 보험가입증서(보험증권)의 교부청구권을 가지게 된다.

> 「상법」 제640조(보험증권의 교부) ① 보험자는 보험계약이 성립한 때에는 지체 없이 보험증권을 작성하여 보험계약자에게 교부하여야 한다. 그러나 보험계약자가 보험료의 전부 또는 최초의 보험료를 지급하지 아니한 때에는 그러하지 아니하다.
> ② 기존의 보험계약을 연장하거나 변경한 경우에는 보험자는 그 보험증권에 그 사실을 기재함으로써 보험증권의 교부에 갈음할 수 있다.

(2) 보험금 지급의무

보험자는 보험기간 내 보험사고가 생긴 때에는 피보험자 또는 보험수익자에게 보험금을 지급할 의무를 진다(「상법」 제658조).

> 「상법」 제658조(보험금액의 지급) 보험자는 보험금액의 지급에 관하여 약정기간이 있는 경우에는 그 기간 내에 약정기간이 없는 경우에는 제657조 제1항의 통지를 받은 후 지체 없이 지급할 보험금액을 정하고 그 정하여진 날부터 10일 내에 피보험자 또는 보험수익자에게 보험금액을 지급하여야 한다.

구분	내용
중도보험금/ 장해보험금/ 입원보험금	보험기간 중 피보험자가 생존해 있을 때 계약서에 정한 조건에 부합하여 지급하는 경우
만기보험금	보험기간이 끝날 때 피보험자가 생존해 있을 경우
사망보험금	보험기간 중 피보험자가 사망한 경우

○ 보험금 지급사유(예시)

2 보험자의 보험료 반환의무

① 보험계약의 일부 또는 전부가 무효인 경우 보험계약자와 피보험자가 선의이며 중대한 과실이 없는 때에는 보험자는 납입보험료의 일부 또는 전부를 반환할 의무를 진다(「상법」 제648조).

> 「상법」 제648조(보험계약의 무효로 인한 보험료반환청구) 보험계약의 전부 또는 일부가 무효인 경우에 보험계약자와 피보험자가 선의이며 중대한 과실이 없는 때에는 보험자에 대하여 보험료의 전부 또는 일부의 반환을 청구할 수 있다. 보험계약자와 보험수익자가 선의이며 중대한 과실이 없는 때에도 같다.

② 보험계약자가 보험사고의 발생 전에 보험계약의 전부 또는 일부를 해지한 경우 보험자는 다른 약정이 없으면 미경과 보험료를 반환하여야 할 의무를 진다(「상법」 제649조 제1항·제3항).

[단권화 MEMO]

> 「상법」 제649조(사고발생 전의 임의해지) ① 보험사고가 발생하기 전에는 보험계약자는 언제든지 계약의 전부 또는 일부를 해지할 수 있다. 그러나 제639조의 보험계약의 경우에는 보험계약자는 그 타인의 동의를 얻지 아니하거나 보험증권을 소지하지 아니하면 그 계약을 해지하지 못한다.
> ② 보험사고의 발생으로 보험자가 보험금액을 지급한 때에도 보험금액이 감액되지 아니하는 보험의 경우에는 보험계약자는 그 사고발생 후에도 보험계약을 해지할 수 있다.
> ③ 제1항의 경우에는 보험계약자는 당사자 간에 다른 약정이 없으면 미경과 보험료의 반환을 청구할 수 있다.

③ 생명보험의 경우 보험자는 보험계약이 해지되었거나 보험금 지급이 면책된 경우에는 소위 보험료적립금을 반환할 의무가 있다(「상법」 제736조).

> 「상법」 제736조(보험적립금 반환의무 등) ① 제649조, 제650조, 제651조 및 제652조 내지 제655조의 규정에 의하여 보험계약이 해지된 때, 제659조와 제660조의 규정에 의하여 보험금액의 지급책임이 면제된 때에는 보험자는 보험수익자를 위하여 적립한 금액을 보험계약자에게 지급하여야 한다. 그러나 다른 약정이 없으면 제659조 제1항의 보험사고가 보험계약자에 의하여 생긴 경우에는 그러하지 아니하다.

3 보험자의 면책사유

(1) 법정 면책사유 중 도덕적 위험

보험사고가 보험계약자, 피보험자, 보험수익자 등 보험계약자 측의 고의 또는 중과실로 생긴 경우 보험자는 보험금 지급책임을 면한다(「상법」 제659조). 도덕적 위험에 대한 면책사유의 입증책임은 보험자에게 있으며, 보험계약자나 피보험자 또는 보험수익자 중의 어느 한 사람의 고의나 중과실이 있으면 성립한다.

> 「상법」 제659조(보험자의 면책사유) ① 보험사고가 보험계약자 또는 피보험자나 보험수익자의 고의 또는 중대한 과실로 인하여 생긴 때에는 보험자는 보험금액을 지급할 책임이 없다.

(2) 법정 면책사유 중 전쟁위험

> 「상법」 제660조(전쟁위험 등으로 인한 면책) 보험사고가 전쟁 기타의 변란으로 인하여 생긴 때에는 당사자 간에 다른 약정이 없으면 보험자는 보험금액을 지급할 책임이 없다.

4 보험계약자 등의 의무

(1) 보험료 지급의무와 그 성질

보험료 납입의무는 보험계약자의 가장 중요한 의무이다. 보험계약이 성립되면 보험계약자는 보험자에게 보험료를 납부할 의무를 진다(「상법」 제638조). 보험료는 보험금에 대한 대가관계에 있는 것으로, 보험료 지급은 보험자의 책임발생의 전제가 되는 것이다(「상법」 제656조 참조). 보험료 지급은 원칙적으로 지참채무이지만, 당사자의 합의나 보험모집인의 관행을 통하여 추심채무로 될 수 있다.

> 「상법」 제638조(보험계약의 의의) 보험계약은 당사자 일방이 약정한 보험료를 지급하고 재산 또는 생명이나 신체에 불확정한 사고가 발생할 경우에 상대방이 일정한 보험금이나 그 밖의 급여를 지급할 것을 약정함으로써 효력이 생긴다.

(2) 보험료의 지급시기

실제 보험실무에서는 보험계약 청약 시에 보험료의 전부 또는 제1회 보험료를 선납부하는 관행이 행해지고 있으나, 원칙적으로 보험계약자는 계약체결 후 지체 없이 보험료의 전부 또는 제1회 보험료를 납부하여야 한다(「상법」제650조 제1항). 분할납부의 경우에는 제2회 이후의 계속보험료는 약정한 납입기일에 납부하여야 한다(「상법」제650조 제2항).

> 「상법」 제650조(보험료의 지급과 지체의 효과) ① 보험계약자는 계약체결 후 지체 없이 보험료의 전부 또는 제1회 보험료를 지급하여야 하며, 보험계약자가 이를 지급하지 아니하는 경우에는 다른 약정이 없는 한 계약성립 후 2월이 경과하면 그 계약은 해제된 것으로 본다.
> ② 계속보험료가 약정한 시기에 지급되지 아니한 때에는 보험자는 상당한 기간을 정하여 보험계약자에게 최고하고 그 기간 내에 지급되지 아니한 때에는 그 계약을 해지할 수 있다.
> ③ 특정한 타인을 위한 보험의 경우에 보험계약자가 보험료의 지급을 지체한 때에는 보험자는 그 타인에게도 상당한 기간을 정하여 보험료의 지급을 최고한 후가 아니면 그 계약을 해제 또는 해지하지 못한다.

(3) 보험료 납입지체의 효과

① 제1회 보험료란 보험료 분할납입의 약정이 되어 있는 경우의 최초 납입분을 의미한다. 보험계약의 체결 후 보험계약자가 보험료의 전부 또는 제1회 보험료를 납입하여야 함에도 불구하고, 납입하지 아니하는 경우에 다른 약정이 없는 한 계약 성립 후 2월이 경과하면 그 계약은 해제된 것으로 본다.

② 또한 계속보험료가 약정되어 있는 시기에 납부되지 아니할 경우 보험자는 '상당한' 기간을 정하여 보험료 납입을 최고하고, 해당 기간 내에 보험계약자가 보험료의 납입을 지체한 경우 별도의 해지통보를 통해 계약을 해지할 수 있다.

(4) 위험변경 증가의 통지의무

① 보험기간 중에 보험계약자 또는 피보험자가 사고발생의 위험이 현저하게 변경 또는 증가된 사실을 안 때에는 지체 없이 이를 보험자에게 통지하여야 한다(「상법」제652조 제1항).

> 「상법」 제652조(위험변경증가의 통지와 계약해지) ① 보험기간 중에 보험계약자 또는 피보험자가 사고발생의 위험이 현저하게 변경 또는 증가된 사실을 안 때에는 지체 없이 보험자에게 통지하여야 한다. 이를 해태한 때에는 보험자는 그 사실을 안 날로부터 1월 내에 한하여 계약을 해지할 수 있다.
> ② 보험자가 제1항의 위험변경증가의 통지를 받은 때에는 1월 내에 보험료의 증액을 청구하거나 계약을 해지할 수 있다.

② 위험의 변경 또는 증가의 원인은 객관적이어야 하므로 보험계약자 또는 피보험자의 행위로 인한 것이 아니어야 한다. 보험계약자 또는 피보험자가 이를 해태한 때에는 보험자는 그 사실을 안 날로부터 1월 내에 계약을 해지할 수 있다.

(5) 보험사고 발생의 통지의무

보험자에 대한 보험사고의 통지는 보험자로 하여금 그 사고가 보험사고에 해당하는지 여부 등과 면책사유가 존재하는지 여부를 확정하는 전제가 되기 때문에 이 통지는 대단히 중요한 사항이다. 따라서 보험계약자 또는 피보험자나 보험수익자는 계약에서 정한 보험사고의 발생을 안 때에는 지체 없이 이를 보험자에게 통지해야 한다(「상법」제657조 제1항). 보험계약자 등의 통지해태로 인해 손해가 증가된 때에는 그 증가된 손해를 보상할 책임이 없다(「상법」제657조 제2항).

[단권화 MEMO]

「상법」 제657조(보험사고 발생의 통지의무) ① 보험계약자 또는 피보험자나 보험수익자는 보험사고의 발생을 안 때에는 지체 없이 보험자에게 그 통지를 발송하여야 한다.
② 보험계약자 또는 피보험자나 보험수익자가 제1항의 통지의무를 해태함으로 인하여 손해가 증가된 때에는 보험자는 그 증가된 손해를 보상할 책임이 없다.

09 부활

관련 법령집 ▶ P.284

1 부활의 의미

● 계약의 □□은/는 보험료 납입연체로 인해 해지된 보험계약이라 할지라도 해지환급금이 지급되지 않은 경우 일정 기간 내에 연체된 보험료와 해당 이자를 납입하고 효력회복을 청구할 수 있는 제도이다.
(부활)

보험료의 납입연체로 인해 계약이 해지되었으나 해지환급금이 지급되지 아니한 경우 계약자는 연체보험료에 약정이자를 붙여 보험자에게 지급하고 그 계약의 부활(효력회복)을 청구할 수 있다. 이는 계약의 해지로 인해 보험계약자가 새로운 보험계약을 체결할 경우 다양한 불이익이 발생할 수 있기 때문이다. 일반적으로 생명보험의 경우에는 연령 증가 등에 따른 피보험자의 위험률이 높아져서 인상된 보험료를 더 많이 부담해야 하고, 보험료적립금 내지 해지환급금의 지급상의 불이익이 초래되기 때문이다. 따라서 보험계약자가 계속보험료를 체납함으로써 해지 또는 실효된 계약에 대해 일정한 기간 내에 부활(효력회복)을 청구할 수 있도록 제도화된 것이다.

「상법」 제650조의2(보험계약의 부활) 제650조 제2항에 따라 보험계약이 해지되고 해지환급금이 지급되지 아니한 경우에 보험계약자는 일정한 기간 내에 연체보험료에 약정이자를 붙여 보험자에게 지급하고 그 계약의 부활을 청구할 수 있다. 제638조의2의 규정은 이 경우에 준용한다.

2 부활의 요건

① 부활계약 청구 시에도 보험계약자는 중요한 사항에 대해 고지의무를 부담하여야 한다. 또한 보험계약자가 제2회 이후의 계속보험료를 납부하지 아니함으로써 보험계약이 해지되었거나 실효된 경우로서 해지환급금이 지급되지 않았어야 한다. 그리고 보험계약자는 부활이 가능한 일정 기간 내에 연체된 보험료에 약정이자를 붙여 보험자에게 납부하고 보험계약의 부활을 청구하여야 하며 보험자의 승낙이 있어야 한다. 보험계약자의 부활청구로부터 보험자가 약정이자를 첨부한 연체보험료를 받은 후 30일이 지나도록 낙부통지를 하지 않으면, 보험자의 승낙이 의제되고 해당 보험계약은 부활한다(「상법」 제650조의2 단서).

1	해지환급금의 미지급 혹은 미수령(해지환급금 지급 시 보험계약관계가 완전 종료)
2	계속보험료 미납에 따른 계약해지의 경우
3	보험계약자의 청구
4	보험자의 승낙

● 부활의 요건

② 부활청약 시 부활청약심사를 하는 이유는 계약부활의 경우 부활청약자의 역선택 가능성이 높기 때문이다. 예를 들어 암진단 후 보험금을 받기 위해 부활청약을 하는 경우 심사과정이 생략된다면 모두 부활승낙이 될 것이고 보험금을 지급해야 한다. 이는 정상적인 보험사업 운영을 불가능하게 만들고 다른 계약자에게 손실을 끼치는 결과를 가져온다.

3 부활의 효과

보험계약에서의 부활은 실효된 보험계약의 효력을 원래대로 복구시키는 것이므로 실효되기 이전의 보험계약과 동일한 내용의 보험계약을 계속 유지하게 된다. 그렇지만 해당 보험계약이 부활하였다 하더라도, 보험계약이 실효된 이후 시점부터 부활될 때까지의 기간에 발생한 보험사고에 대하여는 보험자는 책임을 지지 않는다. 보험자의 책임은 부활계약의 승낙 시부터 다시 개시된다. 단, 계약자가 약정이자를 포함한 연체보험료를 지급하고, 보험계약 부활을 청구한 때부터 보험자가 승낙하기 전까지 사이에 보험사고 발생 시 보험자가 거절할 사유가 없는 한 보상책임을 지게 된다.

Chapter 06 우체국보험 일반현황

학습포인트
1. 우체국보험의 연혁, 업무범위에 대해 이해한다.
2. 우체국보험 관련 소관법률과 역할을 파악한다.

출제키워드
- 우체국보험 개요
- 우체국보험의 역사
- 우체국보험적립금

[단권화 MEMO]

○ 우체국보험은 □□□□년에 제정된 '조선간이생명보험령'에 따라 종신보험과 양로보험을 판매하기 시작한 것을 시초로 하고 있다.
(1929)

01 연혁

① 우체국보험은 1929년 5월에 제정된 '조선간이생명보험령'에 따라 1929년 10월에 조선총독부 체신국에서 종신보험과 양로보험을 판매하기 시작한 것을 시초로 하고 있다. 이후 1952년 12월에 「국민생명보험법」 및 「우편연금법」을 제정함에 따라 기존 일본식 명칭이었던 '간이생명보험'을 '국민생명보험'으로 개칭하였고, 생명보험 4종 및 연금보험 4종으로 보험사업을 확대하기 시작하였다.

② 그러나 국가정책 목적에 의거하여 조달금리 이하로 운용하도록 함에 따라 부실 규모가 점차 증가하고 있는 와중에 1977년 1월 당시 체신부는 국가정책사업인 전기통신사업으로 역량을 결집하기 위해서 국민생명보험사업 분야를 농협으로 모두 이관 조치하였다. 이후 체신부가 관장하던 전기통신사업을 한국전기통신공사가 분리하여 관장함에 따라 1982년 12월 31일 「체신예금·보험에 관한 법률」 및 「체신보험특별회계법」을 제정하였고, 1983년부터 본격적인 보험사업을 재개하기 시작하였다.

③ 2007년 11월에 보험사업단을 신설하였고 2013년에는 '국가가 보장하는 착한보험 우체국보험'이라는 슬로건을 선포하였다. 국영보험으로서 공익상품인 '만원의 행복보험(2010. 1.)'과 장애인전용보험인 '어깨동무연금보험(2015. 7.)'을 출시하였으며, 서민의 보편적 보험서비스 제공을 위해서 '우체국노후실손의료비보험(2016. 3.)', '우체국간편가입건강보험(2017. 1.)', '우체국든든한종신보험(2018. 2.)', '우체국착한안전보험(2018. 8.)', '자녀지킴이보험(2018. 8.)', '우체국간편실손의료비보험(2019. 4.)', '우체국치매간병보험(2019. 11.)', '우체국통합건강보험(2020. 4.)' 등 다양한 보험 상품을 출시하였다.

④ 우체국보험은 국영보험으로 사회적 책임과 역할을 체계적이고 효율적으로 수행하기 위하여 2013년 9월 '우체국공익재단'을 설립하였고 다양한 사회공헌 활동과 공익사업 추진을 현재도 진행하고 있으며, 추가사업 발굴 등 국영보험으로서 사회적 기업의 역할을 다하고 있다. 그리고 우체국보험은 사회가 요구하는 기업의 윤리적 기대를 경영에 반영한 책임경영을 위해 노력하고 있고, 윤리경영 실천과 조직 내의 비리근절을 위한 감사활동도 전개하였다. 이와 함께 공직윤리체계 활동 강화를 위해 반부패 의식교육을 활성화하였으며, 「청탁금지법」 시행에 따라 자료 제작 및 교육 등을 통해서 윤리경영 강화에도 주력하고 있다.

[단권화 MEMO]

구분	연혁
1929. 10. 1.	간이생명보험 시행
1952. 12. 16.	'간이생명보험'을 '국민생명보험'으로 개칭
1977. 1. 1.	국민생명보험의 농협 이관
1982. 12. 31.	「체신예금·보험에 관한 법률」 제정·공포
1983. 7. 1.	체신보험사업의 재개
1984. 1. 1.	'체신금융국' 발족
1990. 12. 1.	체신보험 온라인 업무 개시
1994. 12. 23.	정보통신부로 개편
2000. 4. 4.	'체신보험'을 '우체국보험'으로 개칭
2000. 7. 1.	'우정사업본부' 출범
2000. 9. 1.	우체국금융콜센터 운영 및 인터넷뱅킹 서비스 개시
2002. 2. 25.	우체국보험적립금운용심의회의 설치
2003. 8. 6.	금융리스크관리팀 신설
2005. 3. 25.	우체국금융 BI '에버리치(EverRich)' 제정
2006. 8. 16.	우체국 예금·보험 건전성기준 제정
2007. 11. 30.	보험사업단 신설
2008. 9. 30.	우체국보험 슬로건 선포('당신을 믿어요!')
2010. 1. 4.	소액서민보험(만원의 행복보험) 판매
2010. 7. 1.	우정사업 CI 변경
2011. 9. 23.	(무)우체국즉시연금보험 판매
2012. 3. 15.	치아보험 판매
2013. 2. 27.	우체국보험 슬로건 변경(국가가 보장하는 착한보험 우체국보험)
2013. 3. 23.	정부조직개편으로 '지식경제부'에서 '미래창조과학부' 소속으로 이관
2013. 9. 3.	(재)우체국공익재단 설립
2013. 11. 1.	우체국보험 BI 제정
2014. 10. 2.	(무)100세 종합보장보험 판매
2014. 10. 15.	(무)나눔의 행복보험 판매
2014. 12. 22.	정부세종청사 우정사업본부 이전
2015. 7. 13.	(무)우체국치아보험, 어깨동무연금보험 판매
2016. 3. 21.	(무)우체국노후실손의료비보험 판매
2016. 8. 12.	(무)우체국생애맞춤보험, 우리가족암보험 판매
2016. 9. 30.	우체국스마트뱅킹 보험간편서비스 시행
2016. 12. 26.	우체국보험 지급센터 운영
2017. 1. 2.	우체국간편가입건강보험 판매
2017. 7. 18.	(무)우체국온라인암보험 판매
2017. 7. 26.	정부조직개편으로 '미래창조과학부'에서 '과학기술정보통신부' 소속으로 이관

[단권화 MEMO]

2018. 12. 27.	우체국금융 '우정톡톡' 챗봇 상담서비스 시행
2019. 5. 1.	(무)win-win단체플랜보험 판매
2019. 11. 11.	우체국금융 소비자보호 규정 제정
2019. 12. 18.	우체국보험 AI로보텔러 완전판매모니터링 시행
2020. 4. 27.	(무)우체국통합건강보험, (무)우체국나르미안전보험 판매
2020. 12. 1.	(무)우체국당뇨안심보험, (무)우체국온라인당뇨보험, (무)우체국온라인정기보험 판매
2021. 5. 18.	전국 최대 규모 소아암 아동지원시설(마음이음 한사랑의 집) 개소
2022. 7. 6.	복지등기 시범사업 시행

◎ 우체국보험의 연혁   ※ 출처: 우체국보험 경영공시자료

02 업무범위

1 우체국보험의 목적

① 국가가 간편하고 신용 있는 보험사업을 운영함으로써 보험의 보편화를 달성하고, 이를 통해 질병과 재해의 위험에 공동으로 대처하여 궁극적으로는 국민의 경제생활의 안정과 공공복리의 증진에 기여함을 목적으로 한다.

> 「우체국예금·보험에 관한 법률」 제1조(목적) 이 법은 체신관서(遞信官署)로 하여금 간편하고 신용 있는 예금·보험 사업을 운영하게 함으로써 금융의 대중화를 통하여 국민의 저축의욕을 북돋우고, 보험의 보편화를 통하여 재해의 위험에 공동으로 대처하게 함으로써 국민 경제생활의 안정과 공공복리의 증진에 이바지함을 목적으로 한다.

② 우체국 우편사업의 운영·유지에 필요한 비용을 일부 마련하기 위한 경영상의 목적도 가지고 있다. 그리고 우체국보험은 4천만원 이하의 소액보험(생명·신체·상해·연금 등) 상품개발과 판매 및 운영사업을 하면서 기타 보험사업에 부대되는 환급금 대출과 증권의 매매 및 대여를 업무범위로 하고 있다. 부동산의 취득·처분과 임대서비스도 업무범위에 포함된다.

2 우체국보험의 특징

우체국보험은 국가가 경영하고 보험금의 지급을 국가가 책임지는 등 국영보험으로서 그 운영상에 있어 일반보험과 구별되는 다음과 같은 특성이 있다.

(1) 서민 보험서비스
무진단·단순한 상품구조를 바탕으로 보험료가 저렴한 보험상품을 취급하여 서민들이 쉽게 가입이 가능하도록 하고 있다.

(2) 보편적 보험서비스
농·어촌 지역에서부터 지방 중소도시까지 전국적으로 널리 분포된 우체국 조직을 이용하므로 보험료가 저렴하고 가입절차가 간편하여 보험의 보편화에 기여하고 있다.

(3) 공적 역할
사익(주주이익)을 추구하지 않는 국영보험으로서 장애인, 취약계층 등과 관련된 보험상품을 확

대 보급하고 있다. 또한 사회소외계층을 위한 현장밀착형 공익사업을 발굴 및 지원함으로써 사회적 책임을 강화하고 있다.

(4) 운영 주체

국가가 경영하고 과학기술정보통신부장관이 관장(「우체국예금·보험에 관한 법률」 제3조)하며, 감사원의 감사와 국회의 국정감사를 받고 있다.

> 「우체국예금·보험에 관한 법률」 제3조(우체국예금·보험사업의 관장) 우체국예금사업과 우체국보험사업은 국가가 경영하며, 과학기술정보통신부장관이 관장(管掌)한다.

(5) 회계 특성

우체국보험은 국가가 운영함에 따라 정부예산회계 관계법령의 적용을 받고 있으며, 「우체국보험 건전성 기준」 제34조에 따라 외부 회계법인의 검사를 받고 있다.

(6) 인력 및 조직

담당인력과 조직에 대해 행정안전부 등 관련 부처와 협의를 거치는 등 「정부조직법」, 「국가공무원법」 등의 통제를 받고 있다.

(7) 예산·결산

우체국보험사업의 운영에 필요한 경비는 기획재정부와 협의하고 국회의 심의를 거쳐 정부예산으로 편성하며, 예산집행내역 및 결산 결과를 국회 및 감사원에 보고한다.

3 우체국보험과 타 기관 보험의 비교

(1) 우체국보험과 공영보험

※ 공영보험: 건강보험, 국민연금, 고용보험, 산재보험 등이 있다.

구분	우체국보험	공영보험
가입의무	자유가입	의무가입
납입료 대비 수혜 비례성	비례함 (수익자 부담)	비례성 약함 (소득재분배 및 사회 정책적 기능)

(2) 우체국보험과 민영보험

구분	우체국보험	민영보험
보험료	상대적으로 저렴	상대적으로 고액
가입 한도액	• (사망) 4천만원 • (연금) 연 900만원	제한 없음
지급보장	국가 전액 보장	동일 금융기관 내에서 1인당 최고 5천만원 (예금보험공사 보증)
운영방법	농어촌·서민 위주 전 국민 대상	도시 위주 전 국민 대상
사익추구	주주이익 없음(국영사업)	주주이익 추구
취급제한	변액보험, 퇴직연금, 손해보험 불가	제한 없음
감독기관	과학기술정보통신부, 감사원, 국회, 금융위원회 등	금융위원회, 금융감독원
적용법률	• 「우체국예금·보험에 관한 법률」, 「우체국보험특별회계법」 • 「보험업법」(일부), 「상법」(보험 분야)	• 「보험업법」 • 「상법」(보험 분야)

03 소관법률 및 근거

1 관련 법률 현황

법률(2)	대통령령(2)	부령(2)
•「우체국예금·보험에 관한 법률」 •「우체국보험특별회계법」	•「우체국예금·보험에 관한 법률 시행령」 •「우체국보험특별회계법 시행령」	•「우체국예금·보험에 관한 법률 시행규칙」 •「우체국보험특별회계법 시행규칙」

2 보험적립금 관련 주요 내용

(1) 근거 및 목적
① 근거: 「우체국보험특별회계법」 제4조
② 목적: 보험금, 환급금 등 보험급여의 지급을 위한 책임준비금에 충당하기 위하여 우체국보험특별회계의 세입·세출 외에 별도 우체국보험적립금을 설치·운영한다.

> 「우체국보험특별회계법」 제4조(우체국보험적립금의 조성 등) ① 보험금·환급금 등 보험급여를 지급하기 위한 책임준비금에 충당하기 위하여 세입·세출 외에 따로 우체국보험적립금(이하 "적립금"이라 한다)을 둔다.
> ② 적립금은 다음 각 호의 금액으로 조성한다.
>   1. 순보험료(보험료 중 부가보험료를 제외한 보험료를 말한다)
>   2. 적립금 운용수익금
>   3. 회계의 세입·세출 결산에 따른 잉여금
> ③ 보험금·환급금 등 보험급여는 적립금에서 지출한다.

(2) 재원 조달 및 운용
① 우체국보험적립금은 순보험료, 운용수익 및 우체국보험특별회계 세입·세출의 결산상 잉여금으로 조성한다.
② 조성된 적립금은 주로 보험금 지급에 충당하고, 여유자금은 유가증권 매입 또는 금융기관에 예치하여 수익성을 제고하는 한편, 공공자금관리기금 및 금융기관을 통한 산업자금 지원과 지방경제 활성화를 위한 지방은행에의 자금예치 및 보험계약자를 위한 대출제도 운영에 사용된다.

> 「우체국보험특별회계법」 제5조(적립금의 운용) ① 적립금은 과학기술정보통신부장관이 운용·관리한다.
> ② 적립금을 운용할 때에는 안정성·유동성·수익성 및 공익성이 확보되도록 하여야 한다.
> 제6조(적립금의 운용 방법) ① 적립금은 다음 각 호의 방법으로 운용한다.
>   1. 금융기관에의 예탁
>   2. 「자본시장과 금융투자업에 관한 법률」에 따른 증권의 매매 및 대여
>   3. 국가, 지방자치단체와 과학기술정보통신부령으로 정하는 공공기관에 대한 대출
>   4. 보험계약자에 대한 대출
>   5. 대통령령으로 정하는 업무용 부동산의 취득·처분 및 임대
>   6. 「자본시장과 금융투자업에 관한 법률」 제5조에 따른 파생상품의 거래
>   7. 「벤처기업육성에 관한 특별조치법」 제2조 제1항에 따른 벤처기업에의 투자
>   8. 재정자금에의 예탁
>   9. 「자본시장과 금융투자업에 관한 법률」 제355조에 따른 자금중개회사를 통한 금융기관에의 대여
>   10. 그 밖에 대통령령으로 정하는 적립금 증식

② 과학기술정보통신부장관은 적립금의 운용 성과와 재정 상태를 분명하게 하기 위하여 자산의 증감 및 변동을 그 발생한 사실에 따라 회계처리하여야 한다.
③ 과학기술정보통신부장관은 적립금을 효율적으로 운용하기 위하여 제1항 제2호·제6호·제7호 및 제10호의 사업의 전부 또는 일부를 대통령령으로 정하는 바에 따라 그가 지정하는 법인에 위탁하여 운용하게 하거나 적립금으로 법인을 설립하여 그 법인으로 하여금 운용하게 할 수 있다.
④ 다음 각 호에 관하여 필요한 사항은 대통령령으로 정한다.
　1. 제1항 제2호에 따라 매입하는 증권 취득가액의 총액이 적립금에서 차지하는 비율
　2. 제1항 제5호에 따라 취득하는 부동산 취득가액의 총액이 적립금에서 차지하는 비율
　3. 제1항 제6호에 따라 매입하는 파생상품 취득가액의 총액이 적립금에서 차지하는 비율
　4. 제1항 제7호에 따른 벤처기업에의 투자 한도
　5. 제1항 제9호에 따른 금융기관에의 대여 한도
⑤ 적립금운용계획의 수립 등 적립금을 운용하는 데에 필요한 사항은 대통령령으로 정한다.

04 역할(사회공헌)

1 개요

우체국보험은 1995년 소년소녀가장 장학금 지원사업을 시작으로 공공복지의 사각지대에 있는 사회 소외계층(아동, 노인, 장애인 등)에 대한 다양한 지원을 통해 국가기관으로서 사회적 책임과 사회안전망 기능을 강화하였다.

「우체국예금·보험에 관한 법률 시행규칙」 제57조(공익급여의 지급) ① 체신관서는 수입보험료의 일부를 공익급여(公益給與)로 지급할 수 있다.
② 제1항에 따른 공익급여 지급대상 보험의 종류별 명칭과 공익급여의 지급대상, 지급범위 및 지급절차 등은 우정사업본부장이 정한다.
「우체국보험특별회계법」 제8조(결산서의 작성 및 잉여금의 처리) ① 과학기술정보통신부장관은 회계연도마다 「국가회계법」 등에 따라 회계의 결산서를 작성하는 것 외에 기업예산회계 관계 법령에 따라 결산서(적립금을 포함한다)를 작성할 수 있다.
② 회계연도마다 회계의 세입·세출 결산에 따른 잉여금이 있으면 이월손실금을 보전(補塡)하고 남은 금액은 적립금으로 적립하여야 한다.
③ 과학기술정보통신부장관은 적립금 결산에 따른 잉여금의 일부로 보험계약자 및 소외계층을 위한 공익사업을 할 수 있다.
④ 제3항에 따른 공익사업의 범위와 그 재원(財源) 조성 등에 관하여 필요한 사항은 과학기술정보통신부령으로 정한다.

2 추진 경과

1995년 휴면보험금으로 소년소녀가장에게 장학금을 지원하는 공익사업을 시작하였다. 2000년 들어 교통안전보험 재원을 활용하여 본격적인 공익사업을 추진하였으며, 2013년 9월에는 우체국공익재단을 설립하여 현재까지 다양한 공적 역할을 수행하고 있다.

3 재원

우체국예금의 공익준비금의 경우 정부예산에서 재원으로 삼고 있는 데 반해, 우체국보험의 공익준비금은 다음 조건에서 재원을 마련하고 있다.

① 전 회계연도 적립금 이익잉여금의 5% 이내
② 그린보너스저축보험 전년도 책임준비금의 0.05% 이내(친환경사업 활용)

4 공익재단 출연 기준

공익재단 출연을 위해 공익자금 조성액은 전 회계연도 이익잉여금을 기준으로 조성하되, 전년 및 당해 연도(추정) 당기순이익과 적립금 재무건전성을 고려하여 조성한다.

> 「우체국보험특별회계법 시행규칙」 제16조(공익사업의 범위와 재원 조성) ① 법 제8조 제3항에 따른 공익사업의 범위는 다음 각 호와 같다.
> 1. 보건·사회복지 관련 사업: 의료사업, 요양사업, 보육사업, 주거 개선사업
> 2. 체육·문화 관련 사업: 체육활동, 전시·공연의 주최 및 후원사업
> 3. 교육 관련 사업: 교육·장학사업 및 학술연구 지원사업
> 4. 제1호부터 제3호까지의 사업과 유사한 사업
> ② 제1항에 따른 공익사업의 재원은 전(前) 회계연도에 대한 적립금 결산에 따른 이익잉여금의 100분의 5 이내의 금액으로 조성한다. 이 경우 적립금의 운용으로 발생한 전년도 당기순이익과 적립금의 재무건전성을 고려하여야 한다.

5 사회공헌 관련 세부 사업

우체국공익재단은 전문적이고 체계적인 사회공헌활동의 추진을 위해 매년 공익사업 계획을 수립하고 운영하고 있다.

분야	세부사업
(우정) 우체국 자원 기반 공익사업	• 우체국 봉사활동 지원 • 복지등기 서비스 전국 확대 지원 • 저소득 장애인 우체국 암보험 지원
(사회) 국가 복지정책 지원 사업	• 발달장애인 카페 운영 • 무의탁환자 야간 간병 지원(예금위탁) • 휠체어 농구대회 지원
(환경) 지속 가능 친환경 사업	• 폐의약품 수거 지원 • 친환경 사업 발굴 • 다회용컵 리사이클 지원
(미래) 미래세대 육성 사업	• 양육시설 등 생애주기별 아동 지원(일부 예금위탁) • 우체국 희망 장학금 지원(예금위탁) • 장애 가정 아동 멘토링 지원(예금위탁) • 소아암 환자·가족 지원

◐ 2023년 우체국공익재단 세부사업

Chapter 07 리스크관리 및 자금운용

학습포인트
1. 리스크의 종류와 관리의 필요성을 이해한다.
2. 우체국보험의 재무건전성 관리에 대한 내용을 이해한다.

출제키워드
- 재무건전성

01 리스크관리

1 개요

금융시장에서 사용하는 리스크라는 용어는 흔히 생각할 수 있는 위험과는 다른 의미로 사용된다. 일반적으로 위험은 화재, 자연재해, 교통사고와 같이 수익에 관계없이 손실만을 발생시키는 사건을 의미하는 반면, 리스크는 예측하지 못한 어떤 사실이나 행위가 자본 및 수익에 부정적인 영향을 끼칠 수 있는 잠재적인 가능성을 뜻한다. 이러한 리스크는 리스크관리 활동을 통해 최소화함으로써 손실 관리를 할 수 있으며, 적절한 리스크관리를 수행함으로써 투자에 대한 불확실성 수준에 따른 수익을 보존할 수도 있다.

리스크(Risk)	위험(Danger)
예측하지 못한 사실 또는 행위로 인해 자본 및 수익에 부정적인 영향이 발생할 수 있는 잠재적 가능성 • 수익의 불확실성 또는 손실 발생 가능성 • 불확실성 정도에 따른 보상 존재 • 통계적 방법을 통해 관리 가능(예 주식투자, 건강관리 등)	수익에 관계없이 손실만을 발생시키는 사건 • 적절한 보상이 주어지지 않음 • 회피함으로써 제거하거나 전가하는 것이 최선(예 자연재해, 화재, 교통사고 등)

○ 리스크(Risk)와 위험(Danger)의 관계

2 리스크의 종류

금융회사에서 발생할 수 있는 리스크는 재무적 리스크와 비재무적 리스크로 분류할 수 있다. 재무적 리스크는 시장리스크, 신용리스크, 금리리스크, 유동성리스크, 보험리스크로 나누어지며, 특성상 주가 및 금리와 같은 데이터를 활용하여 특정한 산식을 통해 산출 및 관리가 가능한 계량적인 성격을 갖는다. 반면, 비재무적 리스크는 금융회사의 영업활동 또는 시스템 관리 등에 따라 발생할 수 있는 비정형화된 리스크로서 계량적인 산출과 관리가 어려운 리스크이다.

[단권화 MEMO]

[단권화 MEMO]

리스크 유형		내용
재무 리스크	시장리스크	시장가격(주가, 이자율, 환율 등)의 변동에 따른 자산가치 변화로 손실이 발생할 리스크
	신용리스크	채무자의 부도, 거래 상대방의 채무불이행 등으로 인하여 손실이 발생할 리스크
	금리리스크	금리 변동에 따른 순자가산가치의 하락 등으로 재무상태에 부정적인 영향을 미칠 리스크
	유동성리스크	자금의 조달, 운영기간의 불일치, 예기치 않은 자금 유출 등으로 지급불능상태에 직면할 리스크
	보험리스크	예상하지 못한 손해율 증가 등으로 손실이 발생할 리스크
비재무 리스크	운영리스크	부적절하거나 잘못된 내부의 업무 절차, 인력 및 시스템 또는 외부의 사건 등으로 인하여 손실이 발생할 리스크

◐ 리스크의 종류

● 운영리스크는 □□□ 리스크 종류에 해당한다.
(비재무)

3 리스크관리의 필요성

① IT 기술 및 금융공학의 발전으로 전세계 금융시장의 연결이 가속화되고, 주식 및 채권과 같은 전통적인 투자상품 외에 옵션, 선물 등 파생상품과 결합된 새로운 유형의 투자상품들이 지속적으로 개발되고 있다. 또한, 주요국 대표 금융회사들은 자국 내 시장 경쟁 심화로 기업 경쟁력 확보를 위한 해외시장 개척 및 사업확장이 이어지고 있으며 대규모 인수합병을 통해 금융회사의 규모가 대형화되고 있어, 리스크관리 실패에 따른 손실의 연쇄 효과가 과거에 비해 확대되고 있다.

② 국내금융시장의 경우 은행 중심의 대형화, 겸업화 진전과 자본시장통합법에 따른 자본시장의 기능별 통합 가속화가 이루어지고 있는 가운데, 핀테크의 발전에 따른 P2P, 인터넷전문은행 등 새로운 시장 참여자들이 급부상 중이다. 보험업계의 경우 평균수명 증가로 인한 생존리스크 확대, 보험시장 성숙 및 생손보 교차판매 등 업종 간 경쟁이 심화되는 가운데 부채를 원가가 아닌 시가로 평가하는 IFRS17 적용에 따라 보험사의 중요 건전성 지표인 지급여력비율 하락 우려가 가중되고 있다.

02 우체국보험 재무건전성 관리

1 건전경영의 유지

우정사업본부장은 우체국보험의 보험금 지급능력과 재무건전성을 확보하기 위해 다음과 같은 '건전 경영의 유지를 위한 준수사항'을 준수하여야 한다.
① 자본의 적정성에 관한 사항
② 자산의 건전성에 관한 사항
③ 그 밖에 경영의 건전성 확보를 위하여 필요한 사항

2 자본의 적정성

① 우체국보험은 자본의 적정성 유지를 위해 지급여력비율을 분기별로 산출·관리하여야 하며, 지급여력비율은 지급여력금액을 지급여력기준금액으로 나누어 산출한다. 이때 지급여력기준금액은 보험사업에 내재된 다양한 리스크를 보험·금리·시장·신용·운영 리스크로 세분화하여 측정하며 지급여력금액은 기본자본과 보완자본을 합산한 후 차감항목을 차감하여 산출한다.

② 지급여력비율은 100% 이상을 유지하도록 노력하여야 한다. 이는 우체국보험이 예상하지 못한 손실이 발생하더라도 이를 충당할 수 있는 자기자본을 보유하고 있음을 의미하며, 손실흡수를 통해 우체국보험의 지급능력을 보장하고, 나아가 금융시스템의 안정성을 확보하기 위한 중요한 수단이다.

3 경영개선계획

우정사업본부장은 우체국보험의 지급여력비율이 100% 미만인 경우로서 보험계약자에게 보험금을 지급하지 못할 우려가 있다고 판단되는 경우에는 경영개선계획을 수립·시행하여야 한다. 이때 경영개선계획에는 지급여력비율의 수준에 따라 아래 중 일부 또는 전부가 반영되어야 한다.

① 인력 및 조직운영의 개선
② 사업비의 감축
③ 재정투입의 요청
④ 부실자산의 처분
⑤ 고정자산에 대한 투자 제한
⑥ 계약자배당의 제한
⑦ 위험자산의 보유제한 및 자산의 처분

4 자산의 건전성

우정사업본부장은 아래의 '자산건전성 분류 대상 자산'에 해당하는 보유자산에 대해 건전성을 '정상', '요주의', '고정', '회수의문', '추정손실'의 5단계로 분류하여야 한다. 또한 '회수의문' 또는 '추정손실'로 분류된 자산(이하 '부실자산')을 조기에 상각하여 자산의 건전성을 확보하여야 한다.

구분	대상
1	대출채권
2	유가증권
3	보험미수금
4	미수금·미수수익
5	그 밖에 건전성 분류가 필요하다고 인정하는 자산

◎ 자산건전성 분류 대상 자산

03 우체국보험 자금운용 등

1 보험적립금 운용

「우체국보험특별회계법」제6조(적립금의 운용 방법)에 의거하여 보험적립금을 운용할 때에는 안정성·유동성·수익성 및 공익성이 확보되도록 하여야 한다. 이때, 적립금은 아래 표에 의한 방법으로 운용한다.

구분	대상
1	금융기관에의 예탁
2	「자본시장과 금융투자업에 관한 법률」에 따른 증권의 매매 및 대여
3	국가·지방자치단체와 과학기술정보통신부령으로 정하는 공공기관에 대한 대출
4	보험계약자에 대한 대출
5	대통령령으로 정하는 업무용 부동산의 취득·처분 및 임대
6	「자본시장과 금융투자업에 관한 법률」제5조에 따른 파생상품의 거래
7	「벤처기업육성에 관한 특별조치법」제2조 제1항에 따른 벤처기업에의 투자
8	재정자금에의 예탁
9	「자본시장과 금융투자업에 관한 법률」제355조에 따른 자금중개회사를 통한 금융기관에의 대여
10	그 밖에 대통령령으로 정하는 적립금 증식

○ 보험적립금 운용방법

2 적립금 운용계획의 수립 및 운용분석

우정사업본부장은 적립금의 효율적인 운용을 위해 연간 적립금 운용계획과 분기별 적립금 운용계획을 수립하여야 한다. 적립금 운용계획은 「우정사업 운영에 관한 특례법」제5조의2에 의한 우체국보험적립금운용분과위원회의 심의를 받아야 한다. 또한 우정사업본부장은 적립금 운용상황 및 결과를 매월 분석하여야 하며, 연간 분석결과는 우체국보험적립금운용분과위원회에 보고하여야 한다.

3 회계기준 및 재무제표

우체국보험의 회계처리 및 재무제표 작성은 「우체국보험특별회계법」, 「국가재정법」, 「국가회계법」, 같은 법 시행령 및 시행규칙에서 정하는 바에 따른다. 다만, 관련 법령에서 정하지 않은 사항에 대하여는 「우체국보험특별회계법 시행령」제15조에 근거하여 정한 '우체국보험 회계처리지침'에 따르며, 이 지침에서도 정하지 아니한 사항에 대해서는 일반적으로 인정된 '기업회계기준'과 '기업회계기준서'를 준용한다. 우체국보험적립금회계의 재무제표는 재무상태표, 손익계산서, 이익잉여금처분계산서 또는 결손금처리계산서, 현금흐름표로 한다. 다만, 분기 결산 시에는 재무상태표와 손익계산서만 작성할 수 있다.

4 결산

우정사업본부장은 해당 회계연도의 경영성과와 재무상태를 명확히 파악할 수 있도록 법령을 준수하여 결산서류를 명료하게 작성하여야 한다. 또한 매 회계연도마다 적립금의 결산서를 작성하고 외부 회계법인의 검사를 받아야 한다.

5 경영공시

우정사업본부장은 경영의 투명성 확보를 위하여 다음의 사항을 공시하여야 한다. 공시는 결산이 확정된 날로부터 1개월 이내에 보험계약자 등 이해관계자가 알기 쉽도록 간단명료하게 작성하여 우체국보험 홈페이지 등에 게시하여야 한다.

[단권화 MEMO]

○ 경영공시는 결산이 확정된 날로부터 □개월 이내에 게시하여야 한다.
(1)

구분	대상
1	조직 및 인력에 관한 사항
2	재무 및 손익에 관한 사항
3	자금조달·운용에 관한 사항
4	건전성·수익성·생산성 등을 나타내는 경영지표에 관한 사항
5	경영방침, 리스크관리 등 경영에 중요한 영향을 미치는 사항
6	관련법에 따라 금융위원회에 제출된 결산서류 및 기초서류에 대해 금융위원회의 의견 또는 권고에 관한 사항
7	그 밖에 이해관계자의 보호를 위하여 공시가 필요하다고 인정되는 사항

○ 우체국보험 경영공시

6 상품공시

우정사업본부장은 인터넷 홈페이지에 상품공시란을 설정하여 보험계약자 등이 판매상품에 관한 '우체국보험 상품공시'의 사항을 확인할 수 있도록 공시하여야 한다. 또한 보험계약자는 우정사업본부장에게 기초서류에 대한 열람을 신청할 수 있으며, 우정사업본부장은 정당한 사유가 없는 한 이에 응하여야 한다.

구분	대상
1	보험안내서
2	판매상품별 상품요약서, 사업방법서 및 보험약관(변경 전 보험약관 및 판매중지 후 2년이 경과되지 아니한 보험약관을 포함함)
3	금리연동형 보험의 적용이율 및 환급금대출이율 등
4	계약자배당금 산출기준, 계약자배당율, 계약자배당준비금 부리이율
5	그 밖에 보험계약자의 보호를 위하여 필요하다고 인정되는 사항

○ 우체국보험 상품공시

개념확인 핵심지문 O/X PART I. 보험개론

01 보험이란 보험자(보험대상자)가 불의의 사고를 당했을 경우 보험회사가 그 손실에 상응하는 금전적 보상을 한다는 계약을 통해 보험회사에 전가된 보험자(보험대상자) 위험의 집합체이다. (○ | ×)

02 보험은 손실을 보상 또는 회복할 자금을 제공해줄 수는 있으나 보험 그 자체가 손실 발생을 방지해 주는 것은 아니다. (○ | ×)

03 손실의 집단화란 손실을 한데 모아 개별위험을 집단의 위험으로 전환함으로써 개인이 부담해야 할 실제 손실을 위험그룹의 평균손실로 대체하는 것을 의미한다. (○ | ×)

04 손실을 집단화할 때 주의해야 할 점은 발생빈도와 평균손실의 규모 면에서 서로 다른 손실이거나 그와 비슷하지 않은 것이어야 한다는 점이다. (○ | ×)

05 보험자의 주된 의무에는 보험료 납입의무, 보험계약 시 고지의무, 주소변경 통지의무, 보험금 지급사유 발생 통지의무가 있다. (○ | ×)

06 보험계약자의 자격에는 제한이 없으나 미성년자, 피한정후견인, 피성년후견인의 경우에는 법정대리인의 동의를 필요로 한다. (○ | ×)

07 계약자가 보험계약 시 보험수익자를 지정하지 않은 경우 보험사고에 따라 보험수익자가 결정되는데 장해·입원·수술·통원급부금 등은 보험계약자가 보험수익자로 결정된다. (○ | ×)

08 보험대리점은 독립적으로 보험계약 체결을 중개하는 자로서 계약체결권, 고지수령권, 보험료 수령권에 대한 권한이 없다. (○ | ×)

09 간편심사 보험은 과거 병력 또는 현재 만성질환을 가지고 있는 고객이나 고령자를 대상으로 계약심사 과정과 서류를 간소화한 보험상품이다. 일반적으로 사망보험금을 낮추는 대신 주요 질병에 대한 진단비와 노후 생활자금 보장 등에 초점이 맞춰져 있으며 심사과정 간소화로 가입절차는 간편하나 보험료는 비교적 낮게 책정된다. (○ | ×)

10 3이원방식이란 보험료를 수지상등의 원칙에 의거하여 예정사망률(예정위험률), 예정이율, 예정사업비율의 3대 예정률을 기초로 계산하는 방식이다. (○ | ×)

11 보험계약에서 정의한 보험사고가 발생함으로써 손해를 입는 사람(본인의 목숨이나 건강 등을 담보시킨 사람)을 '피보험자'라고 한다. (○ | ×)

12 보험계약자가 보험사고에 의한 보장을 받기 위해 보험자에게 지급하여야 할 금액을 '보험료'라고 한다. (○ | ×)

13 보험에 담보된 재산 또는 생명이나 신체에 관하여 보험자가 보험금 지급을 약속한 사고가 발생하는 것을 '보험사고'라고 한다. (○ | ×)

14 보험기간에 대해 「상법」에서는 보험자의 책임을 최초의 보험료 납입 여부와 상관없이 청약일로부터 개 (○ | ✕)
시한다고 규정하고 있다.

15 보험계약에 있어 '역선택'이란 특정군의 특성에 기초하여 계산된 위험보다 높은 위험을 가진 집단이 동 (○ | ✕)
일 위험군으로 분류되어 보험계약을 체결함으로써 그 동일 위험군의 사고발생률을 증가시키는 현상을
말한다.

16 국가, 지방자치단체 또는 공공법인이 경영하는 보험을 '공영보험'이라고 한다. (○ | ✕)

17 보험료 수금에 필요한 경비로 사용되는 보험료를 '순보험료'라고 한다. (○ | ✕)

18 언더라이팅(Underwriting)은 보험회사 입장에서 보험 가입을 원하는 피보험자(보험대상자)의 위험을 각 (○ | ✕)
위험집단으로 분류하여 보험 가입 여부를 결정(계약인수·계약거절·조건부인수 등)하는 일련의 과정이다.

19 보험업에서 '클레임(Claim)'이란 보험금 청구에서 지급까지 일련의 업무를 뜻하며, 보험금 청구 접수, 사 (○ | ✕)
고조사, 조사건 심사, 수익자 확정, 보험금 지급 등의 업무가 포함된다.

20 생명보험회사나 손해보험회사는 질병보험 주계약에 각종 특약을 부가하여 보장을 확대한 보험상품을 (○ | ✕)
판매하고 있다. 다만, 생명보험회사에서 판매하는 질병사망 특약의 보험기간은 80세 만기, 보험금액 한
도는 개인당 2억원 이내로 부가할 수 있으며, 만기 시 지급하는 환급금이 납입보험료 합계액 범위 내여
야 하는 요건이 충족되는 경우 겸영이 가능하다.

정답 & ✕해설

| 01 | ✕ | 02 | ○ | 03 | ○ | 04 | ✕ | 05 | ✕ | 06 | ○ | 07 | ✕ | 08 | ✕ | 09 | ✕ | 10 | ○ | 11 | ○ | 12 | ○ | 13 | ○ | 14 | ✕ |
| 15 | ○ | 16 | ○ | 17 | ✕ | 18 | ○ | 19 | ○ | 20 | ✕ | | | | | | | | | | | | | | | | |

01 보험이란 피보험자(보험대상자)가 불의의 사고를 당했을 경우 보험회사가 그 손실에 상응하는 금전적 보상을 한다는 계약을 통해 보험회사에게 전가된 피보험자(보험대상자) 위험의 집합체이다.

04 손실을 집단화할 때 주의해야 할 점은 발생빈도와 평균손실의 규모 면에서 동종의 손실이거나 그와 비슷한 것이어야 한다는 것이다.

05 보험계약자의 주된 의무에는 보험료 납입의무, 보험계약 시 고지의무, 주소변경 통지의무, 보험금 지급사유 발생 통지의무가 있다.

07 계약자가 보험계약 시 보험수익자를 지정하지 않은 경우 보험사고에 따라 보험수익자가 결정되는데 장해·입원·수술·통원급부금 등은 피보험자가 보험수익자로 결정된다.

08 보험중개사는 독립적으로 보험계약 체결을 중개하는 자로서 계약체결권, 고지수령권, 보험료 수령권에 대한 권한이 없다. 보험대리점은 보험자를 위해 보험계약 체결을 대리하는 자로서 계약체결권, 고지수령권, 보험료 수령권의 권한을 가지고 있다.

09 간편심사 보험은 심사과정 간소화로 가입절차는 간편하나 보험료는 비교적 높게 책정된다.

14 「상법」에서는 보험자의 책임을 최초의 보험료를 지급받은 때부터 개시한다고 규정하고 있다.

17 수금비에 대한 설명이다.

20 손해보험회사에서 판매하는 질병사망 특약의 보험기간은 80세 만기, 보험금액 한도는 개인당 2억원 이내로 부가할 수 있으며, 만기 시 지급하는 환급금이 납입보험료 합계액 범위 내여야 하는 요건이 충족되는 경우 겸영이 가능하다(「보험업법 시행령」제15조 제2항).

21 생명보험업이나 손해보험업에 해당하는 보험종목의 전부(보증보험 및 재보험은 제외)에 관하여 허가를 받은 자는 제3보험업에 해당하는 보험종목에 대한 허가를 받은 것으로 본다. (○ | ✕)

22 보험범죄는 범죄증거 수집 및 고의입증이 용이하다는 특징이 있다. (○ | ✕)

23 보험기간 중 사고발생 위험이 증가된 때에는 그 사실을 보험회사에 통지할 의무가 있으므로 보험 가입자는 피보험자의 직업이 위험한 직업으로 변경된 경우 보험회사에 알려야 한다. 만약, 변경된 직업 및 직무와 관계가 없는 사고가 발생한 경우, 변경 사실을 알리지 않았다면 보험금은 지급되지 않는다. (○ | ✕)

24 제3보험에는 우연한 사고로 인한 신체에 입은 상해에 대한 치료 등에 소요되는 비용을 보장하는 '질병보험'과 질병 또는 질병으로 인한 입원·수술 등에 소요되는 비용을 보장하는 '상해보험' 그리고 치매 또는 일상생활 장해 등으로 타인의 간병을 필요로 하는 상태로 진단받았거나 그와 관련한 소요되는 비용을 보장하는 '간병보험'이 있다. (○ | ✕)

25 보험금의 지급사유가 발생하기 전에 피보험자가 사망한 경우에는 보험계약은 소멸하게 된다. 이때 책임준비금 대신 보험금을 지급하게 된다. (○ | ✕)

26 타인의 사망을 보험금 지급사유로 하는 계약에서 계약을 체결할 때까지 피보험자의 서면(전자문서는 제외)에 의한 동의를 얻지 않은 경우에는 계약을 무효로 하며 이미 납입한 보험료를 돌려준다. (○ | ✕)

27 위험은 위험의 발생상황에 따라 순수위험과 투기적 위험으로 분류하며, 사건발생에 연동되는 결과에 따라 정태적 위험과 동태적 위험으로 분류한다. (○ | ✕)

정답 & ✕해설

| 21 | ○ | 22 | ✕ | 23 | ✕ | 24 | ✕ | 25 | ✕ | 26 | ✕ | 27 | ✕ |

22 보험범죄는 범죄증거 수집 및 고의입증이 어렵다.

23 변경된 직업 및 직무와 관계가 없는 사고의 경우에는 보험 가입자가 직업 및 직무의 변경 사실을 알리지 않고 있어도 보험금이 전액 지급된다.

24 우연한 사고로 인한 신체에 입은 상해에 대한 치료 등에 소요되는 비용을 보장하는 '상해보험'과 질병 또는 질병으로 인한 입원·수술 등에 소요되는 비용을 보장하는 '질병보험' 그리고 치매 또는 일상생활 장해 등으로 타인의 간병을 필요로 하는 상태로 진단받았거나 그와 관련한 소요되는 비용을 보장하는 '간병보험'이 있다.

25 보험금의 지급사유가 발생하기 전에 피보험자가 사망한 경우에는 보험계약은 소멸하게 된다. 이때 보험금 대신 책임준비금을 지급하게 된다.

26 타인의 사망을 보험금 지급사유로 하는 계약에서 계약을 체결할 때까지 피보험자의 서면(전자문서를 포함)에 의한 동의를 얻지 않은 경우에는 계약을 무효로 하며 이미 납입한 보험료를 돌려준다.

27 위험은 사건발생에 연동되는 결과에 따라 순수위험과 투기적 위험으로 분류하며, 위험의 발생상황에 따라 정태적 위험(개인적 위험)과 동태적 위험(사회적 위험)으로 분류한다.

실전적용 기출&예상문제 PART I. 보험개론

01 〈보기〉에서 보험계약의 요소에 대한 설명으로 옳은 것의 총 개수는? 2023 계리직 9급

〈보기〉
ㄱ. 보험목적물은 보험사고 발생의 객체로 보험자가 배상하여야 할 범위와 한계를 정해준다.
ㄴ. 보험기간은 보험에 의한 보장이 제공되는 기간으로 위험기간 또는 책임기간이라고도 하며 보험자의 책임은 보험을 승낙함으로써 개시된다.
ㄷ. 보험사고란 보험에 담보된 재산 또는 생명이나 신체에 관하여 보험자가 보험금 지급을 약속한 사고가 발생하는 것이다.
ㄹ. 보험료는 보험사고에 의한 보장을 받기 위하여 계약자가 보험자에게 지급하여야 할 금액이다.

① 1개 ② 2개
③ 3개 ④ 4개

02 우체국보험 재무건전성 관리에 대한 설명으로 옳은 것은? 2023 계리직 9급

① 우체국보험은 자본의 적정성 유지를 위하여 지급여력비율을 반기별로 산출·관리하여야 한다.
② 과학기술정보통신부장관은 우체국보험사업에 대한 건전성을 유지하고 관리하기 위하여 필요한 경우에는 금융위원회에 검사를 요청할 수 있다.
③ 우정사업본부장은 지급여력비율이 150% 미만인 경우로서 보험계약자에게 보험금을 지급하지 못할 우려가 있다고 판단되는 경우에는 경영개선계획을 수립·시행하여야 한다.
④ 우정사업본부장은 자산건전성 분류 대상 자산에 해당하는 보유자산에 대해 건전성을 5단계로 분류하여야 하며 "고정", "회수의문" 또는 "추정손실"로 분류된 자산을 조기에 상각하여야 한다.

정답&해설

01 ㄱ. 보험목적물(보험대상)은 보험사고 발생의 객체로 생명보험에서는 피보험자의 생명 또는 신체를 말한다. 보험의 목적물은 보험자(보험회사)가 배상하여야 할 범위와 한계를 정해준다.
ㄷ. 보험사고란 보험에 담보된 재산 또는 생명이나 신체에 관하여 보험자(보험회사)가 보험금 지급을 약속한 사고(위험)가 발생하는 것으로 생명보험의 경우 피보험자의 사망·생존, 장해, 입원, 진단 및 수술, 만기 등이 보험금 지급사유로 규정된다.
ㄹ. 보험료는 보험계약자가 보험사고에 의한 보장을 받기 위하여 보험자(보험회사)에게 지급하여야 할 금액으로 만약 보험료를 납부하지 않는다면 그 계약은 해제 혹은 해지된다.
〈오답 확인〉 ㄴ. 보험기간은 보험에 의한 보장이 제공되는 기간으로, 위험기간 또는 책임기간이라고도 하며「상법」에서는 보험자의 책임을 최초의 보험료를 지급받은 때로부터 개시한다고 규정하고 있다.

02 〈오답 확인〉 ① 우체국보험은 자본의 적정성 유지를 위하여 지급여력비율을 분기별로 산출·관리하여야 하며, 지급여력비율은 지급여력금액을 지급여력기준금액으로 나누어 산출한다.
③ 우정사업본부장은 우체국보험의 지급여력비율이 100% 미만인 경우로서 보험계약자에게 보험금을 지급하지 못할 우려가 있다고 판단되는 경우에는 경영개선계획을 수립·시행하여야 한다.
④ 우정사업본부장은 자산건전성 분류 대상 자산에 해당하는 보유자산에 대해 건전성을 "정상", "요주의", "고정", "회수의문", "추정손실"의 5단계로 분류하여야 한다. 또한 "회수의문" 또는 "추정손실"로 분류된 자산을 조기에 상각하여 자산의 건전성을 확보하여야 한다.

01 ③ 02 ②

03 ⟨보기⟩에서 생명보험계약 관계자에 대한 설명으로 옳은 것을 모두 고른 것은?   2022 계리직 9급

> **보기**
> ㄱ. 보험계약자와 피보험자는 1인 또는 다수 모두 가능하다.
> ㄴ. 피보험자와 보험계약자가 각각 다른 사람일 경우 '타인을 위한 보험'이라고 한다.
> ㄷ. 보험계약자가 보험계약 시 보험수익자를 지정하지 않은 경우 생존보험금 발생 시 보험수익자는 피보험자이다.
> ㄹ. 보험중개사는 독립적으로 보험계약 체결을 중개하는 자로 계약체결권, 고지수령권, 보험료 수령권에 대한 권한이 없다.

① ㄱ, ㄴ
② ㄱ, ㄹ
③ ㄴ, ㄷ
④ ㄷ, ㄹ

04 우체국보험적립금에 대한 설명으로 옳지 않은 것은?   2022 계리직 9급

① 과학기술정보통신부장관이 운용·관리한다.
② 보험계약자를 위한 대출제도 운영에 사용된다.
③ 「우체국예금·보험에 관한 법률」에 근거를 두고 있다.
④ 순보험료, 운용수익 및 회계의 세입·세출 결산상 잉여금으로 조성한다.

정답&해설

03 ⟨오답 확인⟩ ㄴ. 생명보험에서 피보험자와 보험계약자가 각각 다른 사람일 경우 '타인의 생명보험'이라고 한다. '타인을 위한 보험'은 보험수익자와 보험계약자가 각각 다른 사람일 경우를 말한다.
ㄷ. 계약자가 보험계약 시 보험수익자를 지정하지 않은 경우 생존보험금 발생 시 보험수익자는 보험계약자이다.

04 우체국보험적립금은 「우체국보험특별회계법」 제4조에 근거를 두고 있다.

03 ②   04 ③

05 보험료를 계산하는 현금흐름방식에 대한 설명으로 옳은 것은?

2021 계리직 9급

① 보수적 표준기초율을 일괄적으로 가정하여 적용한다.
② 보험료 산출이 비교적 간단하고 기초율 예측 부담이 경감되는 장점이 있다.
③ 상품개발 시 수익성 분석을 동시에 할 수 있으며 상품개발 후 리스크 관리가 용이한 방식이다.
④ 3이원(利原)을 포함한 다양한 기초율을 가정하며, 계리적 가정에는 위험률, 해지율, 손해율, 적립이율 등이 있다.

06 위험관리와 보험의 종류에 대한 설명으로 옳은 것은?

2021 계리직 9급 변형

① 위험의 발생상황에 따라 순수위험과 투기적 위험으로 분류하며, 사건발생에 연동되는 결과에 따라 정태적 위험과 동태적 위험으로 분류한다.
② 자동차보험은 피보험자가 보험기간 중의 사고로 인하여 제3자에게 배상할 책임을 질 경우에 보험자가 이로 인한 손해를 보상할 것을 목적으로 하는 보험이다.
③ 동태적 위험은 사회적인 특정 징후로 예측이 가능한 면도 있으나, 위험의 영향이 광범위하며 발생 확률을 통계적으로 측정하기 어렵다.
④ 보험의 대상이 되는 불확실성(위험)의 조건 중 '한정적 측정 가능 손실'이란 보험회사 또는 인수집단의 능력으로 보상이 가능한 규모의 손실을 의미한다.

정답&해설

05 〈오답 확인〉 ① 현금흐름방식은 각 보험회사별 최적가정 기초율을 적용한다.
② 3이원방식의 장점이다.
④ 계리적 가정에는 위험률, 해지율, 손해율, 사업비용 등이 있고 경제적 가정에는 투자수익률, 할인율, 적립이율 등이 있다.

■ 3이원방식과 현금흐름방식의 비교

구분	3이원방식	현금흐름방식
기초율 가정	3이원: 위험률, 이자율, 사업비율	• 3이원을 포함한 다양한 기초율 • 경제적 가정: 투자수익률, 할인율, 적립이율 등 • 계리적 가정: 위험률, 해지율, 손해율, 사업비용 등
기초율 가정적용	• 보수적 표준기초율 일괄 가정 • 기대이익 내재	• 각 보험회사별 최적가정 • 기대이익 별도 구분
장점	• 보험료 산출이 비교적 간단 • 기초율 예측 부담 경감	• 상품개발 시 수익성 분석을 동시에 할 수 있으며 상품개발 후 리스크 관리 용이 • 새로운 가격요소 적용으로 정교한 보험료 산출 가능
단점	• 상품개발 시 별도의 수익성 분석 필요 • 상품개발 후 리스크 관리가 어려움	• 정교한 기초율 예측 부담 • 산출방법이 복잡하고, 전산시스템 관련 비용이 많음

06 동태적 위험(산업구조 변화, 물가변동, 생활양식 변화, 소비자 기호 변화, 정치적 요인 등)은 사회적인 특정 징후로 예측이 가능한 면도 있으나, 위험의 영향이 광범위하며 발생 확률을 통계적으로 측정하기 어렵다.
〈오답 확인〉 ① 위험은 사건발생에 연동되는 결과에 따라 순수위험과 투기적 위험으로 분류하며, 위험의 발생상황에 따라 정태적 위험(개인적 위험)과 동태적 위험(사회적 위험)으로 분류한다.
② 책임보험은 피보험자가 보험기간 중의 사고로 인하여 제3자에게 배상할 책임을 질 경우에 보험자가 이로 인한 손해를 보상할 것을 목적으로 하는 보험이다.
④ 보험의 대상이 되는 불확실성(위험)의 조건 중 '비재난적 손실'이란 보험회사 또는 인수집단의 능력으로 보상이 가능한 규모의 손실을 의미한다. '한정적 측정 가능 손실'은 피해의 발생원인, 발생시점, 장소, 피해의 정도가 명확히 식별 가능하고 손실금액을 측정할 수 있는 손실을 말한다.

07 우체국보험의 계약유지에 대한 설명으로 옳은 것은?

2019 계리직 9급

① 피보험자는 해지된 날부터 3년 이내에 체신관서가 정한 절차에 따라 계약의 부활을 청약할 수 있다.
② 보험계약자가 보험수익자를 변경하는 경우, 보험금의 지급사유가 발생하기 전에 변경 전 보험수익자의 동의를 받아야 한다.
③ 보험료의 자동대출납입 기간은 최초 자동대출납입일부터 1년을 최고한도로 하며 그 이후의 기간은 보험계약자가 재신청을 하여야 한다.
④ 보험계약자가 고의로 보험금 지급사유를 발생시킨 경우, 체신관서는 그 사실을 안 날부터 1개월 이내에 계약을 해지할 수 있으며 책임준비금을 보험계약자에게 지급한다.

08 〈보기〉에서 설명하는 보험계약의 법적 성질을 올바르게 연결한 것은?

2018 계리직 9급

보기

ㄱ. 우연한 사고의 발생에 의해 보험자의 보험금 지급의무가 확정된다.
ㄴ. 보험계약자는 보험료를 모두 납부한 후에도 보험자에 대한 통지의무 등을 진다.
ㄷ. 보험계약의 기술성과 단체성으로 인하여 계약 내용의 정형성이 요구된다.

	ㄱ	ㄴ	ㄷ
①	위험계약성	쌍무계약성	부합계약성
②	사행계약성	계속계약성	부합계약성
③	위험계약성	계속계약성	상행위성
④	사행계약성	쌍무계약성	상행위성

정답&해설

07 보험료 미납으로 실효(해지)될 상태에 있는 보험계약에 대하여 계약자의 신청이 있는 경우 해약환급금 범위 내에서 자동대출(환급금 대출)하여 보험료를 납입할 수 있다. 보험료의 자동대출납입 기간은 최초 자동대출납입일부터 1년을 한도로 하며 그 이후의 기간은 보험계약자가 재신청을 하여야 한다.

〈오답 확인〉 ① 피보험자가 아닌 계약자가 부활을 청약할 수 있다. 「우체국예금·보험에 관한 법률」에서는 해지된 날부터 2년 이내, 우체국보험약관에서는 해지된 날부터 3년 이내로 규정하고 있다.
② 보험계약자가 보험수익자를 변경하고자 할 경우에는 보험금의 지급사유가 발생하기 전에 피보험자가 서면으로 동의하여야 한다.
④ 보험계약자가 고의로 보험금 지급사유를 발생시킨 경우, 체신관서는 그 사실을 안 날부터 1개월 이내에 계약을 해지할 수 있으며 해약환급금을 보험계약자에게 지급한다.

08 ㄱ. 사행계약성은 보험계약에서 보험자의 보험금 지급의무가 우연한 사고의 발생을 전제로 한다고 보는 성질로, 정보의 비대칭성으로 보험범죄나 인위적 사고의 유발과 같은 도덕적 위험이 내재해 있으며, 이를 규제하기 위하여 피보험이익, 실손보상 원칙, 최대선의 원칙 등을 두고 보험의 투기화를 막는 제도적 장치가 있다.
ㄴ. 계속계약성은 보험계약에서 보험회사가 일정 기간 안에 보험사고가 발생하면 보험금을 지급하는 것을 내용으로 하여 그 기간 동안에 보험관계가 지속되는 계속계약의 성질을 지니며, 「상법」상 독립한 계약임을 의미한다. 따라서 보험계약자 등은 보험료를 모두 납부한 후에도 보험자에 대한 통지의무와 같은 보험계약상의 의무를 진다.
ㄷ. 보험계약은 다수인을 상대로 체결되고 보험의 기술성과 단체성으로 인하여 그 정형성이 요구되므로 부합계약에 속한다. 보험계약은 일반적으로 보험회사가 미리 작성한 보통보험약관을 매개로 체결되는데 이때 보험계약자는 약관을 승인하거나 거절하는 형식을 취하므로 약관해석 시 작성자 불이익의 원칙을 두고 있다.

09 보험료 계산의 기초에 대한 설명으로 옳지 <u>않은</u> 것은?

2016 계리직 9급

① 예정이율이 낮아지면 보험료는 비싸지고, 예정이율이 높아지면 보험료는 싸진다.
② 예정사업비율이 낮아지면 보험료는 싸지고, 예정사업비율이 높아지면 보험료는 비싸진다.
③ 순보험료는 장래의 보험금 지급의 재원(財源)이 되는 보험료로, 위험보험료와 저축보험료로 분리할 수 있다.
④ 보험료는 대수의 법칙에 의거하여 예정사망률, 예정이율, 예정사업비율의 3대 예정률을 기초로 계산한다.

10 우체국보험의 역사를 설명한 〈보기〉의 ㉠~㉢에 들어갈 내용을 바르게 나열한 것은?

2016 계리직 9급

> **보기**
> - 우체국보험은 (㉠)년 5월에 제정된 '조선간이생명보험령'에 따라 종신보험과 (㉡)으로 시판되었다.
> - 1952년 12월 '국민생명보험법' 및 '우편연금법'이 제정되면서 '간이생명보험'이 (㉢)으로 개칭되었다.

	㉠	㉡	㉢
①	1925	양로보험	우편생명보험
②	1929	양로보험	국민생명보험
③	1925	연금보험	우편생명보험
④	1929	연금보험	국민생명보험

정답&해설

09 보험료는 수지상등의 원칙에 의거하여 예정사망률(예정위험률), 예정이율, 예정사업비율의 3대 예정율을 기초로 계산한다.

10 우체국보험은 1929년 5월에 제정된 '조선간이생명보험령'에 따라 조선총독부 체신국에서 종신보험과 양로보험을 판매하기 시작한 것을 시초로 한다. 이후 1952년 12월 '국민생명보호법' 및 '우편연금법'이 제정되면서 '간이생명보험'이 '국민생명보험'으로 개칭되고, 취급상품도 생명보험 4종과 연금보험 4종으로 확대하여 사업을 지속하였다.

09 ④ 10 ②

11 보험범죄에 대한 내용으로 옳지 않은 것은?

① 연성사기는 우연히 발생한 보험사고의 피해를 부풀려 실제 발생한 손해보다 과다한 보험금을 청구하는 행위로, 그 유형으로는 경미한 질병·상해에도 장기간 입원하는 행위, 보험료 절감을 위해 보험 가입 시 보험회사에 허위 정보를 제공(고지의무 위반)하는 행위 등이 있다.

② 경성사기는 보험계약에서 담보하는 재해, 상해, 도난, 방화, 기타의 손실을 의도적으로 각색 또는 조작하는 행위로, 그 유형으로는 피보험자의 신체에 상해를 입히거나 방화·살인 등 피보험자를 해치는 행위 또는 생존자를 사망한 것으로 위장함으로써 보험금을 받으려는 행위가 이에 속한다.

③ 과거에는 경성사기가 보험범죄의 대부분을 차지했으나, 최근에는 보험금을 편취할 목적으로 고의의 보험사고를 일으키는 연성사기가 증가하고 있다.

④ '보험범죄'란 보험계약을 악용하여 보험 원리상 지급받을 수 없는 보험금을 수령하거나, 실제 손해액 대비 많은 보험금을 청구하는 행위 또는 보험 가입 시 실제 위험수준 대비 낮은 보험료를 납입할 목적으로 행하는 일체의 불법행위이다.

12 '제3보험'에 대한 내용으로 옳지 않은 것은?

① 보험의 종류로는 우연한 사고로 신체에 입은 상해에 대한 치료 등에 소요되는 비용을 보장하는 '질병보험'과 질병 또는 질병으로 인한 입원·수술 등에 소요되는 비용을 보장하는 '상해보험', 그리고 치매 또는 일상생활장해 등으로 타인의 간병을 필요로 하는 상태로 진단받았거나 그와 관련한 소요되는 비용을 보장하는 '간병보험'이 있다.

② '제3보험'이란 위험보장을 목적으로 사람의 질병·상해 또는 이에 따른 간병에 관하여 금전 및 그 밖의 급여를 지급할 것을 약속하고 대가를 수수하는 계약으로서 대통령령으로 정하는 계약을 말한다.

③ 제3보험의 경우 생명보험의 약정된 정액보상적 특성과 손해보험의 실손보상적 특성을 모두 가지는 보험을 의미한다.

④ 제3보험의 종류로는 상해보험, 질병보험, 간병보험이 있으며, 생명보험사·손해보험사는 제3보험업 겸영이 가능하다.

정답&해설

11 과거에는 연성사기가 보험범죄의 대부분을 차지했으나, 최근에는 보험금을 편취할 목적으로 고의의 보험사고를 일으키는 경성사기가 증가하고 있다.

12 우연한 사고로 신체에 입은 상해에 대한 치료 등에 소요되는 비용을 보장하는 '상해보험'과 질병 또는 질병으로 인한 입원·수술 등에 소요되는 비용을 보장하는 '질병보험', 그리고 치매 또는 일상생활장해 등으로 타인의 간병을 필요로 하는 상태로 진단받았거나 그와 관련한 소요되는 비용을 보장하는 '간병보험'이 있다.

11 ③ 12 ①

13 리스크관리에 대한 내용으로 옳지 않은 것은?

① 재무적 리스크는 시장리스크, 신용리스크, 금리리스크, 유동성리스크, 보험리스크로 나누어지며, 특성상 주가 및 금리와 같은 데이터를 활용하여 특정한 산식을 통해 산출 및 관리가 가능한 계량적인 성격을 갖는다.
② 비재무적 리스크는 금융회사의 영업활동 또는 시스템 관리 등에 따라 발생할 수 있는 비정형화된 리스크로서 계량적인 산출과 관리가 어려운 리스크이다.
③ 시장리스크란 자금의 조달, 운영기간의 불일치, 예기치 않은 자금 유출 등으로 지급불능상태에 직면할 리스크를 말한다.
④ 금융회사에서 발생할 수 있는 리스크는 재무적 리스크와 비재무적 리스크가 있다.

정답&해설

13 '유동성리스크'란 자금의 조달, 운영기간의 불일치, 예기치 않은 자금 유출 등으로 지급불능상태에 직면할 리스크를 말한다.

13 ③

PART II

우체국보험 제도

Chapter 01　우체국보험모집 및 언더라이팅
Chapter 02　우체국보험 계약유지 및 보험금 지급

출제비중

16%

※ 전 10회(2008~2023) 시험을 기준으로 출제비중을 산출하였습니다.

출제문항 수 & 키워드		
Chapter 01 우체국보험모집 및 언더라이팅	3문항	보험계약, 언더라이팅, 청약서비스
Chapter 02 우체국보험 계약유지 및 보험금 지급	6문항	보험계약, 보험금 지급, 보험료 납입, 보험료 할인율, 환급금 대출, 효력상실 및 부활

*출제키워드는 전 10회(2008~2023) 시험에서 출제된 문항을 기준으로 분석하였습니다.

Chapter 01 우체국보험모집 및 언더라이팅

학습포인트
① 우체국보험모집 및 모집자 준수사항을 파악한다.
② 보험계약의 청약 및 청약심사(언더라이팅)의 과정을 알아두어야 한다.
③ 보험계약의 성립과 효력을 정확히 이해한다.

출제키워드
- 보험계약
- 언더라이팅
- 청약서비스

01 우체국보험모집 준수사항

1 보험모집

'보험모집'이란 우체국과 보험계약이 체결될 수 있도록 중개하는 모든 행위(계약체결의 승낙은 제외)를 의미한다. 우정사업본부장은 우체국보험의 건전한 모집질서를 확립하고 우체국보험의 공신력 제고와 보험계약자의 권익보호를 위하여 부당한 모집행위나 과당경쟁을 하여서는 아니 되며, 보험모집자가 제반 법규를 준수하도록 하여 합리적이고 공정한 영업풍토를 조성하는 데 최선을 다하여야 한다.

2 보험모집 안내자료

(1) 보험안내자료 기재사항

우체국보험을 모집하기 위하여 사용하는 보험안내자료에는 아래 사항을 명료하고 알기 쉽게 기재하여야 한다.

항	기재사항
1	보험 가입에 따른 권리·의무에 관한 주요 사항
2	보험약관에서 정하는 보장에 관한 주요 내용
3	해약환급금에 관한 사항
4	보험금이 금리에 연동되는 보험상품의 경우 적용금리 및 보험금 변동에 관한 사항
5	최저로 보장되는 보험금이 설정되어 있는 경우 그 내용
6	보험금 지급제한 조건
7	보험안내자료의 제작기관명, 제작일, 승인번호
8	보험 상담 및 분쟁의 해결에 관한 사항
9	보험안내자료 사용기관의 명칭 또는 보험모집자의 성명이나 명칭 그 밖에 필요한 사항
10	그 밖에 보험계약자의 보호를 위하여 필요하다고 인정되는 사항

◉ 보험안내자료 기재사항

(2) 준수사항

보험안내자료 작성 시 다음을 준수하여야 한다. 또한 방송·영화·연설 그 밖의 방법으로 모집을 위하여 우체국보험의 자산 및 부채에 관한 사항과 장래의 이익의 배당 또는 잉여금의 분배에 대한 예상에 관한 사항을 불특정인에게 알리는 경우에 이를 준용한다.

구분	준수사항
1	보험안내자료에 우체국보험의 자산과 부채를 기재하는 경우 우정사업본부장이 작성한 재무제표에 기재된 사항과 다른 내용의 것을 기재하지 못한다.
2	보험계약의 내용과 다른 사항, 보험계약자에게 유리한 내용만을 골라 안내하거나 다른 보험회사 상품과 비교한 사항, 확정되지 아니한 사항이나 사실에 근거하지 아니한 사항을 기초로 다른 보험회사 상품에 비하여 유리하게 비교한 사항, 특정 보험계약자에게만 혜택을 준다는 내용을 기재하지 못한다.
3	보험안내자료에 우체국보험의 장래의 이익의 배당 또는 잉여금의 분배에 대한 예상에 관한 사항을 기재하지 못한다. 다만, 보험계약자의 이해를 돕기 위하여 필요하다고 인정하는 경우에는 그러하지 아니하다.

◎ 보험안내자료 준수사항

3 보험모집 단계별 제공 서류

보험계약 체결 시 보험계약자에게 보험모집 단계별로 다음의 서류를 제공하여야 한다. 다만, 단체보험의 경우 1단계를 적용하지 아니한다.

항	제공 서류
1단계 – 보험계약 체결 권유 단계	가입설계서, 상품설명서
2단계 – 보험계약 청약 단계	보험계약청약서 부본, 보험약관 ※ 청약서 부본의 경우 전화를 이용하여 청약하는 경우에는 「보험업감독규정」 제4-37조 제3호에서 정한 확인서 제공으로 이를 갈음 가능
3단계 – 보험계약 승낙 단계	보험가입증서(보험증권)

◎ 보험모집 단계별 제공 서류

4 설명 단계별 의무사항

(1) 보험계약 체결을 권유하는 경우

다음의 사항을 설명하여야 한다.

항	설명 사항
1	주계약 및 특약별 보험료
2	주계약 및 특약별로 보장하는 사망, 질병, 상해 등 주요 위험 및 보험금
3	보험료 납입기간 및 보험기간
4	보험 상품의 종목 및 명칭
5	청약의 철회에 관한 사항
6	지급한도, 면책사항, 감액지급 사항 등 보험금 지급제한 조건
7	고지의무 위반의 효과
8	계약의 취소 및 무효에 관한 사항
9	해약환급금에 관한 사항
10	분쟁조정절차에 관한 사항
11	그 밖에 보험계약자 보호를 위하여 필요하다고 인정되는 사항

◎ 설명단계별 의무사항

(2) 저축성 보험(금리확정형 보험은 제외)계약의 경우

계약자가 보험계약 체결 권유 단계에서 아래에 해당하는 사항을 설명받았고, 이를 이해하였음을 전화 등 통신수단을 통해 청약 후 10일 이내에 확인받아야 한다.

구분	설명 의무사항
1	납입보험료 중 사업비 등이 차감된 일부 금액이 적용이율로 부리된다는 내용
2	저축성 보험(금리확정형 보험은 제외)계약의 경우 사업비 수준
3	저축성 보험(금리확정형 보험은 제외)계약의 경우 해약환급금
4	기타 우정사업본부장이 정하는 사항

◎ 저축성 보험계약 체결 권유 단계 설명 의무사항

(3) 주요 과정 및 설명사항

보험계약의 체결 시부터 보험금 지급 시까지의 주요 과정을 보험계약자에게 설명하여야 한다. 다만, 보험계약자가 설명을 거부하는 경우에는 그러하지 아니하다.

구분	설명사항
보험계약 체결단계	• 보험의 모집에 종사하는 자의 성명, 연락처 및 소속 • 보험의 모집에 종사하는 자가 보험계약의 체결을 대리할 수 있는지 여부 • 보험의 모집에 종사하는 자가 보험료나 고지의무사항을 대신하여 수령할 수 있는지 여부 • 보험계약의 승낙절차 • 보험계약 승낙거절 시 거절사유
보험금 청구단계	• 담당 부서 및 연락처 • 예상 심사기간 및 예상 지급일
보험금 지급단계	심사 지연 시 지연사유

◎ 보험계약의 체결 시부터 보험금 지급 시까지의 주요 과정 및 설명사항

5 통신수단을 이용한 모집 시 준수사항

보험모집자는 전화·우편·컴퓨터 등의 통신매체를 이용한 보험모집을 함에 있어 다른 사람의 평온한 생활을 침해하여서는 아니 되며, 통신수단을 이용하여 모집할 수 있는 대상자는 다음과 같다.

구분	대상자
1	통신수단을 이용한 모집에 대하여 동의한 자
2	우체국보험계약을 체결한 실적이 있는 보험계약자 또는 피보험자(통신수단을 이용한 모집 당시 보험계약이 유효한 자에 한함)
3	「신용정보의 이용 및 보호에 관한 법률」에 의한 개인정보 제공·활용 동의 등 적법한 절차에 따라 개인정보를 제공받거나 개인정보의 활용에 관하여 동의를 받은 경우의 해당 개인

◎ 통신수단을 이용하여 모집할 수 있는 대상자

6 보험계약의 체결 또는 모집에 관한 금지행위

① 보험계약의 체결에 종사하는 자 또는 보험모집자는 그 체결 또는 모집에 관하여 다음의 어느 하나의 행위를 하지 못한다.

항	금지행위
1	보험계약자 또는 피보험자에게 보험계약의 내용을 사실과 다르게 알리거나 그 내용의 중요한 사항을 알리지 아니하는 행위
2	보험계약자 또는 피보험자에게 보험계약의 내용의 일부에 대하여 비교대상 및 기준을 명시하지 아니하거나 객관적인 근거 없이 다른 보험계약과 비교한 사항을 알리는 행위(「표시·광고의 공정화에 관한 법률」에 의하여 허용되는 경우를 제외한다)
3	보험계약자 또는 피보험자에 대하여 보험계약의 중요한 사항을 알리는 것을 방해하거나 알리지 아니할 것을 권유하는 행위
4	보험계약자 또는 피보험자에게 체신관서에 대하여 중요한 사항에 관하여 부실한 사항을 알릴 것을 권유하는 행위
5	보험계약의 청약 철회 또는 계약해지를 방해하는 행위
6	보험모집자가 보험계약자, 피보험자 또는 보험금을 취득할 자, 그 밖에 보험 계약에 관하여 이해관계가 있는 자일 경우 보험사기행위
7	보험계약자, 피보험자 또는 보험금을 취득할 자, 그 밖에 보험계약에 관하여 이해관계가 있는 자로 하여금 고의로 보험사고를 발생시키거나 발생하지 아니한 보험사고를 발생한 것처럼 조작하여 보험금을 수령하도록 하는 행위
8	보험계약자, 피보험자 또는 보험금을 취득할 자, 그 밖에 보험계약에 관하여 이해관계가 있는 자로 하여금 이미 발생한 보험사고의 원인, 시기 또는 내용을 조작하거나 피해의 정도를 과장하여 보험금을 수령하도록 하는 행위
9	보험계약자 또는 피보험자로 하여금 이미 성립된 보험계약을 부당하게 소멸시킴으로써 새로운 보험계약을 청약하게 하거나 새로운 보험계약을 청약하게 함으로써 기존 보험계약을 부당하게 소멸시키거나 그 밖에 부당하게 보험계약을 청약하게 하거나 이러한 것을 권유하는 행위
10	보험계약자 또는 피보험자에게 보험료의 할인 또는 기타 특별한 이익을 제공하거나 이를 약속하는 행위
11	모집할 자격이 없는 자에게 모집을 하게 하거나 이를 용인하는 행위
12	우체국보험 외에 다른 보험 사업자를 위하여 모집하는 행위
13	우체국보험 상품의 판매를 거절하는 행위
14	모집과 관련이 없는 금융거래를 통하여 취득한 개인정보(「신용정보의 이용 및 보호에 관한 법률」에서 정하는 정보)를 미리 해당 개인의 동의를 받지 않고 모집에 이용하는 행위
15	그 밖에 불완전판매 등에 대한 유형에 해당하는 행위

◐ 보험계약의 체결 또는 모집에 관한 금지행위

② 보험계약의 체결 또는 모집에 종사하는 자가 다음의 어느 하나에 해당하는 행위를 한 경우 상기 ①의 행위 중 9항을 위반하여 기존 보험계약을 부당하게 소멸시키거나 소멸하게 하는 행위를 한 것으로 본다. 만약 이를 위반하여 기존 보험계약을 소멸시키거나 소멸하게 하였을 때에 보험계약자는 보험계약의 체결 또는 모집에 종사하는 자가 속하거나 모집을 위탁한 우정관서에 대하여 그 보험계약이 소멸한 날부터 6개월 이내에 소멸된 보험계약의 부활을 청구하고 새로운 보험계약은 취소할 수 있다. 보험계약의 부활 청구를 받은 우정관서는 특별한 사유가 없으면 소멸된 보험계약의 부활을 승낙하여야 한다.

구분	기존 계약 부당소멸행위
1	기존 보험계약이 소멸된 날부터 1개월 이내에 새로운 보험계약을 청약하게 하거나 새로운 보험계약을 청약하게 한 날부터 1개월 이내에 기존 보험계약을 소멸하게 하는 행위(다만, 보험계약자가 기존 보험계약 소멸 후 새로운 보험계약 체결 시 손해가 발생할 가능성이 있다는 사실을 알고 있음을 본인의 의사에 따른 행위임이 명백히 증명되는 경우는 제외)

2	기존 보험계약이 소멸된 날부터 6개월 이내에 새로운 보험계약을 청약하게 하거나 새로운 보험계약을 청약하게 한 날부터 6개월 이내에 기존 보험계약을 소멸하게 하는 경우로서 해당 보험계약자 또는 피보험자에게 기존 보험계약과 새로운 보험계약의 아래 6가지 중요한 사항을 비교하여 알리지 아니하는 행위 – 보험료, 보험기간, 보험료 납입주기 및 납입기간 – 보험 가입금액 및 주요 보장 내용 – 보험금액 및 환급금액 – 예정 이자율 중 공시이율 – 보험 목적 – 우정관서의 면책사유 및 면책사항

◉ 기존 보험계약을 부당하게 소멸시키거나 소멸하게 하는 행위

7 특별이익의 제공금지

보험계약의 체결에 종사하는 자 또는 보험모집자는 그 체결 또는 모집과 관련하여 보험계약자 또는 피보험자에 대하여 아래의 어느 하나에 해당하는 특별이익을 제공하거나 그 제공을 약속하여서는 안 된다.

구분	특별이익 제공금지 항목
1	3만원을 초과하는 금품
2	기초서류에서 정한 사유에 근거하지 아니한 보험료의 할인 또는 수수료의 지급
3	기초서류에서 정한 보험금액보다 많은 보험금액의 지급의 약속
4	보험계약자 또는 피보험자를 위한 보험료의 대납
5	보험계약자 또는 피보험자가 체신관서로부터 받은 대출금에 대한 이자의 대납
6	보험료로 받은 수표 등에 대한 이자상당액의 대납

◉ 모집과 관련한 특별이익의 제공금지

02 우체국보험모집자

1 보험모집

① 「우체국예금·보험에 관한 법률 시행규칙」 제61조(보험의 모집 등)에 의해 체신관서의 직원과 우정사업본부장이 지정하는 개인 또는 법인은 보험의 모집을 할 수 있다. 이에 따라 보험모집 등을 할 수 있는 개인 또는 법인(이하 '보험모집자')은 다음과 같다.

구분	보험모집자
1	우정사업본부 소속 공무원·별정우체국 직원·상시집배원, 우편취급국장 및 우편취급국 직원
2	우체국FC, 우체국TMFC, 그 밖에 우정사업본부장이 인정한 자

◉ 우체국보험모집자

② 이때 '우체국FC'란 우체국으로부터 위탁을 받아 우체국보험의 모집 업무를 행하는 개인을 의미하고 '우체국TMFC(Tele-Marketing Financial Consultant, 이하 TMFC)'란 우체국장과 위촉계약을 체결하여 TCM을 통해 우체국보험을 모집하는 개인을 의미한다. '우편취급국FC(이하 취급국FC)'는 우체국FC 중 「우체국 창구업무의 위탁에 관한 법률」 제3조 규정에 따라 우체국 창구업무의 일부를 수탁받은 자 또는 수탁받은 자가 설치한 장소에서 근무하는 자로서 「우체국보험모집 및 보상금 지급 등에 관한 규정」 제28조에 따라 등록된 자를 말한다.

2 직원의 보험모집

(1) 자격요건

직원 중 보험모집을 희망하는 자는 아래의 어느 하나에 해당하는 요건을 충족하여야 한다. 우체국장은 비금융 업무담당자가 금융 분야로 근무를 희망할 경우 또는 순환근무를 시행할 경우 아래 자격요건이 있는 직원을 우선적으로 금융 분야에 배치하여야 한다.

구분	자격요건
1	우정인재개발원장이 실시하는 보험 관련 교육을 3일 이상 이수한 자
2	우정인재개발원장이 실시하는 보험모집희망자 교육과정(사이버교육)을 이수하고 우정사업본부장, 지방우정청장 또는 우체국장이 실시하는 보험 관련 집합교육을 20시간 이상 이수한 자
3	교육훈련 인증제에 따른 금융분야 인증시험에 합격한 자
4	종합자산관리사(IFP), 재무설계사(AFPK), 국제재무설계사(CFP) 등 금융분야 자격증을 취득한 자
5	우정개발원장이 실시하는 보험모집희망자 교육과정(사이버교육)을 이수하고, 우체국보험모집인 자격평가 시험에서 70점 이상을 받아 합격한 자

● 직원의 보험모집 자격요건

(2) 보험모집 제한

직원 중 보험모집 자격요건을 충족한 자의 경우라도 다음에 해당하는 직원의 보험모집을 제한하여야 한다.

구분	요건
1	신규임용일 또는 금융업무 미취급 관서(타부처 포함)에서 전입일부터 3년 이하인 자(단, 금융업무 담당자는 제외)
2	휴직자, 수술 또는 입원치료 중인 자
3	FC 조직관리 보상금을 지급받는 자
4	관련 규정에 따라 보험모집 비희망을 신청한 자
5	관련 규정에 따른 우체국FC 등록 제한자
6	전년도 보험 보수교육 의무이수시간 미달자
7	최근 1년간 보험모집 신계약 실적이 없는 자

● 직원의 보험모집 제한

(3) 업무처리 방법

보험모집자는 보험모집 및 유지 관리 등에 관련된 업무 절차 및 실무에 대하여 우정사업본부장이 정하는 바에 따라 처리하여야 한다. 또한 우체국장은 보험모집자가 원활한 보험모집 업무를 수행할 수 있도록 보험에 관한 기초 지식, 모집에 관한 법규 및 실무, 보험약관, 보험상품 내용 등에 대하여 지속적인 교육을 실시하여야 한다.

3 FC의 보험모집

(1) 자격요건

FC를 희망하는 자는 '우체국FC 위촉계약신청서'를 우체국장에게 제출하여야 한다. 다만, 우체국장은 다음의 우체국FC 등록 제한자 요건 중 어느 하나에 해당하는 자를 FC로 등록할 수 없다. 국내 거주 외국인을 FC 대상자로 선정하고자 할 때에는 우리말을 바르게 이해하고 어휘를 정확하게 구사할 수 있으며, 「출입국관리법」상 국내거주권(F-2) 또는 재외동포(F-4), 영주자격(F-5), 결혼이민(F-6)이 인정된 자이어야 한다.

[단권화 MEMO]

구분	등록제한 요건
1	「민법」상의 무능력자
2	파산자로서 복권되지 아니한 자
3	「우체국예금·보험에 관한 법률」 및 「보험업법」에 따라 벌금 이상의 형을 선고받고 그 집행이 종료되거나 집행이 면제된 날부터 2년이 경과되지 아니한 자
4	보험모집 등과 관련하여 법령, 규정 및 준수사항 등을 위반하여 보험모집 자격을 상실한 후 3년이 경과되지 아니한 자
5	「보험업법」에 따라 보험설계사·보험대리점 또는 보험중개사의 등록이 취소된 후 5년이 경과되지 아니한 자
6	FC 위촉계약 유지 최저기준에 미달하여 위촉계약이 해지된 후 6개월이 경과되지 아니한 자
7	보험회사, 금융회사, 선불식 할부거래회사 및 다단계 판매회사 등에 종사하는 자
8	우체국의 임시직 또는 경비용역 등에 종사하는 자
9	FC의 고의 또는 과실로 위탁업무 수행과 관련하여 소송 및 민원 등 분쟁으로 인하여 손실을 발생시켜 위촉계약이 해지된 후 6개월이 경과되지 아니한 자
10	폭행, 명예훼손, 공무집행 방해 등으로 우체국보험의 이미지를 실추시켜 이에 대한 처분을 받아 위촉계약이 해지된 후 6개월이 경과되지 아니한 자
11	허위사실 유포와 선동, 교육태도 불량, 욕설, 폭언, 집단 따돌림 가해, 성희롱 등 FC실 분위기를 저해하여 업무를 위탁하기에 어렵다고 우체국장이 판단하여 위촉계약이 해지된 후 6개월이 경과되지 아니한 자

◐ 우체국FC 등록 제한자

(2) 업무 범위

우체국장은 우체국FC에게 다음에 해당하는 업무를 위탁한다.

① 우체국보험 계약체결의 중개
② 계약 유지를 위한 활동
③ 상기 ①, ②의 부대 업무

03 보험계약의 청약 및 언더라이팅(청약심사)

1 보험계약의 청약

(1) 청약업무 개요

① 보험계약을 체결하려는 자는 「우체국예금·보험에 관한 법률」 제25조 제1항에 따라 제1회 보험료와 함께 보험계약청약서를 체신관서에 제출하여야 한다. 보험계약은 체신관서가 이를 승낙함으로써 그 효력이 발생하며, 체신관서가 보험계약의 청약을 승낙하지 아니한 경우에는 제1회 보험료(선납보험료를 포함)를 해당 청약자에게 반환하여야 한다.

② 보험가입증서 기재사항: 체신관서가 계약을 승낙한 때에는 보험가입증서를 작성하여 보험계약자에게 교부해야 한다. 보험가입증서에 적어야 할 사항은 「우체국예금·보험에 관한 법률 시행규칙」 제41조에 의거하여 다음과 같다.

구분	기재사항
1	보험의 종류별 명칭
2	보험금액
3	보험료

4	보험계약자(보험계약자가 2인 이상인 경우에는 그 대표자를 말함)·피보험자 및 보험수익자의 성명·주소 및 생년월일
5	보험기간 및 보험료 납입기간
6	보험가입증서의 작성연월일 및 번호
7	그 밖에 우정사업본부장이 정하는 사항

○ 보험가입증서 기재사항

(2) 청약업무 프로세스

일반적으로 우체국보험 청약업무 프로세스는 다음과 같으며, 전자청약서비스 및 태블릿청약서비스는 별도의 프로세스를 적용한다.

단계	프로세스
1	고객면담(상품 설명 및 우체국보험 상담설계서 작성 등)
2	고객정보 입력
3	보험계약 청약서 발행
4	• 보험계약 청약서 및 상품설명서 등 작성 • 약관의 주요 내용 설명 • 약관 및 보험계약 청약서 부본, 상품설명서 등 교부
5	1회 보험료 입금
6	청약서류 스캔(보험계약 청약서, 상품설명서 등 청약서류 기재사항 최종확인 등)
7	완전판매모니터링(3대 기본지키기 이행 여부 재확인) 및 계약적부(대상계약에 한함) 실시
8	청약심사
9	청약심사 결과(성립/거절) 안내

○ 청약업무 프로세스

(3) 전자청약서비스

① **개념**: 고객이 보험모집자와의 사전 상담을 통해 설계한 청약내용을 직접 우체국보험 홈페이지에 접속하여 고지의무사항 체크 등 필수정보를 입력한 후 금융인증서, 공동인증서, 카카오페이인증서를 통하여 보험계약을 체결하는 서비스이다.

② **전자청약이 가능한 계약**: 가입설계서를 발행한 계약으로 전자청약 전환을 신청한 계약에 한하며, 가입설계일로부터 10일(비영업일 포함) 이내에 한하여 전자청약을 할 수 있다. 단, 타인계약(보험계약자와 피보험자가 다른 경우 또는 피보험자와 보험수익자가 다른 경우), 미성년자 계약 등은 전자청약이 불가하다.

③ **혜택 및 의무**: 전자청약을 이용하는 고객에게는 제2회 이후 보험료 자동이체 시 0.5%의 할인이 적용되며, 보험모집자는 불완전판매 방지를 위하여 전자청약계약도 '3대 기본 지키기'를 이행하여야 한다.

(4) 태블릿청약서비스

① **개념**: 고객상담을 통해 가입설계한 내용을 기초로 모집자의 태블릿 PC를 통해 전자서명·고지의무사항 체크 등 필수정보를 입력하고, 제1회 보험료 입금까지 One-Stop으로 편리하게 보험계약을 체결할 수 있는 서비스이다.

② **태블릿청약서비스를 이용 가능한 계약**: 계약자가 성인이어야 한다.

[단권화 MEMO]

③ **혜택 및 의무**: 태블릿청약서비스를 이용하는 고객에게는 제2회 이후 보험료 자동이체 시 0.5%의 할인이 적용된다. 보험모집자는 불완전판매 방지를 위하여 태블릿청약계약도 '3대 기본 지키기'를 이행하여야 한다.

(5) 우체국보험 가입대상과 보험나이

① **우체국보험의 계약체결 대상자**: 국내에 거주하는 자를 원칙으로 한다. 따라서 외국인이라 하더라도 국내에 거주 허가를 받은 자는 우체국보험에 가입할 수 있는 반면, 내국인이라도 외국에 거주하는 자는 가입할 수 없다. 예를 들어 외국인으로 체류자격을 받고 외국인등록증, 외국국적동포 국내거소신고증, 영주증을 발급받은 자 등은 외국인 체류자격 코드에 따라 가입이 가능하다.

② **피보험자의 나이계산**: 계약일 현재 피보험자의 실제 만 나이를 기준으로 아래와 같이 계산한다.
　㉠ 만 나이 기준 6개월 미만의 끝수: 버린다.
　㉡ 만 나이 기준 6개월 이상의 끝수: 1년으로 계산한다.
　㉢ 이후 매년 계약 해당일에 나이가 증가하는 것으로 한다(다만, 계약의 무효사유 중 만 15세 미만자에 해당하는 경우에는 실제 만 나이를 적용).
　　예) 생년월일: 1988년 10월 2일, 현재(계약일): 2016년 4월 13일
　　→ 2016년 4월 13일 − 1988년 10월 2일 = 27년 6월 11일 = 28세

2 언더라이팅(청약심사)

(1) 언더라이팅 개요

체신관서는 보험계약에 대한 청약이 접수되면, 피보험자의 신체적·환경적·도덕적 위험 등을 종합적으로 평가하여 피보험자의 위험에 따라 정상인수, 조건부인수, 거절 등의 합리적 인수조건을 결정하는 청약심사(이하 '언더라이팅')를 하게 된다.

① **특징**: 언더라이팅 업무는 보험에만 있는 특수한 분야이다.

② **언더라이팅의 목적**
　㉠ **위험등급의 분류**: 피보험자의 환경, 건강 등에 따른 위험도를 통계에 근거하여 비슷한 수준의 위험도로 분류하기 위함이다.
　㉡ **역선택 방지**: 생명보험은 건강이 양호한 사람보다 건강에 이상이 있는 사람이 보험 가입을 선호하는 경향이 강하다. 즉, 보험계약을 통해 이익을 얻기 위한 목적으로, 자신의 건강상의 결함을 은닉하고 계약을 체결하는 역선택 방지를 위해 언더라이팅을 실시한다.
　㉢ **이윤 창출**: 양질의 위험을 최대한 확보함으로써 회사의 이윤을 창출하여 지불능력을 유지하는 것이 궁극적인 목적이다.

(2) 계약선택의 기준이 되는 세 가지 위험

'청약심사'란 일반적으로 보험사의 '위험의 선택' 업무로서 위험평가의 체계화된 기법을 말한다. 보험사가 위험을 선택하는 것은 발생위험의 개연성이 높은 사람일수록 보험 가입에 대한 선호도가 높고, 보험에 가입하고자 하는 성향이 높기 때문이다. 따라서 보험계약의 선택에 있어 가장 중요한 것은 보험금 지급사유의 발생 가능성을 파악하는 것이다. 따라서 보험판매 과정에서 계약선택의 기준이 되는 다음의 세 가지 위험을 주의할 필요가 있다.

① **신체적 위험**: 피보험자의 체격, 과거의 병력, 현재의 건강상태 등의 차이에 의해 위험도가 달라진다. 그 위험도를 정확히 알기 위하여 필요한 사항에 대해 사실 그대로를 체신관서에 알리도록 하는 것이 중요하다.

② **환경적 위험**: 피보험자의 직업(부업·겸업·계절적 종사 포함)이나 업무내용, 취미, 운전 등에 따라 위험도가 달라지며, 위험등급에 따라 보험종류별로 가입 여부, 가입한도액 등이 달라질 수 있다. 그 위험도를 정확히 알기 위해서는 회사원, 전문직 등 직업의 종류를 파악하는 선에 머무르지 말고 직장명, 부서명, 직위, 업무 등 구체적인 내용을 파악하여야 한다.

③ **도덕적 위험(재정적 위험)**: 생명보험을 악용하여 생명이나 신체를 고의로 손상시켜 보험금을 부당하게 받고자 하는 행위는 사전에 예방하여야 한다. 예를 들어 피보험자나 보험계약자의 수입, 지위, 나이 등에 비해 보험 가입금액이 너무 크거나 보험금을 받는 자가 제3자로 되어 있거나 하는 등의 부자연스러운 점이 있을 때에는 그에 대한 이유를 충분히 조사해 볼 필요가 있다.

신체적 위험	환경적 위험	도덕적 위험(재정적 위험)
• 피보험자의 음주 및 흡연 여부, 체격 • 과거 병력 • 현재의 병증(病症)	• 직업 및 업무내용 • 운전 여부 • 취미활동	• 보험 가입금액의 과다 여부 • 피보험자와 수익자의 관계 • 과거 보험사기 여부

◎ 계약선택의 기준이 되는 세 가지 위험

(3) 1차 언더라이팅의 중요성

① **모집자의 역할**: 모집자는 영업현장에서 우체국보험을 대표하여 가장 먼저 고객을 만나 고객과 면담하는 과정에서 고객의 건강상태, 직업 등 제반정보에 대해 성실하게 알리도록 권유하고 정보수집을 통해 피보험자의 위험을 1차적으로 선별하는 가장 중요한 사람이다. 따라서 모집자는 위험을 선별하는 1차적 언더라이터이다.

② **모집자 역할의 중요성**: 일반적으로 고객의 보험계약을 심사하는 언더라이터는 고객을 직접 만나지 못하고 청약서만 가지고 심사하게 되므로 고객이 지닌 위험도에 대하여 가장 잘 알 수 있는 영업현장 모집자의 역할이 매우 중요하다. 결과적으로 1차 언더라이팅은 역선택 예방과 적절한 가입조건의 선택을 위해 가장 중요한 단계이므로 성실한 고지이행 유도 및 고객에 대한 정확한 안내를 통해 우체국보험 사업 안정성 강화에 기여할 수 있다.

(4) 언더라이팅의 심사분류체계

우체국보험은 언더라이팅의 일반적 기준에 의한 심사분류체계를 수립하고, 해당 심사기준을 통하여 다양한 피보험자의 위험 정도에 따라 동일한 위험집단을 분류한다. 동일위험에 대한 동일보험료를 부과함으로써 보험요율의 합리적인 적용을 통한 보험 가입자 간 공정성 제고가 가능하다. 또한 역선택으로 인한 보험금 지급증가에 따른 보험료 인상 등 선의의 보험 가입자들의 보험료 부담을 방어할 수 있다.

(5) 언더라이팅 관련 제도

① **계약적부조사**: 적부조사자가 피보험자를 직접 면담 또는 전화를 활용하여 적부 주요 확인사항을 중심으로 확인하며, 계약적부조사서상에 주요 확인사항 등을 기재하고 피보험자가 최종 확인하는 제도이다. 본 제도를 통해 보험계약 시 피보험자의 신체적·환경적·도덕적 위험에 대한 정확한 확인으로 계약 선택의 합리성을 기하고, 고지의무 위반 계약의 조기 발견

과 부실계약의 예방을 할 수 있다. 우체국보험은 연령, 보험 종류, 직업 등 신체·환경·도덕적 기준에 의한 계약적부대상자 선정기준을 마련하여 대상자를 선정하여 계약적부조사를 실시하고 있다. 따라서 청약심사자는 청약서와 계약적부조사 결과 등을 종합적으로 평가하여 피보험자의 위험에 따라 정상인수, 조건부인수, 거절 등의 합리적 인수조건을 결정하게 된다.

② **특별조건부 계약**: 피보험자의 질병 등 신체적 위험을 측정하여 표준체로 인수가 불가할 경우 언더라이팅 관련 제 매뉴얼 및 언더라이터의 판단에 의해 '특별조건부 인수계약'으로 계약을 인수할 수 있다. 특별조건부 인수계약에는 '특정부위·질병 부담보'와 '특약해지', '보험료 할증', '보험료 감액', '보험금 삭감' 등이 있으며 우체국보험에서는 현재 '특정부위·질병 부담보'와 '특약해지', '보험료 할증'을 적용하고 있다.

　㉠ **'특정부위·질병 부담보' 제도**: 피보험자의 특정부위·질병에 대한 병력으로 정상 인수가 불가한 경우 해당 부위·질병에 일정한 면책기간을 설정하여 인수하는 제도이다.

　㉡ **'보험료 할증' 제도**: 피보험자의 위험 정도(질병 종류, 건강상태)에 따라 표준체 보험료에 위험도별 할증보험료를 부가하여 계약을 인수하는 제도이다.

　㉢ **'특약해지' 제도**: 특정질병으로 인한 생존치료금 발생 가능성이 높을 경우 주계약에 부가된 선택특약 가입분을 해지(거절)처리하여 보험금 지급사유를 사전에 차단하여 위험을 예방하고, 적극적인 계약 인수를 도모하는 제도이다.

③ **환경적 언더라이팅**: 피보험자의 직업·취미·운전 등 환경적 위험등급에 따라 담보급부별 가입한도 차등화 등을 할 수 있다. 이는 1인당 과도한 가입을 제한하여 역선택을 예방함으로써 우체국 보험사업의 건전성을 도모하는 한편, 우체국보험의 근본 취지에 충실하기 위해 운영하는 제도이다. 또한 환경적 위험이 보험상품 보장 위험에 심각한 영향을 미칠 수 있다고 판단되는 경우에는 가입이 거절될 수 있다.

(6) 미성년자 계약

청약일 현재 만 19세 미만으로 보험계약자 또는 피보험자, 보험수익자를 정할 경우에는 친권자, 후견인 등의 법정대리인의 동의가 있어야 계약이 유효하며, 미성년자 계약을 함에 있어 보험계약자가 친권자일 경우에는 나머지 친권자 1인의 자필서명을 득하여야 하고 후견인일 경우에는 후견인란의 자필서명 생략이 가능하다.

> **플러스이론 펼쳐보기 ▼　친권의 행사**
>
> - 친권자는 부와 모이며, 부모가 혼인 중일 경우 부모가 공동으로 친권을 행사한다.
> - '사망, 친권상실 신고' 등으로 인하여 부모 중 1인이 친권 행사를 할 수 없을 때는 다른 1인이 행사한다.
> - 부모가 이혼한 경우는 공동 친권, 단독 친권 등 부모가 협의하여 친권자를 정할 수 있으나, 협의가 불가능한 경우는 당사자의 청구로 가정법원이 친권자를 결정한다.
> - 부모 이혼 후 단독 친권자 사망 시에는 생존하고 있는 부 또는 모가 친권을 행사한다.
> - 양자일 경우는 양부모가 공동으로 친권을 행사하며, 만일 양부모 쌍방과 파양하였을 경우에는 친생부모의 친권이 부활한다.

(7) 피보험자 담보별 가입한도 제도

보장내용에 따라 피보험자 1인당 과도한 가입을 제한하여 역선택을 예방함으로써 우체국보험 사업의 건전성을 도모하는 한편, 우체국보험의 근본 취지에 충실하기 위해 운영하는 제도이다. 피보험자 1인당 담보별 가입한도를 설정하고 피보험자별로 모든 가입계약의 각 담보별 보장금액을 계산하여 이미 설정된 가입한도를 초과하는 경우에는 개별청약서 발행 거래에서 청약서 발행이 불가능하다.

위험등급	사망보험금		암진단 보험금	1일당 입원비					질병 수술비 (1회당)	중증치매 간병비 (매월)
	질병	재해		암 직접치료	요양병원 암	뇌출혈, 급성심근 경색증	일반 질병	재해		
비위험직	4억원	6억원	1.2억원 (일반암)	25만원	2만원	25만원	8만원	8만원	300만원 (3종 기준)	120만원
위험4급								6만원		
위험3급		3억원						4만원	200만원 (3종 기준)	
위험2급								3만원		
위험1급								2만원		

◎ 피보험자 담보별 가입한도 내용

(8) 보험계약자 가입한도 제도

소액보험 취급을 통한 보편적 보험서비스 제공을 위하여 보험계약자를 기준으로 보험 가입 한도액을 설정하여 제도적 보완 방안을 마련한 제도이다. 보험계약자 1인당 가입한도를 보험 가입금액 기준으로 설정하고 이미 설정된 보험계약자별 가입한도를 초과하는 경우에는 개별청약서 발행 거래에서 발행이 불가능하며, 보험계약자 1인당 가입한도는 저축성 보험종류(연금보험 포함)에 한하여 실시한다.

구분	가입한도	한도적용 제외 대상
저축성 보험 (연금보험 포함)	20억원 (보험 가입금액 기준)	• 계약자가 법인인 경우 • 2008. 8. 4 제도 시행 전 가입계약 중 알찬전환특약으로 만기자금 재유치, 기존 계약자와 동일하게 저축성 보험(연금보험 포함)으로 만기 도래 후 3개월 이내 가입 • 우체국 즉시연금보험

◎ 보험계약자 1인당 가입한도 내용

04 보험계약의 성립과 효력

1 계약의 승낙·거절과 청약의 철회

(1) 계약의 승낙과 거절

보험계약은 보험계약자의 청약과 체신관서의 승낙으로 이루어진다. 체신관서는 보험계약자의 청약에 대해 피보험자가 계약에 적합하지 않을 경우 계약을 거절하거나 별도의 조건(보험 가입금액 제한, 일부보장 제외, 보험료 할증 등)을 부과하여 인수할 수 있다. 체신관서는 계약의 청약을 받고, 제1회 보험료를 받은 경우에 청약일부터 30일 이내에 계약을 승낙 또는 거절하여야 하며, 승낙한 때에는 보험가입증서(보험증권)를 교부한다. 30일 이내에 승낙 또는 거절의 통지를 하지 않으면 계약은 승낙된 것으로 본다.

◎ 체신관서는 청약일로부터 □일 이내에 계약을 승낙 또는 거절하여야 한다.

(30)

[단권화 MEMO]

◐ 보험계약자는 보험가입증서(보험증권)를 받은 날부터 □일 이내에 그 청약을 철회할수 있다.
(15)

(2) 청약의 철회

보험계약자는 보험가입증서(보험증권)를 받은 날부터 15일 이내에 그 청약을 철회할 수 있다. 다만, 전문보험계약자가 체결한 계약은 청약을 철회할 수 없고 청약한 날부터 30일(단, 전화를 통해 가입하는 계약 중 계약자의 나이가 만 65세 이상인 계약은 45일)이 초과된 계약도 청약을 철회할 수 없다. 보험계약자가 청약을 철회한 때에는 체신관서는 청약의 철회를 접수한 날부터 3일 이내에 납입한 보험료를 반환한다.

> **플러스이론 펼쳐보기 ▼ 전문보험계약자**
>
> 보험계약에 관한 전문성, 자산규모 등에 비추어 보험계약의 내용을 이해하고 이행할 능력이 있는 자로서「보험업법」제2조(정의),「보험업법 시행령」제6조의2(전문보험계약자의 범위) 또는「보험업감독규정」제1-4조의2(전문보험계약자의 범위)에서 정한 국가, 한국은행, 대통령령으로 정하는 금융기관, 주권상장법인, 지방자치단체, 단체보험계약자 등의 전문보험계약자를 의미한다.

2 보험계약의 효력

(1) 보험계약의 성립

보장개시일은 체신관서가 보장을 개시하는 날로서 계약이 성립되고 제1회 보험료를 받은 날을 말하나, 체신관서가 승낙하기 전이라도 청약과 함께 제1회 보험료를 받은 경우에는 제1회 보험료를 받은 날을 의미한다. 또한 보장개시일을 계약일로 본다. 따라서 체신관서가 청약과 함께 제1회 보험료를 받은 후 승낙한 경우에도 제1회 보험료를 받은 때부터 보장이 개시된다. 다만, 자동이체납입의 경우에는 자동이체신청에 필요한 정보를 제공한 때를 보장개시일로 보며, 계약자의 책임 있는 사유로 자동이체가 불가능한 경우에는 보험료가 납입되지 않은 것으로 본다.

(2) 보험계약의 무효

'계약의 무효'란 외형상 계약은 성립되어 있으나 법률상 그 효력이 처음부터 발생하지 않은 것을 의미한다. 체신관서는 약관에 의거하여 다음과 같은 경우에는 보험계약을 무효로 하고 이미 납입된 보험료를 반환한다.

종류	무효사유
1	타인의 사망을 보험금 지급사유로 하는 계약에서 계약을 체결할 때까지 피보험자의 서면에 의한 동의를 얻지 않은 경우(다만, 단체가 규약에 따라 구성원의 전부 또는 일부를 피보험자로 하는 계약을 체결하는 경우에는 이를 적용하지 않음. 이때 단체보험의 보험수익자를 피보험자 또는 그 상속인이 아닌 자로 지정할 때에는 단체의 규약에서 명시적으로 정한 경우가 아니면 이를 적용함)
2	만 15세 미만자, 심신상실자 또는 심신박약자를 피보험자로 하여 사망을 보험금 지급사유로 한 계약의 경우(다만, 심신박약자가 계약을 체결하거나 소속 단체의 규약에 따라 단체보험의 피보험자가 될 때 의사능력이 있는 경우에는 계약이 유효함)
3	계약을 체결할 때 계약에서 정한 피보험자의 나이에 미달되었거나 초과되었을 경우(다만, 체신관서가 나이의 착오를 발견하였을 때 이미 계약나이에 도달한 경우에는 유효한 계약으로 보나, 제2호의 만 15세 미만자에 관한 예외가 인정되는 것은 아님)

◐ 보험계약 무효사유

(3) 보험계약의 취소

① **계약의 취소**: 계약은 성립되었으나 후에 취소권자의 취소의 의사표시로 그 법률효과가 소급되어 없어지는 것을 의미한다. 체신관서는 보험약관에 의거하여 사기에 의한 계약에 해당하는 계약에 대해 취소권을 행사할 수 있다.

> **플러스이론 펼쳐보기 ▼ 사기에 의한 계약(보험계약 취소사유)**
>
> 피보험자가 청약일 이전에 암 또는 인간면역결핍바이러스(HIV) 감염의 진단 확정을 받은 후 계약자 또는 피보험자가 이를 숨기고 가입하는 등의 뚜렷한 사기의사에 의하여 계약이 성립되었음을 체신관서가 증명하는 경우에는 보장개시일부터 5년 이내(사기사실을 안 날부터는 1개월 이내)에 계약을 취소할 수 있다.

② **모집자의 의무**: 보험모집자는 계약체결 시 계약자에게 약관 및 청약서 부본을 전달하고 약관의 주요 내용을 설명해야 한다. 만약, 모집자가 청약 시 이러한 의무(3대 기본 지키기)를 이행하지 않았을 경우에는 계약자는 취소권을 행사할 수 있다. 이때 계약이 성립한 날부터 3개월 이내에 계약을 취소할 수 있으며, 체신관서는 이미 납입한 보험료에 보험료를 받은 기간에 대하여 환급금대출이율을 연단위 복리로 계산한 금액을 더하여 지급한다.

> **플러스이론 펼쳐보기 ▼ 3대 기본 지키기**
>
> - 보험 계약자 및 피보험자의 자필 서명
> - 약관 및 청약서 부본 전달
> - 약관의 주요 내용 설명

Chapter 02 우체국보험 계약유지 및 보험금 지급

학습포인트
1. 보험료 납입 등의 계약유지업무를 이해한다.
2. 보험계약의 효력상실 및 부활에 대한 내용을 이해한다.
3. 고지의무와 보험금 지급 과정을 이해한다.

출제키워드
- 보험계약
- 보험금 지급
- 보험료 납입
- 보험료 할인율
- 환급금 대출
- 효력상실 및 부활

01 계약유지업무

1 개요

① '계약유지업무'란 넓은 의미에서 생명보험계약의 성립 이후부터 소멸까지 전 보험기간에 생기는 모든 사무를 말한다. 좁은 의미로는 넓은 의미의 계약유지업무에서 청약업무와 (사고)보험금 지급업무를 제외한 즉시지급(해약, 만기, 중도금), 보험료 수납, 계약사항 변경·정정, 납입최고(실효예고안내) 등 일부사무를 뜻한다.

② 생명보험상품의 특징 중 하나는 보험기간의 장기성(長期性)이다. 장기의 보험기간 동안 고객에게 생기는 여러 가지 사정의 변경에 대해 보험회사가 적절히 대응하여 고객을 돌볼 때, 생명보험 본래의 목적을 달성할 수 있다. 따라서 보험계약 유지기간 동안 고객의 사정 변경에 대응하여 고객의 니즈를 충족시키기 위해서 계약유지업무가 필요하다.

2 보험료의 납입

① 보험료는 보험계약자가 보험약관에서 정한 보장을 받는 대가로서 체신관서에 납입하는 금액이다. 우체국보험은 고객의 보험료 납입편의를 위해 납입기간, 납입주기, 납입방법 및 할인제도 등을 다양하게 운영하고 있다. 「우체국예금·보험에 관한 법률 시행규칙」 제47조(보험료의 납입)에 의거하여 보험계약자는 제2회분 이후의 보험료를 약정한 납입방법으로 해당 보험료의 납입 해당 월의 납입기일까지 납입하여야 한다.

② 보험료의 납입기간에 따라 전기납, 단기납으로 분류되며, 보험료의 납입주기는 다음과 같다.

종류	대상
연납	보험료를 매년 연 1회 납입하는 방법
6월납	보험료를 매년 2회, 매 6개월마다 납입하는 방법
3월납	보험료를 매년 4회, 매 3개월마다 납입하는 방법
월납	보험료를 매월 납입하는 방법
일시납	보험료를 일시에 납입하는 방법

◑ 보험료 납입주기

③ 보험료를 납입하였을 때에는 체신관서는 영수증을 발행하여 교부한다. 다만, 금융기관(우체국 또는 은행)을 통하여 자동이체로 납입한 때에는 해당 기관에서 발행한 증빙서류(자동이체 기록 등)로 영수증을 대신할 수 있다.

3 보험료의 납입방법

「우체국예금·보험에 관한 법률 시행규칙」 제47조(보험료의 납입) 제3항에 의거하여 보험계약자는 아래의 방법 중 한 가지 방법을 선택하여 보험료를 납입할 수 있다. 다만, 아래 표 중 3호 및 4호에 따른 방법으로 납입하는 경우에는 보험료를 납입할 수 있는 우체국보험의 종류 및 보험료 납입방법 등은 우정사업본부장이 정하여 고시한다. 보험계약자는 보험료 납입주기 및 납입방법의 변경을 청구할 수 있다.

구분	대상
1	보험계약자가 체신관서에 직접 납입하는 방법(창구수납)
2	자동적으로 계좌에서 이체하여 납입하는 방법(자동이체)
3	「여신전문금융업법」 제2조 제3호에 따른 신용카드 및 같은 조 제6호에 따른 직불카드로 납입하는 방법(카드납)
4	「전자금융거래법」 제2조 제13호에 따른 직불전자지급수단으로 납입하는 방법

○ 보험료 납입방법

(1) 창구수납
계약자가 우체국을 방문하여 보험료를 창구에 직접 납입하는 방법이다. 계약자가 창구에 보험료를 납입하였을 때에는 체신관서는 영수증을 발행하여 교부한다.

(2) 자동이체
우체국 또는 은행계좌에서 약정일에 보험료를 자동으로 출금하여 이체·납입하는 제도이다. 우체국 계좌에서 보험료 등을 출금하여 납입하는 우체국이체와 은행계좌에서 보험료 등을 출금하여 납입하는 은행이체가 있다. 우체국이체의 경우 금융결제원 및 각 금융기관을 거치지 않고 우체국 내부에서 출금 및 납입이 처리되므로 원부정리까지 비교적 신속한 처리가 가능하다. 자동이체 약정은 유지 중인 계약에 한해 처리가 가능하며, 관계법령인 「전자금융거래법」 제15조(추심이체의 출금 동의)에 따라 예금주 본인에게만 신청·변경 권한이 있다. 자동이체 신청은 체신관서, 은행, 우체국보험고객센터, 전자금융(폰뱅킹, 인터넷뱅킹, 모바일앱)에서 신청 가능하다. 더불어, 우체국보험은 현재 합산자동이체 제도를 운영하고 있다.

> **플러스이론 펼쳐보기 ▼** 합산자동이체
>
> 동일 계약자의 2건 이상의 보험계약이 동일 계좌에서 같은 날에 자동이체 되는 경우 증서별 보험료를 합산하여 1건으로 출금하는 제도를 말한다.

(3) 전자금융에 의한 납입
우체국보험의 전자금융을 통한 보험료 납입방법에는 인터넷(www.epostlife.go.kr)으로 보험료를 납입하는 방법과 폰뱅킹을 통한 보험료 납입, 우체국보험 앱(우체국페이 앱 포함)을 통한 보험료 납입 등이 있다.

[단권화 MEMO]

(4) 자동화기기(CD, ATM 등)에 의한 납입

자동화기기(CD, ATM 등)에 의한 납입은 계약자의 보험료납입 편의를 위해 우체국에 설치된 자동화기기 등을 이용하여 우체국계좌에서 자금을 인출하여 보험료를 납입하는 방법이다. 우체국에서 발행한 우체국현금카드(제휴카드 포함) 및 (현금출금기능이 포함된) 우체국체크카드를 이용해야 하며, 우체국계좌에 납입하고자 하는 보험료 상당의 잔고가 있어야 거래가 가능하다. 우체국 다드림 체크카드의 경우 카드에 등록된 증서(최대 20개)에 한해 선택납입이 가능하며 보험계약조회(계약사항, 납입내역, 만기보험금 조회), 배당금 지급, 환급금 대출(지급, 상환, 이자납입)도 가능하다. 연체분 납입은 물론이고 선납 또한 가능하다.

(5) 카드납입

우체국보험의 보험료 카드납부 취급대상은 TM(Tele Marketing), 온라인(인터넷, 모바일)을 통해 가입한 보장성 보험계약 및 2021년 이후 신규 출시한 대면채널의 보장성 보험계약에 한해 처리가 가능하다. 초회보험료(1회), 계속보험료(2회 이후)를 대상으로 하고 있으며, 선납 및 부활 보험료는 납입이 불가하다.

> **플러스이론 펼쳐보기 ▼** TM(Tele Marketing)
>
> 우체국 TMFC(Tele-Marketing Financial Consultant)를 통해 전화 등 통신수단을 활용하여 보험을 모집하는 영업활동을 말한다.

채널 구분		초회보험료 (즉시이체)	계속보험료		자동이체 (신청·변경·해지)	비고
			즉시이체(1회성)			
			납부	취소(당일)		
대면	창구	○	○	○*	○	*조작국 처리건
	TM	○	×	×	×	
비대면	온라인	○	○	×	○	
	고객센터	×	○	○**	○	**인터넷, 모바일, 고객센터 처리건

○ 채널별 업무범위

(6) 계속보험료 실시간이체

실시간이체는 고객요청 시 즉시 계약자의 계좌 또는 보험료 자동이체 계좌에서 현금을 인출하여 보험료로 납부하는 제도로 자동이체 약정 여부와 관계없이 처리가 가능하며, 계약상태가 정상인 계약만 가능하다. 대상 보험료는 1·2연체 보험료 및 당월분 보험료이며 선납보험료는 납입이 불가하고 수금방법이 자동이체인 계약은 실시간이체 출금계좌와 자동이체 약정계좌가 달라도 자동이체 할인이 적용된다.

(7) 우체국페이 납입

우체국보험 온라인(인터넷, 모바일) 납부방법에 우체국페이 결제 방식을 도입하여 보험료를 납부하는 제도로, 초회보험료(1회)를 제외한 계속보험료를 대상으로 하고 보장성 및 저축성을 포함한 전 보험상품의 보험료를 납입할 수 있다.

4 보험료 자동대출납입제도

보험료 미납으로 실효(해지)될 상태에 있는 보험계약에 대하여 계약자의 신청이 있는 경우 해약환급금 범위 내에서 자동대출(환급금대출)하여 보험료를 납입할 수 있다. 따라서 계약자의 신청이 있는 경우라도 환급금대출금과 환급금대출이자를 합산한 금액이 해약환급금(당해 보험료가 납입된 것으로 계산한 금액)을 초과하는 때에는 보험료의 자동대출납입을 지속할 수 없다. 신청기한은 보험료 납입유예기간이 끝나는 날의 전 영업일까지이며, 보험료의 자동대출납입 기간은 최초 자동대출납입일부터 1년을 한도로 하며 그 이후의 기간에 대한 보험료의 자동대출납입을 위해서는 재신청을 하여야 한다.

종류	대상
1	모든 순수보장성 보험, 어깨동무보험 3종(상해보장형), 평생OK보험 — 환급금대출은 가능하나 자동대출납입 신청은 불가
2	실효(보험료납입 연체로 인한 계약해지)계약, 납입완료(면제)계약, 환급금대출(이자) 기연체자
3	계약내용 변경·정정, 사고지급 등 계류 중인 계약
4	일반단체 계약

◎ 신청불가 대상

5 보험료의 할인

보험료의 할인은 특정한 방법으로 보험료를 납입하는 경우 보험료의 일부를 할인함으로써 가입자에게 이익을 제공하는 한편, 보험료 납입업무를 간소화하여 사업운영의 효율성을 제고하기 위한 제도이다. 우체국보험은 선납할인, 자동이체 할인, 단체할인, 다자녀가구 할인, 실손 보험료 할인(무사고 할인, 의료 수급권자 할인), 우리가족암보험 건강체 할인, 고액계약 보험료 할인 등 다양한 보험료 할인제도를 운영하고 있다.

(1) 선납할인

선납할인은 향후의 보험료를 3개월분(2021. 9. 12. 이전 계약은 1개월분) 이상 미리 납입하는 경우의 할인이며, 할인율은 해당 상품 약관에서 정한 예정이율(2017. 5. 19. 이후 상품)로 계산한다. 금리변동형 상품 및 (개인)연금저축 상품과 계약응당일 이후(당일 포함) 납입 시 차회분 보험료는 선납할인 적용에서 제외된다.

(2) 자동이체 할인

「우체국예금·보험에 관한 법률 시행규칙」 제48조(보험료의 할인)에 의거하여, 우정사업본부장은 보험계약자가 보험료(최초의 보험료 제외)를 자동이체(우체국 또는 은행)로 납입하는 계약에 대해 보험료의 2%에 해당하는 금액의 범위에서 할인할 수 있다. 따라서 우체국보험은 계약체결 시기, 이체 금융기관, 청약방법 등에 따라 약 0.1~1.5%의 할인율을 적용하고 있다.

구분	할인율	대상
2001. 9. 30 이전 계약	1.5%	교육, 학자금, 장학, 구 연금, 백년연금, 정기, 특별보장, 다보장, 체신건강, 암치료, 양로, 상록보험
	0.5%	1.5% 할인 상품을 제외한 모든 상품
2001. 10. 1 ~ 2005. 6. 30	0.5%	우체국이체
	0.3%	은행이체

[단권화 MEMO]

[단권화 MEMO]

2005. 7. 1 이후 계약	0.3%	우체국이체
	0.1%	은행이체
전자청약 등 판매 계약	0.5%	전자청약·태블릿청약·온라인(인터넷, 모바일)가입 계약 ※ TM, 온라인(인터넷, 모바일)으로 가입한 장기주택마련저축, 그린보너스 저축보험 제외

○ 자동이체납입 할인율

(3) 단체납입 할인

보험계약자는 5명 이상의 단체를 구성하여 보험료의 단체납입을 청구할 수 있으며 우정사업본부장은 보험계약자가 보험료를 단체납입하는 경우에는 보험료의 2%에 해당하는 금액의 범위에서 보험료를 할인할 수 있다. 현재 단체계약 할인율은 우체국 자동이체납입 할인율과 동일하며, 당월납입(선납 포함)에 한하여 할인 적용을 하고 유예기간 중의 보험료는 할인하지 아니한다. 해당 단체가 자동이체납입을 선택하여 자동이체로 납입하는 경우 보험료를 중복하여 할인하지 아니하고 이 경우 자동이체납입의 보험료 할인방법에 따라 할인 적용한다. 연체분에 대해서도 자동이체 할인이 가능하며 할인율은 단체할인율을 적용한다.

(4) 다자녀가구 할인

다자녀가구 할인은 두 자녀 이상을 둔 가구의 미성년(0~만 19세 미만) 자녀가 피보험자인 계약에 한하여 판매 중인 보장성 보험(2011. 1. 1. 이후 신규가입분부터 적용)에 가입해 보험료의 자동이체 납입 시 할인하는 제도이다. 할인율은 두 자녀 0.5%, 세 자녀 이상 1.0%로 차등 적용되며, 자동이체 할인과 중복할인이 가능하다. 자녀 수는 신청시점(신규청약, 부활청약, 유지 중) 기준이며, 계약 중 계약자 변경, 자녀 수 변동, 피보험자의 성년 나이 도달 등에 관계없이 만기까지 보험료 할인이 적용되고 보험기간 중 피보험자의 형제(자매·남매)가 출생한 경우 우체국에 신청한 이후 차회보험료부터 할인이 적용된다.

(5) 의료수급권자 할인

의료급여 수급권자에게 실손의료비보험의 보험료를 할인하는 제도이다. 이때 「의료급여법」상의 '의료급여 수급권자'로서의 증명서류를 제출해야 하며 영업보험료의 5%를 할인하고 있다. 증명서류는 Fax로도 제출이 가능하며, 피보험자의 수급권 자격만 확인하기 때문에 누구나 대신 제출이 가능하므로 별도의 위임서류 및 신분증 등이 필요 없다. 계약갱신 시 할인이 자동으로 적용되지 않으므로 증명서류를 반드시 제출해야만 할인이 적용되며 증명서류 제출 시에는 소급하여 할인이 적용된다. 피보험자가 수급권자 자격상실 시에는 자격을 상실한 날부터 할인되지 않은 영업보험료를 납입해야 한다.

(6) 실손의료비보험 무사고 할인

갱신 직전 보험기간 2년(2017. 5. 18. 이전 계약은 직전 보험기간) 동안 보험금이 지급되지 않은 경우 보험료를 할인하는 제도이다. 갱신 후 영업보험료의 5~10%를 할인하고 있다.

(7) 우리가족암보험 보험료 할인

피보험자가 B형 간염 항체보유 시 영업보험료의 3%를 할인하는 B형 간염 항체보유 할인, 고혈압과 당뇨병이 모두 없을 때 할인되는 우리가족암보험 3종(실버형) 건강체 할인이 있으며 이 경우 영업보험료의 5%를 할인하고 있다.

(8) 고액계약 보험료 할인

경제적 부담이 큰 고액보험에 대하여 보험 가입금액 2천만원 이상 가입 시 주계약 보험료(특약 보험료 제외)에 대해 1~3% 보험료 할인혜택을 적용한다.

보험 가입금액	2천~3천만원 미만	3천~4천만원 미만	4천만원
할인율	1.0%	2.0%	3.0%

플러스이론 펼쳐보기 ▼ 고액계약 보험료할인 대상상품

(무)우체국하나로OK보험 2109, (무)우체국든든한종신보험 2109, (무)우체국통합건강보험 2109, (무)온라인정기보험 2109, (무)우체국와이드건강보험 2112
※ 2023. 12월 현재 판매상품 기준

(9) 무배당 win-win단체플랜보험 보험료 할인

무배당 win-win단체플랜보험 2109 가입 시에 단체별 피보험자 수에 따라 주계약 보험료(특약 보험료 포함)에 대해서 1~2%의 할인율을 적용하고 있다.

피보험자수	5인~20인	21~100인	101인 이상
할인율	1.0%	1.5%	2.0%

6 보험료의 납입면제

계약자 또는 피보험자가 불의의 사고 또는 질병에 의하여 사망 또는 50% 이상 장해 상태가 되었을 때 보험료 납입을 면제하고, 재해로 인한 경우 납입면제 신청과 동시에 상품에 따라 장해급부금도 청구 가능하다. 납입면제 사유가 발생한 날이 해당 월의 계약응당일 이후일 경우 당월분 보험료는 납입해야 하며 선납보험료 및 미경과 보험료가 있는 계약은 해당 보험금에 합산하여 지급하고 미납보험료, 대출원리금이 있을 경우에는 이를 공제 후 지급한다.

7 피보험자 사망계약 보험료 납입중지

우체국보험 약관 중 '계약의 소멸' 조항에 따라 체신관서가 피보험자 사망을 인지한 경우에는 보험료 납입을 중지시켜 고객의 권익을 보호하고 있다. 납입중지 상태에서도 신규·추가 환급금대출 및 원리금 상환은 가능하며, 자동대출납입 신청 계약은 자동대출납입이 자동 해제된다.

플러스이론 펼쳐보기 ▼ 우체국보험 약관(계약의 소멸)

보험기간 중 피보험자의 사망 및 실종으로 인하여 약관에서 규정하는 보험금 지급 사유가 더 이상 발생할 수 없는 경우에는 보험계약은 그때부터 효력이 없다.

02 보험계약의 효력상실 및 부활

1 보험료의 납입유예

보험계약자가 보험료를 내지 아니하고 유예기간이 지난 때에는 그 보험계약은 효력을 잃는다. 「우체국예금·보험에 관한 법률 시행규칙」 제50조(보험료 납입 유예기간)에 따라 제2회 이후의 보

[단권화 MEMO]

험료 납입 유예기간은 해당 월분 보험료의 납입기일부터 납입기일이 속하는 달의 다음다음 달의 말일까지로 한다. 다만, 유예기간이 끝나는 날이 비영업일인 때에는 익영업일까지이며 해지(효력상실)되는 날은 휴일 여부와 관계없다.

> **플러스이론 펼쳐보기 ▼ 납입기일**
>
> 계약자가 제2회 이후의 보험료를 납입하기로 한 날을 의미한다.

2 보험계약의 납입최고와 계약의 해지

(1) 보험계약의 납입최고

보험계약자가 제2회 이후의 보험료를 납입기일까지 납입하지 않아 보험료 납입이 연체 중인 경우에 체신관서는 납입최고(독촉)하고, 유예기간이 끝나는 날까지 보험료가 납입되지 않은 경우 유예기간이 끝나는 날의 다음 날에 계약은 해지(효력상실)된다. 이때 체신관서의 납입최고는 유예기간이 끝나기 15일 이전까지 서면(등기우편 등) 등으로 이루어지며 아래 '보험료 납입최고 안내사항'에 대해 안내한다. 또한 보험계약자와 보험수익자가 다른 경우 보험계약자뿐만 아니라 보험수익자에게도 보험료 납입최고 안내를 하고 있다.

구분	안내사항
1	보험계약자(보험수익자와 보험계약자가 다른 경우 보험수익자를 포함)에게 유예기간 내에 연체보험료를 납입하여야 한다는 내용
2	유예기간이 끝나는 날까지 보험료를 납입하지 않을 경우 유예기간이 끝나는 날의 다음 날에 계약이 해지된다는 내용(이 경우 계약이 해지되는 때에는 즉시 해약환급금에서 환급금대출의 원금과 이자가 차감된다는 내용을 포함)

○ 보험료 납입최고 안내사항

(2) 계약의 해지

체신관서의 납입최고(독촉)에도 불구하고, 보험료 납입연체로 유예기간이 경과하여 계약이 해지(효력상실)되었을 때에는 보험계약자는 해약환급금을 청구하여 계약을 소멸시키거나 소정기간 내에 부활절차를 밟아 체신관서의 승낙을 얻어 부활시킬 수 있다.

3 보험계약의 부활

'부활'이란 계약자에게 편의를 제공하기 위하여 법령에서 규정한 바에 따라 계약자가 보험료납입 연체로 인해 해지(효력상실)된 계약의 계속적인 유지를 원할 경우 소정의 절차에 따라 계약의 효력을 부활시키는 제도이다. '우체국보험 약관'에 의거하여 보험료의 납입연체로 인한 해지계약이 해약환급금을 받지 않은 경우 계약자는 해지된 날부터 3년 이내에 체신관서가 정한 절차에 따라 계약의 부활(효력회복)을 청약할 수 있다. 체신관서가 부활(효력회복)을 승낙한 때에 계약자는 부활(효력회복)을 청약한 날까지의 연체된 보험료에 약관에서 정한 이자를 더하여 납입하여야 한다.

(1) 부활조건

① 계약해지(효력상실) 후 만기 또는 해지 후 환급금을 수령한 경우에는 부활이 불가능하다.
② 최초 가입 시와 직종(운전 등 포함)이 다른 경우 위험등급별 가입한도 초과 및 상품별 가입거절 직종에 해당하지 않아야 한다.

③ 환급금대출이 있는 계약은 대출이자(최종상환일로부터 부활신청일까지) 납부 후 부활청약이 가능하다.
④ 계약해지(효력상실)일로부터 3년 이내, 보험기간 만기일까지 부활을 청구한 계약이어야 한다. 보험기간 만기일이 비영업일인 경우는 그다음 업무 개시 영업일까지 가능하며 계약해지(효력상실) 후 3년 이내라도 만기일이 경과하면 부활이 불가능하다.

(2) 미성년자 계약의 부활
① 보험계약자 또는 피보험자가 미성년자(만 19세 미만)인 경우 부모 공동으로 친권을 행사하며, 친권자 각각의 서명 또는 날인을 득하여야 한다. 다만, 보험계약자가 친권자일 경우에는 나머지 친권자 1인의 자필서명을 받아야 하며 후견인일 경우에는 후견인란의 자필서명 생략이 가능하다.
② 부모 이혼 시에는 법적으로 단독 친권자 또는 공동 친권자 지정 여부를 확인하여야 하며, 부모가 없을 시에는 후견인 선정 여부 확인 후 미성년자의 기본증명서를 첨부한다.

03 보험계약의 변경 및 계약자의 임의해지

1 계약내용의 변경

계약내용의 변경은 계약자의 이익을 보호하기 위해 일정한 범위 내에서 계약의 내용을 변경할 수 있게 하여 계약을 유지하는 제도이다. 계약자는 체신관서의 승낙을 얻어 다음과 같은 사항을 변경할 수 있다.

구분	대상
1	보험료의 납입방법
2	보험 가입금액의 감액
3	보험계약자
4	기타 계약의 내용(단, 보험종목 및 보험료 납입기간의 변경은 제외)

○ 계약내용의 변경

보험계약의 변경 중 보험 가입금액 감액의 경우 그 감액된 부분은 해지된 것으로 보며, 이 경우 해약환급금을 계약자에게 지급한다. 또한 보험계약자는 보험수익자를 변경할 수 있으며 이 경우에는 체신관서의 승낙이 필요하지 않다. 다만, 변경된 보험수익자가 체신관서에 권리를 대항하기 위해서는 보험계약자가 보험수익자가 변경되었음을 체신관서에 통지하여야 한다. 보험수익자를 변경하고자 할 경우에는 보험금의 지급사유가 발생하기 전에 피보험자가 서면으로 동의하여야 한다.

(1) 계약관계자 변경
① 보험계약자 사망으로 인한 변경: 보험계약자가 사망하여 그 법정상속인이 권리·의무 일체를 상속하는 경우 보험계약자의 법정상속인 전원의 동의로 보험계약자 변경이 가능하며, 법정상속인 전원의 동의 또는 피보험자 동의(2014. 10. 1. 이전 계약)를 얻지 못하여 보험계약자 변경 없이 보험계약을 해약하는 경우 상속에 의한 분할지급 절차에 따라 해약환급금(시효완성계약 포함)을 지급한다.

② **보험계약자 계약자 요청으로 인한 변경**: 보험계약자가 제3자에게 보험계약의 권리·의무를 승계하는 임의승계로 2014. 10. 1. 이전 계약은 피보험자의 동의를 얻어야 한다.
③ **연금저축보험의 승계**: 2001. 1. 1. 이후 체결된 연금저축 계약(세제혜택이 있는 세제적격 연금저축보험)의 가입자 사망 시 배우자(상속인)가 상속을 통해 계약을 유지할 수 있으며, 가입자가 사망한 날이 속하는 달의 말일부터 6개월 이내에 신청해야 한다.

(2) 종피보험자 변경

부부형 보험계약(백년연금보험, 암치료보험)에서 배우자(종피보험자)와 이혼 후 타인과 재혼 시 종피보험자 변경이 가능하며, 종피보험자가 사망하거나 1급 장해 시에는 변경이 불가하다.

(3) 보험수익자 변경

보험계약자는 언제든지 보험수익자 변경이 가능하며, 타인의 생명보험(계약자≠피보험자)인 경우 보험수익자 변경 시에는 피보험자의 동의가 필요하다. 보험금 지급사유 발생시점의 정당 보험수익자 여부를 확인하여야 하고 보험사고 발생 후 보험수익자를 변경한 경우 보험금은 변경 전 보험수익자에게 지급하여야 한다. 순수보장성 보험, 종신보험 등 만기보험금이 없는 상품의 경우 만기 시 보험수익자 변경이 불필요하며 사망보장이 없는 상품은 피보험자 사망 시 보험계약자에게 책임준비금을 지급하고 계약 소멸되므로 사망 시 보험수익자 지정·변경이 불가하다.

약관상 지급사유		지급사유 발생일
장해급부금	장해상태가 되었을 때	장해진단일
진단급부금	진단이 확정되었을 때	진단확정일
수술급부금	수술을 받았을 때	수술일
입원급부금	입원하였을 때	입원일
사망급부금	사망하였을 때	사망일

◐ 보험금 지급사유 발생시점

2 보험계약자의 임의해지 및 피보험자의 서면동의 철회권

보험계약자는 계약이 소멸하기 전에 언제든지 계약을 해지할 수 있으며 이 경우 체신관서는 해당 상품의 약관에 따른 해약환급금을 보험계약자에게 지급한다. 사망을 보험금 지급사유로 하는 계약에서 서면으로 동의를 한 피보험자는 계약의 효력이 유지되는 기간에 언제든지 서면동의를 장래에 향하여 철회할 수 있으며 서면동의 철회로 계약이 해지되어 체신관서가 지급하여야 할 해약환급금이 있을 때에는 체신관서는 보험계약자에게 해약환급금을 지급한다.

3 중대 사유로 인한 계약해지

다음과 같은 사실이 있을 경우에 체신관서는 그 사실을 안 날부터 1개월 이내에 계약을 해지할 수 있다. 이 경우 체신관서는 그 취지를 보험계약자에게 통지하고 해당 상품의 약관에 따른 해약환급금을 지급한다.

구분	중대 사유
1	보험계약자, 피보험자 또는 보험수익자가 고의로 보험금 지급사유를 발생시킨 경우
2	보험계약자, 피보험자 또는 보험수익자가 보험금 청구에 관한 서류에 고의로 사실과 다른 것을 기재하였거나 그 서류 또는 증거를 위조 또는 변조한 경우(다만, 이미 보험금 지급사유가 발생한 경우에는 보험금 지급에 영향을 미치지 않음)

04 고지의무

1 개요

보험계약자 또는 피보험자는 청약할 때 청약서에서 질문한 사항에 대하여 알고 있는 사실을 반드시 사실대로 알려야(이하 '고지의무', 「상법」상 '고지의무'와 같음) 한다.

2 고지의무 위반의 효과

① 체신관서는 보험계약자 또는 피보험자가 약관 및 「상법」상의 '고지의무'에도 불구하고 고의 또는 중대한 과실로 중요한 사항에 대해 사실과 다르게 알린 경우에는 체신관서가 별도로 정하는 방법에 따라 계약을 해지하거나 보장을 제한할 수 있다. 그러나 아래 '고지의무 위반 시 해지(또는 보장 제한) 불가사유' 중 한 가지에 해당되는 때에는 계약을 해지하거나 보장을 제한할 수 없다.

구분	불가사유
1	체신관서가 계약 당시에 그 사실을 알았거나 과실로 인하여 알지 못하였을 때
2	체신관서가 그 사실을 안 날부터 1개월 이상 지났거나 또는 보장개시일부터 보험금 지급사유가 발생하지 않고 2년이 지났을 때
3	계약을 체결한 날부터 3년이 지났을 때
4	보험을 모집한 자(이하 '모집자 등')가 계약자 또는 피보험자에게 고지할 기회를 주지 않았거나 계약자 또는 피보험자가 사실대로 고지하는 것을 방해한 경우, 계약자 또는 피보험자에게 사실대로 고지하지 않게 하였거나 부실한 고지를 권유했을 때

○ 고지의무 위반 시 해지(또는 보장제한) 불가사유

② 고지의무 위반으로 인하여 계약이 해지될 때에는 해약환급금을 지급하며, 보장을 제한할 때에는 보험료, 보험 가입금액 등이 조정될 수 있다. 다만, 고지의무를 위반한 사실이 보험금 지급사유 발생에 영향을 미쳤음을 체신관서가 증명하지 못한 경우에는 계약의 해지 또는 보장을 제한하기 이전까지 발생한 해당 보험금을 지급한다.

> **플러스이론 펼쳐보기 ▼   고지의무 위반 예시**
>
> 계약을 청약하면서 모집자 등에게 고혈압이 있다고만 이야기하고 청약서의 고지사항에는 기재하지 않아 체신관서가 고혈압이 있다는 사실을 알지 못하였다고 하면, 체신관서는 고지의무 위반을 이유로 계약을 해지하거나 보험금을 지급하지 않을 수 있다.

05 환급금 대출

1 개요

① '환급금 대출'이라 함은 보험계약이 해지될 경우에 보험계약자에게 환급할 수 있는 금액(이하 '해약환급금')의 범위 내에서 보험계약자의 요구에 따라 대출하는 제도이다. 대출자격은 유효한 보험계약을 보유하고 있는 우체국보험 계약자로 한다. 또한 순수보장성 보험 등 보험상품의 종류에 따라 대출을 제한할 수 있으며, 연금보험의 경우 연금개시 후에는 환급금 대출을 제한한다. 다만, 계약해지가 가능한 연금보험은 대출을 허용할 수 있다.

② 환급금 대출의 대출금액은 해약환급금의 95% 이내에서 1만원 단위로 하며, 보험 종류 및 채널별 세부 한도는 다음과 같다. 대출기간은 환급금 대출 대상계약의 보험기간(연금보험의 경우 연금개시 전) 내로 한다.

구분	대출금액
1	연금보험을 포함한 저축성 보험은 해약환급금의 최대 95% 이내(즉시연금보험 및 우체국연금보험 1종은 최대 85% 이내)
2	보장성 보험은 해약환급금의 최대 85% 이내(실손보험 및 교육보험은 최대 80% 이내)

◐ 보험종류별 대출금액

대출채널		대출한도		비고
우체국 창구		해약환급금의 95% 이내(공통사항) *일부 연금 상품, 보장성 보험 대출은 해약환급금의 85% 이내		
우체국보험 고객센터		전자금융 약정	전자금융 미약정	
		1일 1회 1,000만원	1일 1회 500만원	
인터넷뱅킹	OTP (1등급)	• 1회 5,000만원 • 1일 1억원		우체국 전자금융 약정 필수 (OTP 사용고객은 약정 1개월 이내에는 보안카드 한도 적용)
	보안카드 (2, 3등급)	• 1회 1,000만원 • 1일 5,000만원		
모바일	OTP 有	• 1회 5,000만원 • 1일 1억원		• OTP 사용고객은 발급 즉시 적용(창구에서 발급받은 OTP만 사용 가능) • OTP가 있는 경우라도 1일 300만원 대출 시 OTP인증을 하게끔 변경
	OTP 無	• 1회 100만원 • 1일 300만원		
CD, ATM	에버리치 ONE-Plus 카드	1일 1,000만원(1회 한도 미설정) *한도 합산기준: 카드통합별(인별)		당월 상환하는 경우 한도 계산에서 제외

◐ 채널별 환급금 대출 한도

2 불공정 대출금지

우체국보험 대출을 취급함에 있어 체신관서는 다음의 어느 하나에 해당하는 불공정한 대출을 하여서는 안 된다.

구분	금지행위
1	대출을 조건으로 차주의 의사에 반하여 추가로 보험 가입을 강요하는 행위
2	부당하게 담보를 요구하거나 연대보증을 요구하는 행위

3	대출업무와 관련하여 부당한 편익을 제공받는 행위
4	우월적 지위를 이용하여 이용자의 권익을 부당하게 침해하는 행위

◎ 불공정 대출금지

06 보험금 지급

1 개요

보험금 지급은 보험 본연의 목적이며, 체신관서(보험자)가 부담해야 하는 의무이다. 따라서 법령 등이 정한 특정한 경우를 제외하고는 보험사고가 발생할 경우 빠른 시일 내에 보험금을 지급해야 한다. 또한 보험계약자 또는 피보험자나 보험수익자는 약관에서 정한 보험금 지급사유의 발생을 안 때에는 지체 없이 이를 체신관서에 알려야 한다.

2 보험금의 지급청구

(1) 보험금 청구서류

보험수익자 또는 보험계약자는 보험기간 만료 전에 보험약관에서 정한 보험금 지급사유가 발생하였을 때에는 지체 없이 그 사실을 체신관서에 알려야 한다. 그리고 보험금의 지급청구를 할 때에는 다음의 '보험금 청구서류' 중 해당하는 서류를 제출하고, 보험금 또는 보험료 납입면제를 청구하여야 한다. 이때 병원 또는 의원에서 발급한 사고증명서는 「의료법」 제3조(의료기관)에서 규정한 국내의 병원이나 의원 또는 국외의 의료 관련법에서 정한 의료기관에서 발급한 것이어야 한다.

구분	청구서류
1	청구서(체신관서 양식)
2	사고증명서[사망진단서, 장해진단서, 진단서(병명 기입), 입원확인서 등]
3	신분증(주민등록증이나 운전면허증 등 사진이 붙은 정부기관 발행 신분증, 본인이 아닌 경우에는 본인의 인감증명서 또는 본인서명사실확인서 포함)
4	기타 보험수익자 또는 보험계약자가 보험금 수령 또는 보험료 납입면제 청구에 필요하여 제출하는 서류

◎ 보험금 청구서류

(2) 즉시지급과 심사지급

보험수익자 또는 보험계약자로부터 지급청구가 있는 경우 지급사유에 따라 즉시지급과 심사지급으로 구분한다.

① **즉시지급**: 별도의 심사 또는 조사행위 없이 접수처리 즉시 보험금 등을 지급하는 것을 의미한다. 즉시지급 대상 보험금에는 생존보험금, 해약환급금, 연금, 학자금, 계약자배당금 등이 있다.

② **심사지급**: 보험금 지급청구 접수 시 사실증명 및 사고조사에 필요한 관계서류를 제출받아 보험금 지급의 적정 여부를 심사한 후 약정한 보험금을 지급하는 것을 의미한다.

(3) 보험금의 지급절차

① 체신관서가 보험금 청구서류를 접수한 때에는 접수증을 교부하고 휴대전화 문자메시지 또는 전자우편 등으로도 송부하며, 그 서류를 접수한 날부터 3영업일 이내에 보험금을 지급하거나 보험료 납입을 면제한다. 다만, 보험금 지급사유 또는 보험료 납입면제사유의 조사나 확인이 필요한 때에는 접수 후 10영업일 이내에 보험금을 지급하거나 보험금 납입을 면제한다.

② 체신관서가 보험금 지급사유를 조사·확인하기 위해 지급기일 이내에 보험금을 지급하지 못할 것으로 예상되는 경우에는 그 구체적인 사유, 지급예정일 및 보험금 가지급제도에 대하여 피보험자 또는 보험수익자에게 즉시 통지한다. 다만, 지급예정일은 아래의 '보험금 지급예정일 30일 초과사유'의 어느 하나에 해당하는 경우를 제외하고는 보험금 청구서류를 접수한 날부터 30영업일 이내에서 정한다.

> 지급기한 내에 보험금이 지급되지 못할 것으로 판단될 경우 예상되는 보험금의 일부를 먼저 지급하는 제도이다.

구분	초과사유
1	소송제기
2	분쟁조정신청
3	수사기관의 조사
4	해외에서 발생한 보험사고에 대한 조사
5	체신관서의 조사요청에 대한 동의 거부 등 보험계약자, 피보험자 또는 보험수익자의 책임 있는 사유로 보험금 지급사유의 조사와 확인이 지연되는 경우
6	보험금 지급사유 등에 대해 제3자의 의견에 따르기로 한 경우

○ 보험금 지급예정일 30일 초과사유

3 보험금을 지급하지 않는 사유

보험수익자 또는 보험계약자의 보험금 청구에도 불구하고, 체신관서는 아래의 '보험금 지급 면책사유' 중 어느 한 가지로 보험금 지급 사유 등이 발생한 때에는 보험금을 지급하지 않거나 보험료 납입을 면제하지 않는다.

구분	면책사유

1	• 피보험자가 고의로 자신을 해친 경우
	• 다만, 다음 중 어느 하나에 해당하면 보험금을 지급하거나 보험료 납입을 면제함
	  – 피보험자가 심신상실 등으로 자유로운 의사결정을 할 수 없는 상태에서 자신을 해친 경우
	  – 계약의 보장개시일[부활(효력회복)계약의 경우는 부활(효력회복)청약일]부터 2년이 지난 후에 자살한 경우

2	• 보험수익자가 고의로 피보험자를 해친 경우 • 다만, 그 보험수익자가 보험금의 일부 보험수익자인 경우에는 다른 보험수익자에 대한 보험금은 지급함
3	계약자가 고의로 피보험자를 해친 경우

○ 보험금 지급 면책사유

4 사망보험금 선지급제도

사망보험금 선지급은 해당 약관 '선지급서비스특칙'에 의거하여, 보험기간 중에 「의료법」 제3조(의료기관) 제2항에서 정한 종합병원의 전문의 자격을 가진 자가 실시한 진단결과 피보험자의 남은 생존기간이 6개월 이내라고 판단한 경우에 체신관서가 정한 방법에 따라 사망보험금액의 60%를 선지급사망보험금으로 피보험자에게 지급하는 제도이다.

5 분쟁의 조정 등

계약에 관하여 분쟁이 있는 경우 분쟁당사자 또는 기타 이해관계인과 체신관서는 과학기술정보통신부장관이 정하는 바에 따라 우체국보험분쟁조정위원회의 심의조정을 받을 수 있다. 또한 약관의 해석에 있어서는 아래의 '약관해석 원칙'을 준용한다.

구분	약관해석 원칙
1	신의성실의 원칙에 따라 공정하게 약관을 해석하여야 하며 계약자에 따라 다르게 해석하지 않음
2	약관의 뜻이 명백하지 않은 경우에는 계약자에게 유리하게 해석함
3	보험금을 지급하지 않는 사유 등 계약자나 피보험자에게 불리하거나 부담을 주는 내용은 확대하여 해석하지 않음

○ 약관해석 원칙

6 소멸시효

보험금청구권, 보험료 반환청구권, 해약환급금청구권 및 책임준비금 반환청구권은 3년간 행사하지 않으면 소멸시효가 완성된다.

[단권화 MEMO]

○ 사망보험금 선지급제도는 사망보험금의 □%를 선지급 사망보험금으로 피보험자에게 지급하는 제도이다.

(60)

개념확인 핵심지문 O/X PART Ⅱ. 우체국보험 제도

01 보험계약 체결을 권유하는 경우 설명 단계별 의무사항 중 첫 번째 단계는 주계약 및 특약별 보험료 설명이다. (○ | ×)

02 보험계약의 체결 또는 모집에 관한 금지행위에는 보험계약자 또는 피보험자에게 보험계약의 내용을 사실과 다르게 알리거나 그 내용의 중요한 사항을 알리지 아니하는 행위가 포함된다. (○ | ×)

03 기존 보험계약을 부당하게 소멸시키거나 소멸하게 하였을 때에 보험계약자는 보험계약의 체결 또는 모집에 종사하는 자가 속하거나 모집을 위탁한 우정관서에 대하여 그 보험계약이 소멸한 날부터 6개월 이내에 소멸된 보험계약의 부활을 청구하고 새로운 보험계약은 취소할 수 있다. (○ | ×)

04 보험계약의 체결에 종사하는 자 또는 보험모집자는 그 체결 또는 모집과 관련하여 보험계약자 또는 피보험자에 대하여 5만원을 초과하는 금품 등 특별이익을 제공하거나 그 제공을 약속하여서는 아니 된다. (○ | ×)

05 미성년자의 부모가 이혼한 경우는 공동 친권, 단독 친권 등 부모가 협의하여 친권자를 정할 수 있으나, 협의가 불가능한 경우는 당사자의 청구로 행정법원이 친권자를 결정한다. (○ | ×)

06 피보험자 담보별 가입한도 제도는 보장내용에 따라 피보험자 1인당 과도한 가입을 제한하여 역선택을 예방함으로써 우체국보험사업의 건전성을 도모하는 한편, 우체국보험의 근본 취지에 충실하기 위해 운영하는 제도이다. (○ | ×)

07 보험계약자 가입한도 제도는 보험계약자 1인당 가입한도를 보험가입금액 기준으로 설정하고, 이미 설정된 보험계약자별 가입한도를 초과하는 경우에는 개별청약서 발행 거래에서 발행이 불가능하며, 보험계약자 1인당 가입한도는 저축성 보험 종류(연금보험 제외)에 한하여 실시한다. (○ | ×)

08 우체국보험의 보험료 카드납부 취급대상은 TM, 온라인을 통해 가입한 보장성 보험계약 및 2021년 이후 신규 출시한 대면채널의 보장성 보험계약에 한해 처리가 가능하다. 초회보험료(1회), 계속보험료(2회 이후)를 대상으로 하고 있으며, 선납 및 부활보험료도 납입이 가능하다. (○ | ×)

09 우체국페이 납입은 우체국보험 온라인 납부방법에 우체국페이 결제 방식을 도입하여 보험료를 납부하는 제도로 초회보험료(1회)를 포함한 계속보험료를 대상으로 하고 보장성 및 저축성을 제외한 전 보험상품의 보험료를 납입할 수 있다. (○ | ×)

10 보험계약자는 3명 이상의 단체를 구성하여 보험료의 단체 납입을 청구할 수 있으며, 우정사업본부장은 보험계약자가 보험료를 단체 납입하는 경우에는 보험료의 3%에 해당하는 금액의 범위에서 보험료를 할인할 수 있다. (○ | ×)

11 의료수급권자 할인제도는 의료급여 수급권자에게 실손의료비 보험의 보험료를 할인하는 제도이다. 「의료급여법」상의 '의료급여 수급권자'로서의 증명서류를 제출해야 하며 영업보험료의 5%를 할인하고 있다. (○ | ×)

12 '다자녀가구 할인제도'의 할인율은 두 자녀 0.3%, 세 자녀 이상 0.5%로 차등 적용되며, 자동이체 할인과 중복할인이 가능하다. 자녀 수는 신청시점(신규청약, 부활청약, 유지 중) 기준이다. (○ | ×)

13 보험계약이 부활하기 위해서는 계약해지(효력상실)일로부터 5년 이내, 보험기간 만기일까지 부활을 청구한 계약이어야 한다. 보험기간 만기일이 비영업일인 경우는 그다음 업무 개시 영업일까지 가능하며 계약해지(효력상실) 후 5년 이내라도 만기일이 경과하면 부활이 불가능하다. (○ | ×)

14 보험수익자 변경 시 보험금 지급사유 발생시점의 정당 보험수익자 여부를 확인하여야 하며, 보험사고 발생 후 보험수익자를 변경한 경우 보험금은 변경 후 보험수익자에게 지급하여야 한다. (○ | ×)

15 보험계약자가 사망하여 그 법정상속인이 권리·의무 일체를 상속하는 경우 보험계약자의 법정상속인 전원의 동의로 보험계약자 변경이 가능하다. (○ | ×)

16 피보험자의 서면동의 철회로 계약이 해지되어 체신관서가 지급하여야 할 해약환급금이 있을 때에는 체신관서는 피보험자에게 해약환급금을 지급한다. (○ | ×)

정답 & X해설

| 01 | ○ | 02 | ○ | 03 | ○ | 04 | × | 05 | × | 06 | ○ | 07 | × | 08 | × | 09 | × | 10 | × | 11 | ○ | 12 | × | 13 | × | 14 | × |
| 15 | ○ | 16 | × | | | | | | | | | | | | | | | | | | | | | | | | |

04 보험계약의 체결에 종사하는 자 또는 보험모집자는 그 체결 또는 모집과 관련하여 보험계약자 또는 피보험자에 대하여 3만원을 초과하는 금품 등 특별이익을 제공하거나 그 제공을 약속하여서는 아니 된다.

05 미성년자의 부모가 이혼한 경우는 공동 친권, 단독 친권 등 부모가 협의하여 친권자를 정할 수 있으나, 협의가 불가능한 경우는 당사자의 청구로 가정법원이 친권자를 결정한다.

07 보험계약자 가입한도 제도는 보험계약자 1인당 가입한도를 보험가입금액 기준으로 설정하고, 이미 설정된 보험계약자별 가입한도를 초과하는 경우에는 개별청약서 발행 거래에서 발행이 불가능하며, 보험계약자 1인당 가입한도는 저축성 보험 종류(연금보험 포함)에 한하여 실시한다.

08 우체국보험의 보험료 카드납부 취급대상은 TM(Tele Marketing), 온라인(인터넷, 모바일)을 통해 가입한 보장성 보험계약 및 2021년 이후 신규 출시한 대면채널의 보장성 보험계약에 한해 처리가 가능하다. 초회보험료(1회), 계속보험료(2회 이후)를 대상으로 하고 있으며, 선납 및 부활보험료는 납입이 불가능하다.

09 우체국페이 납입은 우체국보험 온라인(인터넷, 모바일) 납부방법에 우체국페이 결제 방식을 도입하여 보험료를 납부하는 제도로 초회보험료(1회)를 제외한 계속보험료를 대상으로 하고 보장성 및 저축성을 포함한 전 보험상품의 보험료를 납입할 수 있다.

10 보험계약자는 5명 이상의 단체를 구성하여 보험료의 단체 납입을 청구할 수 있으며, 우정사업본부장은 보험계약자가 보험료를 단체 납입하는 경우에는 보험료의 2%에 해당하는 금액의 범위에서 보험료를 할인할 수 있다.

12 '다자녀가구 할인제도'의 할인율은 두 자녀 0.5%, 세 자녀 이상 1.0%로 차등 적용된다.

13 보험계약이 부활하기 위해서는 계약해지(효력상실)일로부터 3년 이내, 보험기간 만기일까지 부활을 청구한 계약이어야 한다. 보험기간 만기일이 비영업일인 경우는 그다음 업무 개시 영업일까지 가능하며 계약해지(효력상실) 후 3년 이내라도 만기일이 경과하면 부활이 불가능하다.

14 보험수익자 변경 시 보험금 지급사유 발생시점의 정당 보험수익자 여부를 확인하여야 하며, 보험사고 발생 후 보험수익자를 변경한 경우 보험금은 변경 전 보험수익자에게 지급하여야 한다.

16 피보험자의 서면동의 철회로 계약이 해지되어 체신관서가 지급하여야 할 해약환급금이 있을 때에는 체신관서는 보험계약자에게 해약환급금을 지급한다.

17 「우체국예금·보험에 관한 법률 시행규칙」에 따라 보험료 납입 유예기간은 해당 월분 보험료의 납입기 (○ | ×)
일부터 납입기일이 속하는 달의 다음다음 달의 말일까지로 한다. 다만, 유예기간이 끝나는 날이 비영업
일인 때에는 익영업일까지이며, 해지(효력상실)되는 날은 휴일 여부와 관계없다.

18 보험계약자가 제2회 이후의 보험료를 납입기일까지 납입하지 않아 보험료 납입이 연체 중인 경우에 체 (○ | ×)
신관서는 납입최고(독촉)하고 체신관서의 납입최고는 유예기간이 끝나기 15일 이전까지 서면(등기우편
등) 등으로 이루어진다.

19 유예기간이 끝나는 날까지 보험료가 납입되지 않은 경우 유예기간이 끝나는 날의 다음 날에 계약은 해 (○ | ×)
지(효력상실)된다.

20 보험계약자와 보험수익자가 다른 경우라면 보험계약자에게만 보험료 납입최고 안내를 하여도 된다. (○ | ×)

21 만 15세 미만자, 심신상실자 또는 심신박약자를 피보험자로 하여 사망을 보험금 지급사유로 한 계약의 (○ | ×)
경우는 보험계약 취소사유에 해당한다.

정답 & X해설

| 17 | ○ | 18 | ○ | 19 | ○ | 20 | × | 21 | × | | | | | | | | | | |

20 보험계약자와 보험수익자가 다른 경우에는 보험계약자뿐만 아니라 보험수익자에게도 보험료 납입최고 안내를 하고 있다.

21 만 15세 미만자, 심신상실자 또는 심신박약자를 피보험자로 하여 사망을 보험금 지급사유로 한 계약의 경우는 보험계약 <u>무효</u>사유에 해당한다.

실전적용 기출&예상문제 — PART Ⅱ. 우체국보험 제도

01 〈보기〉에서 우체국보험 언더라이팅(청약심사)에 대한 설명으로 옳은 것을 모두 고른 것은?

2023 계리직 9급

보기

ㄱ. 언더라이팅(청약심사)은 일반적으로 보험사의 "위험의 선택" 업무로서 위험평가의 체계화된 기법을 말한다.
ㄴ. 보험판매 과정에서 계약선택의 기준이 되는 위험 중 환경적 위험은 피보험자의 직업 및 업무내용, 운전 여부, 취미활동, 음주 및 흡연 여부, 피보험자와 수익자의 관계 등이다.
ㄷ. 체신관서는 피보험자의 신체적·환경적·도덕적 위험 등을 종합적으로 평가하여 정상인수, 조건부인수, 거절 등의 합리적 인수조건을 결정하는 언더라이팅(청약심사)을 하게 된다.
ㄹ. 계약적부조사는 적부조사자가 계약자를 직접 면담하여 계약적부조사서상의 주요 확인사항을 중심으로 확인하는 제도이다.

① ㄱ, ㄴ
② ㄱ, ㄷ
③ ㄴ, ㄹ
④ ㄷ, ㄹ

02 우체국보험의 효력상실 및 부활에 대한 설명으로 옳지 않은 것은?

2023 계리직 9급

① 보험료의 납입연체로 인한 해지계약이 해약환급금을 받지 않은 경우, 계약자는 해지된 날부터 3년 이내에 계약의 부활을 청약할 수 있다.
② 보험료 납입이 연체 중인 경우, 납입최고는 유예기간이 끝나기 15일 이전까지 서면(등기우편 등) 등으로 이루어진다.
③ 체신관서가 부활을 승낙한 경우, 계약자는 부활을 청약한 날까지의 연체된 보험료에 약관에서 정한 이자를 더하여 납입하여야 한다.
④ 보험료 납입 유예기간은 해당 월분 보험료의 납입기일부터 납입기일이 속하는 달의 다음 달의 말일까지이며, 유예기간의 마지막 날이 영업일이 아닌 때에는 그 다음 날로 한다.

정답&해설

01 〈오답 확인〉 ㄴ. 보험판매 과정에서 계약선택의 기준이 되는 위험 중 피보험자와 수익자의 관계는 도덕적 위험에 해당한다.
ㄹ. 계약적부조사는 적부조사자가 피보험자를 직접 면담 또는 전화를 활용하여 적부 주요 확인사항을 중심으로 확인하며, 계약적부조사서상에 주요 확인사항 등을 기재하고 피보험자가 최종 확인하는 제도이다.

■ 계약선택의 기준이 되는 세 가지 위험

환경적	· 직업 및 업무내용 · 운전 여부 · 취미활동
신체적	· 과거 병력, 현재의 병증(病症) · 피보험자의 음주 및 흡연 여부*, 체격
도덕적 (재정적)	· 보험 가입금액의 과다 여부 · 피보험자와 수익자의 관계 · 과거 보험사기 여부

* 학습자료(23. 12. 28. 배포) 제2장에서는 흡연을 환경적 위험으로, 제8장에서는 신체적 위험으로 명시하고 있음

02 보험계약자가 보험료를 내지 아니하고 유예기간이 지난 때에는 그 보험계약은 효력을 잃는다. 「우체국예금·보험에 관한 법률 시행규칙」 제50조(보험료 납입 유예기간)에 따라 제2회 이후의 보험료 납입 유예기간은 해당 월분 보험료의 납입기일부터 납입기일이 속하는 달의 다음다음 달의 말일까지로 한다. 다만, 유예기간이 끝나는 날이 비영업일인 때에는 익영업일까지이며, 해지(효력상실)되는 날은 휴일 여부와 관계없다.

01 ② 02 ④

03 우체국보험의 보험금 지급청구에 대한 설명으로 옳은 것은?

2023 계리직 9급

① 보험금청구권은 지급사유 발생일로부터 2년간 행사하지 않으면 소멸된다.
② 체신관서는 보험금 청구서류를 접수한 날부터 10일 이내에 보험금을 지급하여야 한다.
③ 소송제기, 분쟁조정신청, 수사기관의 조사, 해외에서 발생한 보험사고에 대한 조사는 보험금 지급예정일 30일 초과사유에 해당된다.
④ 사망보험금 선지급제도는 피보험자의 남은 생존기간이 6개월 이내인 경우 사망보험금액의 60%를 선지급 사망보험금으로 수익자에게 지급하는 제도이다.

04 〈보기〉에서 우체국보험 청약서비스에 대한 설명으로 옳은 것을 모두 고른 것은?

2022 계리직 9급

보기
ㄱ. 보험계약자가 성인인 계약에 한해서 태블릿청약 이용이 가능하다.
ㄴ. 타인계약 또는 미성년자(만 19세 미만자) 계약도 전자청약이 가능하다.
ㄷ. 전자청약과 태블릿청약을 이용하는 고객에게는 제2회 이후 보험료 자동이체 시 0.5%의 할인이 적용된다.
ㄹ. 전자청약은 가입설계서를 발행한 계약으로 전자청약 전환을 신청한 계약에 한하며, 가입설계일로부터 10일(비영업일 제외) 이내에만 가능하다.

① ㄱ, ㄷ
② ㄱ, ㄹ
③ ㄴ, ㄷ
④ ㄴ, ㄹ

정답&해설

03 〈오답 확인〉 ① 보험금청구권, 보험료 반환청구권, 해약환급금청구권 및 책임준비금 반환청구권은 3년간 행사하지 않으면 소멸시효가 완성된다.
② 체신관서가 보험금 청구서류를 접수한 때에는 접수증을 교부하고 휴대전화 문자메시지 또는 전자우편 등으로도 송부하며, 그 서류를 접수한 날부터 3영업일 이내에 보험금을 지급하거나 보험료 납입을 면제한다. 다만, 보험금 지급사유 또는 보험료 납입면제사유의 조사나 확인이 필요한 때에는 접수 후 10영업일 이내에 보험금을 지급하거나 보험료 납입을 면제한다.
④ 사망보험금 선지급은 해당 약관 '선지급서비스특칙'에 의거하여 보험기간 중에 「의료법」 제3조(의료기관) 제2항에서 정한 종합병원의 전문의 자격을 가진 자가 실시한 진단결과 피보험자의 남은 생존기간이 6개월 이내라고 판단한 경우에 체신관서가 정한 방법에 따라 사망보험금액의 60%를 선지급사망보험금으로 피보험자에게 지급하는 제도이다.

04 〈오답 확인〉 ㄴ. 타인계약(보험계약자와 피보험자가 다른 경우 또는 피보험자와 보험수익자가 다른 경우), 미성년자 계약 등은 전자청약이 불가하다.
ㄹ. 전자청약이 가능한 계약은 가입설계서를 발행한 계약으로 전자청약 전환을 신청한 계약에 한하며, 가입설계일로부터 10일(비영업일 포함) 이내에 한하여 전자청약을 할 수 있다.

03 ③ 04 ①

05 우체국보험 환급금 대출에 대한 설명으로 옳은 것은?

2022 계리직 9급

① 보험계약자는 계약상태의 유효 또는 실효 여부에 관계없이 대출받을 수 있다.
② 무배당 파워적립보험 2109는 해약환급금의 최대 80% 이내에서 1만원 단위로 대출이 가능하다.
③ 즉시연금보험 및 우체국연금보험 1종은 해약환급금의 최대 85% 이내에서 1만원 단위로 대출이 가능하다.
④ 무배당 우체국하나로OK보험 2109는 해약환급금의 최대 95% 이내에서 1천원 단위로 대출이 가능하다.

06 〈보기〉에서 우체국보험 보험료 납입에 대한 설명으로 옳은 것은 모두 몇 개인가?

2022 계리직 9급

보기

ㄱ. 보험료의 납입기간에 따라 전기납, 단기납, 일시납으로 분류된다.
ㄴ. 보험료 자동이체 약정은 유지 중인 계약에 한해서 처리가 가능하며, 보험계약자 본인에게만 신청·변경 권한이 있다.
ㄷ. 계속보험료 실시간이체는 자동이체 약정 여부에 관계없이 처리가 가능하며, 계약상태가 정상인 계약만 가능하다.
ㄹ. 보험료의 자동대출납입기간은 최초 자동대출납입일부터 1년을 한도로 하며, 그 이후의 기간은 보험계약자의 별도 의사표시가 없으면 자동 연장된다.

① 1개 ② 2개
③ 3개 ④ 4개

정답&해설

05 〈오답 확인〉 ① 환급금 대출은 유효한 보험계약을 보유하고 있는 우체국보험 계약자가 가능하다.
② 연금보험을 포함한 저축성 보험(무배당 파워적립보험 2109 해당)은 해약환급금의 최대 95% 이내에서 1만원 단위로 대출이 가능하다.
④ 보장성 보험(무배당 우체국하나로OK보험 2109 해당)은 해약환급금의 최대 85% 이내에서 1만원 단위로 대출이 가능하다.

■ 환급금 대출

대출요건	환급금 대출의 대출금액은 해약환급금의 95% 이내에서 1만원 단위로 하며, 대출기간은 환급금 대출 대상계약의 보험기간(연금보험의 경우 연금개시 전) 내로 한다.	
보험종류별 대출금액	연금보험을 포함한 저축성 보험	해약환급금의 최대 95% 이내(즉시연금보험 및 우체국연금보험 1종은 최대 85% 이내)
	보장성 보험	해약환급금의 최대 85% 이내(실손보험 및 교육보험은 최대 80% 이내)

06 〈오답 확인〉 ㄱ. 보험료의 납입기간에 따라 전기납, 단기납으로 분류된다. 보험료의 납입주기는 연납, 6월납, 3월납, 월납, 일시납 등으로 다양하다.
ㄴ. 보험료 자동이체 약정은 유지 중인 계약에 한해 처리가 가능하며, 관계법령인「전자금융거래법」제15조(추심이체의 출금 동의)에 따라 예금주 본인에게만 신청·변경 권한이 있다.
ㄹ. 보험료의 자동대출납입기간은 최초 자동대출납입일부터 1년을 한도로 하며, 그 이후의 기간에 대한 보험료의 자동대출납입을 위해서는 보험계약자가 재신청을 하여야 한다.

05 ③ 06 ①

07 보험계약에 대한 설명으로 옳은 것은? 2022 계리직 9급

① 고지의무자는 보험계약자, 피보험자 및 보험수익자이다.
② 보험계약자는 보험가입증서(보험증권)를 받은 날부터 30일 이내에 청약을 철회할 수 있다.
③ 보험자는 계약을 체결한 날부터 2년이 지난 경우에는 고지의무 위반으로 인한 계약해지를 할 수 없다.
④ 보험자는 보험계약이 성립하고 보험계약자가 보험료의 전부 또는 최초의 보험료를 지급한 때에는 지체 없이 보험가입증서(보험증권)를 작성하여 보험계약자에게 교부하여야 한다.

08 보험료 할인율이 높은 순서부터 바르게 나열한 것은?

2021 계리직 9급

> ㄱ. 피보험자 300명이 단체로 무배당 win-win단체플랜보험 2109에 가입
> ㄴ. 주계약 보험 가입금액 2,500만원을 무배당 우체국통합건강보험 2109에 가입
> ㄷ. B형 간염 항체 보유자인 피보험자가 무배당 우리가족암보험 2109 일반형[1종(갱신형)]에 가입
> ㄹ. 의료급여 수급권자인 피보험자가 무배당 우체국실손의료비보험(계약전환·단체개인전환·개인중지재개용)(갱신형) 2109에 가입

① ㄱ-ㄹ-ㄴ-ㄷ
② ㄱ-ㄹ-ㄷ-ㄴ
③ ㄹ-ㄱ-ㄴ-ㄷ
④ ㄹ-ㄷ-ㄱ-ㄴ

정답&해설

07 〈오답 확인〉 ① '고지의무자'란 보험계약법상 고지할 의무를 부담하는 보험계약자, 피보험자 및 이들의 대리인이다. 보험수익자에게는 고지의무가 부여되지 않는다.
② 보험계약자는 보험가입증서(보험증권)를 받은 날부터 15일 이내에 그 청약을 철회할 수 있다.
③ 보험자는 계약을 체결한 날부터 3년이 지났을 때에는 고지의무 위반으로 인한 계약해지를 할 수 없다.

08 ㄹ. 의료수급권자 할인(5%) - ㄷ. 우리가족암보험 보험료 할인(3%) - ㄱ. win-win단체플랜보험(101인 이상 2%) - ㄴ. 고액계약 보험료 할인(1%)
 ㄹ. 의료수급권자 할인: 의료급여 수급권자에게 실손의료비보험의 보험료를 할인하는 제도이다. 이때 『의료급여법』상의 '의료급여 수급권자'로서의 증명서류를 제출해야 하며 영업보험료의 5%를 할인하고 있다.
 ㄷ. 우리가족암보험 보험료 할인: 피보험자가 B형 간염 항체보유 시 영업보험료의 3%를 할인하는 B형 간염 항체보유 할인, 고혈압과 당뇨병이 모두 없을 때 할인되는 우리가족암보험 3종(실버형) 건강체 할인이 있으며 이 경우 영업보험료의 5%를 할인하고 있다.
 ㄱ. 무배당 win-win단체플랜보험: 피보험자 수에 따라 1%(5인~20인), 1.5%(21인~100인), 2%(101인 이상)의 할인율을 적용하고 있다.
 ㄴ. 고액계약 보험료 할인: 보험 가입금액 2천만원 이상 가입 시 주계약 보험료(특약보험료 제외)에 대해서 1~3% 보험료 할인혜택을 적용한다. 보험 가입금액별로 2천~3천만원 미만은 1%, 3천~4천만원 미만은 2%, 4천만원은 3% 할인율을 적용한다. 대상상품은 2023년 12월 기준 (무)우체국하나로OK보험 2109, (무)우체국든든한종신보험 2109, (무)우체국통합건강보험 2109, (무)온라인정기보험 2109, (무)우체국와이드건강보험 2112이다.

07 ④　08 ④

09 보험계약 고지의무에 대한 설명으로 옳은 것을 <보기>에서 모두 고른 것은?

2018 계리직 9급

보기

ㄱ. 고지의무 당사자는 보험계약자, 피보험자, 보험수익자이다.
ㄴ. 고지의무는 청약 시에 이행하고, 부활 청약 시에는 면제된다.
ㄷ. 보험자가 고지의무 위반사실을 안 날로부터 1개월 이상 지났을 때에는 보험계약을 해지할 수 없다.
ㄹ. 보험자는 고지의무 위반사실이 보험금 지급사유 발생에 영향을 미치지 않았음이 증명된 경우 보험금을 지급할 책임이 있다.

① ㄱ, ㄴ
② ㄱ, ㄷ
③ ㄴ, ㄹ
④ ㄷ, ㄹ

10 생명보험의 관련 내용 중 아래의 <보기>에서 설명하고 있는 내용으로 옳은 것은?

보기

보험회사 입장에서 보험 가입을 원하는 피보험자(보험대상자)의 위험을 각 위험집단으로 분류하여 보험 가입 여부를 결정(계약인수·계약거절·조건부인수 등)하는 일련의 과정이다.

① 언더라이팅(Underwriting)
② 준법감시인(Compliance Officer)
③ 내부통제(Internal Control)
④ 리스크관리(Risk Management)

정답&해설

09 ㄷ. 고지의무위반에 대해 해지할 수 없는 경우는 다음과 같다.
- 보험자가 계약 당시에 고지의무 위반사실을 알았거나 과실로 알지 못한 경우
- 보험자가 고지의무 위반사실을 안 날로부터 1개월 이상 지났거나 또는 보장개시일부터 보험금 지급사유가 발생하지 않고 2년 이상 지났을 때
- 계약을 체결한 날부터 3년이 지났을 때
- 보험을 모집한 자가 계약자 또는 피보험자에게 고지할 기회를 주지 않았거나 계약자 또는 피보험자가 사실대로 고지하는 것을 방해한 경우, 계약자 또는 피보험자에게 사실대로 고지하지 않게 하였거나 부실한 고지를 권유했을 때. 다만, 모집자 등의 행위가 없었다 하더라도 계약자 또는 피보험자가 사실대로 고지하지 않거나 부실한 고지를 했다고 인정되는 경우에는 계약을 해지하거나 보장을 제한할 수 있다.

ㄹ. 보험금 청구에 대한 책임은 다음과 같다(「상법」 제655조).

> 「상법」 제655조(계약해지와 보험금청구권) 보험사고가 발생한 후라도 보험자가 제650조, 제651조, 제652조 및 제653조에 따라 계약을 해지하였을 때에는 보험금을 지급할 책임이 없고 이미 지급한 보험금의 반환을 청구할 수 있다. 다만, 고지의무(告知義務)를 위반한 사실 또는 위험이 현저하게 변경되거나 증가된 사실이 보험사고 발생에 영향을 미치지 아니하였음이 증명된 경우에는 보험금을 지급할 책임이 있다.

<오답 확인> ㄱ. 고지의무 당사자는 보험계약법상 고지할 의무를 부담하는 보험계약자, 피보험자 및 이들의 대리인이다.
ㄴ. 고지의무는 계약 청약 시뿐만 아니라 부활 시에도 이행하여야 한다.

10 언더라이팅(Underwriting)에 대한 내용이다.

■ 언더라이팅(Underwriting)

- 보험회사 입장에서 보험 가입을 원하는 피보험자(보험대상자)의 위험을 각 위험집단으로 분류하여 보험 가입 여부를 결정(계약인수·계약거절·조건부인수 등)하는 일련의 과정이 언더라이팅(청약심사)이다.
- 언더라이팅 과정 및 결과에 따라 보험회사는 보험계약청약에 대한 승낙 여부와 보험료 및 보험금의 한도를 설정할 수 있다.
- 언더라이터는 언더라이팅, 즉 보험계약의 위험을 평가하고 선택하며 위험인수기준과 처리절차(계약인수·계약거절·조건부계약인수)를 결정하는 직무를 수행하는 전문가이다.
- 언더라이팅이 필요한 위험 대상은 크게 환경적·신체적·재정적·도덕적 위험으로 분류할 수 있다.

09 ④ 10 ①

11 생명보험의 관련 내용 중 〈보기〉의 (가)에 해당하는 내용으로 옳은 것은?

> **보기**
> 보험업에서 ⎡(가)⎤(이)란 보험금 청구에서 지급까지 일련의 업무를 뜻하며 보험금 청구 접수, 사고조사, 조사건 심사, 수익자 확정, 보험금 지급 등의 업무가 포함된다.

① 언더라이팅(Underwriting)
② 준법감시인(Compliance Officer)
③ 내부통제(Internal Control)
④ 클레임(Claim)

12 보험계약의 성립과 효력 등에 관한 내용으로 옳지 않은 것은?

① 만 15세 미만자, 심신상실자 또는 심신박약자를 피보험자로 하여 사망을 보험금 지급사유로 한 계약의 경우는 보험계약 취소사유에 해당한다.
② 보험계약은 보험계약자의 청약과 체신관서의 승낙으로 이루어진다.
③ 보장개시일은 체신관서가 보장을 개시하는 날로서 계약이 성립되고 제1회 보험료를 받은 날을 말하나, 체신관서가 승낙하기 전이라도 청약과 함께 제1회 보험료를 받은 경우에는 제1회 보험료를 받은 날을 의미한다.
④ 보험모집자는 계약체결 시 계약자에게 약관 및 청약서 부본을 전달하고 약관의 주요 내용을 설명해야 한다. 만약 모집자가 청약 시 이러한 의무(3대 기본 지키기)를 이행하지 않았을 경우에는 계약자는 취소권을 행사할 수 있다.

정답&해설

11 클레임(Claim)에 대한 내용이다.

12 만 15세 미만자, 심신상실자 또는 심신박약자를 피보험자로 하여 사망을 보험금 지급사유로 한 계약의 경우는 보험계약 무효사유에 해당한다.

11 ④ 12 ①

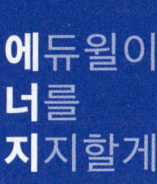

행운이란
100%의 노력 뒤에 남는 것이다.

– 랭스턴 콜먼(Langston Coleman)

PART III

우체국보험 상품

Chapter 01   우체국보험 상품

출제비중

41%

※ 전 10회(2008~2023) 시험을 기준으로 출제비중을 산출하였습니다.

출제문항 수 & 키워드

| Chapter 01
우체국보험 상품 | 23문항 | 보장개시일, 보장성 보험, 보험 상품, 보험 관련 세제, 연금보험 상품, 연금저축보험, 제도성 특약 |

*출제키워드는 전 10회(2008~2023) 시험에서 출제된 문항을 기준으로 분석하였습니다.

Chapter 01 우체국보험 상품

학습포인트
① 보장성 보험(42종), 저축성 보험(5종), 연금보험(6종) 등을 구분한다.
② 보험 상품의 상품별 특징 등을 이해한다.

출제키워드
- 보장개시일
- 보장성 보험
- 보험 상품
- 보험 관련 세제
- 연금보험 상품
- 연금저축보험
- 제도성 특약

01 개요

1 보험의 종류

(1) 보험의 종류

「우체국예금·보험에 관한 법률」 제28조(보험의 종류와 금액 등) 및 동법 시행규칙 제35조(보험의 종류)에 의한 우체국보험의 종류는 다음과 같다.

종류	개념
보장성 보험	생존 시 지급되는 보험금의 합계액이 이미 납입한 보험료를 초과하지 아니하는 보험
저축성 보험	생존 시 지급되는 보험금의 합계액이 이미 납입한 보험료를 초과하는 보험
연금보험	일정 연령 이후에 생존하는 경우 연금의 지급을 주된 보장으로 하는 보험

◎ 우체국보험의 종류

(2) 계약보험금 한도액

동법 시행규칙 제36조(계약보험금 및 보험료의 한도)에 따른 계약보험금 한도액은 보험종류별로 피보험자 1인당 4천만원으로 하되, 연금보험(단, 연금저축계좌에 해당하는 보험은 제외)의 최초 연금액은 피보험자 1인당 1년에 900만원 이하로 한다. 다만, 연금보험 중 「소득세법 시행령」 제40조의2 제2항 제1호에 따른 연금저축계좌에 해당하는 보험의 보험료 납입금액은 피보험자 1인당 연간 900만원 이하로 한다.

2 보험 상품의 개발

보험 상품의 개발 시 우정사업본부장은 예정이율·예정사업비율 및 예정사망률을 기초로 하여 보험료를 산정하고 우체국보험의 재무건전성, 계약자보호 및 사회공익 등을 고려하여 사업방법서, 보험약관, 보험료 및 책임준비금 산출방법서 등 기초서류를 합리적으로 작성하여야 한다. 보험약관을 작성할 때에는 「우체국예금·보험에 관한 법률 시행규칙」 제43조(보험약관)에 의거하여 아래의 보험약관 기재사항을 명료하고 알기 쉽게 기재하여야 한다.

구분	내용
1	보험금의 지급사유
2	보험계약의 변경

3	보험계약의 무효사유
4	보험자의 면책사유
5	보험자 의무의 한계
6	보험계약자 또는 피보험자가 그 의무를 이행하지 아니한 경우에 받는 손실
7	보험계약의 전부 또는 일부의 해지사유와 해지한 경우의 당사자의 권리·의무
8	보험계약자 또는 보험수익자가 이익금 또는 잉여금을 배당받을 권리가 있는 경우 그 범위
9	그 밖에 보험계약에 관하여 필요한 사항

◦ 보험약관 기재사항

3 판매 중인 상품

무배당 우체국온라인당뇨보험 2109, 무배당 우체국온라인착한안전보험 2109, 무배당 온라인내가만든희망보험 2109, 무배당 우체국온라인와이드암보험 2112, 무배당 우체국온라인미니암보험 2112, 무배당 우체국온라인요양보험 2112, 무배당 우체국온라인종신보험 2201은 현재 판매 중지 진행 중에 있어 출제 범위에서 제외됩니다.

2023년 11월 3일 현재 보험 종류별 판매 중인 상품목록은 아래와 같다.

보험 종류		시행일(고시일)
보장성 보험 (42종)	무배당 우체국든든한종신보험 2109	2021. 9. 13.
	무배당 우체국건강클리닉보험(갱신형) 2109	2021. 9. 13.
	무배당 우체국New100세건강보험 2203	2022. 3. 25.
	무배당 우체국하나로OK보험 2109	2021. 9. 13.
	무배당 우체국와이드건강보험 2112	2021. 12. 1.
	무배당 우체국실속정기보험 2109	2021. 9. 13.
	무배당 우리가족암보험 2109	2021. 9. 13.
	무배당 우체국더든든한자녀지킴이보험 2203	2022. 3. 25.
	무배당 어깨동무보험 2109	2021. 9. 13.
	무배당 에버리치상해보험 2109	2021. 9. 13.
	무배당 우체국예금제휴보험 2109	2021. 9. 13.
	무배당 우체국단체보장보험 2301	2023. 1. 1.
	무배당 우체국안전벨트보험 2109	2021. 9. 13.
	무배당 우체국급여실손의료비보험(갱신형) 2109	2021. 9. 13.
	무배당 우체국급여실손의료비보험(계약전환·단체개인전환·개인중지재개용)(갱신형) 2109	2021. 9. 13.
	무배당 우체국노후실손의료비보험(갱신형) 2109	2021. 9. 13.
	무배당 우체국간편실손의료비보험(갱신형) 2109	2021. 9. 13.
	무배당 만원의행복보험 2109	2021. 9. 13.
	무배당 우체국통합건강보험 2109	2021. 9. 13.
	무배당 우체국간편가입건강보험(갱신형) 2109	2021. 9. 13.
	무배당 우체국더간편건강보험(갱신형) 2109	2021. 9. 13.
	무배당 우체국치아보험(갱신형) 2109	2021. 9. 13.
	무배당 우체국치매간병보험 2109	2021. 9. 13.
	무배당 내가만든희망보험 2109	2021. 9. 13.
	무배당 우체국간병비보험 2309	2023. 9. 22.

[단권화 MEMO]

	무배당 우체국당뇨안심보험 2109	2021. 9. 13.
	무배당 우체국나르미안전보험 2109	2021. 9. 13.
	무배당 win-win단체플랜보험 2109	2021. 9. 13.
	무배당 우체국온라인당뇨보험 2109	2021. 9. 13.
	무배당 우체국온라인착한안전보험 2109	2021. 9. 13.
	무배당 우체국온라인어린이보험 2109	2021. 9. 13.
	무배당 우체국온라인암보험 2109	2021. 9. 13.
	무배당 우체국온라인3대질병보험 2109	2021. 9. 13.
	무배당 우체국온라인정기보험 2109	2021. 9. 13.
	무배당 온라인내가만든희망보험 2109	2021. 9. 13.
	무배당 우체국온라인와이드암보험 2112	2021. 12. 1.
	무배당 우체국온라인미니암보험 2112	2021. 12. 1.
	무배당 우체국온라인요양보험 2112	2021. 12. 1.
	무배당 우체국온라인입원수술보험 2112	2021. 12. 1.
	무배당 우체국온라인종합건강보험(갱신형) 2201	2022. 1. 24.
	무배당 우체국온라인종신보험 2201	2022. 1. 24.
	무배당 우체국온라인치매간병보험 2201	2022. 1. 24.
저축성 보험 (5종)	무배당 청소년꿈보험 2109	2021. 9. 13
	무배당 그린보너스저축보험플러스 2203	2022. 3. 25
	무배당 파워적립보험 2109	2021. 9. 13
	무배당 우체국온라인저축보험 2109	2021. 9. 13
	무배당 알찬전환특약 2109	2021. 9. 13
연금보험 (6종)	무배당 우체국연금보험 2109	2021. 9. 13
	우체국연금저축보험 2109	2021. 9. 13
	무배당 우체국연금저축보험(이전형) 2109	2021. 9. 13
	무배당 우체국온라인연금저축보험 2109	2021. 9. 13
	무배당 우체국개인연금보험(이전형) 2109	2021. 9. 13
	어깨동무연금보험 2109	2021. 9. 13

● 보험종류별 판매 중인 상품목록　　　　　　　※ 상품명 뒤 2109, 2201 등은 년월 기준을 의미함(예 21년 09월 기준)

02 보장성 보험

1 무배당 우체국든든한종신보험 2109

(1) 주요 특징

① 해약환급금 50% 지급형 선택 시 동일한 보장혜택을 제공하고, 표준형 대비 저렴한 보험료로 고객 부담을 완화한다.
② 주계약에서 3대 질병 진단 시 사망보험금 일부를 선지급하여 치료자금을 지원한다.
③ 주계약 및 일부 특약을 비갱신형으로 설계하여 보험료 상승의 부담 없이 동일한 보험료로

보장을 제공한다.
④ 다양한 특약 부가로 사망 및 생존(진단, 입원, 수술 등) 보장 등 고객맞춤형 보장을 설계한다.
⑤ 주요 질환(3대 질병) 보장 강화: 특약 부가로 3대 질병(암, 뇌출혈, 급성심근경색증) 발병 시 치료비 추가보장 및 고액암 보장을 강화하였다.
⑥ 납입면제: 보험료 납입면제로 부담을 낮추고 안정적인 보장을 제공한다.
⑦ 세제혜택: 근로소득자는 납입보험료(연간 100만원 한도)에 대하여 12% 세액을 공제받을 수 있다.

(2) 가입요건

① 주계약[1종(해약환급금 50% 지급형), 2종(표준형)]

가입나이	보험기간	납입기간	납입주기	보험 가입금액
만 15 ~ 50세	종신	5, 10, 15, 20, 30년납	월납	1,000만원 ~ 4,000만원 (500만원 단위)
51 ~ 60세		5, 10, 15, 20년납		
61 ~ 65세		5, 10, 15년납		
66 ~ 70세		5, 10년납		

② 특약

㉠ 무배당 재해치료보장특약Ⅱ 2109

가입나이, 보험기간, 납입기간, 납입주기	보험 가입금액
주계약과 동일	1,000만원 ~ 4,000만원 (주계약 보험 가입금액 이내에서 500만원 단위)

㉡ 무배당 소득보상특약 2109

가입나이	보험기간	납입기간	납입주기	보험 가입금액
만 15 ~ 50세	80세 만기	5, 10, 15, 20, 30년납	월납	1,000만원 ~ 4,000만원 (주계약 보험 가입금액 이내에서 500만원 단위)
51 ~ 60세		5, 10, 15, 20년납		
61 ~ 65세		5, 10, 15년납		
66 ~ 70세		5, 10년납		

㉢ 무배당 입원보장특약(갱신형) 2109, 무배당 특정질병입원특약(갱신형) 2109, 무배당 수술보장특약(갱신형) 2109, 무배당 암치료특약Ⅱ(갱신형) 2109, 무배당 뇌출혈진단특약(갱신형) 2109, 무배당 급성심근경색증진단특약(갱신형) 2109, 무배당 항암방사선약물치료특약(갱신형) 2109

구분	가입나이	보험기간	납입기간	납입주기	보험 가입금액
최초계약	만 15 ~ 70세	10년 (종신갱신형)	전기납	월납	1,000만원 (500만원 단위)
갱신계약	만 25세 이상				

㉣ 무배당 요양병원암입원특약Ⅱ(갱신형) 2109

구분	가입나이	보험기간	납입기간	납입주기	보험 가입금액
최초계약	만 15 ~ 70세	10년 (갱신형)	전기납	월납	1,000만원 (500만원 단위)
갱신계약	만 25 ~ 70세				

ⓔ 이륜자동차 운전 및 탑승 중 재해부담보특약 2109, 지정대리청구서비스특약 2109, 장애인전용보험전환특약 2007

(3) 보험료 할인에 관한 사항 – 고액 할인

주계약 보험 가입금액	2천만원 이상 ~ 3천만원 미만	3천만원 이상 ~ 4천만원 미만	4천만원
할인율	1.0%	2.0%	3.0%

※ 고액 할인은 주계약 보험료(특약보험료 제외)에 한해 적용함

(4) 해약환급금 50% 지급형 상품에 관한 사항

① 1종(해약환급금 50% 지급형)은 보험료 납입기간 중 계약이 해지될 경우 2종(표준형)의 해약환급금 대비 적은 해약환급금을 지급하는 대신 2종(표준형)보다 저렴한 보험료로 보험을 가입할 수 있도록 한 상품이다.

② 1종(해약환급금 50% 지급형)의 해약환급금을 계산할 때 기준이 되는 2종(표준형)의 예정해약환급금은 '보험료 및 책임준비금 산출방법서'에서 정한 방법에 따라 산출된 금액으로 해지율을 적용하지 않고 계산한다.

③ 1종(해약환급금 50% 지급형)의 계약이 보험료 납입기간 중 해지될 경우의 해약환급금은 2종(표준형) 예정해약환급금의 50%에 해당하는 금액에 플러스적립금을 더한 금액으로 한다. 다만, 보험료 납입기간이 완료된 이후 계약이 해지되는 경우에는 2종(표준형)의 예정해약환급금과 동일한 금액에 플러스적립금을 더한 금액을 지급한다.

※ 해약환급금 50% 지급형 상품에 관한 사항은 주계약에 한해 적용한다.

(5) 특약의 갱신에 관한 사항

갱신절차	보험기간 만료일 30일 전까지 계약자에게 서면 또는 전화(음성녹음) 안내(보험료 등 변경내용) • 보험기간 만료일 15일 전까지 계약자의 별도 의사표시가 없으면 자동갱신 – (무)요양병원암입원특약Ⅱ(갱신형) 2109의 경우, 피보험자가 나이 70세를 초과하는 경우에는 이 특약을 갱신할 수 없음 – (무)항암방사선약물치료특약(갱신형) 2109의 경우, 피보험자에게 항암방사선·약물치료보험금 지급사유가 발생한 경우에는 이 특약을 갱신할 수 없음. 단, 갑상선암, 기타피부암, 대장점막내암, 제자리암 또는 경계성 종양으로 항암방사선·약물치료보험금 지급사유가 발생한 경우에는 특약을 갱신할 수 있음 • 계약자가 갱신 거절의사를 통지하면 계약 종료
갱신계약 보험료	갱신계약의 보험료는 각각의 특약 상품에 따라 나이의 증가, 적용기초율의 변동 등의 사유로 인상 가능

(6) 보장내용

① 주계약

지급 구분	지급사유	
사망보험금	사망하였을 때	3대 질병 진단보험금 지급사유가 발생하지 않은 경우
		3대 질병 진단보험금 지급사유가 발생한 경우
3대 질병 진단보험금	암보장개시일 이후에 최초의 암(갑상선암, 기타피부암, 대장점막내암, 제자리암 및 경계성 종양 제외)으로 진단이 확정되었거나, 보험기간 중 최초의 뇌출혈 또는 급성심근경색증으로 진단이 확정되었을 때(단, 암, 뇌출혈 또는 급성심근경색증 중 최초 1회에 한함)	

※ 암보장개시일은 계약일(부활일)부터 그날을 포함하여 90일이 지난 날의 다음 날로 함

② 특약

③ 무배당 재해치료보장특약Ⅱ 2109

지급 구분	지급사유
교통재해사망보험금	교통재해를 직접적인 원인으로 사망하였을 때
일반재해사망보험금	일반재해를 직접적인 원인으로 사망하였을 때
교통재해장해보험금	교통재해를 직접적인 원인으로 장해분류표에서 정한 각 장해지급률에 해당하는 장해상태가 되었을 때
일반재해장해보험금	일반재해를 직접적인 원인으로 장해분류표에서 정한 각 장해지급률에 해당하는 장해상태가 되었을 때
재해외모수술보험금	재해로 인하여 외모상해의 직접적인 치료를 목적으로 외모수술을 받았을 때(수술 1회당)
재해골절 (치아파절 제외)보험금	재해로 인하여 골절상태가 되었을 때(사고 1회당)
재해깁스치료 (부목 제외)보험금	재해로 인하여 그 직접적인 치료를 목적으로 깁스(Cast)치료를 받았을 때(사고 1회당)

ⓒ 무배당 소득보상특약 2109

지급 구분	지급사유
재해장해생활자금	장해분류표 중 동일한 재해로 여러 신체부위의 합산 장해지급률이 50% 이상인 장해상태가 되었을 때
암진단생활자금	암보장개시일 이후에 최초의 암으로 진단이 확정되었을 때(단, 최초 1회에 한함)

※ 암보장개시일은 계약일(부활일)부터 그날을 포함하여 90일이 지난 날의 다음 날로 함

ⓒ 무배당 입원보장특약(갱신형) 2109

지급 구분	지급사유
입원보험금	질병 또는 재해로 인하여 그 직접적인 치료를 목적으로 4일 이상 입원하였을 때(3일 초과 입원일수 1일당, 120일 한도)
건강관리자금	보험기간(10년)이 끝날 때까지 살아 있을 때

ⓒ 무배당 특정질병입원특약(갱신형) 2109

지급 구분	지급사유
암직접치료 입원보험금	• 암보장개시일 이후 암으로 진단이 확정되고, 그 직접적인 치료를 목적으로 4일 이상 입원(단, 요양병원 제외)하였을 때(3일 초과 입원일수 1일당, 120일 한도) • 갑상선암, 기타피부암, 대장점막내암, 제자리암 또는 경계성 종양으로 진단이 확정되고, 그 직접적인 치료를 목적으로 4일 이상 입원(단, 요양병원 제외)하였을 때(3일 초과 입원일수 1일당, 120일 한도)
2대 질병 입원보험금	뇌출혈 또는 급성심근경색증으로 진단이 확정되고, 그 직접적인 치료를 목적으로 4일 이상 입원하였을 때(3일 초과 입원일수 1일당, 120일 한도)
주요 성인질환 입원보험금	주요 성인질환으로 진단이 확정되고, 그 직접적인 치료를 목적으로 4일 이상 입원하였을 때(3일 초과 입원일수 1일당, 120일 한도)
건강관리자금	보험기간(10년)이 끝날 때까지 살아 있을 때

※ 암보장개시일은 계약일(부활일)부터 그날을 포함하여 90일이 지난 날의 다음 날로 함

ⓓ 무배당 요양병원암입원특약Ⅱ(갱신형) 2109

지급 구분	지급사유
요양병원 암입원보험금	암보장개시일 이후 암으로 진단이 확정되고 그 치료를 목적으로 4일 이상 요양병원에 입원하였거나, 보험기간 중 갑상선암, 기타피부암, 대장점막내암, 제자리암 또는 경계성 종양으로 진단이 확정되고 그 치료를 목적으로 4일 이상 요양병원에 입원하였을 때(3일 초과 입원일수 1일당, 60일 한도)
건강관리자금	보험기간(10년)이 끝날 때까지 살아 있을 때

※ 암보장개시일은 계약일(부활일)부터 그날을 포함하여 90일이 지난 날의 다음 날로 함

ⓑ 무배당 수술보장특약(갱신형) 2109

지급 구분	지급사유
수술보험금	질병 또는 재해로 인하여, 그 직접적인 치료를 목적으로 수술·신생물 근치 방사선 조사 분류표에서 정한 수술을 받았을 때(수술 1회당)
암수술보험금	암보장개시일 이후 암으로 진단이 확정되고, 그 직접적인 치료를 목적으로 암수술을 받았거나, 보험기간 중 갑상선암, 기타피부암, 대장점막내암, 제자리암 또는 경계성 종양으로 진단이 확정되고, 그 직접적인 치료를 목적으로 암수술을 받았을 때(수술 1회당)
2대 질병 수술보험금	뇌출혈 또는 급성심근경색증으로 진단이 확정되고, 그 직접적인 치료를 목적으로 2대 질병수술을 받았을 때(수술 1회당)
주요 성인질환 수술보험금	주요 성인질환으로 진단이 확정되고, 그 직접적인 치료를 목적으로 주요 성인질환수술을 받았을 때(수술 1회당)
건강관리자금	보험기간(10년)이 끝날 때까지 살아 있을 때

※ 암보장개시일은 계약일(부활일)부터 그날을 포함하여 90일이 지난 날의 다음 날로 함

ⓢ 무배당 암치료특약Ⅱ(갱신형) 2109

지급 구분	지급사유
암진단보험금	• 암보장개시일 이후에 최초의 암으로 진단이 확정되었을 때(단, 최초 1회에 한함) • 보험기간 중 최초의 갑상선암, 기타피부암, 대장점막내암, 제자리암 또는 경계성 종양으로 진단이 확정되었을 때(단, 갑상선암, 기타피부암, 대장점막내암, 제자리암 및 경계성 종양 각각 최초 1회에 한함)
건강관리자금	보험기간(10년)이 끝날 때까지 살아 있을 때

※ 암보장개시일은 계약일(부활일)부터 그날을 포함하여 90일이 지난 날의 다음 날로 함

ⓞ 무배당 뇌출혈진단특약(갱신형) 2109

지급 구분	지급사유
뇌출혈진단보험금	보험기간 중 최초의 뇌출혈로 진단이 확정되었을 때(단, 최초 1회에 한함)
건강관리자금	보험기간(10년)이 끝날 때까지 살아 있을 때

ⓩ 무배당 급성심근경색증진단특약(갱신형) 2109

지급 구분	지급사유
급성심근경색증 진단보험금	보험기간 중 최초의 급성심근경색증으로 진단이 확정되었을 때(단, 최초 1회에 한함)
건강관리자금	보험기간(10년)이 끝날 때까지 살아 있을 때

ⓧ 무배당 항암방사선약물치료특약(갱신형) 2109

지급 구분	지급사유
항암방사선·약물치료보험금	• 암보장개시일 이후에 암으로 진단이 확정되고 그 암의 직접적인 치료를 목적으로 항암방사선치료 또는 항암약물치료를 받았을 때(단, 항암방사선치료 또는 항암약물치료 둘 중 최초 1회에 한함) • 보험기간 중 갑상선암, 기타피부암, 대장점막내암, 제자리암 또는 경계성 종양으로 진단이 확정되고 그 갑상선암, 기타피부암, 대장점막내암, 제자리암 또는 경계성 종양의 직접적인 치료를 목적으로 항암방사선치료 또는 항암약물치료를 받았을 때(단, 갑상선암, 기타피부암, 대장점막내암, 제자리암 및 경계성 종양 각각 항암방사선치료 또는 항암약물치료 둘 중 최초 1회에 한함)
건강관리자금	보험기간(10년)이 끝날 때까지 살아 있을 때

※ 암보장개시일은 계약일(부활일)부터 그날을 포함하여 90일이 지난 날의 다음 날로 함

ⓒ 이륜자동차 운전 및 탑승 중 재해부담보특약 2109

가입대상	이륜자동차 운전자(소유 및 관리하는 경우 포함)
부담보 범위	이륜자동차 운전(탑승 포함) 중에 발생한 재해로 인하여 주계약 및 특약에서 정한 보험금 지급사유 또는 보험료 납입면제사유가 발생한 경우에 보험금을 지급하지 않으며, 보험료 납입을 면제하지 않음

※ 상품별 이륜자동차 운전 및 탑승 중 재해부담보특약사항 동일(이하 생략)

ⓔ 지정대리청구서비스특약 2109

대상계약	계약자, 피보험자 및 수익자(사망 시 수익자 제외)가 모두 동일한 계약
지정대리청구인 지정	보험금을 직접 청구할 수 없는 특별한 사정이 있을 경우 대리청구인 지정
지정대리청구인	피보험자의 가족관계등록부상의 배우자 또는 3촌 이내의 친족
보험금 지급 등의 절차	• 보험수익자가 보험금을 직접 청구할 수 없는 특별한 사정이 있음을 증명하는 서류 제출 • 보험수익자의 대리인으로서 해당 보험금(사망보험금 제외)을 청구하고 수령 • 보험금을 지정대리청구인에게 지급한 경우, 그 이후 보험금 청구를 받더라도 체신관서는 이를 지급하지 않음

※ 상품별 지정대리청구서비스특약 동일(이하 생략)

ⓟ 장애인전용보험전환특약 2007

대상계약	피보험자 또는 수익자가 「소득세법」상 장애인인 계약
장애인전용 보험으로 전환	• 계약자가 증빙서류(장애인증명서, 국가유공자 확인서, 장애인등록증 확인서류 등)를 제출하고, 특약 가입을 신청함 • 장애인전용보험으로 전환된 이후 납입된 보험료부터 장애인전용 보장성 보험료로 처리함

※ 상품별 장애인전용보험전환특약 동일(이하 생략)

2 무배당 우체국건강클리닉보험(갱신형) 2109

(1) 주요 특징

① 각종 질병, 사고 및 주요 성인질환을 종합 보장한다.
② 3대 질병 진단(최대 3,000만원), 중증수술(최대 500만원) 및 중증재해장해(최대 5,000만원)의 고액 보장을 제공한다.
③ 0세부터 65세까지 가입 가능한 건강보험이다.
④ 10년 만기 생존 시마다 건강관리자금을 지급한다.

[단권화 MEMO]

⑤ '국민체력100' 체력 인증 시 보험료 지원혜택을 제공한다.

⑥ 세제혜택: 근로소득자는 납입한 보험료(연간 100만원 한도)에 대하여 12% 세액을 공제받을 수 있다.

(2) 가입요건

① 주계약

구분	가입나이	보험기간	납입기간 (납입주기)	보험 가입금액 (구좌 수)
최초계약	0 ~ 65세	10년 만기 (종신갱신형)	전기납 (월납)	1구좌 (0.5구좌 단위)
갱신계약	10세 이상			

※ 피보험자가 가입 당시 61세 이상일 경우 보험 가입금액(구좌 수)은 0.5구좌로 고정됨

② 특약

㉠ 무배당 요양병원암입원특약(갱신형) 2109

구분	가입나이	보험기간	납입기간 (납입주기)	보험 가입금액 (구좌 수)
최초계약	0 ~ 65세	10년 만기 (갱신형)	전기납 (월납)	1구좌 [주계약 보험 가입금액(구좌 수) 이내에서 0.5구좌 단위]
갱신계약	10 ~ 70세			

※ 피보험자가 가입 당시 61세 이상일 경우 보험 가입금액(구좌 수)은 0.5구좌로 고정됨

㉡ 무배당 정기특약(갱신형) 2109

구분	가입나이	보험기간	납입기간 (납입주기)	보험 가입금액 (구좌 수)
최초계약	만 15 ~ 65세	10년 만기 (갱신형)	전기납 (월납)	1구좌 [주계약 보험 가입금액(구좌 수) 이내에서 0.5구좌 단위]
갱신계약	만 25 ~ 70세			
	71 ~ 79세	80세 만기		

※ 피보험자가 가입 당시 61세 이상일 경우 보험 가입금액(구좌 수)은 0.5구좌로 고정됨

㉢ 이륜자동차 운전 및 탑승 중 재해부담보특약 2109, 지정대리청구서비스특약 2109, 장애인전용보험전환특약 2007

(3) 계약의 갱신에 관한 사항

갱신절차	보험기간 만료일 30일 전까지 계약자에게 서면 또는 전화(음성녹음) 안내(보험료 등 변경내용)
	• 보험기간 만료일 15일 전까지 계약자의 별도 의사표시가 없으면 자동갱신
	   – (무)요양병원암입원특약(갱신형) 2109의 경우, 피보험자 나이가 70세를 초과하는 경우에는 이 특약을 갱신할 수 없음
	   – (무)정기특약(갱신형) 2109의 경우, 갱신시점의 피보험자 나이가 80세 이상인 경우에는 이 특약을 갱신할 수 없으며, 갱신시점의 피보험자 나이가 71세에서 79세인 경우에는 보험기간을 80세 만기로 갱신함
	• 계약자가 갱신 거절의사를 통지하면 계약이 종료됨

갱신계약 보험료	갱신계약의 보험료는 나이의 증가, 적용기초율의 변동 등의 사유로 인상될 수 있음

(4) 피보험자의 건강관리 노력에 따른 보험료 납입 일부 지원

사전적 건강관리서비스를 위하여 '국민체력100' 체력 인증 시 보험료를 지원한다.

> 국민체력100(국민체육진흥공단): 국민의 체력 및 건강 증진에 목적을 두고 체력상태를 과학적 방법에 의해 측정·평가하여 운동 상담 및 처방을 해주는 대국민 스포츠 복지서비스이다.

(5) 보장내용

① 주계약

지급 구분	지급사유
건강관리자금	만기 생존 시
3대 질병 진단보험금	암보장개시일 이후에 최초의 암으로 진단이 확정되었거나, 보험기간 중 최초의 갑상선암, 기타피부암, 대장점막내암, 제자리암, 경계성 종양, 뇌출혈 또는 급성심근경색증으로 진단 확정 시(각각 최초 1회에 한함)
항암방사선· 약물치료 보험금	• 암보장개시일 이후에 암으로 진단이 확정되고 그 암의 직접적인 치료를 목적으로 항암방사선치료 또는 항암약물치료를 받았을 때(단, 항암방사선치료 또는 항암약물치료 둘 중 최초 1회에 한함) • 갑상선암, 기타피부암, 대장점막내암, 제자리암 또는 경계성 종양으로 진단이 확정되고 그 갑상선암, 기타피부암, 대장점막내암, 제자리암 또는 경계성 종양의 직접적인 치료를 목적으로 항암방사선치료 또는 항암약물치료를 받았을 때(단, 갑상선암, 기타피부암, 대장점막내암, 제자리암 및 경계성 종양 각각 항암방사선치료 또는 항암약물치료 둘 중 최초 1회에 한함)
암직접치료 입원보험금	암보장개시일 이후에 암으로 진단이 확정되고, 그 직접적인 치료를 목적으로 4일 이상 입원(단, 요양병원 제외)하였거나, 보험기간 중 갑상선암, 기타피부암, 대장점막내암, 제자리암 또는 경계성 종양으로 진단이 확정되고, 그 직접적인 치료를 목적으로 4일 이상 입원(단, 요양병원 제외)하였을 때(3일 초과 입원일수 1일당, 120일 한도)
주요 성인질환 입원보험금	주요 성인질환으로 진단이 확정되고, 그 직접적인 치료를 목적으로 4일 이상 입원하였을 때(3일 초과 입원일수 1일당, 120일 한도)
암수술보험금	암보장개시일 이후에 암으로 진단이 확정되고, 그 직접적인 치료를 목적으로 암수술을 받았거나, 보험기간 중 갑상선암, 기타피부암, 대장점막내암, 제자리암 또는 경계성 종양으로 진단이 확정되고, 그 직접적인 치료를 목적으로 암수술을 받았을 때(수술 1회당)
주요 성인질환 수술보험금	주요 성인질환으로 진단이 확정되고, 그 직접적인 치료를 목적으로 주요 성인질환수술을 받았을 때(수술 1회당)
입원보험금	질병 또는 재해로 인하여 그 직접적인 치료를 목적으로 4일 이상 입원 시(3일 초과 입원일수 1일당, 120일 한도)
수술보험금	질병 또는 재해로 인하여 그 직접적인 치료를 목적으로 수술 시(수술 1회당)
재해장해 생활자금	동일한 재해로 장해지급률 50% 이상 장해 시
재해장해보험금	재해로 장해지급률 중 3% 이상 50% 미만 장해 시
재해골절 (치아파절 제외)보험금	재해로 골절 시(사고 1회당)

※ 암보장개시일은 계약일(부활일)부터 그날을 포함하여 90일이 지난 날의 다음 날로 함[피보험자 나이가 15세 미만인 경우 암보장개시일은 계약일(부활일)로 함]

② 특약

㉠ 무배당 요양병원암입원특약(갱신형) 2109

지급 구분	지급사유
요양병원 암입원보험금	암보장개시일 이후 암으로 진단이 확정되고 그 치료를 목적으로 4일 이상 요양병원에 입원하였거나, 보험기간 중 갑상선암, 기타피부암, 대장점막내암, 제자리암 또는 경계성 종양으로 진단이 확정되고 그 치료를 목적으로 4일 이상 요양병원에 입원하였을 때(3일 초과 입원일수 1일당, 60일 한도)
건강관리자금	보험기간(10년)이 끝날 때까지 살아 있을 때

※ 암보장개시일은 계약일(부활일)부터 그날을 포함하여 90일이 지난 날의 다음 날로 함[피보험자 나이가 15세 미만인 경우 암보장개시일은 계약일(부활일)로 함]

[단권화 MEMO]

ⓒ 무배당 정기특약(갱신형) 2109

지급 구분	지급사유
사망보험금	보험기간 중 사망하였을 때
건강관리자금	보험기간(10년)이 끝날 때까지 살아 있을 때

3 무배당 우체국New100세건강보험 2203

(1) 주요 특징

① 뇌·심질환을 진단, 입원, 수술까지 종합적으로 보장하고, 비갱신형으로 설계하여 보험료 인상 없이 최대 100세까지 집중보장한다[주계약 및 특약(비갱신형)].
② 다양한 특약을 추가하여 추가 진단비, 입원, 수술, 2대 질병통원, 후유장해까지 보장한다.
③ 해약환급금 50% 지급형을 선택하면 표준형보다 저렴한 보험료로, 표준형과 동일한 보장혜택을 제공한다.
④ 다양한 소비자 필요에 따라 특약을 갱신 및 비갱신으로 선택하여 가입할 수 있다.
⑤ 주계약 및 특약(비갱신형)의 보험기간을 80·90·100세 만기로 다양화하였다.
⑥ 납입면제: 보험료 납입면제로 부담을 낮추고 안정적인 보장을 제공한다.
⑦ '국민체력100' 체력 인증 시 보험료 지원혜택을 제공한다.
⑧ 세제혜택: 근로소득자는 납입보험료(연간 100만원 한도)에 대하여 12% 세액을 공제받을 수 있다.

(2) 가입요건

① 주계약[1종(해약환급금 50% 지급형), 2종(표준형)]

가입나이	보험기간	납입기간	납입주기	보험 가입금액
15~50세	80, 90, 100세 만기	10, 15, 20, 30년납	월납	1,000~4,000만원 (500만원 단위)
51~60세		10, 15, 20년납		
61~65세		10, 15년납		

※ 피보험자가 가입 당시 61세 이상일 경우 보험 가입금액 2,000만원 한도

② 특약

ⓐ 무배당 뇌경색증진단특약Ⅲ 2203, 무배당 뇌혈관질환진단특약Ⅱ 2203, 무배당 허혈성심장질환진단특약Ⅱ 2203

ⓐ 1종(15년 갱신형)

구분	가입나이	보험기간	납입기간	납입주기	보험 가입금액
최초계약	15~65세	15년	전기납	월납	500~4,000만원 (주계약 가입금액 이내에서 500만원 단위)
갱신계약	30~(주계약 만기나이-1)세	1~15년			

※ 보험기간은 15년 만기(갱신형)로 운영함. 단, 최종 갱신계약의 보험기간 만료일은 주계약 보험기간 만료일까지로 함
※ 피보험자가 가입 당시 61세 이상일 경우 보험 가입금액 2,000만원 한도

ⓑ 2종(비갱신형)

가입나이	보험기간	납입기간	납입주기	보험 가입금액
주계약과 동일				500 ~ 4,000만원 (주계약 가입금액 이내에서 500만원 단위)

※ 피보험자가 가입 당시 61세 이상일 경우 보험 가입금액 2,000만원 한도

ⓒ 무배당 후유장해보장특약Ⅱ 2203, 무배당 입원보장특약Ⅱ 2203, 무배당 수술보장특약Ⅱ 2203

ⓐ 1종(15년 갱신형)

구분	가입나이	보험기간	납입기간	납입주기	보험 가입금액
최초계약	15 ~ 65세	15년	전기납	월납	500 ~ 1,000만원 (주계약 가입금액 이내에서 500만원 단위)
갱신계약	30 ~ (주계약 만기나이 - 1)세	1 ~ 15년			

※ 보험기간은 15년 만기(갱신형)로 운영함. 단, 최종 갱신계약의 보험기간 만료일은 주계약 보험기간 만료일까지로 함
※ 피보험자가 가입 당시 61세 이상일 경우 보험 가입금액 500만원 고정

ⓑ 2종(비갱신형)

가입나이	보험기간	납입기간	납입주기	보험 가입금액
주계약과 동일				500 ~ 1,000만원 (주계약 가입금액 이내에서 500만원 단위)

※ 피보험자가 가입 당시 61세 이상일 경우 보험 가입금액 500만원 고정

ⓒ 무배당 2대질병통원특약(15년 갱신형) 2203, 무배당 계속받는2대질병진단특약(15년 갱신형) 2203

구분	가입나이	보험기간	납입기간	납입주기	보험 가입금액
최초계약	15 ~ 65세	15년	전기납	월납	500 ~ 1,000만원 (주계약 가입금액 이내에서 500만원 단위)
갱신계약	30 ~ (주계약 만기나이 - 1)세	1 ~ 15년			

※ 보험기간은 15년 만기(갱신형)로 운영함. 단, 최종 갱신계약의 보험기간 만료일은 주계약 보험기간 만료일까지로 함
※ 피보험자가 가입 당시 61세 이상일 경우 보험 가입금액 500만원 고정

ⓔ 무배당 정기특약 2203

가입나이	보험기간	납입기간	납입주기	보험 가입금액
만 15 ~ 50세	80, 90, 100세 만기	10, 15, 20, 30년납	월납	500 ~ 4,000만원 (주계약 가입금액 이내에서 500만원 단위)
51 ~ 60세		10, 15, 20년납		
61 ~ 65세		10, 15년납		

※ 피보험자가 가입 당시 61세 이상일 경우 보험 가입금액 2,000만원 한도

ⓜ 이륜자동차 운전 및 탑승 중 재해부담보특약 2109, 지정대리청구서비스특약 2109, 장애인전용보험전환특약 2007

[단권화 MEMO]

(3) 해약환급금 50% 지급형 상품에 관한 사항

① 1종(해약환급금 50% 지급형)은 보험료 납입기간 중 계약이 해지될 경우 2종(표준형)의 해약환급금 대비 적은 해약환급금을 지급하는 대신 2종(표준형)보다 저렴한 보험료로 보험을 가입할 수 있도록 한 상품이다.

② 1종(해약환급금 50% 지급형)의 해약환급금을 계산할 때 기준이 되는 2종(표준형)의 해약환급금은 '보험료 및 책임준비금 산출방법서'에서 정한 방법에 따라 산출된 금액으로 해지율을 적용하지 않고 계산한다.

③ 1종(해약환급금 50% 지급형)의 계약이 보험료 납입기간 중 해지될 경우의 해약환급금은 2종(표준형) 해약환급금의 50%에 해당하는 금액으로 한다. 다만, 보험료 납입기간이 완료된 이후 계약이 해지되는 경우에는 2종(표준형)의 해약환급금과 동일한 금액을 지급한다.

※ 해약환급금 50% 지급형 상품에 관한 사항은 주계약에 한해 적용한다.

(4) 특약의 갱신에 관한 사항

갱신절차	보험기간 만료일 30일 전까지 계약자에게 서면 또는 전화(음성녹음) 안내(보험료 등 변경내용) ① 보험기간 만료일 15일 전까지 계약자의 별도 의사표시가 없으면 자동갱신 • 갱신형 특약의 경우, 최대 주계약 보험기간 만료일의 1년 전 계약 해당일까지 갱신 가능하며, 최종 갱신계약의 보험기간 만료일은 주계약 보험기간 만료일까지로 함 • (무)뇌경색증진단특약Ⅲ 2203 1종(15년 갱신형)의 경우, 피보험자에게 뇌경색증진단보험금 지급사유가 발생한 경우에는 이 특약을 갱신할 수 없음 • (무)뇌혈관질환진단특약Ⅱ 2203 1종(15년 갱신형)의 경우, 피보험자에게 뇌혈관질환진단보험금 지급사유가 발생한 경우에는 이 특약을 갱신할 수 없음 • (무)허혈성심장질환진단특약Ⅱ 2203 1종(15년 갱신형)의 경우, 피보험자에게 허혈성심장질환진단보험금 지급사유가 발생한 경우에는 이 특약을 갱신할 수 없음 • (무)후유장해보장특약Ⅱ 2203 1종(15년 갱신형)의 경우, 피보험자에게 장해보험금 지급사유가 발생한 경우에는 이 특약을 갱신할 수 없음 • (무)계속받는2대질병진단특약(15년 갱신형) 2203의 경우, 다음에 모두 해당되는 경우에는 이 특약을 갱신할 수 없음 - 첫 번째 뇌출혈로 진단이 확정되지 않은 피보험자의 최종 갱신계약의 보험기간 만료일까지의 기간이 2년 이하인 경우이거나, 첫 번째 뇌출혈 또는 재진단뇌출혈의 진단 확정일부터 그날을 포함하여 최종 갱신계약의 보험기간 만료일까지의 기간이 2년 이하인 경우 - 첫 번째 급성심근경색증으로 진단이 확정되지 않은 피보험자의 최종 갱신계약의 보험기간 만료일까지의 기간이 2년 이하인 경우이거나, 첫 번째 급성심근경색증 또는 재진단급성심근경색증의 진단 확정일부터 그날을 포함하여 최종 갱신계약의 보험기간 만료일까지의 기간이 2년 이하인 경우 ② 계약자가 갱신 거절의사를 통지하면 계약이 종료됨
갱신계약 보험료	갱신계약의 보험료는 각각의 특약 상품에 따라 나이의 증가, 적용기초율의 변동 등의 사유로 인상 가능

※ 특약의 갱신에 관한 사항은 특약 갱신형 특약에 한해 적용함

(5) 피보험자의 건강관리 노력에 따른 보험료 납입 일부 지원

사전적 건강관리 서비스를 위하여 '국민체력100' 체력 인증 시 보험료를 지원한다.

> 국민체력100(국민체육진흥공단): 국민의 체력 및 건강 증진에 목적을 두고 체력상태를 과학적 방법에 의해 측정·평가하여 운동 상담 및 처방을 해주는 대국민 스포츠 복지서비스이다.

(6) 보장내용

① 주계약

지급 구분	지급사유
뇌출혈 진단보험금	보험기간 중 최초의 뇌출혈로 진단이 확정되었을 때(단, 최초 1회에 한함)
급성심근경색증 진단보험금	보험기간 중 최초의 급성심근경색증으로 진단이 확정되었을 때(단, 최초 1회에 한함)

② 특약

㉠ 무배당 뇌경색증진단특약Ⅲ 2203

지급 구분	지급사유
뇌경색증 진단보험금	보험기간 중 최초의 뇌경색증으로 진단이 확정되었을 때(단, 최초 1회에 한함)

㉡ 무배당 뇌혈관질환진단특약Ⅱ 2203

지급 구분	지급사유
뇌혈관질환 진단보험금	보험기간 중 최초의 뇌혈관질환으로 진단이 확정되었을 때(단, 최초 1회에 한함)

㉢ 무배당 허혈성심장질환진단특약Ⅱ 2203

지급 구분	지급사유
허혈성심장질환 진단보험금	보험기간 중 최초의 허혈성심장질환으로 진단이 확정되었을 때(단, 최초 1회에 한함)

㉣ 무배당 후유장해보장특약Ⅱ 2203

지급 구분	지급사유
장해보험금	보험기간 중 장해분류표 중 동일한 재해 또는 재해 이외의 동일한 원인으로 여러 신체부위의 합산 장해지급률이 50% 이상인 장해상태가 되었을 때(단, 최초 1회에 한함)

㉤ 무배당 입원보장특약Ⅱ 2203

지급 구분	지급사유
입원보험금	보험기간 중 질병 또는 재해로 인하여 그 직접적인 치료를 목적으로 입원하였을 때(1일 이상 입원일수 1일당, 120일 한도)
중환자실 입원보험금	보험기간 중 질병 또는 재해로 인하여 그 직접적인 치료를 목적으로 중환자실에 입원하였을 때(1일 이상 입원일수 1일당, 60일 한도)
2대 질병 입원보험금	보험기간 중 뇌출혈 또는 급성심근경색증으로 진단이 확정되고, 그 직접적인 치료를 목적으로 4일 이상 입원하였을 때(3일 초과 입원일수 1일당, 120일 한도)
12대 성인질환 입원보험금	보험기간 중 12대 성인질환으로 진단이 확정되고, 그 직접적인 치료를 목적으로 4일 이상 입원하였을 때(3일 초과 입원일수 1일당, 120일 한도)

㉥ 무배당 수술보장특약Ⅱ 2203

지급 구분	지급사유
수술보험금	보험기간 중 질병 또는 재해로 인하여 그 직접적인 치료를 목적으로 수술·신생물 근치 방사선 조사 분류표에서 정한 수술을 받았을 때(수술 1회당)
2대 질병 수술보험금	보험기간 중 뇌출혈 또는 급성심근경색증으로 진단이 확정되고, 그 직접적인 치료를 목적으로 2대 질병수술을 받았을 때(수술 1회당)
12대 성인질환 수술보험금	보험기간 중 12대 성인질환으로 진단이 확정되고, 그 직접적인 치료를 목적으로 12대 성인질환수술을 받았을 때(수술 1회당)

㉦ 무배당 2대질병통원특약(15년 갱신형) 2203

지급 구분	지급사유
2대 질병 통원보험금	보험기간 중 뇌출혈 또는 급성심근경색증으로 진단이 확정되고, 그 직접적인 치료를 목적으로 통원하였을 때(통원 1회당)

[단권화 MEMO]

◎ 무배당 계속받는2대질병진단특약(15년 갱신형) 2203

지급 구분	지급사유
재진단뇌출혈 진단보험금	재진단뇌출혈 보장개시일 이후에 재진단뇌출혈로 진단이 확정되었을 때
재진단급성심근경색증 진단보험금	재진단급성심근경색증 보장개시일 이후에 재진단급성심근경색증으로 진단이 확정되었을 때

※ 재진단뇌출혈 보장개시일은 '첫 번째 재진단뇌출혈 보장개시일'과 '두 번째 이후 재진단뇌출혈 보장개시일'을 합한 것을 말하며, 특약을 부활(효력회복)하는 경우에도 동일함
  - 첫 번째 재진단뇌출혈 보장개시일: '첫 번째 뇌출혈' 진단 확정일부터 그날을 포함하여 2년(갱신계약을 포함)이 지난 날의 다음 날
  - 두 번째 이후 재진단뇌출혈 보장개시일: 직전 '재진단뇌출혈' 진단 확정일부터 그날을 포함하여 2년(갱신계약을 포함)이 지난 날의 다음 날
※ 재진단급성심근경색증 보장개시일은 '첫 번째 재진단급성심근경색증 보장개시일'과 '두 번째 이후 재진단급성심근경색증 보장개시일'을 합한 것을 말하며, 특약을 부활(효력회복)하는 경우에도 동일함
  - 첫 번째 재진단급성심근경색증 보장개시일: '첫 번째 급성심근경색증' 진단 확정일부터 그날을 포함하여 2년(갱신계약을 포함)이 지난 날의 다음 날
  - 두 번째 이후 재진단급성심근경색증 보장개시일: 직전 '재진단급성심근경색증' 진단 확정일부터 그날을 포함하여 2년(갱신계약을 포함)이 지난 날의 다음 날
※ '재진단뇌출혈'이라 함은 재진단뇌출혈 보장개시일 이후에 뇌출혈로 새롭게 진단을 확정받은 경우를 말함. 다만, 첫 번째 뇌출혈 또는 이미 진단 확정된 재진단뇌출혈에 의한 신경학적 후유증은 재진단뇌출혈로 보지 않음
※ '재진단급성심근경색증'이라 함은 재진단급성심근경색증 보장개시일 이후에 급성심근경색증으로 새롭게 진단을 확정받은 경우를 말함. 다만, 첫 번째 급성심근경색증 또는 이미 진단이 확정된 재진단급성심근경색증에 의한 합병증은 재진단급성심근경색증으로 보지 않음

㉣ 무배당 정기특약 2203

지급 구분	지급사유
사망보험금	보험기간 중 사망하였을 때

4 무배당 우체국하나로OK보험 2109

(1) 주요 특징

① 주계약 사망보험금을 통한 유족보장과 특약 가입을 통한 건강, 상해, 중대질병·수술, 3대질병을 보장한다.
② 다수의 특약 중 필요한 보장을 선택하여 가입할 수 있다.
③ 부담 없는 보험료로 각종 질병, 사고 및 고액치료비를 보장한다.
④ 한 번 가입으로 평생 보장되는 종신보험(일부 특약 제외)이다.
⑤ 세제혜택: 근로소득자는 납입한 보험료(연간 100만원 한도)에 대하여 12% 세액을 공제받을 수 있다.

(2) 가입요건

① 주계약

가입나이	보험기간	납입기간	납입주기	보험 가입금액
만 15 ~ 45세	종신	5, 10, 15, 20, 30년납	월납	1,000만원 ~ 4,000만원 (500만원 단위)
46 ~ 55세		5, 10, 15, 20년납		
56 ~ 60세		5, 10, 15년납		
61 ~ 65세		5, 10년납		

② 특약

㉠ 무배당 건강클리닉특약(갱신형) 2109, 무배당 상해클리닉특약(갱신형) 2109, 무배당 중대질병치료특약(갱신형) 2109, 무배당 중대수술특약(갱신형) 2109, 무배당 암치료특약Ⅱ(갱신형) 2109, 무배당 뇌출혈진단특약(갱신형) 2109, 무배당 급성심근경색증진단특약(갱신형) 2109, 무배당 항암방사선약물치료특약(갱신형) 2109

구분	가입나이	보험기간	납입기간	납입주기	보험 가입금액
최초계약	만 15 ~ 65세	10년 (종신갱신형)	전기납	월납	1,000만원 (500만원 단위)
갱신계약	만 25세 이상				

㉡ 무배당 요양병원암입원특약Ⅱ(갱신형) 2109

구분	가입나이	보험기간	납입기간	납입주기	보험 가입금액
최초계약	만 15 ~ 65세	10년 (갱신형)	전기납	월납	1,000만원 (500만원 단위)
갱신계약	만 25 ~ 70세 이상				

※ 피보험자가 가입 당시 61세 이상일 경우 주계약 2,000만원, 특약 500만원 한도

㉢ 이륜자동차 운전 및 탑승 중 재해부담보특약 2109, 지정대리청구서비스특약 2109, 장애인전용보험전환특약 2007

(3) 보험료 할인에 관한 사항 – 고액 할인

주계약 보험 가입금액	2천만원 이상 ~ 3천만원 미만	3천만원 이상 ~ 4천만원 미만	4천만원
할인율	1.0%	2.0%	3.0%

※ 고액 할인은 주계약 보험료(특약보험료 제외)에 한해 적용

(4) 특약의 갱신에 관한 사항

갱신절차	• 보험기간 만료일 30일 전까지 계약자에게 서면 또는 전화(음성녹음) 안내(보험료 등 변경내용) 　- 보험기간 만료일 15일 전까지 계약자의 별도 의사표시가 없으면 자동갱신 　- 계약자가 갱신 거절의사를 통지하면 계약 종료 • (무)요양병원암입원특약Ⅱ(갱신형) 2109의 경우, 갱신계약의 피보험자 나이가 70세를 초과하는 경우에는 이 특약을 갱신할 수 없음 • (무)항암방사선약물치료특약(갱신형) 2109의 경우, 피보험자에게 항암방사선·약물치료보험금 지급사유가 발생한 경우에는 이 특약을 갱신할 수 없음. 단, 갑상선암, 기타피부암, 대장점막내암, 제자리암 또는 경계성 종양으로 항암방사선·약물치료보험금 지급사유가 발생한 경우에는 특약을 갱신할 수 있음
갱신계약 보험료	갱신계약의 보험료는 나이의 증가, 적용기초율의 변동 등의 사유로 인상 가능

(5) 보장내용

① 주계약

지급 구분	지급사유
교통재해사망보험금	교통재해로 사망 시
일반재해사망보험금	일반재해로 사망 시
일반사망보험금	재해 이외의 원인으로 사망 시

[단권화 MEMO]

교통재해장해보험금	교통재해로 장해 시
일반재해장해보험금	일반재해로 장해 시

② 특약

㉠ 무배당 상해클리닉특약(갱신형) 2109

지급 구분	지급사유
재해장해생활자금	동일한 재해로 여러 신체부위의 합산 장해지급률이 50% 이상 장해 시
재해입원보험금	재해로 인하여 그 직접적인 치료를 목적으로 4일 이상 입원 시(3일 초과 입원일수 1일당, 120일 한도)
재해수술보험금	재해로 인하여 그 직접적인 치료를 목적으로 수술 시(수술 1회당)
재해외모수술보험금	재해로 인하여 외모상해의 직접적인 치료를 목적으로 외모수술 시(수술 1회당)
재해골절(치아파절 제외) 보험금	재해로 골절 시(사고 1회당)
건강관리자금	보험기간이 끝날 때까지 생존 시

㉡ 무배당 건강클리닉특약(갱신형) 2109

지급 구분	지급사유
질병입원보험금	질병으로 인하여 그 직접적인 치료를 목적으로 4일 이상 입원 시(3일 초과 입원일수 1일당, 120일 한도)
질병수술보험금	질병으로 인하여 그 직접적인 치료를 목적으로 수술 시(수술 1회당)
암직접치료 입원보험금	암보장개시일 이후 암으로 진단이 확정되고, 직접적인 치료를 목적으로 4일 이상 입원(단, 요양병원 제외) 시 또는 보험기간 중 갑상선암, 기타피부암, 대장점막내암, 제자리암 또는 경계성 종양으로 진단이 확정되고, 직접적인 치료를 목적으로 4일 이상 입원(단, 요양병원 제외) 시(3일 초과 입원일수 1일당, 120일 한도)
주요 성인질환 입원보험금	주요 성인질환으로 진단이 확정되고, 그 직접적인 치료를 목적으로 4일 이상 입원 시 (3일 초과 입원일수 1일당, 120일 한도)
암수술보험금	암보장개시일 이후 암으로 진단이 확정되고, 그 직접적인 치료를 목적으로 암수술 시 또는 보험기간 중 갑상선암, 기타피부암, 대장점막내암, 제자리암 또는 경계성 종양으로 진단이 확정되고, 그 직접적인 치료를 목적으로 암수술 시(수술 1회당)
주요 성인질환 수술보험금	주요 성인질환으로 진단이 확정되고, 그 직접적인 치료를 목적으로 주요 성인질환수술 시(수술 1회당)
건강관리자금	보험기간이 끝날 때까지 생존 시

※ 암보장개시일은 계약일(부활일)부터 그날을 포함하여 90일이 지난 날의 다음 날로 함

㉢ 무배당 중대질병치료특약(갱신형) 2109

지급 구분	지급사유
중대질병 진단보험금	중대질병으로 진단 확정 시(단, 최초 1회에 한함)
건강관리자금	보험기간이 끝날 때까지 생존 시

㉣ 무배당 중대수술특약(갱신형) 2109

지급 구분	지급사유
중대수술보험금	중대한 수술 시(단, 최초 1회에 한함)

건강관리자금	보험기간이 끝날 때까지 생존 시

ⓓ 무배당 암치료특약Ⅱ(갱신형) 2109

지급 구분	지급사유
암진단보험금	• 암보장개시일 이후에 최초의 암으로 진단 확정 시(단, 최초 1회에 한함) • 보험기간 중 최초의 갑상선암, 기타피부암, 대장점막내암, 제자리암 또는 경계성 종양으로 진단확정 시(단, 갑상선암, 기타피부암, 대장점막내암, 제자리암 및 경계성 종양 각각 최초 1회에 한함)
건강관리자금	보험기간이 끝날 때까지 생존 시

※ 암보장개시일은 계약일(부활일)부터 그날을 포함하여 90일이 지난 날의 다음 날로 함

ⓑ 무배당 뇌출혈진단특약(갱신형) 2109

지급 구분	지급사유
뇌출혈진단보험금	보험기간 중 최초의 뇌출혈로 진단 확정 시(단, 최초 1회에 한함)
건강관리자금	보험기간이 끝날 때까지 생존 시

ⓢ 무배당 급성심근경색증진단특약(갱신형) 2109

지급 구분	지급사유
급성심근경색증 진단보험금	보험기간 중 최초의 급성심근경색증으로 진단 확정 시(단, 최초 1회에 한함)
건강관리자금	보험기간이 끝날 때까지 생존 시

ⓞ 무배당 요양병원암입원특약Ⅱ(갱신형) 2109

지급 구분	지급사유
요양병원 암입원보험금	암보장개시일 이후 암으로 진단이 확정되고 그 치료를 목적으로 4일 이상 요양병원에 입원 시 또는 보험기간 중 갑상선암, 기타피부암, 대장점막내암, 제자리암 또는 경계성 종양으로 진단이 확정되고 그 치료를 목적으로 4일 이상 요양병원에 입원 시(3일 초과 입원일수 1일당, 60일 한도)
건강관리자금	보험기간이 끝날 때까지 생존 시

※ 암보장개시일은 계약일(부활일)부터 그날을 포함하여 90일이 지난 날의 다음 날로 함

ⓩ 무배당 항암방사선약물치료특약(갱신형) 2109

지급 구분	지급사유
항암방사선·약물치료보험금	• 암보장개시일 이후에 암으로 진단이 확정되고 그 암의 직접적인 치료를 목적으로 항암방사선치료 또는 항암약물치료를 받았을 때(단, 항암방사선치료 또는 항암약물치료 둘 중 최초 1회에 한함) • 보험기간 중 갑상선암, 기타피부암, 대장점막내암, 제자리암 또는 경계성 종양으로 진단이 확정되고 그 갑상선암, 기타피부암, 대장점막내암, 제자리암 또는 경계성 종양의 직접적인 치료를 목적으로 항암방사선치료 또는 항암약물치료를 받았을 때(단, 갑상선암, 기타피부암, 대장점막내암, 제자리암 및 경계성 종양 각각 항암방사선치료 또는 항암약물치료 둘 중 최초 1회에 한함)
건강관리자금	보험기간이 끝날 때까지 생존 시

※ 암보장개시일은 계약일(부활일)부터 그날을 포함하여 90일이 지난 날의 다음 날로 함

[단권화 MEMO]

5 무배당 우체국와이드건강보험 2112

(1) 주요 특징

① 각종 특약설계로 보장범위를 경증질환까지 폭넓게 확대하여 사망부터 생존(진단, 첫날부터 입원, 수술, 재해사고, 후유장해 등)까지 종합적으로 보장한다.
② 4대 질병(암·뇌출혈·뇌경색증·급성심근경색증)으로 진단 시 사망보험금의 일부를 선지급하여 치료비를 지원(주계약 1종 가입 시)한다.
③ 암으로 재진단 시 계속 보장하고, 선진 항암치료기법인 표적항암약물허가치료를 보장하여 암 환자의 삶의 질 개선 및 치료비 부담을 완화(해당 특약 가입 시)한다.
④ 보험료 납입면제 및 고액계약 할인(주계약 보험료)으로 보험료 부담을 완화한다.
⑤ 세제혜택: 근로소득자는 납입보험료(연간 100만원 한도)에 대하여 12% 세액을 공제받을 수 있다.

(2) 가입요건

① 주계약[1종(4대질병진단형)(표준형, 해약환급금 50% 지급형), 2종(암진단형)(표준형, 해약환급금 50% 지급형)]

가입나이	보험기간	납입기간	납입주기	보험 가입금액
만 15 ~ 65세	80세 만기	10년납	월납	1,000 ~ 4,000만원 (500만원 단위)
만 15 ~ 60세		15년납		
만 15 ~ 55세		20년납		
만 15 ~ 45세		30년납		
만 15 ~ 65세	90세 만기	10년납		
만 15 ~ 58세		15년납		
만 15 ~ 53세		20년납		
만 15 ~ 45세		30년납		
만 15 ~ 59세	100세 만기	10년납		
만 15 ~ 53세		15년납		
만 15 ~ 49세		20년납		
만 15 ~ 41세		30년납		

※ 피보험자가 가입 당시 61세 이상인 경우 보험 가입금액 2,000만원 한도

② 특약

㉠ 무배당 와이드3대질병진단특약 2112(주계약 1종 가입 시 의무부가), 무배당 소액암진단특약Ⅱ 2112(주계약 1종 및 2종 가입 시 의무부가)

가입나이	보험기간	납입기간	납입주기	보험 가입금액
주계약과 동일				500 ~ 2,000만원 (주계약 보험 가입금액 이내에서 500만원 단위)

※ 피보험자가 가입 당시 61세 이상인 경우 보험 가입금액 1,000만원 한도

㉡ 무배당 암진단특약Ⅱ 2112,   무배당 뇌출혈진단특약Ⅲ 2112, 무배당 뇌경색증진단특약Ⅱ 2112, 무배당 뇌혈관질환진단특약 2112,

무배당 급성심근경색증진단특약Ⅲ 2112, 무배당 허혈성심장질환진단특약 2112,
무배당 항암방사선약물치료특약Ⅲ 2112, 무배당 입원보장특약Ⅲ 2112,
무배당 수술보장특약Ⅲ 2112, 무배당 생활재해보장특약Ⅱ 2112,
무배당 후유장해보장특약 2112

ⓐ 1종(15년 갱신형)

구분	가입나이	보험기간	납입기간	납입주기	보험 가입금액
최초계약	만 15 ~ 65세	15년	전기납	월납	500 ~ 2,000만원 (주계약 보험 가입금액 이내에서 500만원 단위)
갱신계약	만 30 ~ (주계약 만기 나이 - 1)세	1 ~ 15년			

※ 보험기간은 15년 만기(갱신형)로 운영함. 단, 최종 갱신계약의 보험기간 만료일은 주계약 보험기간 만료일까지로 함
※ 피보험자가 가입 당시 61세 이상인 경우 보험 가입금액 1,000만원 한도

ⓑ 2종(비갱신형)

가입나이	보험기간	납입기간	납입주기	보험 가입금액
주계약과 동일				500 ~ 2,000만원 (주계약 보험 가입금액 이내에서 500만원 단위)

※ 피보험자가 가입 당시 61세 이상인 경우 보험 가입금액 1,000만원 한도

ⓒ 무배당 계속받는암진단특약(15년 갱신형) 2112

구분	가입나이	보험기간	납입기간	납입주기	보험 가입금액
최초계약	만 15 ~ 65세	15년	전기납	월납	500 ~ 2,000만원 (주계약 보험 가입금액 이내에서 500만원 단위)
갱신계약	만 30 ~ (주계약 만기 나이 - 1)세	1 ~ 15년			

※ 보험기간은 15년 만기(갱신형)로 운영함. 단, 최종 갱신계약의 보험기간 만료일은 주계약 보험기간 만료일까지로 함
※ 피보험자가 가입 당시 61세 이상인 경우 보험 가입금액 1,000만원 한도

ⓓ 무배당 표적항암약물허가치료특약(5년 갱신형) 2112

구분	가입나이	보험기간	납입기간	납입주기	보험 가입금액
최초계약	만 15 ~ 65세	5년 만기 (갱신형)	전기납	월납	500 ~ 2,000만원 (주계약 보험 가입금액 이내에서 500만원 단위)
갱신계약	만 20 ~ 75세	5년 만기 (갱신형)			
	76 ~ 79세	80세 만기			

※ 피보험자가 가입 당시 61세 이상인 경우 보험 가입금액 1,000만원 한도

ⓔ 이륜자동차 운전 및 탑승 중 재해부담보특약 2109,
지정대리청구서비스특약 2109, 장애인전용보험전환특약 2007

(3) 보험료 할인에 관한 사항 – 고액 할인

주계약 보험 가입금액	2천만원 이상 ~ 3천만원 미만	3천만원 이상 ~ 4천만원 미만	4천만원
할인율	1.0%	2.0%	3.0%

※ 고액 할인은 주계약 보험료(특약보험료 제외)에 한해 적용

[단권화 MEMO]

○ 무배당 우체국와이드 건강보험 2112의 보험료 고액 할인은 주계약 보험 가입금액이 4천만원인 경우 ☐%이다. (3)

[단권화 MEMO]

(4) 해약환급금 50% 지급형 상품에 관한 사항

① '해약환급금 50% 지급형'은 보험료 납입기간 중 계약이 해지될 경우 '표준형'의 해약환급금 대비 적은 해약환급금을 지급하는 대신 '표준형'보다 저렴한 보험료로 보험을 가입할 수 있도록 한 상품이다.

② '해약환급금 50% 지급형'의 해약환급금을 계산할 때 기준이 되는 '표준형'의 예정해약환급금은 '보험료 및 책임준비금 산출방법서'에서 정한 방법에 따라 산출된 금액으로 해지율을 적용하지 않고 계산한다.

③ '해약환급금 50% 지급형'의 계약이 보험료 납입기간 중 해지될 경우의 해약환급금은 '표준형' 예정해약환급금의 50%에 해당하는 금액에 플러스적립금을 더한 금액으로 한다. 다만, 보험료 납입기간이 완료된 이후 계약이 해지되는 경우에는 '표준형'의 예정해약환급금과 동일한 금액에 플러스적립금을 더한 금액을 지급한다.

※ 해약환급금 50% 지급형 상품에 관한 사항은 주계약에 한해 적용

(5) 특약의 갱신에 관한 사항

갱신절차	① 보험기간 만료일 30일 전까지 계약자에게 서면 또는 전화(음성녹음) 안내(보험료 등 변경내용)
	• 보험기간 만료일 15일 전까지 계약자의 별도 의사표시가 없으면 자동갱신
	  – 특약 1종(15년 갱신형) 및 (무)계속받는암진단특약(15년 갱신형) 2112의 경우, 최대 주계약 보험기간 만료일의 1년 전 계약 해당일까지 갱신 가능하며, 최종 갱신계약의 보험기간 만료일은 주계약 보험기간 만료일까지로 함
	  – (무)표적항암약물허가치료특약(5년 갱신형) 2112의 경우, 피보험자의 79세 계약 해당일까지 갱신 가능하며, 피보험자의 76세 이후에 도래하는 갱신계약의 보험기간 만료일은 피보험자의 80세 계약해당일까지로 함
	• 계약자가 갱신 거절의사를 통지하면 계약종료
	② (무)계속받는암진단특약(15년 갱신형) 2112의 경우, 다음 중 한 가지에 해당되는 경우에는 이 특약을 갱신할 수 없음
	• 첫 번째 암(갑상선암, 기타피부암 및 대장점막내암 제외)으로 진단이 확정되지 않은 피보험자의 최종 갱신계약의 보험기간 만료일까지의 기간이 2년 이하인 경우
	• 첫 번째 암(갑상선암, 기타피부암 및 대장점막내암 제외) 또는 재진단암(갑상선암, 기타피부암 및 대장점막내암 제외)의 진단 확정일부터 그날을 포함하여 최종 갱신계약의 보험기간 만료일까지의 기간이 2년 이하인 경우
	③ (무)항암방사선약물치료특약Ⅲ 2112 1종(15년 갱신형)의 경우, 피보험자에게 항암방사선·약물치료보험금 지급사유가 발생한 경우에는 이 특약을 갱신할 수 없음. 단, 갑상선암, 기타피부암, 대장점막내암, 제자리암 또는 경계성 종양으로 항암방사선·약물치료보험금 지급사유가 발생한 경우에는 특약을 갱신할 수 있음

갱신계약 보험료	갱신계약의 보험료는 각각의 특약 상품에 따라 나이의 증가, 적용기초율의 변동 등의 사유로 인상 가능

※ 특약의 갱신에 관한 사항은 특약 갱신형 특약에 한해 적용함

(6) 보장내용

① 주계약

㉠ 1종(4대 질병진단형)

지급 구분	지급사유	
사망보험금	보험기간 중 사망하였을 때	4대 질병 진단보험금의 지급사유 발생 전에 사망한 경우
		4대 질병 진단보험금의 지급사유 발생 후에 사망한 경우
4대 질병 진단보험금	보험기간 중 암보장개시일 이후에 최초의 암(갑상선암, 기타피부암 및 대장점막내암 제외)으로 진단이 확정되었거나, 보험기간 중 최초의 뇌출혈, 뇌경색증 또는 급성심근경색증으로 진단이 확정되었을 때(단, 암, 뇌출혈, 뇌경색증 또는 급성심근경색증 중 최초 1회에 한함)	

※ 암보장개시일은 계약일(부활일)부터 그날을 포함하여 90일이 지난 날의 다음 날로 함

※ 플러스보험기간(약관에서 정한 플러스보험기간이 적용되는 경우에 한함)

지급 구분	지급사유
플러스사망보험금	플러스보험기간 중 사망하였을 때

※ '플러스보험기간'이란 보험기간이 만료되는 시점에 플러스적립금이 발생하는 경우, 보험기간 만료 후부터 10년 동안 자동으로 연장되어 추가적인 보장을 받는 기간

ⓒ 2종(암진단형)

지급 구분	지급사유	
사망보험금	보험기간 중 사망하였을 때	암진단보험금의 지급사유 발생 전에 사망한 경우
		암진단보험금의 지급사유 발생 후에 사망한 경우
암진단보험금	보험기간 중 암보장개시일 이후에 최초의 암(갑상선암, 기타피부암 및 대장점막내암 제외)으로 진단이 확정되었을 때(단, 최초 1회에 한함)	

※ 암보장개시일은 계약일(부활일)부터 그날을 포함하여 90일이 지난 날의 다음 날로 함

※ 플러스보험기간(약관에서 정한 플러스보험기간이 적용되는 경우에 한함)

지급 구분	지급사유
플러스사망보험금	플러스보험기간 중 사망하였을 때

※ '플러스보험기간'이란 보험기간이 만료되는 시점에 플러스적립금이 발생하는 경우, 보험기간 만료 후부터 10년 동안 자동으로 연장되어 추가적인 보장을 받는 기간

② 특약

㉠ 무배당 와이드3대질병진단특약 2112

지급 구분	지급사유
와이드 3대 질병 진단보험금	암보장개시일 이후에 최초의 암(갑상선암, 기타피부암 및 대장점막내암 제외)으로 진단이 확정되었거나, 보험기간 중 최초의 뇌혈관질환 또는 허혈성심장질환으로 진단이 확정되었을 때(단, 암, 뇌혈관질환 및 허혈성심장질환 각각 최초 1회에 한함)

※ 암보장개시일은 계약일(부활일)부터 그날을 포함하여 90일이 지난 날의 다음 날로 함

㉡ 무배당 소액암진단특약Ⅱ 2112

지급 구분	지급사유
소액암진단 보험금	보험기간 중 최초의 갑상선암, 기타피부암, 대장점막내암, 제자리암 또는 경계성 종양으로 진단이 확정되었을 때(단, 갑상선암, 기타피부암, 대장점막내암, 제자리암 및 경계성 종양 각각 최초 1회에 한함)

㉢ 무배당 암진단특약Ⅱ 2112

지급 구분	지급사유
암진단보험금	암보장개시일 이후에 최초의 암(갑상선암, 기타피부암 및 대장점막내암 제외)으로 진단이 확정되었을 때(단, 최초 1회에 한함)

※ 암보장개시일은 계약일(부활일)부터 그날을 포함하여 90일이 지난 날의 다음 날로 함

[단권화 MEMO]

㉣ 무배당 뇌출혈진단특약Ⅲ 2112

지급 구분	지급사유
뇌출혈 진단 보험금	보험기간 중 최초의 뇌출혈로 진단이 확정되었을 때(단, 최초 1회에 한함)

㉤ 무배당 뇌경색증진단특약Ⅱ 2112

지급 구분	지급사유
뇌경색증 진단보험금	보험기간 중 최초의 뇌경색증으로 진단이 확정되었을 때(단, 최초 1회에 한함)

㉥ 무배당 뇌혈관질환진단특약 2112

지급 구분	지급사유
뇌혈관질환 진단보험금	보험기간 중 최초의 뇌혈관질환으로 진단이 확정되었을 때(단, 최초 1회에 한함)

㉦ 무배당 급성심근경색증진단특약Ⅲ 2112

지급 구분	지급사유
급성심근경색증 진단보험금	보험기간 중 최초의 급성심근경색증으로 진단이 확정되었을 때(단, 최초 1회에 한함)

㉧ 무배당 허혈성심장질환진단특약 2112

지급 구분	지급사유
허혈성심장질환 진단보험금	보험기간 중 최초의 허혈성심장질환으로 진단이 확정되었을 때(단, 최초 1회에 한함)

㉨ 무배당 계속받는암진단특약(15년 갱신형) 2112

지급 구분	지급사유
재진단암 진단보험금	재진단암 보장개시일 이후에 재진단암(갑상선암, 기타피부암 및 대장점막내암 제외)으로 진단이 확정되었을 때

※ 암보장개시일은 계약일(부활일)부터 그날을 포함하여 90일이 지난 날의 다음 날로 함
※ 재진단암 보장개시일은 '첫 번째 재진단암 보장개시일'과 '두 번째 이후 재진단암 보장개시일'을 합한 것을 말하며, 특약을 부활(효력회복)하는 경우에도 동일함
　- 첫 번째 재진단암 보장개시일: '첫 번째 암(갑상선암, 기타피부암 및 대장점막내암 제외)' 진단 확정일부터 그날을 포함하여 2년(갱신 계약을 포함)이 지난 날의 다음 날
　- 두 번째 이후 재진단암 보장개시일: 직전 '재진단암(갑상선암, 기타피부암 및 대장점막내암 제외)' 진단 확정일부터 그날을 포함하여 2년(갱신계약을 포함)이 지난 날의 다음 날
※ 재진단암(갑상선암, 기타피부암 및 대장점막내암 제외)은 재진단암 보장개시일 이후에 다음의 어느 하나에 해당하면서 약관에서 정한 암(갑상선암, 기타피부암 및 대장점막내암 제외)으로 진단을 확정받은 경우를 말함
　- 새로운 원발암, 동일 장기 또는 타 부위에 전이된 암, 동일 장기에 재발된 암, 암보장개시일 이후 발생한 암(갑상선암, 기타피부암 및 대장점막내암 제외)으로 진단을 확정받은 부위에 암세포가 남아 있는 경우

㉩ 무배당 표적항암약물허가치료특약(5년 갱신형) 2112

지급 구분	지급사유
표적항암약물허가 치료보험금	암보장개시일 이후에 암으로 진단이 확정되고 그 암의 직접적인 치료를 목적으로 표적항암약물허가치료를 받았거나, 보험기간 중 갑상선암, 기타피부암 또는 대장점막내암으로 진단이 확정되고 그 갑상선암, 기타피부암 또는 대장점막내암의 직접적인 치료를 목적으로 표적항암약물허가치료를 받았을 때(단, 암, 갑상선암, 기타피부암 또는 대장점막내암 중 최초 1회에 한함)

※ 암보장개시일은 계약일(부활일)부터 그날을 포함하여 90일이 지난 날의 다음 날로 함

ⓒ 무배당 항암방사선약물치료특약Ⅲ 2112

지급 구분	지급사유
항암방사선·약물치료 보험금	• 암보장개시일 이후에 암으로 진단이 확정되고 그 암의 직접적인 치료를 목적으로 항암방사선치료 또는 항암약물치료를 받았을 때(단, 항암방사선치료 또는 항암약물치료 둘 중 최초 1회에 한함) • 보험기간 중 갑상선암, 기타피부암, 대장점막내암, 제자리암 또는 경계성종양으로 진단이 확정되고 그 갑상선암, 기타피부암, 대장점막내암, 제자리암 또는 경계성종양의 직접적인 치료를 목적으로 항암방사선치료 또는 항암약물치료를 받았을 때(단, 갑상선암, 기타피부암, 대장점막내암, 제자리암 및 경계성 종양 각각 항암방사선치료 또는 항암약물치료 둘 중 최초 1회에 한함)

※ 암보장개시일은 계약일(부활일)부터 그날을 포함하여 90일이 지난 날의 다음 날로 함

ⓔ 무배당 입원보장특약Ⅲ 2112

지급 구분	지급사유
입원보험금	보험기간 중 질병 또는 재해로 인하여 그 직접적인 치료를 목적으로 입원하였을 때(1일 이상 입원일수 1일당, 120일 한도)

ⓟ 무배당 수술보장특약Ⅲ 2112

지급 구분	지급사유
수술보험금	보험기간 중 질병 또는 재해로 인하여 그 직접적인 치료를 목적으로 수술·신생물 근치 방사선 조사 분류표에서 정한 수술을 받았을 때(수술 1회당)

ⓗ 무배당 생활재해보장특약Ⅱ 2112

지급 구분	지급사유
재해장해보험금	보험기간 중 재해로 인하여 장해분류표에서 정한 각 장해지급률에 해당하는 장해상태가 되었을 때
재해화상 진단보험금	보험기간 중 재해로 인하여 화상으로 진단이 확정되었을 때(사고 1회당)
재해골절(치아 파절 제외) 보험금	보험기간 중 재해로 인하여 골절상태가 되었을 때(사고 1회당)
재해깁스치료 (부목 제외) 보험금	보험기간 중 재해로 인하여 그 직접적인 치료를 목적으로 깁스(Cast)치료를 받았을 때(사고 1회당)

㉮ 무배당 후유장해보장특약 2112

지급 구분	지급사유
장해보험금	보험기간 중 장해분류표 중 동일한 재해 또는 재해 이외의 동일한 원인으로 여러 신체부위의 합산 장해지급률이 50% 이상인 장해상태가 되었을 때(단, 최초 1회에 한함)

6 무배당 우체국실속정기보험 2109

(1) 주요 특징

① 비갱신형으로 보험료 변경 없이 사망과 50% 이상 중증장해를 보장한다.
② 특약 선택 시 일상생활에서의 재해 및 암, 뇌출혈, 급성심근경색증을 추가로 보장한다.
③ 고객의 형편 및 목적에 맞게 순수형 또는 환급형 선택이 가능하다.
④ 병이 있어도 3가지(건강 관련) 간편고지로 간편하게 가입[2종(간편가입)]할 수 있다.

⑤ **세제혜택**: 근로소득자는 납입한 보험료(연간 100만원 한도)에 대하여 12% 세액을 공제받을 수 있다.

(2) 가입요건

① 주계약

구분		가입나이	보험기간	보험료 납입기간	보험료 납입주기	보험 가입금액
1종 (일반가입)	순수형	만 15 ~ 최대 70세	60, 70, 80, 90세 만기	5, 10, 15, 20, 30년납	월납	1,000만원 ~ 4,000만원
	환급형					
2종 (간편가입)	순수형	35 ~ 최대 70세				1,000만원 ~ 2,000만원
	환급형					

※ 보험 가입금액은 500만원 단위로 가입 가능
※ 1종(일반가입)과 2종(간편가입)의 중복가입은 불가하며 다만 순수형 및 환급형의 중복가입은 가입금액 이내에서 가능

② 특약

㉠ 무배당 재해사망특약 2109, 무배당 생활재해보장특약 2109, 무배당 3대질병진단특약 2109

특약명	가입나이	보험기간	보험료 납입기간	보험 가입금액
무배당 재해사망특약 2109		주계약과 동일		1,000만원 ~ 4,000만원 (주계약 보험 가입금액 이내에서 500만원 단위)
무배당 생활재해보장특약 2109				
무배당 3대질병진단특약 2109				

※ 상기 특약의 경우 1종(일반가입)에 한하여 부가 가능

㉡ 이륜자동차 운전 및 탑승 중 재해부담보특약 2109, 지정대리청구서비스특약 2109, 장애인전용보험전환특약 2007

(3) 간편고지에 관한 사항[2종(간편가입)에 한함]

① 이 상품은 '간편고지' 상품으로 유병력자 등 일반심사보험에 가입하기 어려운 피보험자를 대상으로 한다.
② '간편고지'란 보험시장에서 소외되고 있는 유병력자나 고연령자 등이 보험에 가입할 수 있도록 간소화된 계약 전 고지의무사항을 활용하여 계약심사 과정을 간소화함을 의미한다.
③ 간편고지 상품은 일반심사보험에 가입하기 어려운 피보험자를 대상으로 하므로, 일반심사보험보다 보험료가 다소 높으며, 일반심사를 할 경우 이 보험보다 저렴한 일반심사보험에 가입할 수 있다(다만, 일반심사보험의 경우 건강 상태나 가입나이에 따라 가입이 제한될 수 있으며 보장하는 담보에는 차이가 있을 수 있음).
④ 이 상품 가입 시 간편고지 상품과 일반심사보험의 보험료 수준을 비교하여 설명하고, 이에 대한 계약자 확인을 받아야 한다.
⑤ 이 상품 가입 후 계약일부터 3개월 이내에 일반심사보험 가입을 희망하는 경우, 일반계약심사를 통하여 일반심사보험[(무)우체국실속정기보험 2109 1종(일반가입)]에 청약할 수 있다. 다만, 본 계약의 보험금이 이미 지급되었거나 청구서류를 접수한 경우에는 그러하지 않는다. 일반심사보험[(무)우체국실속정기보험 2109 1종(일반가입)]에 가입하는 경우에는 본 계약을 무효로 하며 이미 납입한 보험료를 보험계약자에게 돌려준다.

(4) 보장내용

① 주계약

지급 구분	지급사유
만기보험금	보험기간이 끝날 때까지 살아 있을 때(환급형에 한함)
사망보험금	보험기간 중 사망하였을 때
장해보험금	보험기간 중 장해분류표 중 동일한 재해 또는 재해 이외의 동일한 원인으로 여러 신체부위의 합산 장해지급률이 50% 이상인 장해상태가 되었을 때(보험기간 중 최초 1회에 한하여 지급함)

※ 플러스보험기간(약관에서 정한 플러스보험기간이 적용되는 경우에 한함)

지급 구분	지급사유
플러스사망보험금	플러스보험기간 중 사망하였을 때
플러스장해보험금	플러스보험기간 중 장해분류표 중 동일한 재해 또는 재해 이외의 동일한 원인으로 여러 신체부위의 합산 장해지급률이 50% 이상인 장해상태가 되었을 때(플러스보험기간 중 최초 1회에 한하여 지급함)

※ '플러스보험기간'이란 보험기간이 만료되는 시점에 플러스적립금이 발생하는 경우, 보험기간 만료 후부터 10년 동안 자동으로 연장되어 추가적인 보장을 받는 기간

② 특약

㉠ 무배당 재해사망특약 2109

지급 구분	지급사유
교통재해사망보험금	보험기간 중 교통재해를 직접적인 원인으로 사망하였을 때
일반재해사망보험금	보험기간 중 일반재해를 직접적인 원인으로 사망하였을 때

㉡ 무배당 생활재해보장특약 2109

지급 구분	지급사유
재해장해보험금	보험기간 중 재해를 직접적인 원인으로 장해분류표에서 정한 각 장해지급률에 해당하는 장해상태가 되었을 때
재해입원보험금	보험기간 중 재해로 인하여 그 직접적인 치료를 목적으로 4일 이상 입원하였을 때(3일 초과 입원일수 1일당, 120일 한도)
재해골절(치아파절 제외)보험금	보험기간 중 재해로 인하여 골절상태가 되었을 때(사고 1회당)
재해깁스치료(부목 제외)보험금	보험기간 중 재해로 인하여 그 직접적인 치료를 목적으로 깁스(Cast)치료를 받았을 때(사고 1회당)

㉢ 무배당 3대질병진단특약 2109

지급 구분	지급사유
3대 질병 진단보험금	보험기간 중 암보장개시일 이후에 최초의 암으로 진단이 확정되었거나, 보험기간 중 최초의 갑상선암, 기타피부암, 대장점막내암, 제자리암, 경계성 종양, 뇌출혈 또는 급성심근경색증으로 진단이 확정되었을 때(다만, 암, 갑상선암, 기타피부암, 대장점막내암, 제자리암, 경계성 종양, 뇌출혈 또는 급성심근경색증 각각 최초 1회에 한하여 지급함)

※ 암보장개시일은 계약일(부활일)부터 그날을 포함하여 90일이 지난 날의 다음 날로 함

[단권화 MEMO]

7 무배당 우리가족암보험 2109

(1) 주요 특징

① 보험료가 저렴하며, 암 진단 시 3,000만원까지 지급한다.
② 고액암(백혈병, 뇌종양, 골종양, 췌장암, 식도암 등) 진단 시 6,000만원까지 지급한다.
③ 한 번 가입으로 평생 보장이 가능(종신갱신형 혹은 100세 만기 중 선택)하다.
④ 고객의 필요에 따라 일반형 주계약 및 특약을 갱신(1종)·비갱신(2종) 선택형으로 가입할 수 있다.
⑤ 실버형(3종)은 고연령이나 만성질환(고혈압 및 당뇨병질환자)이 있어도 가입할 수 있다.
⑥ (소액암진단특약) 일반형 가입 시 소액암진단보험금을 100만원부터 최대 1,000만원까지 고객이 필요에 따라 진단보험금을 선택할 수 있다.
⑦ (이차암보장특약 가입) 두 번째 암 진단 시 보장된다.
⑧ (이차암보장특약 가입) 암 진단 시 종신까지 보험료 납입이 면제된다.
⑨ (암진단생활비특약 가입) 암 진단 시 소득상실을 보전하기 위해 암진단생활자금을 매월 최고 50만원씩 5년간 지급(1구좌 기준)한다.
⑩ 세제혜택: 근로소득자는 납입한 보험료(연간 100만원 한도)에 대하여 12% 세액을 공제받을 수 있다.

(2) 가입요건

① 주계약

㉠ 일반형[1종(갱신형)]

구분	가입나이	보험기간	납입기간	가입한도액(구좌 수)
최초계약	0~65세	10년 만기 (종신갱신형)	전기납 (월납)	1구좌 (0.5구좌 단위)
갱신계약	10세 이상			

㉡ 일반형[2종(비갱신형), 순수형·중도환급형]

가입나이	보험기간	납입기간	납입주기	가입한도액(구좌 수)
0~50세	100세 만기	5, 10, 15, 20, 30년납	월납	1구좌 (0.5구좌 단위)
51~60세		5, 10, 15, 20년납		
61~65세		5, 10, 15년납		

㉢ 실버형[3종(갱신형)]

구분	가입나이	보험기간	납입기간	가입한도액(구좌 수)
최초계약	61~80세	10년 만기 (종신갱신형)	전기납 (월납)	1구좌 (0.5구좌 단위)
갱신계약	71세 이상			

② 특약
ⓘ 무배당 소액암진단특약 2109(주계약 일반형 가입 시 의무 부가)
ⓐ 1종(갱신형)

구분	가입나이	보험기간	납입기간	가입한도액(구좌 수)
최초계약	0 ~ 65세	10년 만기 (종신갱신형)	전기납 (월납)	주계약 보험 가입금액 내에서 1구좌 (0.1구좌 단위)
갱신계약	10세 이상			

ⓑ 2종(비갱신형)

가입나이	보험기간	납입기간	납입주기	가입한도액(구좌 수)
0 ~ 50세	100세 만기	5, 10, 15, 20, 30년납	월납	주계약 보험 가입금액 내에서 1구좌 (0.1구좌 단위)
51 ~ 60세		5, 10, 15, 20년납		
61 ~ 65세		5, 10, 15년납		

ⓒ 무배당 이차암보장특약 2109, 무배당 암진단생활비특약 2109
ⓐ 1종(갱신형)

구분	가입나이	보험기간	납입기간	가입한도액(구좌 수)
최초계약	0 ~ 65세	10년 만기 (종신갱신형)	전기납 (월납)	주계약 보험 가입금액 내에서 1구좌 (0.5구좌 단위)
갱신계약	10세 이상			

ⓑ 2종(비갱신형)

가입나이	보험기간	납입기간	납입주기	가입한도액(구좌 수)
0 ~ 50세	100세 만기	5, 10, 15, 20, 30년납	월납	주계약 보험 가입금액 내에서 1구좌 (0.5구좌 단위)
51 ~ 60세		5, 10, 15, 20년납		
61 ~ 65세		5, 10, 15년납		

※ 특약의 경우, 1종(갱신형)은 주계약 일반형 1종(갱신형)에만 부가 가능하고, 2종(비갱신형)은 주계약 일반형 2종(비갱신형)에만 부가 가능함

ⓒ 지정대리청구서비스특약 2109, 장애인전용보험전환특약 2007

(3) 갱신에 관한 사항(갱신형에 한함)

갱신절차	• 보험기간 만료일 30일 전까지 계약자에게 서면 또는 전화(음성녹음) 안내(보험료 등 변경내용) 　– 보험기간 만료일 15일 전까지 계약자의 별도 의사표시가 없으면 자동갱신 　– 계약자가 갱신 거절의사를 통지하면 계약 종료 • 일반형[1종(갱신형)] 또는 실버형[3종(갱신형)]의 경우, 피보험자에게 암진단보험금(단, 실버형의 경우 갑상선암, 기타피부암, 대장점막내암, 제자리암 및 경계성 종양 제외) 지급사유가 발생한 경우에는 계약을 갱신하지 않음 • (무)소액암진단특약 2109[1종(갱신형)]의 경우, 피보험자에게 소액암진단보험금 지급사유가 더이상 발생할 수 없는 경우에는 특약을 갱신하지 않음 • (무)이차암보장특약 2109[1종(갱신형)]의 경우, 피보험자가 암보장개시일 이후에 첫 번째 암으로 진단이 확정되었을 때에는 이 특약은 더이상 갱신되지 않으며, 이 특약의 보험기간을 피보험자 종신까지로 함 • (무)암진단생활비특약 2109[1종(갱신형)]의 경우, 피보험자에게 암진단생활자금 지급사유가 발생한 경우에는 특약을 갱신하지 않음
갱신계약 보험료	갱신계약의 보험료는 나이의 증가, 적용기초율의 변동 등의 사유로 인상될 수 있음

(4) 보험료 할인에 관한 사항

① 피보험자가 B형간염항체 보유 시 항체 보유 사실을 증명할 수 있는 서류를 제출하고 체신관서가 확인 시에는 서류제출시점 이후의 차회 보험료부터 영업보험료(갱신계약 영업보험료 포함)의 3%를 할인하여 영수한다. 다만, 제1회 보험료는 할인에서 제외한다.

② 3종(실버형)의 경우, 체신관서는 계약자 또는 피보험자가 계약일부터 보험기간 이내에 피보험자의 건강검진결과(건강검진결과 제출일 직전 1년 이내의 검진결과)를 제출하여 다음의 요건을 모두 충족하는 경우 건강검진결과 제출일 이후 차회 보험료부터 보험기간 만료일까지 영업보험료의 5%를 할인하여 이를 영수한다. 다만, 제1회 보험료는 할인에서 제외되며, 갱신계약의 경우도 갱신일을 계약일로 하여 위 내용을 동일하게 적용한다.

㉠ 고혈압(수축기혈압이 140mmHg 이상이거나 이완기혈압이 90mmHg 이상 또는 고혈압 약물을 복용하고 있는 경우)이 없을 것

㉡ 당뇨병(공복혈당이 126mg/dL 이상이거나 의사진단을 받았거나 혈당강하제복용 또는 인슐린 주사를 투여받는 경우)이 없을 것

③ 3종(실버형)의 경우, ① 및 ②의 할인이 동시에 해당되는 경우에는 중복할인이 적용되지 않고 ②의 할인을 적용한다.

(5) 보장내용

① 주계약

㉠ 일반형[1종(갱신형)]

지급 구분	지급사유
암진단보험금	암보장개시일 이후에 최초의 암으로 진단이 확정되었을 때(단, 최초 1회에 한함)
건강관리자금	보험기간이 끝날 때까지 살아 있을 때

※ 암보장개시일은 계약일(부활일)부터 그날을 포함하여 90일이 지난 날의 다음 날로 함[피보험자 나이가 15세 미만인 경우 암보장개시일은 계약일(부활일)로 함]

㉡ 일반형[2종(비갱신형)]

ⓐ 순수형

지급 구분	지급사유
암진단보험금	암보장개시일 이후에 최초의 암으로 진단이 확정되었을 때(단, 최초 1회에 한함)

※ 암보장개시일은 계약일(부활일)부터 그날을 포함하여 90일이 지난 날의 다음 날로 함[피보험자 나이가 15세 미만인 경우 암보장개시일은 계약일(부활일)로 함]

ⓑ 중도환급형

지급 구분	지급사유
암진단보험금	암보장개시일 이후에 최초의 암으로 진단이 확정되었을 때(단, 최초 1회에 한함)
건강관리자금	보험기간 중 80세 계약 해당일에 살아 있을 때

※ 암보장개시일은 계약일(부활일)부터 그날을 포함하여 90일이 지난 날의 다음 날로 함[피보험자 나이가 15세 미만인 경우 암보장개시일은 계약일(부활일)로 함]

ⓒ 실버형[3종(갱신형)]

지급 구분	지급사유
암진단보험금	• 암보장개시일 이후에 최초의 암으로 진단이 확정되었을 때(단, 최초 1회에 한함) • 보험기간 중 최초의 갑상선암, 기타피부암, 대장점막내암, 제자리암 또는 경계성 종양으로 진단이 확정되었을 때(단, 각각 최초 1회에 한함)
건강관리자금	보험기간이 끝날 때까지 살아 있을 때

※ 암보장개시일은 계약일(부활일)부터 그날을 포함하여 90일이 지난 날의 다음 날로 함

② 특약

㉠ 무배당 소액암진단특약 2109

ⓐ 1종(갱신형)

지급 구분	지급사유
소액암 진단보험금	보험기간 중 최초의 갑상선암, 기타피부암, 대장점막내암, 제자리암 또는 경계성 종양으로 진단이 확정되었을 때(단, 각각 최초 1회에 한함)

ⓑ 2종(비갱신형)

지급 구분	지급사유
소액암 진단보험금	보험기간 중 최초의 갑상선암, 기타피부암, 대장점막내암, 제자리암 또는 경계성 종양으로 진단이 확정되었을 때(단, 각각 최초 1회에 한함)

㉡ 무배당 이차암보장특약 2109

ⓐ 1종(갱신형)

지급 구분	지급사유
이차암진단보험금	이차암보장개시일 이후에 이차암으로 진단이 확정되었을 때(단, 최초 1회에 한함)
건강관리자금	보험기간이 끝날 때까지 살아 있을 때

※ 첫 번째 암의 암보장개시일은 계약일(부활일)부터 그날을 포함하여 90일이 지난 날의 다음 날로 함[피보험자 나이가 15세 미만인 경우 암보장개시일은 계약일(부활일)로 함]
※ 이차암보장개시일은 첫 번째 암 진단 확정일부터 그날을 포함하여 1년이 지난 날로 함

ⓑ 2종(비갱신형)

지급 구분	지급사유
이차암진단보험금	이차암보장개시일 이후에 이차암으로 진단이 확정되었을 때(단, 최초 1회에 한함)

※ 첫 번째 암의 암보장개시일은 계약일(부활일)부터 그날을 포함하여 90일이 지난 날의 다음 날로 함[피보험자 나이가 15세 미만인 경우 암보장개시일은 계약일(부활일)로 함]
※ 이차암보장개시일은 첫 번째 암 진단 확정일부터 그날을 포함하여 1년이 지난 날로 함

㉢ 무배당 암진단생활비특약 2109

ⓐ 1종(갱신형)

지급 구분	지급사유
암진단생활자금	암보장개시일 이후에 최초의 암으로 진단이 확정되었을 때(단, 최초 1회에 한함)
건강관리자금	보험기간이 끝날 때까지 살아 있을 때

※ 암보장개시일은 계약일(부활일)부터 그날을 포함하여 90일이 지난 날의 다음 날로 함[피보험자 나이가 15세 미만인 경우 암보장개시일은 계약일(부활일)로 함]

[단권화 MEMO]

ⓑ 2종(비갱신형)

지급 구분	지급사유
암진단생활자금	암보장개시일 이후에 최초의 암으로 진단이 확정되었을 때(단, 최초 1회에 한함)

※ 암보장개시일은 계약일(부활일)부터 그날을 포함하여 90일이 지난 날의 다음 날로 함[피보험자 나이가 15세 미만인 경우 암보장개시일은 계약일(부활일)로 함]

8 무배당 우체국더든든한자녀지킴이보험 2203

(1) 주요 특징
① 출생 시부터 최대 100세까지 꼭 필요한 보장만 담은 어린이 종합보험이다.
② 태아부터 최대 20세까지 폭 넓게 가입 가능한 어린이보험이다.
③ 보험금 면책 및 감액기간 없이 가입 즉시 100%를 보장한다.
④ 가입 목적 및 보험료 수준에 따라 1종(30세 만기) 또는 2종(80/100세 만기, 순수형/환급형) 중 선택하여 가입할 수 있다.
⑤ 장해, 골절, 깁스 등 재해 관련 일상생활 위험을 주계약에서 기본으로 보장한다.
⑥ 태아에 대한 특약 가입 시 선천이상, 신생아질병은 물론 산모 위험까지 보장할 수 있다.
⑦ 다양한 특약 구성으로 암 진단 및 치료(입원, 수술, 통원), 뇌·심장질환 진단, 질병·재해 입원 및 수술 등 고객의 필요에 따라 맞춤형 상품을 설계한다.
⑧ 성인질환 진단·입원·수술 및 사망보장까지 미래 성인기 대비 맞춤형 설계가 가능하다.
⑨ 세제혜택: 근로소득자는 납입한 보험료(연간 100만원 한도)에 대하여 12% 세액을 공제받을 수 있다.

(2) 가입요건
① 주계약[1종(기본형), 2종(든든형)(순수형/환급형)]

상품유형	가입나이	보험기간	납입기간	납입주기	보험 가입금액
1종 (기본형)	0~10세	30세 만기	5, 10, 15, 20년납	월납	1,000만원~2,000만원 (1,000만원 단위)
	11~15세		5, 10, 15년납		
	16~20세		5, 10년납		
2종 (든든형)	0~20세	80, 100세 만기	5, 10, 15, 20, 30년납		

※ 임신 사실이 확인된 태아도 가입 가능함

② 특약

㉠ 무배당 선천이상특약Ⅱ 2109, 무배당 신생아보장특약 2203, 무배당 산모보장특약 2203

특약명	가입나이	보험기간	납입기간	보험 가입금액	부가방법
무배당 선천이상특약Ⅱ 2109	임신 23주 이내 태아	3년	전기납	1,000만원 (고정)	의무 부가
무배당 신생아보장특약 2203		1년			
무배당 산모보장특약 2203	17~45세 (임신 23주 이내 산모)	1년 (단, 분만 후 42일까지)			선택

※ 무배당 산모보장특약 2203의 피보험자는 주계약 피보험자(태아)를 임신한 산모임

ⓛ 무배당 어린이보장특약 2203, 무배당 어린이교통재해특약 2203

가입나이	보험기간	납입기간	납입주기	보험 가입금액	부가방법
0 ~ 10세	30세 만기	5, 10, 15, 20년납	월납	1,000만원 ~ 2,000만원 (주계약 보험 가입금액 이내에서 1,000만원 단위)	선택
11 ~ 15세		5, 10, 15년납			
16 ~ 20세		5, 10년납			

※ 임신 사실이 확인된 태아도 가입 가능함

ⓒ 무배당 2대질병진단특약 2203, 무배당 입원비특약 2203, 무배당 수술비특약 2203, 무배당 암진단비특약 2203

가입나이	보험기간	납입기간	납입주기	보험 가입금액	부가방법
0 ~ 10세	30세 만기	5, 10, 15, 20년납	월납	1,000만원 ~ 2,000만원 (주계약 보험 가입금액 이내에서 1,000만원 단위)	선택
11 ~ 15세		5, 10, 15년납			
16 ~ 20세		5, 10년납			
0 ~ 20세	80, 100세 만기	5, 10, 15, 20, 30년납			

※ 임신 사실이 확인된 태아도 가입 가능함

ⓔ 무배당 암치료비특약 2203

가입나이	보험기간	납입기간	납입주기	보험 가입금액	부가방법
0 ~ 10세	30세 만기	5, 10, 15, 20년납	월납	500만원 ~ 1,000만원 (주계약 보험 가입금액 이내에서 500만원 단위)	선택
11 ~ 15세		5, 10, 15년납			
16 ~ 20세		5, 10년납			
0 ~ 20세	80, 100세 만기	5, 10, 15, 20, 30년납			

※ 임신 사실이 확인된 태아도 가입 가능함

ⓜ 무배당 성인질환보장특약 2203

가입나이	보험기간	납입기간	납입주기	보험 가입금액	부가방법
15 ~ 20세	80, 100세 만기	5, 10, 15, 20, 30년납	월납	1,000만원 ~ 2,000만원 (주계약 보험 가입금액 이내에서 1,000만원 단위)	선택

※ 주계약 2종(든든형)에만 부가 가능

ⓗ 무배당 정기사망특약Ⅲ 2109

가입나이	보험기간	납입기간	납입주기	보험 가입금액	부가방법
만 15 ~ 20세	80, 100세 만기	5, 10, 15, 20, 30년납	월납	1,000만원 ~ 2,000만원 (주계약 보험 가입금액 이내에서 1,000만원 단위)	선택

※ 주계약 2종(든든형)에만 부가 가능

ⓢ 이륜자동차 운전 및 탑승 중 재해부담보특약 2109, 지정대리청구서비스특약 2109, 장애인전용 보험전환특약 2007

[단권화 MEMO]

(3) 보장내용
① 주계약

지급 구분	지급사유
만기보험금	보험기간이 끝날 때까지 살아 있을 때[1종(기본형) 및 2종(든든형)(환급형)에 한함]
재해장해보험금	재해로 인하여 장해분류표에서 정한 각 장해지급률에 해당하는 장해상태가 되었을 때
재해골절(치아파절 제외)보험금	출산손상 또는 재해로 인하여 골절상태가 되었을 때(사고 1회당)
재해깁스치료(부목 제외)보험금	재해로 인하여 그 직접적인 치료를 목적으로 깁스(Cast)치료를 받았을 때(사고 1회당)

② 특약

㉠ 무배당 선천이상특약Ⅱ 2109

지급 구분	지급사유
선천이상입원보험금	선천이상으로 진단이 확정되고, 그 직접적인 치료를 목적으로 4일 이상 입원 시(3일 초과 입원일수 1일당, 120일 한도)
선천이상(허유착증 제외) 수술보험금	선천이상(허유착증 제외)으로 진단이 확정되고, 그 직접적인 치료를 목적으로 수술 시(수술 1회당)
허유착증수술보험금	허유착증으로 진단이 확정되고, 그 직접적인 치료를 목적으로 수술 시(수술 1회당)

㉡ 무배당 신생아보장특약 2203

지급 구분	지급사유
저체중아출생보험금	출생 시 체중이 2.0kg 미만 시(최초 1회에 한함)
저체중아입원보험금	출생 시 체중이 2.0kg 미만이고, 저체중질병의 직접적인 치료를 목적으로 3일 이상 입원 시(2일 초과 입원일수 1일당, 60일 한도)
3대 주요 선천이상진단보험금	최초의 3대 주요선천이상 진단 확정 시(최초 1회에 한함)
구순구개열진단보험금	최초의 구순구개열(언청이) 진단 확정 시(최초 1회에 한함)
다지증진단보험금	최초의 다지증 진단 확정 시(최초 1회에 한함)
신생아뇌출혈진단보험금	최초의 신생아 뇌출혈 진단 확정 시(최초 1회에 한함)
주산기질환입원보험금	주산기질환으로 진단이 확정되고, 그 직접적인 치료를 목적으로 4일 이상 입원 시(3일 초과 입원일수 1일당, 120일 한도)
주산기질환수술보험금	주산기질환으로 진단이 확정되고, 그 직접적인 치료를 목적으로 수술 시(수술 1회당)

㉢ 무배당 산모보장특약 2203

지급 구분	지급사유
유산입원보험금	유산으로 진단이 확정되고, 그 직접적인 치료를 목적으로 4일 이상 입원 시(3일 초과 입원일수 1일당, 120일 한도)
유산수술보험금	유산으로 진단이 확정되고, 그 직접적인 치료를 목적으로 수술 시(수술 1회당)
임신·출산질환입원보험금	임신·출산질환으로 진단이 확정되고, 그 직접적인 치료를 목적으로 4일 이상 입원 시(3일 초과 입원일수 1일당, 120일 한도)
임신·출산질환수술보험금	임신·출산질환으로 진단이 확정되고, 그 직접적인 치료를 목적으로 수술 시(수술 1회당)

㉣ 무배당 어린이보장특약 2203

지급 구분	지급사유
소아암진단보험금	최초의 소아암 진단 확정 시(최초 1회에 한함)
어린이다발성질병입원보험금	어린이다발성질병으로 진단이 확정되고, 그 직접적인 치료를 목적으로 4일 이상 입원 시(3일 초과 입원일수 1일당, 120일 한도)
응급실 내원보험금	응급실 내원 진료비 대상자에 해당 시(내원 1회당)
어린이개흉심장수술보험금	최초의 어린이개흉심장수술 시(최초 1회에 한함)
말기신부전증진단보험금	최초의 말기신부전증 진단 확정 시(최초 1회에 한함)
재해화상진단보험금	재해로 인하여 화상 진단 확정 시(사고 1회당)

㉤ 무배당 어린이교통재해특약 2203

지급 구분	지급사유
교통재해장해보험금	교통재해로 인하여 장해분류표에서 정한 각 장해지급률에 해당하는 장해상태 시
교통재해입원보험금	교통재해로 인하여 그 직접적인 치료를 목적으로 입원 시(1일 이상 입원일수 1일당, 120일 한도)
교통재해중환자실입원보험금	교통재해로 인하여 그 직접적인 치료를 목적으로 중환자실에 입원 시(1일 이상 입원일수 1일당, 60일 한도)
교통재해중대수술보험금	교통재해로 인하여 그 직접적인 치료를 목적으로 중대한 수술 시(수술 1회당)

㉥ 무배당 2대질병진단특약 2203

지급 구분	지급사유
뇌출혈진단보험금	최초의 뇌출혈 진단 확정 시(최초 1회에 한함)
뇌경색증진단보험금	최초의 뇌경색증 진단 확정 시(최초 1회에 한함)
뇌혈관질환진단보험금	최초의 뇌혈관질환 진단 확정 시(최초 1회에 한함)
급성심근경색증진단보험금	최초의 급성심근경색증 진단 확정 시(최초 1회에 한함)
허혈성심장질환진단보험금	최초의 허혈성심장질환 진단 확정 시(최초 1회에 한함)

㉦ 무배당 성인질환보장특약 2203

지급 구분	지급사유
12대 성인질환입원보험금	12대 성인질환으로 진단이 확정되고, 그 직접적인 치료를 목적으로 4일 이상 입원 시(3일 초과 입원일수 1일당, 120일 한도)
12대 성인질환수술보험금	12대 성인질환으로 진단이 확정되고, 그 직접적인 치료를 목적으로 수술 시(수술 1회당)
대상포진진단보험금	최초의 대상포진 진단 확정 시(최초 1회에 한함)
통풍진단보험금	최초의 통풍 진단 확정 시(최초 1회에 한함)
당뇨병(당화혈색소 6.5% 이상) 진단보험금	최초의 당뇨병(당화혈색소 6.5% 이상) 진단 확정 시(최초 1회에 한함)

㉧ 무배당 정기사망특약Ⅲ 2203

지급 구분	지급사유
사망보험금	보험기간 중 사망 시

[단권화 MEMO]

ⓩ 무배당 입원비특약 2203

지급 구분	지급사유
입원보험금	질병 또는 재해로 인하여 그 직접적인 치료를 목적으로 입원하였을 때(1일 이상 입원일수 1일당, 120일 한도)
중환자실입원보험금	질병 또는 재해로 인하여 그 직접적인 치료를 목적으로 중환자실에 입원하였을 때(1일 이상 입원일수 1일당, 60일 한도)
상급종합병원입원보험금	질병 또는 재해로 인하여 그 직접적인 치료를 목적으로 4일 이상 상급종합병원에 입원하였을 때(3일 초과 입원일수 1일당, 120일 한도)

ⓩ 무배당 수술비특약 2203

지급 구분	지급사유
수술보험금	질병 또는 재해로 인하여 그 직접적인 치료를 목적으로 수술을 받았을 때(수술 1회당)
특정중대수술보험금	최초의 조혈모세포이식수술 또는 5대 장기이식수술을 받았을 때(각각 최초 1회에 한함)

ⓚ 무배당 암진단비특약 2203

지급 구분	지급사유
암진단보험금	• 최초의 암으로 진단이 확정되었을 때(최초 1회에 한함) • 최초의 갑상선암, 기타피부암, 대장점막내암, 제자리암 또는 경계성 종양으로 진단이 확정되었을 때(각각 최초 1회에 한함)

ⓔ 무배당 암치료비특약 2203

지급 구분	지급사유
암직접치료입원보험금	• 암으로 진단이 확정되고, 그 직접적인 치료를 목적으로 4일 이상 입원(단, 요양병원 제외)하였을 때(3일 초과 입원일수 1일당, 120일 한도) • 갑상선암, 기타피부암, 대장점막내암, 제자리암 또는 경계성 종양으로 진단이 확정되고, 그 직접적인 치료를 목적으로 4일 이상 입원(단, 요양병원 제외)하였을 때(3일 초과 입원일수 1일당, 120일 한도)
암수술보험금	• 암으로 진단이 확정되고, 그 직접적인 치료를 목적으로 수술을 받았을 때 (수술 1회당) • 갑상선암, 기타피부암, 대장점막내암, 제자리암 또는 경계성 종양으로 진단이 확정되고, 그 직접적인 치료를 목적으로 수술을 받았을 때(수술 1회당)
암통원보험금	암, 갑상선암, 기타피부암, 대장점막내암, 제자리암 또는 경계성 종양으로 진단이 확정되고, 그 직접적인 치료를 목적으로 통원하였을 때(통원 1회당)

9 무배당 어깨동무보험 2109

(1) 주요 특징

① **가입자 선택의 폭 확대**: 부양자 사망 시 장애인에게 생활안정자금을 지급하는 '생활보장형', 장애인의 암 발병 시에 치료비용을 지급하는 '암보장형', 장애인의 재해사고 시 사망은 물론 각종 치료비를 보장하는 '상해보장형' 중 여건에 맞게 가입할 수 있다.

② **장애인에게 적용되는 가입 장벽 완화**: 보험 가입 시 장애인에게 적용되는 고지사항을 생략하거나 최대한 완화하여 가입이 용이하다.

③ 장애인전용보험만의 세제혜택: 근로소득자는 납입한 보험료(연간 100만원 한도)에 대하여 15% 세액공제, 증여세 면제(보험수익자가 장애인인 경우 연간 4,000만원 한도) 등의 세제혜택을 제공받는다.
④ 가입나이 확대: 어린이와 고령자도 가입 가능하다.
⑤ 장애로 인한 추가지출이 많은 장애인 가구의 경제적 여건을 고려하여 보험료가 저렴하다.
⑥ 건강진단자금 지급: 상해보장형의 경우, 매 2년마다 건강진단자금을 지급하여 각종 질환을 조기진단하고 사전예방자금으로 활용한다.

(2) 가입요건

① 주계약

상품유형	보험기간	가입나이		납입기간	납입주기
1종(생활보장형)	10년 만기, 20년 만기, 80세 만기	주피보험자	만 15~60세	일시납, 5년납, 10년납, 20년납	일시납, 월납
		장애인	0~70세		
2종(암보장형)		0~70세			
3종(상해보장형)	10년 만기	만 15~70세		5년납	월납

상품유형	가입한도액	
1종(생활보장형)	4,000만원	(500만원 단위)
2종(암보장형)	3,000만원	
3종(상해보장형)	1,000만원	

※ 1종, 2종은 50세 이상 가입자의 경우 80세 만기 5년납에 한함

② 특약: 지정대리청구서비스특약 2109

(3) 보장내용

① 1종(생활보장형)

지급 구분	지급사유
장애인 생활안정자금	주피보험자가 사망하고 장애인 생존 시
재해장해보험금	주피보험자가 재해로 장해상태가 되고 장애인 생존 시
만기보험금	장애인 만기 생존 시

② 2종(암보장형)

지급 구분	지급사유
암진단보험금	• 암보장개시일 이후에 최초로 암 진단 확정 시(최초 1회에 한함) • 보험기간 중 최초로 갑상선암, 기타피부암, 대장점막내암, 제자리암 또는 경계성 종양으로 진단 확정 시(각각 최초 1회에 한함)
만기보험금	만기 생존 시

※ 암보장개시일은 계약일(부활일)부터 그날을 포함하여 90일이 지난 날의 다음 날로 함[피보험자 나이가 15세 미만인 경우 암보장개시일은 계약일(부활일)로 함]

③ 3종(상해보장형)

지급 구분	지급사유
재해사망보험금	재해로 사망 시
재해수술보험금	재해로 수술 시(수술 1회당)
재해골절(치아파절 제외)보험금	재해로 골절 시(사고 1회당)
건강진단자금	가입 후 매 2년마다 계약 해당일에 살아 있을 때(단, 보험기간 중에만 지급)

(4) 가입자의 자격요건 등

① 장애인의 범위: 「장애인복지법」 제32조에 의하여 등록한 장애인 및 「국가유공자 등 예우 및 지원에 관한 법률」 제6조에 의하여 등록한 상이자가 가입대상이다.

② 청약 시 구비서류
  ㉠ 장애인등록증, 장애인복지카드 또는 국가유공자증 사본
  ㉡ 상이자의 경우, 국가유공자증에 기재된 상이등급(1~7급)으로 확인한다.

③ 1종(생활보장형)의 경우, 계약자가 주피보험자이다.

④ 1종(생활보장형) '장애인생활안정자금'의 보험수익자는 장애인으로 한정되며, 변경이 불가하다.

10 무배당 에버리치상해보험 2109

(1) 주요 특징

① 교통사고나 각종 재해로 인한 장해, 수술 또는 골절 시 치료비용을 체계적으로 보장한다.

② 한 번 가입으로 90세까지 보장하며, 휴일재해 사망보장을 강화하였다.

③ 세제혜택: 근로소득자는 납입한 보험료(연간 100만원 한도)에 대하여 12% 세액을 공제받을 수 있다.

(2) 가입요건

① 주계약

가입나이	보험기간	납입기간	가입한도액
만 15~50세	90세 만기	10, 15, 20, 30년납	1,000만원(500만원 단위)
51~60세		10, 15, 20년납	
61~65세		10, 15년납	
66~70세		10년납	

② 특약: 이륜자동차 운전 및 탑승 중 재해부담보특약 2109, 지정대리청구서비스특약 2109, 장애인전용보험전환특약 2007

(3) 보장내용 - 주계약

지급 구분	지급사유
사망보험금	교통재해로 사망 시
	일반재해로 사망 시
재해장해생활자금	동일한 재해로 여러 신체부위의 합산 장해지급률이 50% 이상 장해 시

재해장해보험금	재해로 장해지급률 중 3% 이상 50% 미만 장해 시
재해입원보험금	재해로 4일 이상 입원 시(3일 초과 입원일수 1일당, 120일 한도)
재해수술보험금	재해로 수술 시(수술 1회당)
재해골절(치아파절 제외) 보험금	재해로 골절 시(사고 1회당)
만기보험금	만기 생존 시

11 무배당 우체국예금제휴보험 2109

(1) 주요 특징

① 1종(휴일재해보장형): '시니어싱글벙글정기예금' 가입 시 무료로 가입할 수 있다.
② 2종(주니어보장형): '우체국 아이LOVE적금' 가입 시 무료로 가입할 수 있다.
③ 3종(청년우대형): 우체국예금 신규가입 고객 중 가입기준을 충족할 경우 무료로 가입할 수 있다.

(2) 가입요건

상품유형	보험기간	가입나이	보험료 납입기간	보험료 납입주기	가입한도액
1종(휴일재해보장형)	1년 만기	만 15세 이상	1년납	연납	1구좌
2종(주니어보장형)		0~19세			
3종(청년우대형)		20~34세			

(3) 보장내용

① 1종(휴일재해보장형)

지급 구분	지급사유
휴일재해사망보험금	휴일에 재해로 사망하였거나 장해지급률이 80% 이상인 장해상태가 되었을 때

② 2종(주니어보장형)

지급 구분	지급사유
소아암진단보험금	암보장개시일 이후에 최초의 소아암으로 진단이 확정되었을 때(단, 최초 1회에 한함)
재해장해보험금	재해로 인하여 장해분류표에서 정한 각 장해지급률에 해당하는 장해상태가 되었을 때
재해화상진단보험금	재해로 인하여 화상으로 진단이 확정되었을 때(사고 1회당)
식중독입원보험금	식중독으로 진단이 확정되고, 그 직접적인 치료를 목적으로 4일 이상 입원하였을 때(3일 초과 입원일수 1일당, 120일 한도)
재해외모수술보험금	재해로 인하여 외모상해의 직접적인 치료를 목적으로 외모수술을 받았을 때(수술 1회당)

※ 암보장개시일은 계약일(부활일)부터 그날을 포함하여 90일이 지난 날의 다음 날로 함[피보험자 나이가 15세 미만인 경우 암보장개시일은 계약일(부활일)로 함]

③ 3종(청년우대형)

지급 구분	지급사유
재해수술보험금	재해로 인하여 그 직접적인 치료를 목적으로 수술을 받았을 때(수술 1회당)
교통재해장해보험금	교통재해로 인하여 장해분류표에서 정한 각 장해지급률에 해당하는 장해상태가 되었을 때

[단권화 MEMO]

교통재해깁스치료(부목 제외)보험금	교통재해로 인하여 그 직접적인 치료를 목적으로 깁스(Cast)치료를 받았을 때(사고 1회당)
교통재해응급실내원보험금	교통재해로 인하여 응급실 내원 진료비 대상자가 되었을 때(통원 1회당)
식중독입원보험금	식중독으로 진단이 확정되고, 그 직접적인 치료를 목적으로 4일 이상 입원하였을 때 (3일 초과 입원일수 1일당, 120일 한도)
결핵진단보험금	최초의 결핵으로 진단이 확정되었을 때(단, 최초 1회에 한함)

12 무배당 우체국단체보장보험 2301

(1) 주요 특징

과학기술정보통신부 소속 공무원 및 산하기관 직원을 대상으로 한 단체보험이다.

(2) 가입요건

① 주계약

보험기간	가입나이	보험료 납입기간	보험료 납입주기	가입한도액
1년 만기	만 15세 이상	1년납	연납	10,000만원

※ 가입대상: 과학기술정보통신부 소속 공무원 및 산하기관 직원

② 특약

구분	가입나이	보험기간	납입주기	가입한도액
무배당 단체재해사망특약 2301	만 15세 이상	1년 만기	연납	20,000만원
무배당 단체질병사망특약 2301				10,000만원
무배당 단체입원의료비보장특약 2301				1,000만원
무배당 단체통원의료비보장특약 2301				1,000만원

※ 주계약, 무배당 단체재해사망특약 2301 및 무배당 단체질병사망특약 2301의 가입 한도는 과학기술정보통신부 산하 기관의 경우 4,000만원으로 함

(3) 보장내용

① 주계약

지급 구분	지급사유
사망보험금	사망 또는 80% 이상 장해 발생 시
재해장해보험금	재해로 장해지급률 3~80% 미만 발생 시

② 특약

㉠ 무배당 단체재해사망특약 2301

지급 구분	지급사유
재해사망보험금	재해로 사망 또는 80% 이상 장해 발생 시

㉡ 무배당 단체질병사망특약 2301

지급 구분	지급사유
질병사망보험금	질병으로 사망 또는 80% 이상 장해 발생 시

ⓒ 무배당 단체입원의료비보장특약 2301

지급 구분	지급사유
입원의료비	상해 또는 질병으로 의료기관에 입원하여 치료를 받은 경우(1천만원 한도)

ⓔ 무배당 단체통원의료비보장특약 2301

지급 구분		지급사유
통원의료비	외래	상해 또는 질병으로 의료기관에 통원하여 치료를 받은 경우(1회당 20만원 한도, 연간 180회 한도)
	처방조제비	상해 또는 질병으로 의료기관에서 처방조제를 받은 경우(1건당 10만원 한도, 연간 180건 한도)

13 무배당 우체국안전벨트보험 2109

(1) 주요 특징
① 교통사고 종합 보장: 교통재해로 인한 사망, 장해 및 각종 의료비를 종합적으로 보장한다.
② 성별에 따른 차이는 있으나, 나이에 관계없이 보험료가 동일하다.
③ 교통재해로 인한 사망 시 최고 2억원을 보장하고, 교통재해로 인한 장해 시 최고 1억원을 보장한다.
④ 교통재해로 인한 입원, 수술, 골절, 외모수술 및 깁스치료까지 각종 치료비를 종합적으로 보장하고, 휴일교통재해로 인한 사망보장을 강화하였다.
⑤ 세제혜택: 근로소득자는 납입한 보험료(연간 100만원 한도)에 대하여 12% 세액을 공제받을 수 있다.

(2) 가입요건
① 주계약

보험기간	가입나이	납입기간	가입한도액
20년 만기	만 15~70세	20년납	1,000만원(고정)

② 특약: 이륜자동차 운전 및 탑승 중 재해부담보특약 2109, 지정대리청구서비스특약 2109, 장애인전용보험전환특약 2007

(3) 보장내용 – 주계약

지급 구분	지급사유
휴일교통재해사망보험금	휴일에 발생한 교통재해를 직접적인 원인으로 사망하였을 때
평일교통재해사망보험금	평일에 발생한 교통재해를 직접적인 원인으로 사망하였을 때
교통재해장해보험금	교통재해로 인하여 장해분류표에서 정한 각 장해지급률에 해당하는 장해상태가 되었을 때
교통재해입원보험금	교통재해로 인하여 그 직접적인 치료를 목적으로 4일 이상 입원하였을 때(3일 초과 입원일수 1일당, 120일 한도)
교통재해수술보험금	교통재해로 인하여 그 직접적인 치료를 목적으로 수술·신생물 근치 방사선 조사 분류표에서 정한 수술을 받았을 때(수술 1회당)
교통재해외모수술보험금	교통재해로 인하여 외모상해의 직접적인 치료를 목적으로 외모수술을 받았을 때 (수술 1회당)

[단권화 MEMO]

교통재해골절(치아파절 제외) 보험금	교통재해로 인하여 골절상태가 되었을 때(사고 1회당)
교통재해깁스치료(부목 제외) 보험금	교통재해로 인하여 그 직접적인 치료를 목적으로 깁스(Cast)치료를 받았을 때(사고 1회당)

14 무배당 우체국급여실손의료비보험(갱신형) 2109

(1) 주요 특징

① 부담 없는 가격의 의료비 전문보험이다.
② 한 번 가입으로 평생 의료비 걱정을 끝낼 수 있다.
③ 입원·통원 합산 5천만원, 통원(외래 및 처방 합산) 회당 20만원까지 보장한다.
④ 보험금 지급실적이 없는 경우 보험료 할인혜택을 제공한다.
⑤ 개인별 의료이용량에 따라 보험료를 차등(할인·할증) 적용한다.
⑥ 주계약 종합형 및 비급여특약 의무가입으로 보장공백을 최소화한다.
⑦ 세제혜택: 근로소득자는 납입한 보험료(연간 100만원 한도)에 대하여 12% 세액을 공제받을 수 있다.

(2) 가입요건

① 주계약 – 종합형, 질병형, 상해형

구분	가입나이	보험기간	납입기간	가입금액(구좌 수)
최초계약	0~60세	1년	전기납	1구좌 고정
갱신계약	1세~			
재가입	5세~			

※ 임신 23주 이내의 태아도 가입 가능
※ 보장내용 변경주기: 5년
※ 재가입 종료 나이: 종신

※ 종합형만 가입할 수 있음. 다만, 중복가입, 병력 등의 사유로 종합형 가입이 불가능한 경우에는 예외로 하며, 이 경우에도 주계약 상해형과 비급여특약 상해형, 주계약 질병형과 비급여특약 질병형은 함께 가입하여야 함

판매형태	보장종목
질병형	질병급여
상해형	상해급여
종합형	질병급여 + 상해급여

② 특약

㉠ 무배당 비급여실손의료비특약(갱신형) 2109(상해형, 질병형, 3대비급여형)(의무부가)

구분	가입나이	보험기간	납입기간	가입금액(구좌 수)
	주계약과 동일			

㉡ 지정대리청구서비스특약 2109, 장애인전용보험전환특약 2007

(3) 보험금 지급 실적이 없는 경우 보험료 할인에 관한 사항(무사고할인)

① 갱신(또는 재가입) 직전 '무사고 할인판정기간' 동안 보험금 지급 실적[급여 의료비 중 본인부담금 및 4대 중증질환(암, 뇌혈관질환, 심장질환, 희귀난치성 질환)으로 인한 비급여의료비에 대한 보험금은 제외]이 없는 계약을 대상으로 갱신일(또는 재가입일)부터 차기 보험기간 1년 동안 보험료의 10%를 할인한다.

② '무사고 할인판정기간'은 갱신일(또는 재가입일)이 속한 달의 3개월 전 해당 월의 말일을 기준으로 직전 2년을 적용하며, 최초계약으로부터 2회차 갱신계약은 예외이다.

※ 2회차 갱신계약부터 적용하며, 주계약만 가입한 계약은 할인대상에서 제외된다.

(4) 비급여실손의료비특약 보험료 할인·할증에 관한 사항(2024년 7월 이후 갱신계약 적용)

① 갱신 직전 '요율상대도 판정기간' 동안의 비급여특약에 따른 보험금 지급 실적을 고려하여 보험료 갱신 시 순보험료(비급여특약의 순보험료 총액을 대상)에 요율상대도(할인·할증요율)를 적용한다.

② '요율상대도 판정기간'은 갱신일이 속한 달의 3개월 전 해당 월의 말일을 기준으로 12개월 이내로 하며, 최초계약으로부터 1회차 갱신계약은 예외이다.

③ 요율상대도 계산을 위해 계약자 또는 피보험자(보험대상자)에게 증빙자료의 제출을 요구할 수 있으며, 요율상대도 계산을 위한 증빙자료 지연제출로 인해 발생한 보험료 차액에 대해서는 이자를 더하여 지급하지 않는다.

※ 단, 「국민건강보험법」상 산정특례대상질환(암질환, 뇌혈관질환, 심장질환, 희귀난치성 질환 등) 및 「노인장기요양보험법」상 장기요양대상자 중 1~2등급을 판정받은 자에 대한 비급여의료비는 제외한다.

구분	1단계(할인)	2단계(유지)	3단계(할증)	4단계(할증)	5단계(할증)
보험료 갱신 전 12개월 이내 기간 동안 보험금 지급실적(원)	0원 (보험금 지급 실적 없음)	0 초과~ 100만 미만	100만 이상~ 150만 미만	150만 이상~ 300만 미만	300만 이상
요율상대도	할인*	100%	200%	300%	400%

* 할인율은 매년 별도 산출

(5) 자동갱신절차에 관한 사항

보험기간 종료일 30일 전까지 계약자에게 서면 또는 전화(음성녹음)로 안내(보험료 등 변경 내용)한다.

① 보험기간 종료일 15일 전까지 계약자의 별도 의사표시가 없으면 자동갱신한다(최대 4회까지 갱신 가능).

② 계약자가 갱신 거절의사를 통지하면 계약이 종료된다.

※ 갱신 시 연령 증가 및 의료수가 인상, 적용기초율 변경, 요율상대도(할인·할증요율) 적용 등으로 보험료는 인상될 수 있다.

(6) 재가입에 관한 사항

① 재가입 조건: 다음의 조건을 충족하고 계약자가 보장내용 변경주기 종료일 전일(비영업일인 경우 전 영업일)까지 재가입 의사를 표시한 때에는 재가입 시점에서 체신관서가 판매하는 실손의료보험 상품으로 재가입할 수 있다.

[단권화 MEMO]

　　　ⓐ 재가입일에 있어서 피보험자의 나이가 체신관서가 최초가입 당시 정한 나이의 범위 내일 것(종신까지 재가입 가능)
　　　ⓑ 재가입 전 계약의 보험료가 정상적으로 납입완료되었을 것
　② **보험계약의 자동연장**: 보장내용 변경주기 종료일 전일까지 계약자로부터 재가입 의사를 확인하지 못한 경우(계약자와의 연락두절로 체신관서의 안내가 계약자에게 도달하지 못한 경우 포함)에는 직전계약과 동일한 조건으로 보험계약을 자동연장한다. 다만, 보험료, 해약환급금 등 보험요율은 나이의 증가, 의료수가의 변동, 적용기초율의 변동, 요율상대도(할인·할증요율) 적용 등의 사유로 인하여 변동될 수 있다.
　　　ⓐ 직전 계약과 동일한 조건으로 자동연장된 경우 계약자는 그 연장된 날로부터 90일 이내에 그 계약을 취소할 수 있으며, 체신관서는 연장된 날 이후 계약자가 납입한 보험료 전액을 환급한다.
　　　ⓑ 직전 계약과 동일한 조건으로 자동연장된 경우 보험계약의 연장일은 체신관서가 계약자의 재가입의사를 확인한 날(계약자 등이 체신관서에 보험금을 청구함으로써 계약자에게 연락이 닿아 체신관서가 계약자의 재가입의사를 확인한 날 등)까지로 한다.
　③ 계약자의 재가입 의사가 확인된 경우에는 약관에서 정한 절차에 따라 체신관서가 재가입 의사를 확인한 날에 판매 중인 상품으로 다시 재가입하는 것으로 하며, 기존 계약은 해지된다. 다만, 계약자가 재가입을 원하지 않는 경우에는 해당 시점으로부터 계약은 해지된다.

(7) 본인부담금 상한제 및 본인부담금 보상제 적용에 관한 사항
　①「국민건강보험법」에 따른 본인부담금 상한제: 요양급여비용 중 본인이 부담한 비용의 연간 총액이 일정 상한액[국민건강보험 지역가입자의 세대별 보험료 부담수준 또는 직장가입자의 개인별 보험료 부담수준에 따라「국민건강보험법」등 관련 법령에서 정한 금액(81만원~584만원)]을 초과하는 경우 그 초과액을 국민건강보험공단이 부담하는 제도이다.
　②「의료급여법」에 따른 본인부담금 보상제: 수급권자의 급여대상 본인부담금이 매 30일간 다음 금액을 초과하는 경우, 초과금액의 50%에 해당하는 금액을 의료급여기금 등이 부담하는 제도이다.
　　　ⓐ 1종 수급권자: 2만원
　　　ⓑ 2종 수급권자: 20만원
　③「의료급여법」에 따른 본인부담금 상한제: 본인부담금 보상제에 따라 지급받은 금액을 차감한 급여대상 본인부담금이 다음 금액을 초과하는 경우, 그 초과액 전액을 의료급여기금 등이 부담하는 제도이다.
　　　ⓐ 1종 수급권자: 매 30일간 5만원
　　　ⓑ 2종 수급권자: 연간 80만원(다만,「의료법」제3조 제2항 제3호 라목에 따른 요양병원에 연간 240일을 초과하여 입원한 경우에는 연간 120만원으로 한다)
　※ 다만, 관련 법령 등이 변경되는 경우 변경된 기준을 따른다(상기 예시금액은 2021. 5월 기준).

(8) 보장내용
① 주계약

판매형태		보장종목	지급사유
종합형	질병형	질병급여	피보험자가 질병으로 인하여 의료기관에 입원 또는 통원하여 급여 치료를 받거나 급여 처방조제를 받은 경우(연간 5천만원 한도)
	상해형	상해급여	피보험자가 상해로 인하여 의료기관에 입원 또는 통원하여 급여 치료를 받거나 급여 처방조제를 받은 경우(연간 5천만원 한도)

※ 비급여의료비는 보상하지 않음

② 무배당 비급여실손의료비특약(갱신형) 2109

판매형태	보장종목	지급사유
상해형	상해비급여	피보험자가 상해로 인하여 의료기관에 입원 또는 통원하여 비급여 치료를 받거나 비급여 처방조제를 받은 경우(3대 비급여 제외, 연간 5천만원 한도)
질병형	질병비급여	피보험자가 질병으로 인하여 의료기관에 입원 또는 통원하여 비급여 치료를 받거나 비급여 처방조제를 받은 경우(3대 비급여 제외, 연간 5천만원 한도)
3대 비급여형	3대 비급여	피보험자가 상해 또는 질병의 치료목적으로 의료기관에 입원 또는 통원하여 3대 비급여 치료를 받은 경우

※ 3대 비급여: 도수치료·체외충격파치료·증식치료, 주사료, 자기공명영상진단

15 무배당 우체국급여실손의료비보험(계약전환·단체개인전환·개인중지재개용)(갱신형) 2109

(1) 주요 특징
① 실손의료비보험 계약전환, 단체실손의료비보험 개인실손전환 및 개인실손의료비보험 중지 후 재개 시 가입 가능한 실손의료비 상품이다.
② 입원·통원을 합산하여 5천만원, 통원(외래 및 처방 합산) 시에는 회당 20만원까지 보장한다.
③ 보험금 지급 실적이 없는 경우 보험료 할인혜택을 제공한다.
④ 개인별 의료이용량에 따라 보험료를 차등(할인·할증)하여 적용한다.
⑤ 주계약 종합형 및 비급여특약 의무가입으로 보장공백을 최소화한다.
⑥ 세제혜택: 근로소득자는 납입한 보험료(연간 100만원 한도)에 대하여 12% 세액을 공제받을 수 있다.

(2) 가입요건
① 주계약 – 종합형, 질병형, 상해형

구분	가입나이	보험기간	납입기간	가입금액(구좌 수)
최초계약	0~99세	1년	전기납	1구좌 고정
갱신계약	1세~			
재가입	5세~			

※ 보장내용 변경주기: 5년
※ 재가입 종료나이: 종신

※ 종합형만 가입할 수 있음. 다만, 중복가입, 병력 등의 사유로 종합형 가입이 불가능한 경우에는 예외로 하며, 이 경우에도 주계약 상해형과 비급여특약 상해형, 주계약 질병형과 비급여특약 질병형은 함께 가입하여야 함

[단권화 MEMO]

판매형태	보장종목
질병형	질병급여
상해형	상해급여
종합형	질병급여 + 상해급여

② 특약

㉠ 무배당 비급여실손의료비특약(계약전환·단체개인전환·개인중지재개용)(갱신형) 2109(상해형, 질병형, 3대 비급여형)(의무부가)

구분	가입나이	보험기간	납입기간	가입금액(구좌 수)
	주계약과 동일			

㉡ 지정대리청구서비스특약 2109, 장애인전용보험전환특약 2007, 실손의료비보험 계약전환특약 2107, 단체실손의료비보험 개인실손전환특약 2107, 개인실손의료비보험 중지 및 재개특약 2107

(3) 보험금 지급 실적이 없는 경우 보험료 할인에 관한 사항(무사고 할인)

① 갱신(또는 재가입) 직전 '무사고 할인판정기간' 동안 보험금 지급 실적[급여 의료비 중 본인부담금 및 4대 중증질환(암, 뇌혈관질환, 심장질환, 희귀난치성 질환)으로 인한 비급여의료비에 대한 보험금은 제외]이 없는 계약을 대상으로 갱신일(또는 재가입일)부터 차기 보험기간 1년 동안 보험료의 10%를 할인한다.

② '무사고 할인판정기간'은 갱신일(또는 재가입일)이 속한 달의 3개월 전 해당 월의 말일을 기준으로 직전 2년을 적용하며, 최초계약으로부터 2회차 갱신계약은 예외이다.

※ 2회차 갱신계약부터 적용하며, 주계약만 가입한 계약은 할인대상에서 제외한다.

(4) 비급여실손의료비특약 보험료 할인·할증에 관한 사항(2024년 7월 이후 갱신계약 적용)

① 갱신 직전 '요율상대도 판정기간' 동안의 비급여특약에 따른 보험금 지급 실적을 고려하여 보험료 갱신 시 순보험료(비급여특약의 순보험료 총액을 대상)에 요율상대도(할인·할증요율)를 적용한다.

② '요율상대도 판정기간'은 갱신일이 속한 달의 3개월 전 해당 월의 말일을 기준으로 12개월 이내로 하며, 최초계약으로부터 1회차 갱신계약은 예외이다.

③ 요율상대도 계산을 위해 계약자 또는 피보험자(보험대상자)에게 증빙자료의 제출을 요구할 수 있으며, 요율상대도 계산을 위한 증빙자료 지연제출로 인해 발생한 보험료 차액에 대해서는 이자를 더하여 지급하지 않는다.

※ 단, 「국민건강보험법」상 산정특례대상질환(암질환, 뇌혈관질환, 심장질환, 희귀난치성 질환 등) 및 「노인장기요양보험법」상 장기요양대상자 중 1~2등급을 판정받은 자에 대한 비급여의료비는 제외한다.

구분	1단계(할인)	2단계(유지)	3단계(할증)	4단계(할증)	5단계(할증)
보험료 갱신 전 12개월 이내 기간동안 보험금 지급실적(원)	0원 (보험금 지급 실적 없음)	0 초과~ 100만 미만	100만 이상~ 150만 미만	150만 이상~ 300만 미만	300만 이상
요율상대도	할인*	100%	200%	300%	400%

* 할인율은 매년 별도 산출

(5) 자동갱신절차에 관한 사항

① 보험기간 종료일 30일 전까지 계약자에게 서면 또는 전화(음성녹음)로 안내(보험료 등 변경 내용)한다.
  ㉠ 보험기간 종료일 15일 전까지 계약자의 별도 의사표시가 없으면 자동갱신된다(최대 4회까지 갱신 가능).
  ㉡ 계약자가 갱신 거절의사를 통지하면 계약이 종료된다.
② 갱신 시 연령 증가 및 의료수가 인상, 적용기초율 변경, 요율상대도(할인·할증요율) 적용 등으로 보험료는 인상될 수 있다.

(6) 재가입에 관한 사항

① **재가입 조건**: 다음의 조건을 충족하고 계약자가 보장내용의 변경주기 종료일 전일(비영업일인 경우 전 영업일)까지 재가입 의사를 표시한 때에는 재가입 시점에서 체신관서가 판매하는 실손의료보험 상품으로 재가입할 수 있다.
  ㉠ 재가입일에 있어서 피보험자의 나이가 체신관서가 최초가입 당시 정한 나이의 범위 내일 것(종신까지 재가입 가능)
  ㉡ 재가입 전 계약의 보험료가 정상적으로 납입완료되었을 것
② **보험계약의 자동연장**: 보장내용 변경주기 종료일 전일까지 계약자로부터 재가입 의사를 확인하지 못한 경우(계약자와의 연락두절로 체신관서의 안내가 계약자에게 도달하지 못한 경우 포함)에는 직전 계약과 동일한 조건으로 보험계약을 자동연장한다. 다만, 보험료, 해약환급금 등 보험요율은 나이의 증가, 의료수가의 변동, 적용기초율의 변동, 요율상대도(할인·할증요율) 적용 등의 사유로 인하여 변동될 수 있다.
  ㉠ 직전 계약과 동일한 조건으로 자동연장된 경우 계약자는 그 연장된 날로부터 90일 이내에 그 계약을 취소할 수 있으며, 체신관서는 연장된 날 이후 계약자가 납입한 보험료 전액을 환급한다.
  ㉡ 직전 계약과 동일한 조건으로 자동연장된 경우 보험계약의 연장일은 체신관서가 계약자의 재가입의사를 확인한 날(계약자 등이 체신관서에 보험금을 청구함으로써 계약자에게 연락이 닿아 체신관서가 계약자의 재가입의사를 확인한 날 등)까지로 한다.
③ **기존 계약의 해지**: 계약자의 재가입 의사가 확인된 경우에는 약관에서 정한 절차에 따라 체신관서가 재가입 의사를 확인한 날에 판매 중인 상품으로 다시 재가입하는 것으로 하며, 기존 계약은 해지된다. 다만, 계약자가 재가입을 원하지 않는 경우에는 해당 시점으로부터 계약은 해지된다.

(7) 본인부담금 상한제 및 본인부담금 보상제 적용에 관한 사항

① 「**국민건강보험법」에 따른 본인부담금 상한제**: 요양급여비용 중 본인이 부담한 비용의 연간 총액이 일정 상한액[국민건강보험 지역가입자의 세대별 보험료 부담수준 또는 직장가입자의 개인별 보험료 부담수준에 따라 「국민건강보험법」 등 관련 법령에서 정한 금액(81만원~584만원)]을 초과하는 경우 그 초과액을 국민건강보험공단이 부담하는 제도이다.
② 「**의료급여법」에 따른 본인부담금 보상제**: 수급권자의 급여대상 본인부담금이 매 30일간 다음 금액을 초과하는 경우, 초과금액의 50%에 해당하는 금액을 의료급여기금 등이 부담하는 제도이다.

[단권화 MEMO]

　　㉠ 1종 수급권자: 2만원
　　㉡ 2종 수급권자: 20만원
③ 「의료급여법」에 따른 본인부담금 상한제: 본인부담금 보상제에 따라 지급받은 금액을 차감한 급여대상 본인부담금이 다음 금액을 초과하는 경우, 그 초과액 전액을 의료급여기금 등이 부담하는 제도이다.
　　㉠ 1종 수급권자: 매 30일간 5만원
　　㉡ 2종 수급권자: 연간 80만원(다만, 「의료법」 제3조 제2항 제3호 라목에 따른 요양병원에 연간 240일을 초과하여 입원한 경우에는 연간 120만원으로 한다)

※ 다만, 관련 법령 등이 변경되는 경우 변경된 기준을 따른다(상기 예시금액은 2021. 5월 기준).

(8) 보장내용

① 주계약

판매형태		보장종목	지급사유
종합형	질병형	질병급여	피보험자가 질병으로 인하여 의료기관에 입원 또는 통원하여 급여 치료를 받거나 급여 처방조제를 받은 경우(연간 5천만원 한도)
	상해형	상해급여	피보험자가 상해로 인하여 의료기관에 입원 또는 통원하여 급여 치료를 받거나 급여 처방조제를 받은 경우(연간 5천만원 한도)

※ 비급여의료비는 보상하지 않음

② 무배당 비급여실손의료비특약(계약전환·단체개인전환·개인중지재개용)(갱신형) 2109

판매형태	보장종목	지급사유
상해형	상해비급여	피보험자가 상해로 인하여 의료기관에 입원 또는 통원하여 비급여 치료를 받거나 비급여 처방조제를 받은 경우(3대 비급여 제외, 연간 5천만원 한도)
질병형	질병비급여	피보험자가 질병으로 인하여 의료기관에 입원 또는 통원하여 비급여 치료를 받거나 비급여 처방조제를 받은 경우(3대 비급여 제외, 연간 5천만원 한도)
3대 비급여형	3대 비급여	피보험자가 상해 또는 질병의 치료 목적으로 의료기관에 입원 또는 통원하여 3대 비급여 치료를 받은 경우

※ 3대 비급여: 도수치료·체외충격파치료·증식치료, 주사료, 자기공명영상진단

16 무배당 우체국노후실손의료비보험(갱신형) 2109

(1) 주요 특징

① (의료비 전문보험) 상해 및 질병 최고 1억원, 통원 건당 최고 100만원, 요양병원의료비 5천만원, 상급병실료 차액 2천만원이 보장된다.
② 최대 75세까지 가입이 가능한 실버 전용보험이다.
③ 필요에 따라 종합형·질병형·상해형 중에서 선택할 수 있다.
④ 세제혜택: 근로소득자는 납입한 보험료(연간 100만원 한도)에 대하여 12% 세액을 공제받을 수 있다.

(2) 가입요건

① 주계약(종합형, 질병형, 상해형), 무배당 요양병원의료비특약(갱신형) 2109, 무배당 상급병실료차액특약(갱신형) 2109

구분	가입나이	보험기간	납입기간	보험 가입금액(구좌 수)
최초계약	61 ~ 75세	1년	전기납	1구좌 고정
갱신계약	62세 ~			
재가입	64세 ~			

※ 보장내용 변경주기: 3년
※ 재가입 종료나이: 종신
※ 종합형, 질병형, 상해형 중 한 가지 형태를 계약자가 선택하여 가입 가능
  → 무배당 요양병원의료비특약(갱신형) 2109 및 무배당 상급병실료차액특약(갱신형) 2109를 가입하는 경우 종합형을 가입해야 함

② 지정대리청구서비스특약 2109, 장애인전용보험전환특약 2007

(3) 자동갱신절차에 관한 사항

① 보험기간 종료일 30일 전까지 계약자에게 서면 또는 전화(음성녹음)로 안내(보험료 등 변경 내용)한다.
  ㉠ 보험기간 종료일 15일 전까지 계약자의 별도 의사표시가 없으면 자동갱신된다(최대 2회까지 갱신 가능).
  ㉡ 계약자가 갱신 거절의사를 통지하면 계약이 종료된다.
② 갱신 시 연령 증가 및 의료수가 인상, 예정기초율 변경 등으로 보험료는 인상될 수 있다.

(4) 재가입에 관한 사항

① 다음의 조건을 충족하고 계약자가 보장내용 변경주기 종료일 전일(비영업일인 경우 전 영업일)까지 재가입 의사를 표시한 때에는 재가입 시점에서 체신관서가 판매하는 노후실손의료보험 상품으로 재가입할 수 있다.
  ㉠ 재가입일에 있어서 피보험자의 나이가 체신관서가 최초 가입 당시 정한 나이의 범위 내일 것(종신까지 재가입 가능)
  ㉡ 재가입 전 계약의 보험료가 정상적으로 납입완료되었을 것
② 계약자로부터 별도의 의사표시가 없을 때에는 계약이 종료된다.

(5) 보장내용

① 주계약

판매형태		보장종목		지급사유
종합형	질병형	질병보장	질병의료비	질병으로 인하여 병원(요양병원 제외)에 입원 또는 통원하여 치료를 받거나 처방조제를 받은 경우[연간 1억원 한도, 다만, 통원은 회(건)당 최고 100만원 한도]
	상해형	상해보장	상해의료비	상해로 인하여 병원(요양병원 제외)에 입원 또는 통원하여 치료를 받거나 처방조제를 받은 경우[연간 1억원 한도, 다만, 통원은 회(건)당 최고 100만원 한도]

② 특약

㉠ 무배당 요양병원의료비특약(갱신형) 2109

지급 구분	지급사유
요양병원의료비	상해 또는 질병으로 인하여 요양병원에 입원 또는 통원하여 치료를 받거나 처방조제를 받은 경우[상해 및 질병을 통합하여 연간 5천만원 한도. 다만, 통원은 회(건)당 최고 100만원 한도]

㉡ 무배당 상급병실료차액특약(갱신형) 2109

지급 구분	지급사유
상급병실료 차액보험금	상해 또는 질병으로 인하여 병원의 상급병실에 입원하여 치료를 받은 경우(상해 및 질병을 통합하여 연간 2천만원 한도, 1일당 평균금액 10만원 한도)

17 무배당 우체국간편실손의료비보험(갱신형) 2109

(1) 주요 특징
① 병이 있거나 나이가 많아도 3가지(건강 관련)를 간편고지하여 간편하게 가입하는 실손보험이다.
② 5세부터 70세까지 가입할 수 있다.
③ 입원 최대 5천만원, 통원 건당 20만원(단, 처방조제비 제외)까지 보장한다.
④ 필요에 따라 종합형, 질병형, 상해형 중 선택할 수 있다.
⑤ 세제혜택: 근로소득자는 납입한 보험료(연간 100만원 한도)에 대하여 12% 세액을 공제받을 수 있다.

(2) 가입요건
① 주계약(종합형, 질병형, 상해형)

구분	가입나이	보험기간	보험료 납입기간	보험 가입금액(구좌 수)
최초계약	5~70세	1년	전기납	1구좌 고정
갱신계약	6세~			
재가입	8세~			

※ 보장내용 변경주기: 3년
※ 재가입 종료나이: 종신
※ 종합형, 질병형, 상해형 중 한 가지 형태를 계약자가 선택하여 가입 가능

판매형태	보장종목
질병형	질병입원 + 질병통원
상해형	상해입원 + 상해통원
종합형	질병입원 + 질병통원 + 상해입원 + 상해통원

② 특약: 지정대리청구서비스특약 2109, 장애인전용보험전환특약 2007

(3) 자동갱신절차에 관한 사항
① 보험기간 종료일 30일 전까지 계약자에게 서면 또는 전화(음성녹음)로 안내(보험료 등 변경 내용)한다.
 ㉠ 보험기간 종료일 15일 전까지 계약자의 별도 의사표시가 없으면 자동갱신된다(최대 2회까지 갱신 가능).

ⓒ 계약자가 갱신 거절의사를 통지하면 계약이 종료된다.
② 갱신 시 연령 증가 및 의료수가 인상, 예정기초율 변경 등으로 보험료가 인상될 수 있다.

(4) 재가입에 관한 사항
① 다음의 조건을 충족하고 계약자가 보장내용 변경주기 종료일 전일(비영업일인 경우 전 영업일)까지 재가입 의사를 표시한 때에는 재가입 시점에서 체신관서가 판매하는 간편실손의료보험 상품으로 재가입할 수 있다.
  ㉠ 재가입일에 있어서 피보험자의 나이는 체신관서가 최초가입 당시 정한 나이의 범위 내일 것(종신까지 재가입 가능)
  ㉡ 재가입 전 계약의 보험료가 정상적으로 납입완료되었을 것
② 계약자로부터 별도의 의사표시가 없을 때에는 계약은 종료된다.

(5) 간편고지에 관한 사항
① 이 상품은 '간편고지' 상품으로 유병력자 등 일반심사보험에 가입하기 어려운 피보험자를 대상으로 한다.
② 이 상품은 일반심사보험에 비해 보험료가 할증되어 있으며 일반계약 심사를 할 경우 이 보험보다 저렴한 일반심사형 실손의료비보험에 가입할 수 있다(다만, 일반심사보험의 경우 건강상태나 가입나이에 따라 가입이 제한될 수 있으며 보장하는 담보 및 내용에는 차이가 있을 수 있음).
③ 이 상품 가입 시 간편고지 상품과 일반심사보험의 보험료 수준을 비교하여 설명하고, 이에 대한 계약자 확인을 받아야 한다.
④ 최초계약 청약일로부터 직전 3개월 이내에 표준체에 해당하는 일반심사형 상품으로 가입한 피보험자를 대상으로 청약하는 경우, 피보험자의 유병력자 여부를 추가로 심사한다. 다만, 해당 일반심사형 계약의 보험금이 이미 지급되거나 청구서류를 접수한 경우에는 그러하지 아니하다.
  → 피보험자가 유병력자임을 알 수 없을 경우, 간편실손의료비보험 계약의 청약을 거절한다.
⑤ 이 상품 가입 후 최초계약 계약일로부터 3개월이 지나지 않은 피보험자를 대상으로 표준체에 해당하는 일반심사형 상품에 청약한 경우, 해당 피보험자가 일반실손보험에 가입 가능한지 여부를 심사한다. 다만, 본 계약의 보험금이 이미 지급되거나 청구서류를 접수한 경우에는 그러하지 아니하다.
  → 일반실손보험에 가입이 가능한 경우에는 본 상품의 계약을 무효로 하며 이미 납입한 보험료를 보험계약자에게 돌려주고, 일반실손보험에 가입할 수 있음을 고객에게 안내한다.

(6) 보장내용

판매형태		보장종목		지급사유
종합형	질병형	질병입원	입원의료비	질병으로 인하여 병원에 입원하여 치료를 받은 경우(하나의 질병당 5천만원 한도)
		질병통원	통원의료비	질병으로 인하여 병원에 통원하여 치료를 받은 경우(단, 처방조제비 제외, 1회당 20만원 한도, 연간 180회 한도)
	상해형	상해입원	입원의료비	상해로 인하여 병원에 입원하여 치료를 받은 경우(하나의 상해당 5천만원 한도)
		상해통원	통원의료비	상해로 인하여 병원에 통원하여 치료를 받은 경우(단, 처방조제비 제외, 1회당 20만원 한도, 연간 180회 한도)

※ 도수치료·체외충격파치료·증식치료로 발생한 비급여의료비, 비급여 주사료 및 자기공명영상진단(MRI/MRA)으로 발생한 비급여의료비는 보상에서 제외됨

[단권화 MEMO]

18 무배당 만원의행복보험 2109

(1) 주요 특징

① 차상위계층 이하 저소득층을 위한 공익형 상해보험이다.
② 성별·나이에 상관없이 보험료는 1만원(1년 만기 기준)이고, 1회 납입 1만원(1년 만기 기준) 초과 보험료는 체신관서가 공익자금으로 지원한다.
③ 사고에 따른 유족보장과 재해입원·수술비를 정액 보상한다.
④ 만기보험금(1년 만기 1만원, 3년 만기 3만원) 지급으로 납입보험료를 100% 환급한다.

(2) 가입요건

① 주계약

보험기간	가입나이	납입기간	가입금액(구좌 수)
1년 만기, 3년 만기	만 15~65세	일시납	1구좌 고정

※ 보험계약자는 개별 보험계약자와 과학기술정보통신부장관을 공동 보험계약자로 하며, 개별 보험계약자를 대표자로 함

② 특약: 지정대리청구서비스특약 2109, 장애인전용보험전환특약 2007

(3) 피보험자 자격요건

「국민기초생활 보장법」에서 정한 차상위계층 이하이어야 한다.

(4) 피보험자 확인서류

차상위계층 확인서 또는 수급자 증명서를 통해 확인한다.

(5) 보험료 납입

개별 보험계약자는 1년 만기의 경우 1만원, 3년 만기의 경우 3만원의 보험료를 납입하며, 나머지 보험료는 과학기술정보통신부장관이 납입한다.

(6) 보장내용 – 주계약

지급 구분	지급사유
만기보험금	보험기간이 끝날 때까지 살아 있을 때
유족위로금	재해를 직접적인 원인으로 사망하였을 때
재해입원보험금	재해로 인하여 그 직접적인 치료를 목적으로 4일 이상 입원하였을 때(3일 초과 입원일수 1일당, 120일 한도)
재해수술보험금	재해로 인하여 그 직접적인 치료를 목적으로 수술을 받았을 때(수술 1회당)

19 무배당 우체국통합건강보험 2109

(1) 주요 특징

① 사망부터 생존(진단, 입원, 수술 등)까지 종합적으로 보장하는 통합건강보험이다.
② 대상포진 및 통풍 등 생활형 질병을 보장한다.
③ 시니어보장강화로 면역 관련(다발경화증, 특정 류마티스관절염 등) 질환 및 시니어수술(백내장·관절염·인공관절 치환 수술)에 특화된 보험이다.
④ 중증치매로 최종 진단 확정 시 평생 중증치매진단간병자금을 지급한다.

⑤ 장해(50% 이상) 발생 시 보험료 납입면제 제공 및 주계약 보험료 고액계약 할인으로 보험료 납입부담을 완화한다.
⑥ 첫날부터 입원비를 보장(일반 입원 및 중환자실 입원)해준다.
⑦ 세제혜택: 근로소득자는 납입보험료(연간 100만원 한도)에 대하여 12% 세액을 공제받을 수 있다.

(2) 가입요건

① 주계약

가입나이	보험기간	납입기간	납입주기	보험 가입금액
만 15 ~ 50세	90, 95, 100세 만기	5, 10, 15, 20, 30년납	월납	1,000만원 ~ 4,000만원 (500만원 단위)
51 ~ 60세		5, 10, 15, 20년납		
61 ~ 65세		5, 10, 15년납		

※ 피보험자가 가입 당시 61세 이상인 경우 보험 가입금액 2,000만원 한도

② 특약

㉠ 무배당 재해치료특약Ⅱ 2109, 무배당 암보장특약 2109, 무배당 뇌혈관질환보장특약 2109, 무배당 심장질환보장특약 2109, 무배당 시니어보장특약 2109

가입나이	보험기간	납입기간	납입주기	보험 가입금액
주계약과 동일				1,000만원 ~ 2,000만원 (주계약 가입금액 이내에서 500만원 단위)

※ 피보험자가 가입 당시 61세 이상인 경우 보험 가입금액 1,000만원(고정) 한도

㉡ 무배당 중증치매간병비특약Ⅱ 2109

가입나이	보험기간	납입기간	납입주기	보험 가입금액
30 ~ 50세	90, 95, 100세 만기	5, 10, 15, 20, 30년납	월납	1,000만원 ~ 2,000만원 (주계약 가입금액 이내에서 500만원 단위)
51 ~ 60세		5, 10, 15, 20년납		
61 ~ 65세		5, 10, 15년납		

※ 피보험자가 가입 당시 61세 이상인 경우 보험 가입금액 1,000만원(고정) 한도

㉢ 무배당 대상포진보장특약(갱신형) 2109, 무배당 통풍보장특약(갱신형) 2109, 무배당 첫날부터 입원특약(갱신형) 2109, 무배당 수술특약(갱신형) 2109, 무배당 시니어수술특약(갱신형) 2109, 무배당 12대질병입원수술특약(갱신형) 2109

구분	가입나이	보험기간	납입기간	납입주기	보험 가입금액
최초계약	만 15 ~ 65세	10년	전기납	월납	1,000만원 ~ 2,000만원 (주계약 가입금액 이내에서 500만원 단위)
갱신계약	만 25 ~ (주계약 만기나이 − 1)세	1 ~ 10년			

※ 보험기간은 10년 만기(갱신형)로 운영함. 단, 최종 갱신계약의 보험기간 만료일은 주계약 보험기간 만료일까지로 함
※ 피보험자가 가입 당시 61세 이상인 경우 보험 가입금액 1,000만원(고정) 한도

ⓔ **무배당 암입원수술특약(갱신형) 2109**

구분	가입나이	보험기간	납입기간	납입주기	보험 가입금액
최초계약	만 15 ~ 65세	10년	전기납	월납	500만원 ~ 1,000만원 (500만원 단위)
갱신계약	만 25 ~ (주계약 만기나이 – 1)세	1 ~ 10년			

※ 보험기간은 10년 만기(갱신형)로 운영함. 단, 최종 갱신계약의 보험기간 만료일은 주계약 보험기간 만료일까지로 함
※ 피보험자가 가입 당시 61세 이상인 경우 보험 가입금액 500만원(고정) 한도

ⓜ **무배당 요양병원암입원특약Ⅲ(갱신형) 2109**

구분	가입나이	보험기간	납입기간	납입주기	보험 가입금액
최초계약	만 15 ~ 65세	10년 만기 (갱신형)	전기납	월납	500만원 ~ 1,000만원 (500만원 단위)
갱신계약	만 25 ~ 70세				

※ 피보험자가 가입 당시 61세 이상인 경우 보험 가입금액 500만원(고정) 한도

ⓑ **이륜자동차 운전 및 탑승 중 재해부담보특약 2109, 지정대리청구서비스특약 2109, 장애인전용보험전환특약 2007**

(3) 보험료 할인에 관한 사항 – 고액 할인

주계약 보험 가입금액	2천만원 이상 ~ 3천만원 미만	3천만원 이상 ~ 4천만원 미만	4천만원
할인율	1.0%	2.0%	3.0%

※ 고액 할인은 주계약 보험료(특약보험료 제외)에 한하여 적용

(4) 특약의 갱신에 관한 사항

갱신절차	보험기간 만료일 30일 전까지 계약자에게 서면 또는 전화(음성녹음) 안내(보험료 등 변경내용) • 보험기간 만료일 15일 전까지 계약자의 별도 의사표시가 없으면 자동갱신 – (무)대상포진보장특약(갱신형) 2109, (무)통풍보장특약(갱신형) 2109, (무)첫날부터입원특약(갱신형) 2109, (무)수술특약(갱신형) 2109, (무)시니어수술특약(갱신형) 2109, (무)12대질병입원수술특약(갱신형) 2109, (무)암입원수술특약(갱신형) 2109의 경우, 최대 주계약 보험기간 만료일의 1년 전 계약 해당일까지 갱신 가능하며, 최종 갱신계약의 보험기간 만료일은 주계약 보험기간 만료일까지로 함 – (무)요양병원암입원특약Ⅲ(갱신형) 2109의 경우, 피보험자가 나이 70세를 초과하는 경우에는 이 특약을 갱신할 수 없음 • 계약자가 갱신 거절의사를 통지하면 계약이 종료됨
갱신계약 보험료	갱신계약의 보험료는 각각의 특약 상품에 따라 나이의 증가, 적용기초율의 변동 등의 사유로 인상 가능

(5) 지정대리청구인 지정에 관한 사항(무배당 중증치매간병비특약Ⅱ 2109에 한함)

계약자가 본인을 위한 특약(계약자, 피보험자 및 보험수익자가 모두 동일)을 체결할 경우, 체신관서는 지정대리청구서비스신청서를 교부하고 지정대리청구인 지정에 관련된 내용을 설명하여야 한다. 다만, 전화를 이용하여 특약을 체결하는 경우에는 음성 녹음함으로써 교부 및 설명한 것으로 본다.

① 계약자는 보험금을 직접 청구할 수 없는 특별한 사정이 있을 경우를 대비하여 특약을 체결할 때 또는 특약 체결 이후에 다음의 어느 하나에 해당하는 자 중에서 보험금의 대리청구인[2인 이내에서 지정하되, 2인 지정 시 대표대리인을 지정(이하 '지정대리청구인')을 지정(변경 지정 포함)할 수 있다. 다만, 지정대리청구인은 보험금 청구 시에도 다음의 어느 하나에 해당하여야 한다.
㉠ 피보험자의 가족관계등록부상의 배우자

ⓒ 피보험자의 3촌 이내의 친족
② ①에도 불구하고 지정대리청구인이 지정된 이후에 보험수익자가 변경되는 경우에는 이미 지정된 지정대리청구인의 자격은 자동적으로 상실된 것으로 본다.

(6) 보장내용

① 주계약

지급 구분	지급사유
사망보험금	보험기간 중 사망하였을 때

※ 플러스보험기간(약관에서 정한 플러스보험기간이 적용되는 경우에 한함)

지급 구분	지급사유
플러스사망보험금	플러스보험기간 중 사망하였을 때

※ '플러스보험기간'이란 보험기간이 만료되는 시점에 플러스적립금이 발생하는 경우, 보험기간 만료 후부터 10년 동안 자동으로 연장되어 추가적인 보장을 받는 기간을 말함

② 특약

㉠ 무배당 재해치료특약 II 2109

지급 구분	지급사유
재해장해보험금	재해로 인하여 장해분류표에서 정한 각 장해지급률에 해당하는 장해상태가 되었을 때
재해장해생활자금	장해분류표 중 동일한 재해로 여러 신체부위의 합산 장해지급률이 50% 이상인 장해상태가 되었을 때
재해외모수술보험금	재해로 인하여 외모상해의 직접적인 치료를 목적으로 외모수술을 받았을 때(수술 1회당)
재해화상진단보험금	재해로 인하여 화상으로 진단이 확정되었을때(사고 1회당)
재해골절 (치아파절 제외)보험금	재해로 인하여 골절상태가 되었을 때(사고 1회당)
재해깁스치료 (부목 제외)보험금	재해로 인하여 그 직접적인 치료를 목적으로 깁스(Cast)치료를 받았을 때(사고 1회당)

㉡ 무배당 암보장특약 2109

지급 구분	지급사유
암진단보험금	• 보험기간 중 암보장개시일 이후에 최초의 암으로 진단이 확정되었을 때(단, 최초 1회에 한함) • 보험기간 중 최초의 갑상선암, 기타피부암, 대장점막내암, 제자리암 또는 경계성 종양으로 진단이 확정되었을 때(단, 각각 최초 1회에 한함)
고액암진단보험금	보험기간 중 암보장개시일 이후에 최초의 고액암으로 진단이 확정되었을 때(단, 최초 1회에 한함)
항암방사선· 약물치료보험금	• 보험기간 중 암보장개시일 이후에 암으로 진단이 확정되고 그 암의 직접적인 치료를 목적으로 항암방사선치료 또는 항암약물치료를 받았을 때(단, 항암방사선치료 또는 항암약물치료 둘 중 최초 1회에 한함) • 보험기간 중 갑상선암, 기타피부암, 대장점막내암, 제자리암 또는 경계성 종양으로 진단이 확정되고 그 갑상선암, 기타피부암, 대장점막내암, 제자리암 또는 경계성 종양의 직접적인 치료를 목적으로 항암방사선치료 또는 항암약물치료를 받았을 때(단, 갑상선암, 기타피부암, 대장점막내암, 제자리암 및 경계성 종양 각각 항암방사선치료 또는 항암약물치료 둘 중 최초 1회에 한함)

※ 암보장개시일은 계약일(부활일)부터 그날을 포함하여 90일이 지난 날의 다음 날로 함

[단권화 MEMO]

[단권화 MEMO]

ⓒ 무배당 뇌혈관질환보장특약 2109

지급 구분	지급사유
뇌출혈진단보험금	보험기간 중 최초의 뇌출혈로 진단이 확정되었을 때(단, 최초 1회에 한함)
뇌경색증진단보험금	보험기간 중 최초의 뇌경색증으로 진단이 확정되었을 때(단, 최초 1회에 한함)
뇌혈관질환진단보험금	보험기간 중 최초의 뇌혈관질환으로 진단이 확정되었을 때(단, 최초 1회에 한함)

ⓔ 무배당 심장질환보장특약 2109

지급 구분	지급사유
급성심근경색증진단보험금	보험기간 중 최초의 급성심근경색증으로 진단이 확정되었을 때(단, 최초 1회에 한함)
허혈성심장질환진단보험금	보험기간 중 최초의 허혈성심장질환으로 진단이 확정되었을 때(단, 최초 1회에 한함)

ⓜ 무배당 시니어보장특약 2109

지급 구분	지급사유
특정파킨슨병진단보험금	보험기간 중 특정파킨슨병보장개시일 이후에 최초의 특정파킨슨병으로 최종 진단이 확정되었을 때(단, 최초 1회에 한함)
다발경화증진단보험금	보험기간 중 최초의 다발경화증으로 진단이 확정되었을 때(단, 최초 1회에 한함)
중증재생불량성빈혈진단보험금	보험기간 중 최초의 중증재생불량성빈혈로 진단이 확정되었을 때(단, 최초 1회에 한함)
특정류마티스관절염진단보험금	보험기간 중 최초의 특정류마티스관절염으로 진단이 확정되었을 때(단, 최초 1회에 한함)

※ 특정파킨슨병보장개시일은 계약일(부활일)부터 그날을 포함하여 1년이 지난 날의 다음 날로 함

ⓑ 무배당 중증치매간병비특약Ⅱ 2109

지급 구분	지급사유
중증치매진단간병자금	보험기간 중 치매보장개시일 이후에 '중증치매상태'로 진단 후 90일이 지난 이후에 '중증치매상태'로 최종 진단이 확정되고, 최종 진단이 확정된 날을 최초로 하여 15년 동안 매년 최종 진단 확정일에 살아 있을 때(단, 최초 1회의 최종 진단 확정에 한함)

※ 치매보장개시일은 계약일(부활일)부터 그날을 포함하여 1년이 지난 날의 다음 날로 함. 다만, 질병으로 인한 '중증치매상태'가 없는 상태에서 재해로 인한 뇌의 손상을 직접적인 원인으로 '중증치매상태'가 발생한 경우 치매보장개시일은 계약일(부활일)로 함

ⓢ 무배당 대상포진보장특약(갱신형) 2109

지급 구분	지급사유
대상포진진단보험금	보험기간 중 최초의 대상포진으로 진단이 확정되었을 때(단, 최초 1회에 한함)
건강관리자금	보험기간(10년)이 끝날 때까지 살아 있을 때

ⓞ 무배당 통풍보장특약(갱신형) 2109

지급 구분	지급사유
통풍진단보험금	보험기간 중 최초의 통풍으로 진단이 확정되었을 때(단, 최초 1회에 한함)
건강관리자금	보험기간(10년)이 끝날 때까지 살아 있을 때

ⓩ 무배당 첫날부터입원특약(갱신형) 2109

지급 구분	지급사유
입원보험금	보험기간 중 질병 또는 재해로 인하여 그 직접적인 치료를 목적으로 입원하였을 때 (1일 이상 입원일수 1일당, 120일 한도)
중환자실입원보험금	보험기간 중 질병 또는 재해로 인하여 그 직접적인 치료를 목적으로 중환자실에 입원하였을 때(1일 이상 입원일수 1일당, 60일 한도)
건강관리자금	보험기간(10년)이 끝날 때까지 살아 있을 때

ⓧ 무배당 수술특약(갱신형) 2109

지급 구분	지급사유
수술보험금	보험기간 중 질병 또는 재해로 인하여 그 직접적인 치료를 목적으로 수술을 받았을 때 (수술 1회당)
건강관리자금	보험기간(10년)이 끝날 때까지 살아 있을 때

ⓒ 무배당 시니어수술특약(갱신형) 2109

지급 구분	지급사유
인공관절치환 수술보험금	보험기간 중 질병 또는 재해로 인하여 그 직접적인 치료를 목적으로 인공관절(견관절, 고관절, 슬관절) 치환수술을 받았을 때(수술 1회당)
관절염수술보험금	보험기간 중 관절염으로 진단이 확정되고 그 직접적인 치료를 목적으로 수술을 받았을 때(수술 1회당)
백내장수술보험금	보험기간 중 백내장으로 진단이 확정되고 그 직접적인 치료를 목적으로 수술을 받았을 때(수술 1회당)
건강관리자금	보험기간(10년)이 끝날 때까지 살아 있을 때

ⓔ 무배당 12대질병입원수술특약(갱신형) 2109

지급 구분	지급사유
12대 성인질환 입원보험금	보험기간 중 12대 성인질환으로 진단이 확정되고, 그 직접적인 치료를 목적으로 4일 이상 입원하였을 때(3일 초과 입원일수 1일당, 120일 한도)
12대 성인질환 수술보험금	보험기간 중 12대 성인질환으로 진단이 확정되고, 그 직접적인 치료를 목적으로 수술을 받았을 때(수술 1회당)
건강관리자금	보험기간(10년)이 끝날 때까지 살아 있을 때

ⓟ 무배당 암입원수술특약(갱신형) 2109

지급 구분	지급사유
암직접치료입원보험금	• 보험기간 중 암보장개시일 이후 암으로 진단이 확정되고, 직접적인 치료를 목적으로 4일 이상 입원(단, 요양병원 제외)하였을 때(3일 초과 입원일수 1일당, 120일 한도) • 보험기간 중 갑상선암, 기타피부암, 대장점막내암, 제자리암 또는 경계성 종양으로 진단이 확정되고, 직접적인 치료를 목적으로 4일 이상 입원(단, 요양병원 제외)하였을 때(3일 초과 입원일수 1일당, 120일 한도)
암수술보험금	• 보험기간 중 암보장개시일 이후 암으로 진단이 확정되고, 직접적인 치료를 목적으로 수술을 받았을 때(수술 1회당) • 보험기간 중 갑상선암, 기타피부암, 대장점막내암, 제자리암 또는 경계성 종양으로 진단이 확정되고, 직접적인 치료를 목적으로 수술을 받았을 때(수술 1회당)

| 건강관리자금 | 보험기간(10년)이 끝날 때까지 살아 있을 때 |

※ 암보장개시일은 계약일(부활일)부터 그날을 포함하여 90일이 지난 날의 다음 날로 함

ⓗ 무배당 요양병원암입원특약Ⅲ(갱신형) 2109

지급 구분	지급사유
요양병원암입원보험금	보험기간 중 암보장개시일 이후 암으로 진단이 확정되고 그 치료를 목적으로 4일 이상 요양병원에 입원하였거나, 보험기간 중 갑상선암, 기타피부암, 대장점막내암, 제자리암 또는 경계성 종양으로 진단이 확정되고 그 치료를 목적으로 4일 이상 요양병원에 입원하였을 때(3일 초과 입원일수 1일당, 60일 한도)
건강관리자금	보험기간(10년)이 끝날 때까지 살아 있을 때

※ 암보장개시일은 계약일(부활일)부터 그날을 포함하여 90일이 지난 날의 다음 날로 함

20 무배당 우체국간편가입건강보험(갱신형) 2109

(1) 주요 특징

① 병이 있거나 고령이어도 3가지(건강 관련) 간편고지로 간편하게 가입할 수 있다.
② 입원비·수술비 중심의 실질적인 치료비를 지급하며 다양한 특약 부가가 가능하다.
③ 종신갱신형으로 종신토록 의료비 보장이 가능(다만, 사망보장은 최대 85세까지 보장)하다.
④ 15년 만기 생존 시마다 건강관리자금을 지급(주계약)한다.

(2) 가입요건

① 주계약

구분		가입나이	보험기간	납입기간	납입주기	보험 가입금액
1종 (간편가입)	최초계약	30~75세	15년 만기 (종신갱신형)	전기납	월납	1구좌 (0.5구좌 단위)
	갱신계약	45세 이상				
2종 (일반가입)	최초계약	15~65세				
	갱신계약	30세 이상				

※ 1종(간편가입)과 2종(일반가입)의 중복가입이 불가함

② 특약

㉠ 무배당 간편10대성인질환입원수술특약(갱신형) 2109,
무배당 간편3대질병진단특약(갱신형) 2109, 무배당 간편3대질병입원수술특약(갱신형) 2109,
무배당 간편뇌경색증진단특약(갱신형) 2109, 무배당 간편재해보장특약(갱신형) 2109

구분		가입나이	보험기간	납입기간	납입주기	보험 가입금액
1종 (간편가입)	최초계약	30~75세	15년 만기 (종신갱신형)	전기납	월납	1구좌 (주계약 가입금액 이내 0.5구좌 단위)
	갱신계약	45세 이상				
2종 (일반가입)	최초계약	15~65세				
	갱신계약	30세 이상				

※ 1종(간편가입)은 주계약 1종(간편가입)에 한하여 부가 가능하고, 2종(일반가입)은 주계약 2종(일반가입)에 한하여 부가 가능

ⓒ 무배당 간편사망보장특약(갱신형) 2109

구분		가입나이	보험기간	납입기간	납입주기	보험 가입금액
1종 (간편가입)	최초계약	30~70세	15년 만기 (갱신형)	전기납	월납	1구좌 (주계약 가입금액 이내 0.5구좌 단위)
	갱신계약	45~70세	15년 만기 (갱신형)			
		71~84세	85세 만기			
2종 (일반가입)	최초계약	만 15~65세	15년 만기 (갱신형)			
	갱신계약	만 30~70세	15년 만기 (갱신형)			
		71~84세	85세 만기			

※ 갱신시점의 피보험자 나이가 85세 이상인 경우에는 이 특약 갱신 불가
※ 1종(간편가입)은 주계약 1종(간편가입)에 한하여 부가 가능하고, 2종(일반가입)은 주계약 2종(일반가입)에 한하여 부가 가능

ⓒ 이륜자동차 운전 및 탑승 중 재해부담보특약 2109, 지정대리청구서비스특약 2109, 장애인전용보험전환특약 2007

(3) 갱신에 관한 사항

갱신절차	• 보험기간 만료일 30일 전까지 계약자에게 서면 또는 전화(음성녹음)로 안내(보험료 등 변경내용) - 보험기간 만료일 15일 전까지 계약자의 별도 의사표시가 없으면 자동갱신 　※ (무)간편사망보장특약(갱신형) 2109의 경우, 피보험자의 84세 계약 해당일까지 갱신 가능하며, 피보험자의 71세 이후에 도래하는 갱신계약의 보험기간 만료일은 피보험자의 85세 계약 해당일까지로 함 - 계약자가 갱신 거절의사를 통지하면 계약이 종료됨 • (무)간편뇌경색증진단특약(갱신형) 2109의 경우, 피보험자에게 뇌경색증진단보험금 지급사유가 발생한 경우에는 특약을 갱신하지 않음
갱신계약 보험료	갱신계약의 보험료는 나이의 증가, 적용기초율의 변동 등의 사유로 인상 가능

(4) 간편고지에 관한 사항[1종(간편가입)에 한함]

① 이 상품은 '간편고지' 상품으로 유병력자 등 일반심사보험에 가입하기 어려운 피보험자를 대상으로 한다.
② '간편고지'란 보험시장에서 소외되고 있는 유병력자나 고연령자 등이 보험에 가입할 수 있도록 간소화된 계약 전 고지의무 사항을 활용하여 계약심사 과정을 간소화함을 의미한다.
③ 간편고지 상품은 일반심사보험에 가입하기 어려운 피보험자를 대상으로 하므로 일반심사보험보다 보험료가 다소 높으며, 일반심사를 할 경우 이 보험보다 저렴한 일반심사보험에 가입할 수 있다(다만, 일반심사보험의 경우 건강상태나 가입나이에 따라 가입이 제한될 수 있으며 보장하는 담보에는 차이가 있을 수 있음).
④ 이 상품 가입 시 간편고지 상품과 일반심사보험의 보험료 수준을 비교하여 설명하고, 이에 대한 계약자 확인을 받는다.
⑤ 이 상품 가입 후 계약일부터 3개월 이내에 일반심사보험 가입을 희망하는 경우, 일반계약심사를 통하여 일반심사보험[(무)우체국간편가입건강보험(갱신형) 2109 2종(일반가입)]에 청약할 수 있다. 다만, 본 계약의 보험금이 이미 지급되었거나 청구서류를 접수한 경우에는 그러하지 않는다. 일반심사보험[(무)우체국간편가입건강보험(갱신형) 2109 2종(일반가입)]에 가입하는 경우에는 본 계약을 무효로 하며 이미 납입한 보험료를 보험계약자에게 돌려준다.

[단권화 MEMO]

(5) 보장내용

① 주계약

지급 구분	지급사유
건강관리자금	보험기간이 끝날 때까지 살아 있을 때
입원보험금	질병 또는 재해로 인하여 그 직접적인 치료를 목적으로 4일 이상 입원하였을 때(3일 초과 입원일수 1일당, 120일 한도)
수술보험금	질병 또는 재해로 인하여 그 직접적인 치료를 목적으로 수술을 받았을 때(수술 1회당)

② 특약

㉠ 무배당 간편10대성인질환입원수술특약(갱신형) 2109

지급 구분	지급사유
암직접치료 입원보험금	암보장개시일 이후 암으로 진단이 확정되고, 직접적인 치료를 목적으로 4일 이상 입원(단, 요양병원 제외)하였거나, 보험기간 중 갑상선암, 기타피부암, 대장점막내암, 제자리암 또는 경계성 종양으로 진단이 확정되고, 직접적인 치료를 목적으로 4일 이상 입원(단, 요양병원 제외)하였을 때(3일 초과 입원일수 1일당, 120일 한도)
주요 성인질환 입원보험금	주요 성인질환으로 진단이 확정되고, 그 직접적인 치료를 목적으로 4일 이상 입원하였을 때(3일 초과 입원일수 1일당, 120일 한도)
암수술보험금	암보장개시일 이후 암으로 진단이 확정되고, 그 직접적인 치료를 목적으로 수술을 받았거나, 보험기간 중 갑상선암, 기타피부암, 대장점막내암, 제자리암 또는 경계성 종양으로 진단이 확정되고, 그 직접적인 치료를 목적으로 수술을 받았을 때(수술 1회당)
주요 성인질환 수술보험금	주요 성인질환으로 진단이 확정되고, 그 직접적인 치료를 목적으로 수술을 받았을 때(수술 1회당)

※ 암보장개시일은 계약일(부활일)부터 그날을 포함하여 90일이 지난 날의 다음 날로 함

㉡ 무배당 간편3대질병진단특약(갱신형) 2109

지급 구분	지급사유
3대 질병 진단보험금	암보장개시일 이후에 최초의 암으로 진단이 확정되었거나, 보험기간 중 최초의 갑상선암, 기타피부암, 대장점막내암, 제자리암, 경계성 종양, 뇌출혈 또는 급성심근경색증으로 진단이 확정되었을 때(다만, 암, 갑상선암, 기타피부암, 대장점막내암, 제자리암, 경계성 종양, 뇌출혈 또는 급성심근경색증 각각 최초 1회에 한함)

※ 암보장개시일은 계약일(부활일)부터 그날을 포함하여 90일이 지난 날의 다음 날로 함

㉢ 무배당 간편3대질병입원수술특약(갱신형) 2109

지급 구분	지급사유
2대 질병 입원보험금	뇌출혈 또는 급성심근경색증으로 진단이 확정되고, 그 직접적인 치료를 목적으로 4일 이상 입원하였을 때(3일 초과 입원일수 1일당, 120일 한도)
암직접치료 입원보험금	• 암보장개시일 이후에 암으로 진단이 확정되고, 그 직접적인 치료를 목적으로 4일 이상 입원(단, 요양병원 제외)하였을 때(3일 초과 입원일수 1일당, 120일 한도) • 갑상선암, 기타피부암, 대장점막내암, 제자리암 또는 경계성 종양으로 진단이 확정되고, 그 직접적인 치료를 목적으로 4일 이상 입원(단, 요양병원 제외)하였을 때(3일 초과 입원일수 1일당, 120일 한도)

3대 질병 수술보험금	• 암보장개시일 이후에 암으로 진단이 확정되고, 그 직접적인 치료를 목적으로 수술을 받았거나, 보험기간 중 뇌출혈 또는 급성심근경색증으로 진단이 확정되고, 그 직접적인 치료를 목적으로 수술을 받았을 때(수술 1회당) • 갑상선암, 기타피부암, 대장점막내암, 제자리암 또는 경계성 종양으로 진단이 확정되고, 그 직접적인 치료를 목적으로 수술을 받았을 때(수술 1회당)

※ 암보장개시일은 계약일(부활일)부터 그날을 포함하여 90일이 지난 날의 다음 날로 함

ㄹ) 무배당 간편사망보장특약(갱신형) 2109

지급 구분	지급사유
사망보험금	피보험자가 보험기간 중 사망하였을 때

ㅁ) 무배당 간편뇌경색증진단특약(갱신형) 2109

지급 구분	지급사유
뇌경색증 진단보험금	보험기간 중 최초의 뇌경색증으로 진단이 확정되었을 때(단, 최초 1회에 한함)

ㅂ) 무배당 간편재해보장특약(갱신형) 2109

지급 구분	지급사유
재해장해보험금	재해로 인하여 장해분류표에서 정한 각 장해지급률에 해당하는 장해상태가 되었을 때
재해골절(치아파절 제외) 보험금	재해로 인하여 골절상태가 되었을 때(사고 1회당)
재해깁스치료(부목 제외) 보험금	재해로 인하여 그 직접적인 치료를 목적으로 깁스(Cast)치료를 받았을 때(사고 1회당)

21 무배당 우체국더간편건강보험(갱신형) 2109

(1) 주요 특징

① 1가지(건강 관련) 간편고지로 간편하게 가입할 수 있다.
② 병이 있거나 나이가 많아도 가입할 수 있다.
③ 고액의 치료비가 소요되는 3대 질병 진단(최대 2,000만원)에, 뇌경색증 진단(최대 500만원)까지 보장[1종(간편가입) 기준, 특약 가입 시]한다.
④ 암보장형, 2대 질병보장형으로 구성하여 꼭 필요한 보장만 가입할 수 있다.
⑤ 15년 만기 생존 시마다 건강관리자금을 지급(주계약)한다.

(2) 가입요건

① 주계약(암보장형, 2대질병보장형)

구분		가입나이	보험기간	납입기간	납입주기	보험 가입금액
1종 (간편가입)	최초계약	30 ~ 80세	15년 만기 (갱신형)	전기납	월납	1,000만원 (500만원 단위)
	갱신계약	45 ~ 85세	15년 만기 (갱신형)			
		86 ~ 99세	100세 만기			

[단권화 MEMO]

		가입나이	보험기간	납입기간	납입주기	보험 가입금액
2종 (일반가입)	최초계약	15 ~ 70세	15년 만기 (갱신형)	전기납	월납	1,500만원 (500만원 단위)
	갱신계약	30 ~ 85세	15년 만기 (갱신형)			
		86 ~ 99세	100세 만기			

※ 1종(간편가입)(암보장형)과 2종(일반가입)(암보장형)의 중복가입이 불가하며, 1종(간편가입)(2대질병보장형)과 2종(일반가입)(2대질병보장형)의 중복가입이 불가함
※ 피보험자가 가입 당시 66세 이상인 경우 보험 가입금액 500만원 고정

② **특약**

㉠ 무배당 더간편암진단특약(갱신형) 2109, 무배당 더간편암입원수술특약(갱신형) 2109, 무배당 더간편뇌출혈진단특약(갱신형) 2109, 무배당 더간편뇌경색증진단특약(갱신형) 2109, 무배당 더간편급성심근경색증진단특약(갱신형) 2109

구분		가입나이	보험기간	납입기간	납입주기	보험 가입금액
1종 (간편가입)	최초계약	30 ~ 80세	15년 만기 (갱신형)	전기납	월납	1,000만원 (주계약 가입금액 이내에서 500만원 단위)
	갱신계약	45 ~ 85세	15년 만기 (갱신형)			
		86 ~ 99세	100세 만기			
2종 (일반가입)	최초계약	15 ~ 70세	15년 만기 (갱신형)	전기납	월납	1,500만원 (주계약 가입금액 이내에서 500만원 단위)
	갱신계약	30 ~ 85세	15년 만기 (갱신형)			
		86 ~ 99세	100세 만기			

※ 1종(간편가입)은 주계약 1종(간편가입)에 한하여 부가 가능하고, 2종(일반가입)은 주계약 2종(일반가입)에 한하여 부가 가능
※ (무)더간편암진단특약(갱신형) 2109, (무)더간편암입원수술특약(갱신형) 2109는 주계약 암보장형에 한하여 부가 가능
※ (무)더간편뇌출혈진단특약(갱신형) 2109, (무)더간편뇌경색증진단특약(갱신형) 2109, (무)더간편급성심근경색증진단특약(갱신형) 2109는 주계약 2대질병보장형에 한하여 부가 가능
※ 피보험자가 가입 당시 66세 이상인 경우 보험 가입금액 500만원 고정

㉡ 지정대리청구서비스특약 2109, 장애인전용보험전환특약 2007

(3) 갱신에 관한 사항

갱신절차	• 보험기간 만료일 30일 전까지 계약자에게 서면 또는 전화(음성녹음)로 안내(보험료 등 변경내용) 　- 보험기간 만료일 15일 전까지 계약자의 별도 의사표시가 없으면 자동갱신 　　※ 피보험자의 99세 계약 해당일까지 갱신 가능하며 피보험자의 86세 이후에 도래하는 갱신계약의 보험기간 만료일은 피보험자의 100세 계약 해당일까지로 함 　- 계약자가 갱신 거절의사를 통지하면 계약이 종료됨 • 주계약 암보장형의 경우, 피보험자에게 암진단보험금(갑상선암, 기타피부암, 대장점막내암, 제자리암 및 경계성 종양 제외) 지급사유가 발생한 경우에는 계약을 갱신하지 않음 • 주계약 2대 질병보장형의 경우, 피보험자에게 2대 질병진단보험금 지급사유가 발생한 경우에는 계약을 갱신하지 않음 • (무)더간편암진단특약(갱신형) 2109의 경우, 피보험자에게 암진단보험금(갑상선암, 기타피부암, 대장점막내암, 제자리암 및 경계성 종양 제외) 지급사유가 발생한 경우에는 특약을 갱신하지 않음 • (무)더간편뇌출혈진단특약(갱신형) 2109의 경우, 피보험자에게 뇌출혈진단보험금 지급사유가 발생한 경우에는 특약을 갱신하지 않음

	• (무)더간편뇌경색증진단특약(갱신형) 2109의 경우, 피보험자에게 뇌경색증진단보험금 지급사유가 발생한 경우에는 특약을 갱신하지 않음 • (무)더간편급성심근경색증진단특약(갱신형) 2109의 경우, 피보험자에게 급성심근경색증진단보험금 지급사유가 발생한 경우에는 특약을 갱신하지 않음
갱신계약 보험료	갱신계약의 보험료는 나이의 증가, 적용기초율의 변동 등의 사유로 인상 가능

(4) 간편고지에 관한 사항[1종(간편가입)에 한함]

① 이 상품은 '간편고지' 상품으로 유병력자 등 일반심사보험에 가입하기 어려운 피보험자를 대상으로 한다.
② '간편고지'란 보험시장에서 소외되고 있는 유병력자나 고연령자 등이 보험에 가입할 수 있도록 간소화된 계약 전 고지의무 사항을 활용하여 계약심사 과정을 간소화함을 의미한다.
③ 간편고지 상품은 일반심사보험에 가입하기 어려운 피보험자를 대상으로 하므로, 일반심사보험보다 보험료가 다소 높으며, 일반심사를 할 경우 이 보험보다 저렴한 일반심사보험에 가입할 수 있다(다만, 일반심사보험의 경우 건강상태나 가입나이에 따라 가입이 제한될 수 있으며 보장하는 담보에는 차이가 있을 수 있음).
④ 이 상품 가입 시 간편고지 상품과 일반심사보험의 보험료 수준을 비교하여 설명하고, 이에 대한 계약자 확인을 받는다.
⑤ 이 상품 가입 후 계약일부터 3개월 이내에 일반심사보험 가입을 희망하는 경우, 일반계약심사를 통하여 일반심사보험[(무)우체국더간편건강보험(갱신형) 2109 2종(일반가입)]에 청약할 수 있다. 다만, 본 계약의 보험금이 이미 지급되었거나 청구서류를 접수한 경우에는 그러하지 않다. 일반심사보험[(무)우체국더간편건강보험(갱신형) 2109 2종(일반가입)]에 가입하는 경우에는 본 계약을 무효로 하며 이미 납입한 보험료를 보험계약자에게 돌려준다.

(5) 보장내용

① 주계약

㉠ 암보장형

지급 구분	지급사유
암진단보험금	• 암보장개시일 이후에 최초의 암으로 진단이 확정되었을 때(단, 최초 1회에 한함) • 보험기간 중 최초의 갑상선암, 기타피부암, 대장점막내암, 제자리암 또는 경계성 종양으로 진단이 확정되었을 때(단, 갑상선암, 기타피부암, 대장점막내암, 제자리암 및 경계성 종양 각각 최초 1회에 한함)
건강관리자금	보험기간(15년)이 끝날 때까지 살아 있을 때

※ 암보장개시일은 계약일(부활일)부터 그날을 포함하여 90일이 지난 날의 다음 날로 함

㉡ 2대 질병보장형

지급 구분	지급사유
2대 질병진단 보험금	보험기간 중 최초의 뇌출혈 또는 급성심근경색증으로 진단이 확정되었을 때(단, 뇌출혈 또는 급성심근경색증 중 최초 1회에 한함)
건강관리자금	보험기간(15년)이 끝날 때까지 살아 있을 때

[단권화 MEMO]

② 특약

㉠ 무배당 더간편암진단특약(갱신형) 2109

지급 구분	지급사유
암진단보험금	• 암보장개시일 이후에 최초의 암으로 진단이 확정되었을 때(단, 최초 1회에 한함) • 보험기간 중 최초의 갑상선암, 기타피부암, 대장점막내암, 제자리암 또는 경계성 종양으로 진단이 확정되었을 때(단, 갑상선암, 기타피부암, 대장점막내암, 제자리암 및 경계성 종양 각각 최초 1회에 한함)

※ 암보장개시일은 계약일(부활일)부터 그날을 포함하여 90일이 지난 날의 다음 날로 함

㉡ 무배당 더간편암입원수술특약(갱신형) 2109

지급 구분	지급사유
암직접치료 입원보험금	• 암보장개시일 이후 암으로 진단이 확정되고, 그 직접적인 치료를 목적으로 4일 이상 입원(단, 요양병원 제외)하였을 때(3일 초과 입원일수 1일당, 120일 한도) • 보험기간 중 갑상선암, 기타피부암, 대장점막내암, 제자리암 또는 경계성 종양으로 진단이 확정되고, 그 직접적인 치료를 목적으로 4일 이상 입원(단, 요양병원 제외) 하였을 때(3일 초과 입원일수 1일당, 120일 한도)
암수술보험금	• 암보장개시일 이후 암으로 진단이 확정되고, 그 직접적인 치료를 목적으로 수술을 받았을 때(수술 1회당) • 보험기간 중 갑상선암, 기타피부암, 대장점막내암, 제자리암 또는 경계성 종양으로 진단이 확정되고, 그 직접적인 치료를 목적으로 수술을 받았을 때(수술 1회당)

※ 암보장개시일은 계약일(부활일)부터 그날을 포함하여 90일이 지난 날의 다음 날로 함

㉢ 무배당 더간편뇌출혈진단특약(갱신형) 2109

지급 구분	지급사유
뇌출혈진단보험금	보험기간 중 최초의 뇌출혈로 진단이 확정되었을 때(단, 최초 1회에 한함)

㉣ 무배당 더간편뇌경색증진단특약(갱신형) 2109

지급 구분	지급사유
뇌경색증진단보험금	보험기간 중 최초의 뇌경색증으로 진단이 확정되었을 때(단, 최초 1회에 한함)

㉤ 무배당 더간편급성심근경색증진단특약(갱신형) 2109

지급 구분	지급사유
급성심근경색증 진단보험금	보험기간 중 최초의 급성심근경색증으로 진단이 확정되었을 때(단, 최초 1회에 한함)

22 무배당 우체국치아보험(갱신형) 2109

(1) 주요 특징

① 보철치료(임플란트, 브릿지, 틀니), 크라운치료, 충전치료, 치수치료, 영구치 발거, 치석제거(스케일링), 구내 방사선·파노라마촬영, 잇몸질환치료 및 재해로 인한 치과치료 등을 보장하는 치과치료 전문 종합보험이다.

② 특약 가입 시 임플란트(영구치 발거 1개당 최대 150만원), 브릿지(영구치 발거 1개당 최대 75만원), 틀니(보철물 1개당 최대 150만원) 치료보험금을 지급한다.

③ 충전[치아치료 1개당 최대 15만원(인레이·온레이 충전치료 시)] 및 크라운(치아치료 1개당 최대 30만원) 치료보험금을 지급한다.
④ 근로소득자는 납입한 보험료(연간 100만원 한도)에 대하여 12% 세액을 공제받을 수 있다.

[단권화 MEMO]

(2) 가입요건
① 주계약

구분	가입나이	보험기간	납입기간 (납입주기)	보험 가입금액
최초계약	15 ~ 65세	10년 만기 (갱신형)	전기납 (월납)	1,000만원 (500만원 단위)
갱신계약	25 ~ 70세			
	71 ~ 79세	80세 만기		

※ 피보험자가 가입 당시 61세 이상일 경우 보험 가입금액 500만원 고정

② 특약
㉠ 무배당 보철치료보장특약(갱신형) 2109

구분	가입나이	보험기간	납입기간 (납입주기)	보험 가입금액
	주계약과 동일			1,000만원 (주계약 보험 가입금액 이내에서 500만원 단위)

※ 피보험자가 가입 당시 61세 이상일 경우 보험 가입금액 500만원 고정

㉡ 지정대리청구서비스특약 2109, 장애인전용보험전환특약 2007

(3) 갱신에 관한 사항

갱신절차	보험기간 만료일 30일 전까지 계약자에게 서면 또는 전화(음성녹음)로 안내(보험료 등 변경내용) • 보험기간 만료일 15일 전까지 계약자의 별도 의사표시가 없으면 자동갱신 ※ 피보험자의 79세 계약 해당일까지 갱신 가능하며, 피보험자의 71세 이후에 도래하는 갱신계약의 보험기간 만료일은 피보험자의 80세 계약 해당일까지로 함 • 계약자가 갱신 거절의사를 통지하면 계약이 종료됨
갱신계약 보험료	갱신계약의 보험료는 나이의 증가, 적용기초율의 변동 등의 사유로 인상될 수 있음

(4) 보장내용
① 주계약

지급 구분	지급사유
가철성의치(틀니) 치료보험금	치과치료보장개시일 이후에 치아우식증(충치), 치주질환(잇몸질환) 또는 재해를 직접적인 원인으로 최초로 영구치 발거 진단을 확정받고, 해당 영구치를 발거한 부위에 가철성의치(Denture)치료를 받았을 때(보철물 1개당, 연간 1회 한도)
임플란트치료보험금	치과치료보장개시일 이후에 치아우식증(충치), 치주질환(잇몸질환) 또는 재해를 직접적인 원인으로 최초로 영구치 발거 진단을 확정받고, 해당 영구치를 발거한 부위에 임플란트(Implant)치료를 받았을 때(영구치 발거 1개당, 연간 3개 한도)
고정성가공의치(브릿지) 치료보험금	치과치료보장개시일 이후에 치아우식증(충치), 치주질환(잇몸질환) 또는 재해를 직접적인 원인으로 최초로 영구치 발거 진단을 확정받고, 해당 영구치를 발거한 부위에 고정성가공의치(Bridge)치료를 받았을 때(영구치 발거 1개당, 연간 3개 한도)
크라운치료보험금	치과치료보장개시일 이후에 치아우식증(충치), 치주질환(잇몸질환) 또는 재해를 직접적인 원인으로 최초로 치아에 크라운치료 진단을 확정받고, 해당 치아에 대하여 크라운치료를 받았을 때(치아치료 1개당, 연간 3개 한도)

[단권화 MEMO]

충전치료보험금	치과치료보장개시일 이후에 치아우식증(충치), 치주질환(잇몸질환) 또는 재해를 직접적인 원인으로 최초로 치아에 충전치료 진단을 확정받고, 해당 치아에 대하여 충전치료를 받았을 때(치아치료 1개당)
치수치료보험금	치과치료보장개시일 이후에 치아우식증(충치), 치주질환(잇몸질환) 또는 재해를 직접적인 원인으로 최초로 치아에 치수치료(신경치료) 진단을 확정받고, 해당 치아에 대하여 치수치료(신경치료)를 받았을 때(치아치료 1개당)
영구치발거치료보험금	치과치료보장개시일 이후에 치아우식증(충치), 치주질환(잇몸질환) 또는 재해를 직접적인 원인으로 최초로 영구치 발거 진단을 확정받고, 해당 영구치에 대하여 발거치료를 받았을 때(영구치치료 1개당)
치석제거치료보험금	치과치료보장개시일 이후에 치석제거(스케일링)치료를 받았을 때(치료 1회당, 연간 1회 한도)
구내방사선촬영보험금	촬영보장개시일 이후에 구내 방사선촬영을 받았을 때(촬영 1회당)
파노라마촬영보험금	촬영보장개시일 이후에 파노라마촬영을 받았을 때(촬영 1회당, 연간 1회 한도)
치아관리자금	보험기간(10년)이 끝날 때까지 살아 있을 때

※ 치과치료 보장개시일 및 촬영보장개시일은 계약일(부활일)부터 그날을 포함하여 90일이 지난 날의 다음 날로 함. 단, 재해를 직접적인 원인으로 치과치료, 구내 방사선촬영 또는 파노라마촬영을 받은 경우 치과치료보장개시일 및 촬영보장개시일은 계약일(부활일)로 함

○ 무배당 우체국치아보험(갱신형) 2109의 치과치료 보장개시일 및 촬영보장개시일은 계약일(부활일)부터 그날을 포함하여 ☐일이 지난 날의 다음 날로 한다.

(90)

② **특약**: 무배당 보철치료보장특약(갱신형) 2109

지급 구분	지급사유
가철성의치(틀니)치료보험금	보철치료보장개시일 이후에 치아우식증(충치), 치주질환(잇몸질환) 또는 재해를 직접적인 원인으로 최초로 영구치 발거 진단을 확정받고, 해당 영구치를 발거한 부위에 가철성의치(Denture)치료를 받았을 때(보철물 1개당, 연간 1회 한도)
임플란트치료보험금	보철치료보장개시일 이후에 치아우식증(충치), 치주질환(잇몸질환) 또는 재해를 직접적인 원인으로 최초로 영구치 발거 진단을 확정받고, 해당 영구치를 발거한 부위에 임플란트(Implant)치료를 받았을 때(영구치 발거 1개당, 연간 3개 한도)
고정성가공의치(브릿지)치료보험금	보철치료보장개시일 이후에 치아우식증(충치), 치주질환(잇몸질환) 또는 재해를 직접적인 원인으로 최초로 영구치 발거 진단을 확정받고, 해당 영구치를 발거한 부위에 고정성가공의치(Bridge)치료를 받았을 때(영구치 발거 1개당, 연간 3개 한도)

※ 보철치료 보장개시일은 계약일(부활일)부터 그날을 포함하여 90일이 지난 날의 다음 날로 함. 단, 재해를 직접적인 원인으로 보철치료를 받은 경우 보철치료보장개시일은 계약일(부활일)로 함

23 무배당 우체국치매간병보험 2109

(1) 주요 특징

① 경증치매부터 중증치매까지 체계적으로 보장하는 치매전문보험이다.
② 중증치매로 최종 진단이 확정되고, 매년 생존 시 최대 15년 동안 중증치매진단간병자금을 매월 지급한다.
③ 중증치매로 최종 진단이 확정되면 보험료 납입이 면제된다.
④ **치매 관련 특약부가**: 중증알츠하이머치매 및 특정파킨슨병 등을 추가로 보장한다.
⑤ 병이 있어도 간편심사로 가입할 수 있다[2종(간편심사)].
⑥ 80세 계약 해당일에 생존 시 건강관리자금을 지급(중증치매 미발생 시)한다.
⑦ **세제혜택**: 근로소득자는 납입보험료(연간 100만원 한도)에 대하여 12% 세액을 공제받을 수 있다.

(2) 가입요건

① **주계약**: 1종[일반심사(표준형, 해약환급금 50% 지급형)], 2종[간편심사(표준형, 해약환급금 50% 지급형)]

가입나이	보험기간	납입기간	납입주기	보험 가입금액
30~60세	90, 95, 100세 만기	10, 15, 20년납	월납	1종: 2,000만원 2종: 1,000만원 (500만원 단위)
61~65세		10, 15년납		
66~70세		10년납		

※ 1종(일반심사)과 2종(간편심사)의 중복가입 불가
※ 피보험자가 가입 당시 66세 이상인 경우 보험 가입금액 1,000만원(2종은 500만원) 한도

② **특약**

㉠ 무배당 중증치매간병비특약 2109[1종(일반심사), 2종(간편심사)],
　무배당 중증알츠하이머진단특약 2109[1종(일반심사), 2종(간편심사)],
　무배당 특정파킨슨병진단특약 2109[1종(일반심사), 2종(간편심사)]

특약명	가입나이	보험기간	보험료 납입기간	보험 가입금액
(무)중증치매간병비특약 2109		주계약과 동일		1,000만원 (주계약 가입금액 이내에서 500만원 단위)
(무)중증알츠하이머진단특약 2109				
(무)특정파킨슨병진단특약 2109				

※ 1종(일반심사)은 주계약 1종(일반심사)에 한하여 부가 가능하고, 2종(간편심사)은 주계약 2종(간편심사)에 한하여 부가 가능
※ 피보험자가 가입 당시 66세 이상인 경우 보험 가입금액 500만원 한도

㉡ 무배당 뇌출혈진단특약 II 2109, 무배당 급성심근경색증진단특약 II 2109,
　무배당 정기사망특약 2109

특약명	가입나이	보험기간	보험료 납입기간	보험 가입금액
(무)뇌출혈진단특약 II 2109		주계약과 동일		2,000만원 (주계약 가입금액 이내에서 500만원 단위)
(무)급성심근경색증진단특약 II 2109				
(무)정기사망특약 2109				

※ 주계약 1종(일반심사)에 한하여 부가 가능
※ 피보험자가 가입 당시 66세 이상인 경우 보험 가입금액 1,000만원 한도

㉢ 이륜자동차 운전 및 탑승 중 재해부담보특약 2109, 장애인전용보험전환특약 2007

(3) 해약환급금 50% 지급형 상품에 관한 사항

① '해약환급금 50% 지급형'은 보험료 납입기간 중 계약이 해지될 경우 '표준형'의 해약환급금 대비 적은 해약환급금을 지급하는 대신 '표준형'보다 저렴한 보험료로 보험을 가입할 수 있도록 한 상품이다.
② ①에서 해약환급금을 계산할 때 기준이 되는 '표준형'의 해약환급금은 '보험료 및 책임준비금 산출방법서'에서 정한 방법에 따라 산출된 금액으로 해지율을 적용하지 않고 계산한다.
③ '해약환급금 50% 지급형'의 계약이 보험료 납입기간 중 해지될 경우의 해약환급금은 '표준형' 해약환급금의 50%에 해당하는 금액으로 한다. 다만, 보험료 납입기간이 완료된 이후 계약이 해지되는 경우에는 '표준형'의 해약환급금과 동일한 금액을 지급한다.

※ 해약환급금 50% 지급형 상품에 관한 사항은 주계약에 한하여 적용한다.

(4) 간편심사 상품에 관한 사항[2종(간편심사)에 한함]

① 2종(간편심사)의 경우, 간편심사 상품으로 유병력자 등 일반심사보험에 가입하기 어려운 피보험자를 대상으로 한다.
② '간편심사'란 보험시장에서 소외되고 있는 유병력자나 고연령자 등이 보험에 가입할 수 있도록 간소화된 계약 전 고지의무사항을 활용하여 계약심사 과정을 간소화함을 의미한다.
③ 간편심사 상품은 일반심사보험에 가입하기 어려운 피보험자를 대상으로 하므로 일반심사보험보다 보험료가 다소 높으며, 일반심사를 할 경우 이 보험보다 저렴한 일반심사보험에 가입할 수 있다(다만, 일반심사보험의 경우 건강상태나 가입나이에 따라 가입이 제한될 수 있으며, 보장하는 담보에는 차이가 있을 수 있음).
④ 이 상품 가입 시 간편심사 상품과 일반심사보험의 보험료 수준을 비교하여 설명하고, 이에 대한 계약자 확인을 받아야 한다.
⑤ 이 상품 가입 후 계약일부터 3개월 이내에 일반심사보험 가입을 희망하는 경우, 동일한 피보험자를 대상으로 일반계약심사를 통하여 일반심사보험에 청약할 수 있는 기회를 제공한다. 다만, 본 계약의 보험금이 이미 지급되었거나 청구서류를 접수한 경우에는 그러하지 않는다. 일반심사보험에 가입하는 경우에는 본 계약을 무효로 하며 이미 납입한 보험료를 보험계약자에게 돌려준다.

(5) 지정대리청구인 지정에 관한 사항

계약자가 본인을 위한 계약(계약자, 피보험자 및 보험수익자가 모두 동일)을 체결할 경우, 체신관서는 지정대리청구서비스 신청서를 교부하고 지정대리청구인 지정에 관련된 내용을 설명하여야 한다. 다만, 전화를 이용하여 계약을 체결하는 경우에는 음성 녹음함으로써 교부 및 설명한 것으로 본다.

① 계약자는 보험금을 직접 청구할 수 없는 특별한 사정이 있을 경우를 대비하여 계약을 체결할 때 또는 계약 체결 이후에 다음의 어느 하나에 해당하는 자 중에서 보험금의 대리청구인[2인 이내에서 지정하되, 2인 지정 시 대표대리인을 지정(이하 '지정대리청구인')]을 지정(변경 지정 포함)할 수 있다. 다만, 지정대리청구인은 보험금 청구 시에도 다음의 어느 하나에 해당하여야 한다.
  ㉠ 피보험자의 가족관계등록부상의 배우자
  ㉡ 피보험자의 3촌 이내의 친족
② ①에도 불구하고 지정대리청구인이 지정된 이후에 보험수익자가 변경되는 경우에는 이미 지정된 지정대리청구인의 자격은 자동적으로 상실된 것으로 본다.

(6) 보장내용

① 주계약

지급 구분	지급사유
경도치매진단보험금	보험기간 중 치매보장개시일 이후에 '경도치매상태'로 진단되고 90일이 지난 이후에 '경도치매상태'로 최종 진단이 확정되었을 때(단, 최초 1회에 한함)
중등도치매진단보험금	보험기간 중 치매보장개시일 이후에 '중등도치매상태'로 진단되고 90일이 지난 이후에 '중등도치매상태'로 최종 진단이 확정되었을 때(단, 최초 1회에 한함)
중증치매진단보험금	보험기간 중 치매보장개시일 이후에 '중증치매상태'로 진단되고 90일이 지난 이후에 '중증치매상태'로 최종 진단이 확정되었을 때(단, 최초 1회에 한함)

중증치매진단간병자금	보험기간 중 치매보장개시일 이후에 '중증치매상태'로 진단 후 90일이 지난 이후에 '중증치매상태'로 최종 진단이 확정되고, 최종 진단이 확정된 날을 최초로 하여 15년 동안 매년 최종 진단 확정일에 살아 있을 때(단, 최초 1회의 최종 진단 확정에 한함)
건강관리자금	보험기간 중 80세 계약 해당일에 살아 있을 때(단, 치매보장개시일 이후 80세 계약 해당일 전일 이전에 '중증치매상태'로 최종 진단이 확정되었을 경우 지급하지 않음)

※ 치매보장개시일은 계약일(부활일)부터 그날을 포함하여 1년이 지난 날의 다음 날로 함. 다만, 질병으로 인한 '경도치매상태', '중등도치매상태' 및 '중증치매상태'가 없는 상태에서 재해로 인한 뇌의 손상을 직접적인 원인으로 '경도치매상태', '중등도치매상태' 및 '중증치매상태'가 발생한 경우 치매보장개시일은 계약일(부활일)로 함

② 특약

㉠ 무배당 중증치매간병비특약 2109

지급 구분	지급사유
중증치매 진단간병자금	보험기간 중 치매보장개시일 이후에 '중증치매상태'로 진단 후 90일이 지난 이후에 '중증치매상태'로 최종 진단이 확정되고, 최종 진단이 확정된 날을 최초로 하여 15년 동안 매년 최종 진단 확정일에 살아 있을 때(단, 최초 1회의 최종 진단 확정에 한함)

※ 치매보장개시일은 계약일(부활일)부터 그날을 포함하여 1년이 지난 날의 다음 날로 함. 다만, 질병으로 인한 '중증치매상태'가 없는 상태에서 재해로 인한 뇌의 손상을 직접적인 원인으로 '중증치매상태'가 발생한 경우 치매보장개시일은 계약일(부활일)로 함

㉡ 무배당 중증알츠하이머진단특약 2109

지급 구분	지급사유
중증알츠하이머 치매진단보험금	보험기간 중 치매보장개시일 이후에 '중증알츠하이머치매상태'로 진단되고 90일이 지난 이후에 '중증알츠하이머치매상태'로 최종 진단이 확정되었을 때(단, 최초 1회에 한함)

※ 치매보장개시일은 계약일(부활일)부터 그날을 포함하여 1년이 지난 날의 다음 날로 함. 다만, 질병으로 인한 '중증알츠하이머치매상태'가 없는 상태에서 재해로 인한 뇌의 손상을 직접적인 원인으로 '중증알츠하이머치매상태'가 발생한 경우 치매보장개시일은 계약일(부활일)로 함

㉢ 무배당 특정파킨슨병진단특약 2109

지급 구분	지급사유
특정파킨슨병 진단보험금	보험기간 중 특정파킨슨병보장개시일 이후에 최초의 '특정파킨슨병'으로 최종 진단이 확정되었을 때(단, 최초 1회에 한함)

※ 특정파킨슨병보장개시일은 계약일(부활일)부터 그날을 포함하여 1년이 지난 날의 다음 날로 함

㉣ 무배당 뇌출혈진단특약Ⅱ 2109

지급 구분	지급사유
뇌출혈진단보험금	보험기간 중 최초의 뇌출혈로 진단이 확정되었을 때(단, 최초 1회에 한함)

㉤ 무배당 급성심근경색증진단특약Ⅱ 2109

지급 구분	지급사유
급성심근경색증 진단보험금	보험기간 중 최초의 급성심근경색증으로 진단이 확정되었을 때(단, 최초 1회에 한함)

㉥ 무배당 정기사망특약 2109

지급 구분	지급사유
사망보험금	보험기간 중 사망하였을 때

[단권화 MEMO]

24 무배당 내가만든희망보험 2109

(1) 주요 특징
① 각종 질병과 사고 보장을 본인이 선택하여 설계할 수 있다.
② 3대 질병진단(최대 2,000만원) 및 뇌경색증진단(최대 500만원)을 보장(3대 질병보장 가입 시)한다.
③ 12대 성인질환을 보장(생활보장 가입 시)한다.
④ 50% 장해 시 또는 3대 질병 최초진단 시 보험료 납입이 면제되고, 비갱신형 상품으로 보험료 변동이 없다(10, 20, 30년 만기).
⑤ 20세부터 60세까지 가입 가능한 건강보험이다.
⑥ 보험기간 중 매 10년마다 생존 시 건강관리자금을 지급한다.
⑦ 세제혜택: 근로소득자는 납입한 보험료(연간 100만원 한도)에 대하여 12% 세액을 공제받을 수 있다.

(2) 가입요건
① 주계약

보장종목	가입나이	보험기간	납입기간	보험 가입금액
3대 질병보장, 생활보장, 상해보장	20 ~ 60세	10, 20, 30년	전기납(월납)	500 ~ 1,000만원 (500만원 단위)

※ 3대 질병보장, 생활보장, 상해보장 중 최소 1가지 이상(최대 3개)을 계약자가 선택하여 가입 가능

판매형태	보장종목
질병	3대 질병보장
생활	생활보장
상해	상해보장
질병·생활	3대 질병보장 + 생활보장
질병·상해	3대 질병보장 + 상해보장
생활·상해	생활보장 + 상해보장
질병·생활·상해	3대 질병보장 + 생활보장 + 상해보장

② 특약: 이륜자동차 운전 및 탑승 중 재해부담보특약 2109, 지정대리청구서비스특약 2109, 장애인전용보험전환특약 2007

(3) 보장내용 – 주계약
※ 아래 3대 질병보장, 생활보장, 상해보장 중 계약자가 선택하여 가입한 보장에 한하여 보험금을 지급한다.

보장종목	지급구분	지급사유
3대 질병보장	3대 질병진단보험금	암보장개시일 이후에 최초의 암으로 진단이 확정되었거나, 보험기간 중 최초의 갑상선암, 기타피부암, 대장점막내암, 제자리암, 경계성 종양, 뇌출혈 또는 급성심근경색증으로 진단이 확정되었을 때(단, 암, 갑상선암, 기타피부암, 대장점막내암, 제자리암, 경계성 종양, 뇌출혈 또는 급성심근경색증 각각 최초 1회에 한하여 지급함)
	뇌경색증 진단보험금	보험기간 중 최초의 뇌경색증으로 진단이 확정되었을 때(단, 최초 1회에 한하여 지급함)
	건강관리자금	가입 후 매 10년마다 계약 해당일에 살아 있을 때(단, 보험기간 중에만 지급)

생활보장	12대 성인질환수술보험금	12대 성인질환으로 진단이 확정되고 그 직접적인 치료를 목적으로 12대 성인질환수술을 받았을 때(수술 1회당)
	12대 성인질환입원보험금	12대 성인질환으로 진단이 확정되고 그 직접적인 치료를 목적으로 4일 이상 입원하였을 때(3일 초과 입원일수 1일당, 120일 한도)
	재해골절(치아파절 제외)보험금	재해로 인하여 골절상태가 되었을 때(사고 1회당)
	재해깁스치료(부목 제외)보험금	재해로 인하여 그 직접적인 치료를 목적으로 깁스(Cast)치료를 받았을 때(사고 1회당)
	응급실내원보험금	응급실 내원 진료비 대상자에 해당하였을 때(내원 1회당)
	재해화상진단보험금	재해로 인하여 화상으로 진단이 확정되었을 때(사고 1회당)
	결핵진단보험금	보험기간 중 최초의 결핵으로 진단이 확정되었을 때(단, 최초 1회에 한하여 지급함)
	건강관리자금	가입 후 매 10년마다 계약 해당일에 살아 있을 때(단, 보험기간 중에만 지급)
상해보장	재해장해보험금	재해로 인하여 장해분류표에서 정한 각 장해지급률에 해당하는 장해상태가 되었을 때
	재해장해생활자금	장해분류표 중 동일한 재해로 여러 신체부위의 합산 장해지급률이 50% 이상인 장해상태가 되었을 때
	재해입원보험금	재해로 인하여 그 직접적인 치료를 목적으로 4일 이상 입원하였을 때(3일 초과 입원일수 1일당, 120일 한도)
	재해수술보험금	재해로 인하여 그 직접적인 치료를 목적으로 수술을 받았을 때(수술 1회당)
	건강관리자금	가입 후 매 10년마다 계약 해당일에 살아 있을 때(단, 보험기간 중에만 지급)

※ 암보장개시일은 계약일(부활일)부터 그날을 포함하여 90일이 지난 날의 다음 날로 함

25 무배당 우체국간병비보험 2309

(1) 주요 특징
① 병원에서 발생하는 간병인 사용 비용을 보장한다.
② 장기요양 1~2등급으로 진단 확정되고, 매년 생존 시 최대 10년 동안 간병자금을 매월 지급(장기요양간병비특약Ⅱ 가입 시, 최대 120개월 한도)한다.
③ 장기요양 진단보험금(1~2등급, 1~5등급) 설계가 가능하여 고객 맞춤형 혜택을 제공한다.
④ 병이 있어도 3가지(건강관련) 간편고지로 간편하게[2종(간편가입)] 가입이 가능하다.
⑤ 만 15세부터 70세까지 폭 넓게 가입이 가능한 간병비보험[1종(일반가입 기준)]이다.
⑥ 세제혜택: 근로소득자는 납입보험료(연간 100만원 한도)에 대하여 12% 세액을 공제받을 수 있다.

(2) 가입요건
① 주계약
  ㉠ 1종(일반가입)

가입나이	보험기간	납입기간	납입주기	보험 가입금액
만 15~55세	85, 90, 100세 만기	10, 15, 20, 30년납	월납	1,000만원~4,000만원 (500만원 단위)
56~65세		10, 15, 20년납		
66~70세		10, 15년납		

[단권화 MEMO]

ⓛ 2종(간편가입)

가입나이	보험기간	납입기간	납입주기	보험 가입금액
30~55세	85, 90, 100세 만기	10, 15, 20, 30년납	월납	1,000만원 ~ 4,000만원 (500만원 단위)
56~65세		10, 15, 20년납		
66~70세		10, 15년납		

※ 1종(일반가입)과 2종(간편가입)의 중복가입이 불가함

② 특약

㉠ 무배당 입원간병인사용특약(5년/10년갱신형) 2309(주계약 가입 시 의무부가)

ⓐ 1종(일반가입)

상품유형	구분	보험기간	가입나이	납입기간	납입주기	보험 가입금액
5년 갱신형	최초계약	5년 만기	만 15~70세	전기납	월납	1,000만원 ~ 1,500만원 (주계약 가입금액 이내에서 500만원 단위)
	갱신계약	1~5년	만 20~(주계약 만기 나이-1)세			
10년 갱신형	최초계약	10년 만기	만 15~70세			
	갱신계약	1~10년	만 25~(주계약 만기 나이-1)세			

※ 보험기간은 5년/10년 만기(갱신형)로 운영함. 단, 최종 갱신계약의 보험기간 만료일은 주계약 보험기간 만료일까지로 함
※ 주계약 1종(일반가입)에 한하여 부가 가능

ⓑ 2종(간편가입)

상품유형	구분	보험기간	가입나이	납입기간	납입주기	보험 가입금액
5년 갱신형	최초계약	5년 만기	30~70세	전기납	월납	1,000만원 ~ 1,500만원 (주계약 가입금액 이내에서 500만원 단위)
	갱신계약	1~5년	35~(주계약 만기 나이-1)세			
10년 갱신형	최초계약	10년 만기	30~70세			
	갱신계약	1~10년	40~(주계약 만기 나이-1)세			

※ 보험기간은 5년/10년 만기(갱신형)로 운영함. 단, 최종 갱신계약의 보험기간 만료일은 주계약 보험기간 만료일까지로 함
※ 주계약 2종(간편가입)에 한하여 부가 가능

㉡ 무배당 입원간병인미사용특약(5년/10년 갱신형) 2309(주계약 가입 시 의무 부가), 무배당 간호·간병통합서비스급여특약(5년/10년 갱신형) 2309

ⓐ 1종(일반가입)

상품유형	구분	보험기간	가입나이	납입기간	납입주기	보험 가입금액
5년 갱신형	최초계약	5년 만기	만 15~70세	전기납	월납	1,000만원(고정)
	갱신계약	1~5년	만 20~(주계약 만기 나이-1)세			
10년 갱신형	최초계약	10년 만기	만 15~70세			
	갱신계약	1~10년	만 25~(주계약 만기 나이-1)세			

※ 보험기간은 5년/10년 만기(갱신형)로 운영함. 단, 최종 갱신계약의 보험기간 만료일은 주계약 보험기간 만료일까지로 함
※ (무)입원간병인사용특약(5년/10년 갱신형) 2309와 동일한 보험기간으로 가입 가능
※ 주계약 1종(일반가입)에 한하여 부가 가능

ⓑ 2종(간편가입)

상품유형	구분	보험기간	가입나이	납입기간	납입주기	보험 가입금액
5년 갱신형	최초계약	5년 만기	30 ~ 70세	전기납	월납	1,000만원(고정)
	갱신계약	1 ~ 5년	35 ~ (주계약 만기 나이 - 1)세			
10년 갱신형	최초계약	10년 만기	30 ~ 70세			
	갱신계약	1 ~ 10년	40 ~ (주계약 만기 나이 - 1)세			

※ 보험기간은 5년/10년 만기(갱신형)로 운영함. 단, 최종 갱신계약의 보험기간 만료일은 주계약 보험기간 만료일까지로 함
※ (무)입원간병인사용특약(5년/10년 갱신형) 2309와 동일한 보험기간으로 가입 가능
※ 주계약 2종(간편가입)에 한하여 부가 가능

ⓒ 무배당 장기요양(1~2등급)특약 2309

보험기간	납입기간	가입나이		납입주기	보험 가입금액
		남자	여자		
85세 만기 90세 만기 100세 만기	10년납	30 ~ 70세	30 ~ 70세	월납	1,000만원 ~ 4,000만원 (주계약 가입금액 이내에서 500만원 단위)
	15년납	30 ~ 70세	30 ~ 70세		
	20년납	30 ~ 65세	30 ~ 65세		
	30년납	30 ~ 55세	30 ~ 55세		

※ 피보험자가 가입 당시 61세 이상인 경우 보험 가입금액 2,000만원 한도
※ 주계약 1종(일반가입)에 한하여 부가 가능

ⓓ 무배당 장기요양(1~5등급)특약 II 2309

보험기간	납입기간	가입나이		납입주기	보험 가입금액
		남자	여자		
85세 만기	10년납	30 ~ 70세	30 ~ 70세	월납	1,000만원(고정)
	15년납	30 ~ 70세	30 ~ 70세		
	20년납	30 ~ 65세	30 ~ 65세		
	30년납	30 ~ 55세	30 ~ 55세		
90세 만기	10년납	30 ~ 70세	30 ~ 70세		
	15년납	30 ~ 70세	30 ~ 65세		
	20년납	30 ~ 65세	30 ~ 61세		
	30년납	30 ~ 55세	30 ~ 53세		

[단권화 MEMO]

[단권화 MEMO]

보험기간	납입기간	남자	여자
100세 만기	10년납	30 ~ 66세	30 ~ 64세
	15년납	30 ~ 62세	30 ~ 60세
	20년납	30 ~ 57세	30 ~ 56세
	30년납	30 ~ 49세	30 ~ 48세

※ 피보험자가 가입 당시 61세 이상인 경우 보험 가입금액 500만원 고정
※ 주계약 1종(일반가입)에 한하여 부가 가능

⑫ 무배당 장기요양간병비특약 Ⅱ 2309

보험기간	납입기간	가입나이		납입주기	보험 가입금액
		남자	여자		
85세 만기 90세 만기 100세 만기	10년납	30 ~ 70세	30 ~ 70세	월납	1,000만원(고정)
	15년납	30 ~ 70세	30 ~ 70세		
	20년납	30 ~ 65세	30 ~ 65세		
	30년납	30 ~ 55세	30 ~ 55세		

※ 피보험자가 가입 당시 61세 이상인 경우 보험 가입금액 500만원 고정
※ 주계약 1종(일반가입)에 한하여 부가 가능

⑬ 무배당 정기특약 Ⅲ 2309

ⓐ 1종(일반가입)

보험기간	납입기간	가입나이		납입주기	보험 가입금액
		남자	여자		
85세 만기 90세 만기	10년납	만 15 ~ 70세	만 15 ~ 70세	월납	1,000만원 ~ 2,000만원 (주계약 가입금액 이내에서 500만원 단위)
	15년납	만 15 ~ 70세	만 15 ~ 70세		
	20년납	만 15 ~ 65세	만 15 ~ 65세		
	30년납	만 15 ~ 55세	만 15 ~ 55세		
100세 만기	10년납	만 15 ~ 66세	만 15 ~ 70세		
	15년납	만 15 ~ 62세	만 15 ~ 70세		
	20년납	만 15 ~ 58세	만 15 ~ 65세		
	30년납	만 15 ~ 51세	만 15 ~ 55세		

※ 주계약 1종(일반가입)에 한하여 부가 가능

ⓑ 2종(간편가입)

보험기간	납입기간	가입나이		납입주기	보험 가입금액
		남자	여자		
85세 만기	10년납	30 ~ 70세	30 ~ 70세	월납	1,000만원 ~ 2,000만원 (주계약 가입금액 이내에서 500만원 단위)
	15년납	30 ~ 67세	30 ~ 70세		
	20년납	30 ~ 61세	30 ~ 65세		
	30년납	30 ~ 53세	30 ~ 55세		

	10년납	30 ~ 64세	30 ~ 70세
90세 만기	15년납	30 ~ 59세	30 ~ 70세
	20년납	30 ~ 54세	30 ~ 65세
	30년납	30 ~ 47세	30 ~ 55세
	10년납	30 ~ 59세	30 ~ 67세
100세 만기	15년납	30 ~ 55세	30 ~ 63세
	20년납	30 ~ 51세	30 ~ 60세
	30년납	30 ~ 44세	30 ~ 53세

※ 주계약 2종(간편가입)에 한하여 부가 가능

ⓐ 이륜자동차 운전 및 탑승 중 재해부담보특약 2109, 지정대리청구서비스특약 2109, 장애인전용보험전환특약 2007

(3) 특약의 갱신에 관한 사항

갱신절차	보험기간 만료일 30일 전까지 계약자에게 서면 또는 전화(음성녹음) 안내(보험료 등 변경내용) • 보험기간 만료일 15일 전까지 계약자의 별도 의사표시가 없으면 자동갱신 - 갱신형 특약의 경우, 최대 주계약 보험기간 만료일의 1년 전 계약 해당일까지 갱신 가능하며, 최종 갱신계약의 보험기간 만료일은 주계약 보험기간 만료일까지로 함 • 계약자가 갱신 거절의사를 통지하면 계약 종료
갱신계약 보험료	갱신계약의 보험료는 나이의 증가, 적용기초율의 변동 등의 사유로 인상될 수 있음

(4) 간편고지에 관한 사항[2종(간편가입)에 한함]

① 이 상품은 '간편고지' 상품으로 유병력자 등 일반심사보험에 가입하기 어려운 피보험자를 대상으로 한다.
② '간편고지'란 보험시장에서 소외되고 있는 유병력자나 고연령자 등이 보험에 가입할 수 있도록 간소화된 계약 전 고지 의무 사항을 활용하여 계약심사 과정을 간소화함을 의미한다.
③ 간편고지 상품은 일반심사보험에 가입하기 어려운 피보험자를 대상으로 하므로, 일반심사보험보다 보험료가 다소 높으며, 일반심사를 할 경우 이 보험보다 저렴한 일반심사보험에 가입할 수 있다(다만, 일반심사보험의 경우 건강상태나 가입나이에 따라 가입이 제한될 수 있으며 보장하는 담보에는 차이가 있을 수 있음).
④ 이 상품 가입 시 간편고지 상품과 일반심사보험의 보험료 수준을 비교하여 설명하고, 이에 대한 계약자 확인을 받는다.
⑤ 이 상품 가입 후 계약일부터 3개월 이내에 일반심사보험 가입을 희망하는 경우, 일반계약 심사를 통하여 일반심사보험[(무)우체국간병비보험 2309 1종(일반가입)]에 청약할 수 있다. 다만, 본 계약의 보험금이 이미 지급되었거나 청구서류를 접수한 경우에는 그러하지 않다. 일반심사보험[(무)우체국간병비보험 2309 1종(일반가입)]에 가입하는 경우에는 본 계약을 무효로 하며 이미 납입한 보험료를 보험계약자에게 돌려준다.

[단권화 MEMO]

(5) 지정대리청구인 지정에 관한 사항[무배당 장기요양(1~2등급)특약 2309, 무배당 장기요양(1~5등급)특약Ⅱ 2309 및 무배당 장기요양간병비특약Ⅱ 2309에 한함]

계약자가 본인을 위한 계약(계약자, 피보험자 및 보험수익자가 모두 동일)을 체결할 경우, 체신관서는 지정대리청구서비스 신청서를 교부하고 지정대리청구인 지정에 관련된 내용을 설명한다. 다만, 전화를 이용하여 계약을 체결하는 경우에는 음성 녹음함으로써 교부 및 설명한 것으로 본다.

① 계약자는 보험금을 직접 청구할 수 없는 특별한 사정이 있을 경우를 대비하여 계약을 체결할 때 또는 계약 체결 이후에 다음의 어느 하나에 해당하는 자 중에서 보험금의 대리청구인[2인 이내에서 지정하되, 2인 지정 시 대표대리인을 지정(이하 '지정대리청구인')]을 지정(변경 지정 포함)할 수 있다. 다만, 지정대리청구인은 보험금 청구 시에도 다음의 어느 하나에 해당하여야 한다.
  ㉠ 피보험자의 가족관계등록부상의 배우자
  ㉡ 피보험자의 3촌 이내의 친족
② ①에도 불구하고 지정대리청구인이 지정된 이후에 보험수익자가 변경되는 경우에는 이미 지정된 지정대리청구인의 자격은 자동적으로 상실된 것으로 본다.

(6) 보장내용

① 주계약

지급구분	지급사유
재해사망보험금	보험기간 중 재해를 직접적인 원인으로 사망하였을 때

② 특약

㉠ 무배당 입원간병인사용특약(5년/10년 갱신형) 2309

ⓐ 1종(일반가입)

지급구분	지급사유
입원간병인사용보험금 (요양병원 제외)	보험기간 중 질병 또는 재해로 인하여 그 직접적인 치료를 목적으로 동일 입원기간 중에 의료기관(단, 요양병원 제외)에 입원하여 간병인을 사용하였을 때(간병인 사용 1일 기준)
입원간병인사용보험금 (요양병원)	보험기간 중 질병 또는 재해로 인하여 그 직접적인 치료를 목적으로 동일 입원기간 중에 요양병원에 입원하여 간병인을 사용하였을 때(간병인 사용 1일 기준)

ⓑ 2종(간편가입)

지급구분	지급사유
입원간병인사용보험금 (요양병원 제외)	보험기간 중 질병 또는 재해로 인하여 그 직접적인 치료를 목적으로 동일 입원기간 중에 의료기관(단, 요양병원 제외)에 입원하여 간병인을 사용하였을 때(간병인 사용 1일 기준)
입원간병인사용보험금 (요양병원)	보험기간 중 질병 또는 재해로 인하여 그 직접적인 치료를 목적으로 동일 입원기간 중에 요양병원에 입원하여 간병인을 사용하였을 때(간병인 사용 1일 기준)

ⓒ 무배당 입원간병인미사용특약(5년/10년 갱신형) 2309

ⓐ 1종(일반가입)

지급구분	지급사유
입원간병인 미사용보험금 (요양병원 제외)	보험기간 중 질병 또는 재해로 인하여 그 직접적인 치료를 목적으로 동일 입원기간 중에 의료기관(단, 요양병원 제외)에 입원하여 간병인을 사용하지 않았을 때(간병인 미사용 1일 기준)
입원간병인 미사용보험금 (요양병원)	보험기간 중 질병 또는 재해로 인하여 그 직접적인 치료를 목적으로 동일 입원기간 중에 요양병원에 입원하여 간병인을 사용하지 않았을 때(간병인 미사용 1일 기준)

ⓑ 2종(간편가입)

지급구분	지급사유
입원간병인 미사용보험금 (요양병원 제외)	보험기간 중 질병 또는 재해로 인하여 그 직접적인 치료를 목적으로 동일 입원기간 중에 의료기관(단, 요양병원 제외)에 입원하여 간병인을 사용하지 않았을 때(간병인 미사용 1일 기준)
입원간병인 미사용보험금 (요양병원)	보험기간 중 질병 또는 재해로 인하여 그 직접적인 치료를 목적으로 동일 입원기간 중에 요양병원에 입원하여 간병인을 사용하지 않았을 때(간병인 미사용 1일 기준)

ⓒ 무배당 간호·간병통합서비스급여특약(5년/10년 갱신형) 2309

ⓐ 1종(일반가입)

지급구분	지급사유
간호·간병통합 서비스보험금	보험기간 중 질병 또는 재해로 인하여 그 직접적인 치료를 목적으로 동일 입원기간 중에 간호·간병통합서비스를 사용하였을 때(간호·간병통합서비스 사용 1일 기준)

ⓑ 2종(간편가입)

지급구분	지급사유
간호·간병통합 서비스보험금	보험기간 중 질병 또는 재해로 인하여 그 직접적인 치료를 목적으로 동일 입원기간 중에 간호·간병통합서비스를 사용하였을 때(간호·간병통합서비스 사용 1일 기준)

ⓒ 무배당 장기요양(1~2등급)특약 2309

지급구분	지급사유
장기요양(1~2등급) 진단보험금	장기요양상태 보장개시일 이후에 최초로 장기요양 1등급 또는 2등급으로 진단 확정되었을 때(단, 최초 1회에 한함)

※ 장기요양상태 보장개시일은 계약일(부활일)부터 그날을 포함하여 180일이 지난 날의 다음 날로 함. 단, 재해를 직접적인 원인으로 장기요양상태가 발생한 경우 장기요양상태 보장개시일은 계약일(부활일)로 함

ⓜ 무배당 장기요양(1~5등급)특약Ⅱ 2309

지급구분	지급사유
장기요양(1~5등급) 진단보험금	장기요양상태 보장개시일 이후에 최초로 장기요양 1등급, 2등급, 3등급, 4등급 또는 5등급으로 진단 확정되었을 때(단, 최초 1회에 한함)

※ 장기요양상태 보장개시일은 계약일(부활일)부터 그날을 포함하여 180일이 지난 날의 다음 날로 함. 단, 재해를 직접적인 원인으로 장기요양상태가 발생한 경우 장기요양상태 보장개시일은 계약일(부활일)로 함

[단권화 MEMO]

● 무배당 장기요양간병비특약 Ⅱ 2309의 장기요양상태 보장개시일은 계약일(부활일)부터 그날을 포함하여 □일이 지난 날의 다음 날로 한다.
(180)

ⓗ 무배당 장기요양간병비특약Ⅱ 2309

지급구분	지급사유
장기요양(1~2등급) 진단간병자금	장기요양상태 보장개시일 이후에 최초로 장기요양 1등급 또는 2등급으로 진단 확정되고, 진단 확정된 날을 최초로 하여 10년 동안 매년 진단 확정일에 살아있을 때(단, 최초 1회의 진단 확정에 한함) ※ 최초 1년(12개월) 보증 지급 ※ 10년(120개월)을 최고 한도로 지급

※ 장기요양상태 보장개시일은 계약일(부활일)부터 그날을 포함하여 180일이 지난 날의 다음 날로 함. 단, 재해를 직접적인 원인으로 장기요양상태가 발생한 경우 장기요양상태 보장개시일은 계약일(부활일)로 함

ⓢ 무배당 정기특약Ⅲ 2309

ⓐ 1종(일반가입)

지급구분	지급사유
사망보험금	보험기간 중 사망하였을 때

ⓑ 2종(간편가입)

지급구분	지급사유
사망보험금	보험기간 중 사망하였을 때

26 무배당 우체국당뇨안심보험 2109

(1) 주요 특징

① **우체국보험 최초의 당뇨전문보험**: 당뇨진단부터 인슐린치료, 장해, 사망까지 보장하는 종합보장보험이다.
② **당뇨 중증도**(당화혈색소 6.5%, 7.5%, 9.0%)에 따라 체계적인 보장금액을 설정한다.
③ **당뇨합병증 집중보장**: 당뇨병 진단 후 4대 중증질환(3대 질병, 말기신부전)으로 진단 시 보험금을 2배 지급하여 고액치료비를 보장(해당 특약 가입 시)한다.
④ **당뇨치료비 강화**: 주계약 기본 당뇨보장에 더해 특약 가입 시 당뇨 관련 주요 질환으로 인한 입원·수술, 중대수술, 뇌경색증 등 폭 넓은 치료비 보장이 가능하다.
⑤ 첫 날부터 입원비 보장 및 질병·재해 중 원하는 보장만 선택가입할 수 있다.
⑥ 주계약 비갱신형 설계 및 보험료 납입면제로 보험료 부담을 완화하였다.
⑦ **세제혜택**: 근로소득자는 납입보험료(연간 100만원 한도)에 대하여 12% 세액을 공제받을 수 있다.

(2) 가입요건

① 주계약

가입나이	보험기간	납입기간	납입주기	보험 가입금액
만 15~50세	80, 90, 100세 만기	10, 15, 20, 30년납	월납	500만원~2,000만원 (500만원 단위)
51~60세		10, 15, 20년납		
61~65세		10, 15년납		

※ 피보험자가 가입 당시 61세 이상인 경우 보험 가입금액 1,000만원 한도

② 특약

㉠ 무배당 정기사망특약 II 2109

가입나이	보험기간	납입기간	납입주기	보험 가입금액
주계약과 동일				500 ~ 2,000만원 (주계약 가입금액 이내에서 500만원 단위)

※ 피보험자가 가입 당시 61세 이상인 경우 보험 가입금액 1,000만원 한도

㉡ 무배당 재해입원수술특약(15년 갱신형) 2109, 무배당 질병입원수술특약(15년 갱신형) 2109,
무배당 중대수술특약(15년 갱신형) 2109, 무배당 당뇨플러스암진단특약(15년 갱신형) 2109,
무배당 당뇨플러스뇌출혈진단특약(15년 갱신형) 2109,
무배당 당뇨플러스급성심근경색증진단특약(15년 갱신형) 2109,
무배당 당뇨플러스말기신부전증진단특약(15년 갱신형) 2109,
무배당 뇌경색증진단특약(15년 갱신형) 2109,
무배당 당뇨관련주요질환입원수술특약(15년 갱신형) 2109

구분	가입나이	보험기간	납입기간	납입주기	보험 가입금액
최초계약	만 15 ~ 65세	15년	전기납	월납	500 ~ 1,000만원 (주계약 가입금액 이내에서 500만원 단위)
갱신계약	만 30 ~ (주계약 만기나이 - 1)세	1 ~ 15년			

※ 보험기간은 15년 만기(갱신형)로 운영함. 단, 최종 갱신계약의 보험기간 만료일은 주계약 보험기간 만료일까지로 함
※ 피보험자가 가입 당시 61세 이상인 경우 보험 가입금액 500만원(고정) 한도

㉢ 이륜자동차 운전 및 탑승 중 재해부담보특약 2109, 지정대리청구서비스특약 2109,
장애인전용보험전환특약 2007

(3) 특약의 갱신에 관한 사항

갱신절차	보험기간 만료일 30일 전까지 계약자에게 서면 또는 전화(음성녹음)로 안내(보험료 등 변경내용) • 보험기간 만료일 15일 전까지 계약자의 별도 의사표시가 없으면 자동갱신 ※ 갱신형 특약의 경우, 최대 주계약 보험기간 만료일의 1년 전 계약 해당일까지 갱신 가능하며, 최종 갱신계약의 보험기간 만료일은 주계약 보험기간 만료일까지로 함 • 계약자가 갱신 거절의사를 통지하면 계약이 종료됨
갱신계약 보험료	갱신계약의 보험료는 나이의 증가, 적용기초율의 변동 등의 사유로 인상될 수 있음

(4) 보장내용

① 주계약

지급 구분	지급사유
사망보험금	보험기간 중 사망하였을 때
장해보험금	보험기간 중 장해분류표 중 동일한 재해 또는 재해 이외의 동일한 원인으로 여러 신체부위의 합산 장해지급률이 50% 이상인 장해상태가 되었을 때(보험기간 중 최초 1회에 한하여 지급함)
당뇨병 (당화혈색소 6.5% 이상) 진단보험금	보험기간 중 당뇨보장개시일 이후에 '당뇨병(당화혈색소 6.5% 이상)'으로 진단이 확정되었을 때(보험기간 중 최초 1회에 한하여 지급함)
당뇨병 (당화혈색소 7.5% 이상) 진단보험금	보험기간 중 당뇨보장개시일 이후에 '당뇨병(당화혈색소 7.5% 이상)'으로 진단이 확정되었을 때(보험기간 중 최초 1회에 한하여 지급함)

[단권화 MEMO]

[단권화 MEMO]

당뇨병 (당화혈색소 9.0% 이상) 진단보험금	보험기간 중 당뇨보장개시일 이후에 '당뇨병(당화혈색소 9.0% 이상)'으로 진단이 확정되었을 때(보험기간 중 최초 1회에 한하여 지급함)
인슐린치료보험금	보험기간 중 '인슐린치료'를 받았을 때(보험기간 중 최초 1회에 한하여 지급함)

※ 당뇨보장개시일은 계약일(부활일)부터 그날을 포함하여 1년이 지난 날의 다음 날로 함

※ 플러스보험기간(약관에서 정한 플러스보험기간이 적용되는 경우에 한함)

지급 구분	지급사유
플러스사망보험금	플러스보험기간 중 사망하였을 때

※ '플러스보험기간'이란 보험기간이 만료되는 시점에 플러스적립금이 발생하는 경우, 보험기간 만료 후부터 10년 동안 자동으로 연장되어 추가적인 보장을 받는 기간을 말함

② 특약

㉠ 무배당 정기사망특약Ⅱ 2109

지급구분	지급사유
사망보험금	보험기간 중 사망하였을 때

㉡ 무배당 재해입원수술특약(15년 갱신형) 2109

지급 구분	지급사유
재해입원보험금	보험기간 중 재해로 인하여 그 직접적인 치료를 목적으로 입원하였을 때(1일 이상 입원일수 1일당, 120일 한도)
재해수술보험금	보험기간 중 재해로 인하여 그 직접적인 치료를 목적으로 수술을 받았을 때(수술 1회당)

㉢ 무배당 질병입원수술특약(15년 갱신형) 2109

지급 구분	지급사유
질병입원보험금	보험기간 중 질병으로 인하여 그 직접적인 치료를 목적으로 입원하였을 때(1일 이상 입원일수 1일당, 120일 한도)
질병수술보험금	보험기간 중 질병으로 인하여 그 직접적인 치료를 목적으로 수술을 받았을 때(수술 1회당)

㉣ 무배당 중대수술특약(15년 갱신형) 2109

지급 구분	지급사유
중대수술보험금	보험기간 중 최초의 중대한 수술을 받았을 때(단, 최초 1회에 한함)

㉤ 무배당 당뇨플러스암진단특약(15년 갱신형) 2109

지급 구분	지급사유	
암진단보험금	암보장개시일 이후에 최초의 암으로 진단이 확정되었을 때(단, 최초 1회에 한함)	'당뇨병(당화혈색소 6.5% 이상)'으로 진단이 확정되지 않고 지급사유가 발생한 경우
		당뇨보장개시일 이후에 '당뇨병(당화혈색소 6.5% 이상)'으로 진단이 확정된 후 지급사유가 발생한 경우
	보험기간 중 최초의 갑상선암, 기타피부암, 대장점막내암, 제자리암 또는 경계성 종양으로 진단이 확정되었을 때(단, 갑상선암, 기타피부암, 대장점막내암, 제자리암 및 경계성 종양 각각 최초 1회에 한함)	

※ 암보장개시일은 계약일(부활일)부터 그날을 포함하여 90일이 지난 날의 다음 날로 함
※ 당뇨보장개시일은 계약일(부활일)부터 그날을 포함하여 1년이 지난 날의 다음 날로 함

ⓗ 무배당 당뇨플러스뇌출혈진단특약(15년 갱신형) 2109

지급 구분	지급사유
뇌출혈 진단보험금	보험기간 중 최초의 뇌출혈로 진단이 확정되었을 때(단, 최초 1회에 한함)	'당뇨병(당화혈색소 6.5% 이상)'으로 진단이 확정되지 않고 지급사유가 발생한 경우
		당뇨보장개시일 이후에 '당뇨병(당화혈색소 6.5% 이상)'으로 진단이 확정된 후 지급사유가 발생한 경우

※ 당뇨보장개시일은 계약일(부활일)부터 그날을 포함하여 1년이 지난 날의 다음 날로 함

ⓢ 무배당 당뇨플러스급성심근경색증진단특약(15년 갱신형) 2109

지급 구분	지급사유
급성심근경색증 진단보험금	보험기간 중 최초의 급성심근경색증으로 진단이 확정되었을 때(단, 최초 1회에 한함)	'당뇨병(당화혈색소 6.5% 이상)'으로 진단이 확정되지 않고 지급사유가 발생한 경우
		당뇨보장개시일 이후에 '당뇨병(당화혈색소 6.5% 이상)'으로 진단이 확정된 후 지급사유가 발생한 경우

※ 당뇨보장개시일은 계약일(부활일)부터 그날을 포함하여 1년이 지난 날의 다음 날로 함

ⓞ 무배당 당뇨플러스말기신부전증진단특약(15년 갱신형) 2109

지급 구분	지급사유
말기신부전증 진단보험금	보험기간 중 최초의 말기신부전증으로 진단이 확정되었을 때(단, 최초 1회에 한함)	'당뇨병(당화혈색소 6.5% 이상)'으로 진단 확정되지 않고 지급사유가 발생한 경우
		당뇨보장개시일 이후에 '당뇨병(당화혈색소 6.5% 이상)'으로 진단이 확정된 후 지급사유가 발생한 경우

※ 당뇨보장개시일은 계약일(부활일)부터 그날을 포함하여 1년이 지난 날의 다음 날로 함

ⓩ 무배당 뇌경색증진단특약(15년 갱신형) 2109

지급 구분	지급사유
뇌경색증 진단보험금	보험기간 중 최초의 뇌경색증으로 진단이 확정되었을 때(단, 최초 1회에 한함)

ⓩ 무배당 당뇨관련주요질환입원수술특약(15년 갱신형) 2109

지급 구분	지급사유
당뇨 관련 주요 질환 입원보험금	보험기간 중 당뇨 관련 주요 질환으로 진단이 확정되고, 그 직접적인 치료를 목적으로 4일 이상 입원하였을 때(3일 초과 입원일수 1일당, 120일 한도)
당뇨 관련 주요 안과질환 수술보험금	보험기간 중 당뇨 관련 주요 안과질환으로 진단이 확정되고, 그 직접적인 치료를 목적으로 수술을 받았을 때(수술 1회당)
당뇨 관련 주요 질환 (안과 제외) 수술보험금	보험기간 중 당뇨 관련 주요 질환(안과 제외)으로 진단이 확정되고, 그 직접적인 치료를 목적으로 수술을 받았을 때(수술 1회당)

[단권화 MEMO]

○ 무배당 당뇨플러스암진단특약(15년 갱신형) 2109의 당뇨보장개시일은 계약일(부활일)부터 그날을 포함하여 □년이 지난 날의 다음 날로 한다.

(1)

[단권화 MEMO]

27 무배당 우체국나르미안전보험 2109

(1) 주요 특징

① 운송업 종사자 전용의 공익형 교통상해보험이다.
② 나이에 상관없이 성별에 따라 1회 보험료 납입으로 보장이 가능(1년 만기)하다.
③ 보험료의 50%를 체신관서가 공익재원으로 지원한다.
④ **교통재해사고 종합 보장**: 교통재해로 인한 사망, 장해 및 교통사고에 대한 의료비(중환자실 입원 등)를 보장한다.

(2) 가입요건

① 주계약(1종 일반형, 2종 이륜자동차 전용)

보험기간	가입나이	납입주기	납입기간	가입금액
1년 만기	만 19~60세	연납	전기납	1,000만원 고정

※ 1종(일반형)과 2종(이륜자동차 전용)의 중복가입 불가

② **특약**: 이륜자동차 운전 및 탑승 중 재해부담보특약 2109, 지정대리청구서비스특약 2109, 장애인전용보험전환특약 2007

> 디지털 플랫폼의 중개를 통해 일자리를 구하여 단속적(1회성, 비상시적, 비정기적) 일거리 건당 일정한 보수를 수취하거나, 고용계약을 체결하지 않고 특수고용직 형태로 노동을 수행하는 운송업 종사자이다.

(3) 피보험자 자격요건

① **1종(일반형)**: 업무상 이륜자동차운전자를 제외한 '플랫폼 경제 운송업 종사자'가 가입 대상이다.
② **2종(이륜자동차 전용)**: 유상운송배달용 및 대여용으로 이륜자동차를 운전하는 '플랫폼 경제 운송업 종사자'가 가입대상이다.

> 수당, 요금 등 대가의 보상을 직접적인 목적으로 물건 등의 배달을 위해서 이륜자동차를 운전하는 경우(260cc 초과 이륜자동차는 제외)를 말한다.

(4) 보험료 납입에 관한 사항

이 보험은 보험료의 50%를 각 개별 보험계약자가 납입하며, 나머지 보험료는 과학기술정보통신부장관이 납입하는 것을 원칙으로 한다.

(5) 보장내용 – 주계약

지급 구분	지급사유
교통재해 사망보험금	교통재해를 직접적인 원인으로 사망하였을 때
교통재해 장해보험금	장해분류표 중 동일한 교통재해를 원인으로 여러 신체부위의 합산 장해지급률이 50% 이상인 장해상태가 되었을 때(단, 최초 1회에 한함)
교통재해 중환자실입원보험금	교통재해로 인하여 그 직접적인 치료를 목적으로 중환자실에 입원하였을 때(1일 이상 입원일수 1일당, 60일 한도)
교통재해 중대수술보험금	교통재해로 인하여 그 직접적인 치료를 목적으로 중대한 수술을 받았을 때(수술 1회당)
교통재해 응급실내원보험금	교통재해로 인하여 응급실 내원진료비 대상자가 되었을 때(내원 1회당)

28 무배당 win-win단체플랜보험 2109

(1) 주요 특징

① 단체에서 요구하는 보장내용 충족을 위해 다양한 특약을 구성하여 각종 사고에 대한 맞춤형 보장을 설계하는 보험이다.
② 0세 및 어린이 단체도 가입 가능하고, 어린이 단체를 위한 화상, 식중독, 깁스 등을 보장한다.

③ 종업원의 복지 증진 강화 및 불의의 사고에 대한 유가족의 안정적인 생활 보장을 위해 특약으로 재해·교통 재해사망보장을 강화하였다.
④ 세제혜택: 법인사업자는 근로자를 위해 납입한 보험료를 손금처리할 수 있다.

(2) 가입요건
① 주계약

가입나이	보험기간	납입기간	납입주기	보험 가입금액
0 ~ 70세	1년 만기	1년납	연납	1,000 ~ 4,000만원 (1,000만원 단위)

② 특약

㉠ 무배당 단체재해사망보장특약 2109, 무배당 단체교통재해사망보장특약 2109

가입나이	보험기간	납입기간	납입주기	보험 가입금액
만 15 ~ 70세	주계약과 동일			1,000 ~ 4,000만원 (주계약 보험 가입금액 이내에서 1,000만원 단위)

㉡ 무배당 단체재해장해연금특약 2109, 무배당 단체재해입원특약 2109, 무배당 단체재해수술특약 2109, 무배당 단체골절치료특약 2109, 무배당 단체깁스치료특약 2109

가입나이	보험기간	납입기간	납입주기	보험 가입금액
0 ~ 70세	주계약과 동일			1,000만원(고정)

㉢ 무배당 단체화상치료특약 2109, 무배당 단체식중독치료특약 2109

가입나이	보험기간	납입기간	납입주기	보험 가입금액
0 ~ 10세	주계약과 동일			1,000만원(고정)

㉣ 이륜자동차 운전 및 탑승 중 재해부담보특약 2109, 지정대리청구서비스특약 2109

(3) 보험료 할인에 관한 사항
단체별 피보험자 수에 따라 다음과 같이 보험료(특약보험료 포함) 할인을 적용한다.

피보험자 수	5인 ~ 20인	21인 ~ 100인	101인 이상
할인율	1%	1.5%	2.0%

(4) 중도추가가입에 관한 사항
① 단체 구성원의 입사 등의 사유로 피보험자의 변동이 있을 경우 보험계약자는 체신관서의 동의를 얻어 계약단체의 보험기간 중 피보험자를 추가할 수 있다. 이 경우 추가된 피보험자의 보험기간은 그 계약단체의 남은 보험기간으로 하며, 보험료 및 책임준비금 산출방법서에 의해 계산된 보험료를 적용한다.
② 피보험자가 가입하고자 하는 보험 상품이 판매중지된 경우, 체신관서에서 인정하는 유사한 상품으로 계약을 체결할 수 있으며, 유사 상품이 없는 경우에는 계약체결이 제한될 수 있다.

(5) 계약변경에 관한 사항

① 체신관서의 승낙을 얻어 보험계약자를 변경한 경우, 변경된 계약자에게 보험 가입증서(보험증권) 및 약관을 교부하고 변경된 계약자가 요청하는 경우 약관의 중요한 내용을 설명한다. 보험 가입금액 감액(피보험자가 보험료의 일부를 부담하는 경우에는 피보험자의 동의를 받아야 함) 시 환급금이 없을 수 있다.

② 피보험자가 피보험단체로부터 탈퇴한 경우에 계약자는 지체 없이 피보험자의 탈퇴연월일 및 사유를 체신관서에 알려야 하며, 피보험자가 피보험단체로부터 탈퇴한 경우에 이 계약은 해지된 것으로 보고 해지 시 지급금액을 지급한다.

(6) 피보험자 변경에 관한 사항

① 보험계약자가 보험료를 전액 부담하는 경우(다만, 피보험자가 보험료의 일부를 부담하는 경우에는 피보험자의 동의를 받아야 함) 피보험자가 보험계약에서 보장하지 않는 사유로 사망하거나 피보험자가 퇴직 등으로 피보험단체에서 탈퇴하는 경우에는 보험계약자는 새로운 피보험자의 동의 및 체신관서의 승낙을 얻어 피보험자를 교체할 수 있다.

② 피보험자 변경 시 '보험료 및 책임준비금 산출방법서'에서 정한 변경 전·후의 정산 차액을 추가납입하도록 하거나 보험계약자에게 지급한다.

③ 변경 후 피보험자에 대한 계약 내용 및 체신관서의 승낙기준 등은 변경 전 피보험자와 동일하게 적용한다. 체신관서는 새로운 피보험자가 계약에 적합하지 않은 경우 피보험자의 변경에 대한 승낙을 거절할 수 있다.

(7) 사망보험금 청구에 관한 사항

사망보험금의 보험수익자가 피보험자의 법정상속인 이외의 자(단체 또는 단체의 대표자 등)로 지정되는 계약은 사망보험금 청구 시 피보험자의 법정상속인의 확인서가 필요하다.

(8) 보장내용

① 주계약

지급 구분	지급사유
재해장해보험금	재해로 인하여 장해분류표에서 정한 각 장해지급률에 해당하는 장해상태가 되었을 때

② 특약

㉠ 무배당 단체재해사망보장특약 2109

지급 구분	지급사유
재해사망보험금	보험기간 중 재해를 직접적인 원인으로 사망하였을 때

㉡ 무배당 단체교통재해사망보장특약 2109

지급 구분	지급사유
교통재해사망보험금	보험기간 중 교통재해를 직접적인 원인으로 사망하였을 때

ⓒ 무배당 단체재해장해연금특약 2109

지급 구분	지급사유
재해장해생활자금	장해분류표 중 동일한 재해로 여러 신체부위의 합산 장해지급률이 50% 이상인 장해상태가 되었을 때

ⓔ 무배당 단체재해입원특약 2109

지급 구분	지급사유
재해입원보험금	보험기간 중 재해로 인하여 그 직접적인 치료를 목적으로 4일 이상 입원하였을 때 (3일 초과 입원일수 1일당, 120일 한도)

ⓜ 무배당 단체재해수술특약 2109

지급 구분	지급사유
재해수술보험금	보험기간 중 재해로 인하여 그 직접적인 치료를 목적으로 수술을 받았을 때(수술 1회당)

ⓑ 무배당 단체골절치료특약 2109

지급 구분	지급사유
재해골절(치아파절 제외) 보험금	보험기간 중 재해로 인하여 골절상태가 되었을 때(사고 1회당)

ⓢ 무배당 단체화상치료특약 2109

지급 구분	지급사유
재해화상진단보험금	보험기간 중 재해로 인하여 화상(심재성 2도 이상)으로 진단이 확정되었을 때(사고 1회당)

ⓞ 무배당 단체식중독치료특약 2109

지급 구분	지급사유
식중독입원보험금	보험기간 중 식중독으로 진단이 확정되고 그 직접적인 치료를 목적으로 4일 이상 입원하였을 때(3일 초과 입원일수 1일당, 120일 한도)

ⓩ 무배당 단체깁스치료특약 2109

지급 구분	지급사유
재해깁스치료(부목 제외) 보험금	보험기간 중 재해로 인하여 그 직접적인 치료를 목적으로 깁스(Cast)치료를 받았을 때(사고 1회당)

29 무배당 우체국온라인당뇨보험 2109 — 해당 상품 내용은 현재 판매 중지 진행 중에 있어 출제 범위에서 제외됩니다.

(1) 주요 특징
① 우체국보험 최초의 당뇨전문보험으로, 당뇨진단부터 인슐린치료, 장해, 사망까지 보장하는 종합보장보험이다.
② 당뇨 중증도(당화혈색소 6.5%, 7.5%, 9.0%)에 따라 체계적으로 진단보험금을 보장한다.
③ 보험료의 인상 없이 처음과 동일한 보험료로 만기까지 보장한다.

④ **세제혜택**: 근로소득자는 납입보험료(연간 100만원 한도)에 대하여 12% 세액을 공제받을 수 있다.

(2) 가입요건

① 주계약

가입나이	보험기간	보험료 납입기간	보험료 납입주기	보험 가입금액
20 ~ 60세	20, 30년 만기	전기납	월납	500 ~ 2,000만원 (500만원 단위)

② **특약**: 이륜자동차 운전 및 탑승 중 재해부담보특약 2109, 지정대리청구서비스특약 2109, 장애인전용보험전환특약 2007

(3) 보장내용

① 주계약

지급 구분	지급사유
사망보험금	보험기간 중 사망하였을 때
장해보험금	보험기간 중 장해분류표 중 동일한 재해 또는 재해 이외의 동일한 원인으로 여러 신체부위의 합산 장해지급률이 50% 이상인 장해상태가 되었을 때(보험기간 중 최초 1회에 한하여 지급함)
당뇨병 (당화혈색소 6.5% 이상) 진단보험금	보험기간 중 당뇨보장개시일 이후에 '당뇨병(당화혈색소 6.5% 이상)'으로 진단이 확정되었을 때(보험기간 중 최초 1회에 한하여 지급함)
당뇨병 (당화혈색소 7.5% 이상) 진단보험금	보험기간 중 당뇨보장개시일 이후에 '당뇨병(당화혈색소 7.5% 이상)'으로 진단이 확정되었을 때(보험기간 중 최초 1회에 한하여 지급함)
당뇨병 (당화혈색소 9.0% 이상) 진단보험금	보험기간 중 당뇨보장개시일 이후에 '당뇨병(당화혈색소 9.0% 이상)'으로 진단이 확정되었을 때(보험기간 중 최초 1회에 한하여 지급함)
인슐린치료보험금	보험기간 중 '인슐린치료'를 받았을 때(보험기간 중 최초 1회에 한하여 지급함)

※ 당뇨보장개시일은 계약일(부활일)부터 그날을 포함하여 1년이 지난 날의 다음 날로 함

30 무배당 우체국온라인착한안전보험 2109

> 해당 상품 내용은 현재 판매 중지 진행 중에 있어 출제 범위에서 제외됩니다.

(1) 주요 특징

① 교통사고 및 재해사고 위주의 보장으로 우체국 최저가 보험료로 설계된다.
② 성별에 따른 차이는 있으나 나이에 관계없이 동일한 보험료(주계약 기준)이다.
③ 재해로 인한 사망 및 장해와 교통사고에 대한 의료비(중환자실 입원 등)를 집중 보장한다.
④ 특약을 통해 재해로 인한 사망, 입원, 수술 등 보장할 수 있다.
⑤ **세제혜택**: 근로소득자는 납입한 보험료(연간 100만원 한도)에 대하여 12% 세액을 공제받을 수 있다.

(2) 가입요건

① 주계약

보험기간	가입나이	납입기간	납입주기	보험 가입금액
20년 만기	만 19 ~ 70세	전기납	월납	1,000 ~ 2,000만원 (1,000만원 단위)
30년 만기	만 19 ~ 60세			

※ 피보험자가 가입 당시 61세 이상일 경우 보험 가입금액 1,000만원 고정

② 특약

㉠ 무배당 재해사망보장특약 2109

보험기간	가입나이	납입기간	납입주기	보험 가입금액
주계약과 동일				1,000 ~ 2,000만원 (주계약 보험 가입금액 이내에서 1,000만원 단위)

※ 피보험자가 가입 당시 61세 이상일 경우 보험 가입금액 1,000만원 고정

㉡ 무배당 재해입원보장특약 2109, 무배당 재해수술보장특약 2109

보험기간	가입나이	납입기간	납입주기	보험 가입금액
20년 만기	만 19 ~ 60세	전기납	월납	1,000 ~ 2,000만원 (주계약 보험 가입금액 이내에서 1,000만원 단위)
30년 만기	만 19 ~ 50세			

※ 피보험자가 가입 당시 61세 이상일 경우 보험 가입금액 1,000만원 고정

㉢ 이륜자동차 운전 및 탑승 중 재해부담보특약 2109, 지정대리청구서비스특약 2109, 장애인전용보험전환특약 2007

(3) 보장내용

① 주계약

지급 구분	지급사유
대중교통재해사망보험금	'대중교통 이용 중 교통재해'를 직접적인 원인으로 사망하였을 때
일반교통재해사망보험금	일반교통재해를 직접적인 원인으로 사망하였을 때
일반재해사망보험금	일반재해를 직접적인 원인으로 사망하였을 때
대중교통재해장해보험금	'대중교통 이용 중 교통재해'로 인하여 장해분류표에서 정한 각 장해지급률에 해당하는 장해상태가 되었을 때
일반교통재해장해보험금	일반교통재해로 인하여 장해분류표에서 정한 각 장해지급률에 해당하는 장해상태가 되었을 때
일반재해장해보험금	일반재해로 인하여 장해분류표에서 정한 각 장해지급률에 해당하는 장해상태가 되었을 때
교통재해중환자실입원보험금	교통재해로 인하여 그 직접적인 치료를 목적으로 중환자실에 입원하였을 때(1일 이상 입원일수 1일당, 60일 한도)
교통재해중대수술보험금	교통재해로 인하여 그 직접적인 치료를 목적으로 중대한 수술을 받았을 때(수술 1회당)
교통재해응급실내원보험금	교통재해로 인하여 응급실 내원 진료비 대상자가 되었을 때(내원 1회당)
교통재해골절(치아파절 제외) 보험금	교통재해로 인하여 골절상태가 되었을 때(사고 1회당)

[단권화 MEMO]

② 특약

㉠ 무배당 재해사망보장특약 2109

지급 구분	지급사유
재해사망보험금	재해를 직접적인 원인으로 사망하였을 때

㉡ 무배당 재해입원보장특약 2109

지급 구분	지급사유
재해입원보험금	재해로 인하여 그 직접적인 치료를 목적으로 4일 이상 입원하였을 때(3일 초과 입원일수 1일당, 120일 한도)

㉢ 무배당 재해수술보장특약 2109

지급 구분	지급사유
재해수술보험금	재해로 인하여 그 직접적인 치료를 목적으로 수술·신생물 근치 방사선 조사 분류표에서 정한 수술을 받았을 때(수술 1회당)

31 무배당 우체국온라인어린이보험 2109

(1) 주요 특징

① 암, 장해, 입원, 수술, 골절, 화상, 식중독 등 각종 일상 생활에서의 위험을 포괄적으로 보장하는 어린이 종합보험이다.
② 중증질환(소아암, 중증장해 등)에 대해 고액 보장을 한다.
③ 만기 시 만기보험금을 지급하여 계약자의 형편에 따라 다양한 목적자금으로 활용 가능하다.

(2) 가입요건

① 주계약 및 의무부가특약

구분	가입나이	보험기간	보험료 납입기간	보험료 납입주기	가입한도액
주계약	0~15세	30세 만기	전기납	월납	1,000만원(고정)
무배당선천이상특약Ⅱ 2109(의무부가)	임신 23주 이내 태아	3년	3년		

※ 임신 사실이 확인된 태아도 가입 가능

② 특약: 지정대리청구서비스특약 2109, 장애인전용보험전환특약 2007

(3) 보장내용

① 주계약

지급 구분	지급사유
만기보험금	보험기간이 끝날 때까지 살아 있을 때
암진단보험금	• 최초의 암으로 진단이 확정되었을 때(단, 최초 1회에 한함) • 최초의 갑상선암, 기타피부암, 대장점막내암, 제자리암 또는 경계성 종양으로 진단이 확정되었을 때(단, 갑상선암, 기타피부암, 대장점막내암, 제자리암 및 경계성 종양 각각 최초 1회에 한함)
소아암진단보험금	최초의 소아암으로 진단이 확정되었을 때(단, 최초 1회에 한함)

재해장해보험금	재해로 인하여 장해분류표에서 정한 각 장해지급률에 해당하는 장해상태가 되었을 때
입원보험금	질병 또는 재해로 인하여 그 직접적인 치료를 목적으로 4일 이상 입원하였을 때(3일 초과 입원일수 1일당, 120일 한도)
수술보험금	질병 또는 재해로 인하여 그 직접적인 치료를 목적으로 수술을 받았을 때(수술 1회당)
재해골절(치아파절 제외)보험금	출산손상 또는 재해로 인하여 골절상태가 되었을 때(사고 1회당)
재해깁스치료(부목 제외)보험금	재해로 인하여 그 직접적인 치료를 목적으로 깁스(Cast)치료를 받았을 때(사고 1회당)
재해화상진단보험금	재해로 인하여 화상으로 진단이 확정되었을 때(사고 1회당)
식중독입원보험금	식중독으로 진단이 확정되고 그 직접적인 치료를 목적으로 4일 이상 입원하였을 때(3일 초과 입원일수 1일당, 120일 한도)

② 특약 – 무배당 선천이상특약Ⅱ 2109

지급 구분	지급사유
선천이상입원보험금	선천이상으로 진단이 확정되고, 그 직접적인 치료를 목적으로 4일 이상 입원하였을 때(3일 초과 입원일수 1일당, 120일 한도)
선천이상(혀유착증 제외) 수술보험금	선천이상(혀유착증 제외)으로 진단이 확정되고, 그 직접적인 치료를 목적으로 수술을 받았을 때(수술 1회당)
혀유착증수술보험금	혀유착증으로 진단이 확정되고, 그 직접적인 치료를 목적으로 수술을 받았을 때(수술 1회당)

32 무배당 우체국온라인암보험 2109

(1) 주요 특징

① 보험료가 저렴하고, 일반암 진단시 최대 3,000만원까지 지급(3구좌 가입 시)된다.
② 고액암(백혈병, 뇌종양, 골종양, 췌장암, 식도암 등) 진단 시 최대 6,000만원까지 지급(3구좌 가입 시)된다.
③ 암 진단 시 보험료 납입이 면제된다.
④ 보험료의 인상 없이 처음과 동일한 보험료로 보험기간 동안 보장을 받을 수 있다.
⑤ 세제혜택: 근로소득자는 납입한 보험료(연간 100만원 한도)에 대하여 12% 세액을 공제받을 수 있다.

(2) 가입요건

① 주계약

가입나이	보험기간	보험료 납입기간	보험료 납입주기	가입한도액(구좌 수)
20~50세	30년	전기납	월납	3구좌 (1구좌 단위)
20~60세	20년			

② 특약: 지정대리청구서비스특약 2109, 장애인전용보험전환특약 2007

(3) 보장내용 – 주계약

지급 구분	지급사유
암진단보험금	• 암 보장개시일 이후에 최초의 암으로 진단이 확정되었을 때(단, 최초 1회에 한함) • 보험기간 중 최초의 갑상선암, 기타피부암, 대장점막내암, 제자리암, 또는 경계성 종양으로 진단이 확정되었을 때(단, 갑상선암, 기타피부암, 대장점막내암, 제자리암 및 경계성 종양 각각 최초 1회에 한함)
고액암진단보험금	암보장개시일 이후에 최초의 고액암으로 진단이 확정되었을 때(단, 최초 1회에 한함)
항암방사선·약물치료보험금	• 암보장개시일 이후에 암으로 진단이 확정되고 그 암의 직접적인 치료를 목적으로 항암방사선치료 또는 항암약물치료를 받았을 때(단, 항암방사선치료 또는 항암약물치료 둘 중 최초 1회에 한함) • 보험기간 중 갑상선암, 기타피부암, 대장점막내암, 제자리암 및 경계성 종양으로 진단이 확정되고 그 갑상선암, 기타피부암, 대장점막내암, 제자리암 및 경계성 종양의 직접적인 치료를 목적으로 항암방사선치료 또는 항암약물치료를 받았을 때(단, 갑상선암, 기타피부암, 대장점막내암, 제자리암 및 경계성 종양 각각에 대하여 항암방사선치료 또는 항암약물치료 둘 중 최초 1회에 한함)

※ 암보장개시일은 계약일(부활일)부터 그날을 포함하여 90일이 지난 날의 다음 날로 함

33 무배당 우체국온라인3대질병보험 2109

(1) 주요 특징

① 경증질환(소액암, 뇌혈관질환 및 허혈성심장질환)부터 중증질환(암·뇌출혈·급성심근경색증)까지 체계적으로 보장한다.
② 50% 이상 장해상태가 되었거나, 암, 뇌출혈 또는 급성심근경색증으로 진단 시 보험료 납입을 면제한다.
③ 비갱신형 상품으로 보험료의 인상 없이 처음과 동일한 보험료로 만기까지 보장된다.
④ 세제혜택: 근로소득자는 납입한 보험료(연간 100만원 한도)에 대하여 12% 세액을 공제받을 수 있다.

(2) 가입요건

① 주계약

가입나이	보험기간	보험료 납입기간	보험료 납입주기	가입한도액
20~50세	80세 만기	10, 20, 30년납	월납	1,000~2,000만원 (1,000만원 단위)
51~60세		10, 20년납		

② 특약: 지정대리청구서비스특약 2109, 장애인전용보험전환특약 2007

(3) 보장내용 – 주계약

지급 구분	지급사유
암진단보험금	• 보험기간 중 암보장개시일 이후에 최초의 암으로 진단이 확정되었을 때(단, 최초 1회에 한함) • 보험기간 중 최초의 갑상선암, 기타피부암, 대장점막내암, 제자리암 또는 경계성 종양으로 진단이 확정되었을 때(단, 갑상선암, 기타피부암, 대장점막내암, 제자리암 및 경계성 종양 각각 최초 1회에 한함)
뇌출혈진단보험금	보험기간 중 최초의 뇌출혈로 진단이 확정되었을 때(단, 최초 1회에 한함)
뇌경색증진단보험금	보험기간 중 최초의 뇌경색증으로 진단이 확정되었을 때(단, 최초 1회에 한함)
뇌혈관질환진단보험금	보험기간 중 최초의 뇌혈관질환으로 진단이 확정되었을 때(단, 최초 1회에 한함)

급성심근경색증진단보험금	보험기간 중 최초의 급성심근경색증으로 진단이 확정되었을 때(단, 최초 1회에 한함)
허혈성심장질환진단보험금	보험기간 중 최초의 허혈성심장질환으로 진단이 확정되었을 때(단, 최초 1회에 한함)

※ 암보장개시일은 계약일(부활일)부터 그날을 포함하여 90일이 지난 날의 다음 날로 함

34 무배당 우체국온라인정기보험 2109

(1) 주요 특징
① 보험료 납입면제 및 고액계약 할인으로 보험료 부담을 완화하였다.
② 생존기간이 6개월 이내라고 판단되는 경우 사망보험금의 60%를 선지급한다.
③ 비갱신형 상품으로 보험료의 변동 없이 처음과 동일한 보험료로 보험기간 동안 보장한다.
④ 세제혜택: 근로소득자는 납입한 보험료(연간 100만원 한도)에 대하여 12% 세액을 공제받을 수 있다.

(2) 가입요건
① 주계약[1종(기본형), 2종(재해보장형)]

가입나이	보험기간	보험료 납입기간	보험료 납입주기	가입한도액
20~60세	20년 만기	10년납, 20년납	월납	1,000~4,000만원 (1,000만원 단위)
20~40세	60세 만기	10년납, 20년납		
41~50세		10년납		
20~50세	70세 만기	10년납, 20년납		
51~60세		10년납		
20~60세	80세 만기	10년납, 20년납		

② 특약: 이륜자동차 운전 및 탑승 중 재해부담보특약 2109, 지정대리청구서비스특약 2109, 장애인전용보험전환특약 2007

(3) 보험료 할인에 관한 사항 – 고액 할인

주계약 보험 가입금액	2천만원 이상~3천만원 미만	3천만원 이상~4천만원 미만	4천만원
할인율	1.0%	2.0%	3.0%

(4) 보장내용 – 주계약
① 1종(기본형)

지급 구분	지급사유
사망보험금	보험기간 중 사망하였을 때

② 2종(재해보장형)

지급 구분	지급사유
일반사망보험금	보험기간 중 재해 이외의 원인으로 사망하였을 때
재해사망보험금	보험기간 중 재해를 직접적인 원인으로 사망하였을 때

[단권화 MEMO]

35 무배당 온라인내가만든희망보험 2109
해당 상품 내용은 현재 판매 중지 진행 중에 있어 출제 범위에서 제외됩니다.

(1) 주요 특징
① 각종 질병과 사고 보장을 본인이 선택하여 설계할 수 있다.
② 3대 질병진단(최대 2,000만원) 및 뇌경색증진단(최대 500만원)을 보장(3대 질병보장 가입 시)한다.
③ 12대 성인질환으로 인한 입원 및 수술을 보장(생활보장 가입 시)한다.
④ 50% 장해 시 또는 3대 질병 최초진단 시 보험료 납입을 면제하며, 비갱신형 상품으로 보험료에 변동이 없다(10, 20, 30년 만기).
⑤ 세제혜택: 근로소득자는 납입한 보험료(연간 100만원 한도)에 대하여 12% 세액을 공제받을 수 있다.

(2) 가입요건
① 주계약

보장종목	가입나이	보험기간	납입기간	보험 가입금액
3대 질병보장, 생활보장, 상해보장	20~60세	10, 20, 30년	전기납(월납)	500~1,000만원 (500만원 단위)

※ 3대 질병보장, 생활보장, 상해보장 중 최소 1가지 이상(최대 3개)을 계약자가 선택하여 가입 가능

판매형태	보장종목
질병	3대 질병보장
생활	생활보장
상해	상해보장
질병·생활	3대 질병보장 + 생활보장
질병·상해	3대 질병보장 + 상해보장
생활·상해	생활보장 + 상해보장
질병·생활·상해	3대 질병보장 + 생활보장 + 상해보장

② 특약: 이륜자동차 운전 및 탑승 중 재해부담보특약 2109, 지정대리청구서비스특약 2109, 장애인전용보험전환특약 2007

(3) 보장내용 – 주계약
※ 아래 3대 질병보장, 생활보장, 상해보장 중 계약자가 선택하여 가입한 보장에 한하여 보험금을 지급한다.

보장종목	지급구분	지급사유
3대 질병보장	3대 질병진단보험금	암보장개시일 이후에 최초의 암으로 진단이 확정되었거나, 보험기간 중 최초의 갑상선암, 기타피부암, 대장점막내암, 제자리암, 경계성 종양, 뇌출혈 또는 급성심근경색증으로 진단이 확정되었을 때(단, 암, 갑상선암, 기타피부암, 대장점막내암, 제자리암, 경계성 종양, 뇌출혈 또는 급성심근경색증 각각 최초 1회에 한하여 지급함)
	뇌경색증 진단보험금	보험기간 중 최초의 뇌경색증으로 진단이 확정되었을 때(단, 최초 1회에 한하여 지급함)
생활보장	12대 성인질환 수술보험금	12대 성인질환으로 진단이 확정되고 그 직접적인 치료를 목적으로 12대 성인질환수술을 받았을 때(수술 1회당)
	12대 성인질환 입원보험금	12대 성인질환으로 진단이 확정되고 그 직접적인 치료를 목적으로 4일 이상 입원하였을 때(3일 초과 입원일수 1일당, 120일 한도)

[단권화 MEMO]

	재해골절(치아파절 제외)보험금	재해로 인하여 골절상태가 되었을 때(사고 1회당)
	재해깁스치료(부목 제외)보험금	재해로 인하여 그 직접적인 치료를 목적으로 깁스(Cast)치료를 받았을 때 (사고 1회당)
	응급실내원보험금	응급실 내원 진료비 대상자에 해당하였을 때(내원 1회당)
	재해화상진단보험금	재해로 인하여 화상으로 진단이 확정되었을 때(사고 1회당)
	결핵진단보험금	보험기간 중 최초의 결핵으로 진단이 확정되었을 때(단, 최초 1회에 한하여 지급함)
상해보장	재해장해보험금	재해로 인하여 장해분류표에서 정한 각 장해지급률에 해당하는 장해상태가 되었을 때
	재해장해생활자금	장해분류표 중 동일한 재해로 여러 신체부위의 합산 장해지급률이 50% 이상인 장해상태가 되었을 때
	재해입원보험금	재해로 인하여 그 직접적인 치료를 목적으로 4일 이상 입원하였을 때(3일 초과 입원일수 1일당, 120일 한도)
	재해수술보험금	재해로 인하여 그 직접적인 치료를 목적으로 수술을 받았을 때(수술 1회당)

※ 암보장개시일은 계약일(부활일)부터 그날을 포함하여 90일이 지난 날의 다음 날로 함

36 무배당 우체국온라인와이드암보험 2112
└ 해당 상품 내용은 현재 판매 중지 진행 중에 있어 출제 범위에서 제외됩니다.

(1) 주요 특징
① 암으로 진단 시 사망보험금의 일부를 선지급하여 치료비를 지원하는 보험이다.
② 암으로 재진단 시 계속 보장하고, 선진 항암치료기법인 표적항암약물허가치료를 보장하여 암 환자의 삶의 질을 개선하고 치료비 부담을 완화(해당 특약 가입 시)한다.
③ 보험료 납입면제 및 고액계약 할인(주계약 보험료)으로 보험료 부담을 완화한다.
④ 세제혜택: 근로소득자는 납입보험료(연간 100만원 한도)에 대하여 12% 세액을 공제받을 수 있다.

(2) 가입요건
① 주계약

가입나이	보험기간	납입기간	납입주기	보험 가입금액
20~45세	15, 30년 만기	전기납	월납	1,000~2,000만원 (500만원 단위)
46~60세	15년 만기			

② 특약
㉠ 무배당 소액암진단특약Ⅲ 2112(의무부가), 무배당 암진단특약Ⅲ 2112 2종(비갱신형)

가입나이	보험기간	납입기간	납입주기	보험 가입금액
주계약과 동일				500~2,000만원 (주계약 보험 가입금액 이내에서 500만원 단위)

㉡ 무배당 암진단특약Ⅲ 2112 1종(15년 갱신형), 무배당 계속받는암진단특약Ⅱ(15년 갱신형) 2112

구분	가입나이	보험기간	납입기간	납입주기	보험 가입금액
최초계약	20~60세	15년 만기(갱신형)	전기납	월납	500~2,000만원 (주계약 보험 가입금액 이내에서 500만원 단위)
갱신계약	35~60세	15년 만기			

ⓒ **무배당 표적항암약물허가치료특약Ⅱ(5년 갱신형) 2112**

구분	가입나이	보험기간	납입기간	납입주기	보험 가입금액
최초계약	20~60세	5년 만기 (갱신형)	전기납	월납	500~2,000만원 (주계약 보험 가입금액 이내에서 500만원 단위)
갱신계약	25~70세				

ⓔ 이륜자동차 운전 및 탑승 중 재해부담보특약 2109, 지정대리청구서비스특약 2109, 장애인전용보험전환특약 2007

(3) 보험료 할인에 관한 사항 – 고액 할인

주계약 보험 가입금액	2천만원
할인율	1.0%

※ 고액 할인은 주계약 보험료(특약 보험료 제외)에 한해 적용

(4) 특약의 갱신에 관한 사항

갱신절차	• 보험기간 만료일 30일 전까지 계약자에게 서면 또는 전화(음성녹음)로 안내(보험료 등 변경내용) – 보험기간 만료일 15일 전까지 계약자의 별도 의사표시가 없으면 자동갱신 ※ (무)암진단특약Ⅲ 2112 1종(15년 갱신형) 및 (무)계속받는암진단특약Ⅱ(15년 갱신형) 2112의 경우, 최대 1회까지 갱신 가능하며, 최종 갱신계약의 보험기간 만료일은 주계약 보험기간 만료일까지로 함 ※ (무)표적항암약물허가치료특약Ⅱ(5년 갱신형) 2112의 경우, 최대 5회까지 갱신 가능하며, 최종 갱신계약의 보험기간 만료일은 주계약 보험기간 만료일까지로 함 – 계약자가 갱신 거절의사를 통지하면 계약이 종료됨 • (무)계속받는암진단특약Ⅱ(15년 갱신형) 2112의 경우, 다음 중 한 가지에 해당되는 경우에는 이 특약을 갱신할 수 없음 – 첫 번째 암(갑상선암, 기타피부암 및 대장점막내암 제외)으로 진단이 확정되지 않은 피보험자의 최종 갱신계약의 보험기간 만료일까지의 기간이 2년 이하인 경우 – 첫 번째 암(갑상선암, 기타피부암 및 대장점막내암 제외) 또는 재진단(갑상선암, 기타피부암 및 대장점막내암 제외)의 진단 확정일부터 그날을 포함하여 최종 갱신계약의 보험기간 만료일까지의 기간이 2년 이하인 경우
갱신계약 보험료	갱신계약의 보험료는 각각의 특약 상품에 따라 나이의 증가, 적용기초율의 변동 등의 사유로 인상 가능

(5) 보장내용

① 주계약

지급 구분	지급사유	
사망보험금	보험기간 중 사망하였을 때	암진단보험금의 지급사유 발생 전에 사망한 경우
		암진단보험금의 지급사유 발생 후에 사망한 경우
암진단보험금	보험기간 중 암보장개시일 이후에 최초의 암(갑상선암, 기타피부암 및 대장점막내암 제외)으로 진단이 확정되었을 때(단, 최초 1회에 한함)	

※ 암보장개시일은 계약일(부활일)부터 그날을 포함하여 90일이 지난 날의 다음 날로 함

② 특약

㉠ **무배당 소액암진단특약Ⅲ 2112**

지급 구분	지급사유
소액암진단보험금	보험기간 중 최초의 갑상선암, 기타피부암, 대장점막내암, 제자리암 또는 경계성 종양으로 진단이 확정되었을 때(단, 갑상선암, 기타피부암, 대장점막내암, 제자리암 및 경계성 종양 각각 최초 1회에 한함)

ⓛ 무배당 암진단특약Ⅲ 2112

지급 구분	지급사유
암진단보험금	암보장개시일 이후에 최초의 암(갑상선암, 기타피부암 및 대장점막내암 제외)으로 진단이 확정되었을 때(단, 최초 1회에 한함)

※ 암보장개시일은 계약일(부활일)부터 그날을 포함하여 90일이 지난 날의 다음 날로 함

ⓒ 무배당 계속받는암진단특약Ⅱ(15년 갱신형) 2112

지급 구분	지급사유
재진단암 진단보험금	재진단암 보장개시일 이후에 재진단암(갑상선암, 기타피부암 및 대장점막내암 제외)으로 진단이 확정되었을 때

※ 암보장개시일은 계약일(부활일)부터 그날을 포함하여 90일이 지난 날의 다음 날로 함
※ 재진단암 보장개시일은 '첫 번째 재진단암 보장개시일'과 '두 번째 이후 재진단암 보장개시일'을 합한 것을 말하며, 특약을 부활(효력회복)하는 경우에도 동일함
  - 첫 번째 재진단암 보장개시일: '첫 번째 암(갑상선암, 기타피부암 및 대장점막내암 제외)' 진단 확정일부터 그날을 포함하여 2년(갱신계약을 포함)이 지난 날의 다음 날
  - 두 번째 이후 재진단암 보장개시일: 직전 '재진단암(갑상선암, 기타피부암 및 대장점막내암 제외)' 진단 확정일부터 그날을 포함하여 2년(갱신계약을 포함)이 지난 날의 다음 날
※ 재진단암(갑상선암, 기타피부암 및 대장점막내암 제외)은 재진단암 보장개시일 이후에 다음의 어느 하나에 해당하면서 약관에서 정한 암(갑상선암, 기타피부암 및 대장점막내암 제외)으로 진단을 확정받은 경우를 말함
  - 새로운 원발암, 동일장기 또는 타 부위에 전이된 암, 동일장기에 재발된 암, 암보장개시일 이후 발생한 암(갑상선암, 기타피부암 및 대장점막내암 제외)으로 진단을 확정받은 부위에 암세포가 남아있는 경우

ⓔ 무배당 표적항암약물허가치료특약Ⅱ(5년 갱신형) 2112

지급 구분	지급사유
표적항암 약물허가 치료보험금	암보장개시일 이후에 암으로 진단이 확정되고 그 암의 직접적인 치료를 목적으로 표적항암약물허가치료를 받았거나, 보험기간 중 갑상선암, 기타피부암 또는 대장점막내암으로 진단이 확정되고 그 갑상선암, 기타피부암 또는 대장점막내암의 직접적인 치료를 목적으로 표적항암약물허가치료를 받았을 때(단, 암, 갑상선암, 기타피부암 또는 대장점막내암 중 최초 1회에 한함)

※ 암보장개시일은 계약일(부활일)부터 그날을 포함하여 90일이 지난 날의 다음 날로 함

37 무배당 우체국온라인미니암보험 2112
해당 상품 내용은 현재 판매 중지 진행 중에 있어 출제 범위에서 제외됩니다

(1) 주요 특징
① 저렴한 보험료로 남성특정암 진단 시 최대 1,000만원을 지급(남성특정암보장형 가입 시)한다.
② 저렴한 보험료로 여성특정암 진단 시 최대 1,000만원을 지급(여성특정암보장형 가입 시)한다.
③ 월납, 연납, 일시납으로 납입방법을 다양하게 선택할 수 있다.
④ 세제혜택: 근로소득자는 납입보험료(연간 100만원 한도)에 대하여 12% 세액을 공제받을 수 있다.

(2) 가입요건
① 주계약

가입나이	보험기간	납입기간	납입주기	보험 가입금액
20~50세	3년, 5년, 10년	전기납, 일시납	월납, 연납, 일시납	1,000만원 고정

② **특약**: 지정대리청구서비스특약 2109, 장애인전용보험전환특약 2007

(3) 보장내용 – 주계약

① 1종(남성특정암보장형)

지급 구분	지급사유
남성특정암 진단보험금	남성특정암보장개시일 이후에 최초의 남성특정암으로 진단이 확정되었을 때(단, 최초 1회에 한함)

※ 남성특정암보장개시일은 계약일(부활일)부터 그날을 포함하여 90일이 지난 날의 다음 날로 함

② 2종(여성특정암보장형)

지급 구분	지급사유
여성특정암 진단보험금	여성특정암보장개시일 이후에 최초의 여성특정암으로 진단이 확정되었을 때(단, 최초 1회에 한함)

※ 여성특정암보장개시일은 계약일(부활일)부터 그날을 포함하여 90일이 지난 날의 다음 날로 함

38 무배당 우체국온라인요양보험 2112 — 해당 상품 내용은 현재 판매 중지 진행 중에 있어 출제 범위에서 제외됩니다.

(1) 주요 특징

① 장기요양(1~4등급)으로 진단 시 사망보험금의 일부를 선지급하여 노후 요양비를 지원한다.
② 비갱신형으로 설계하여 보험료 상승의 부담 없이 보험기간 만기까지 노후 대비 사망과 요양 보장을 한번에 제공한다.
③ 30세부터 최대 65세까지 폭 넓게 가입 가능한 요양보험이다.
④ 세제혜택: 근로소득자는 납입보험료(연간 100만원 한도)에 대하여 12% 세액을 공제받을 수 있다.

(2) 가입요건

① 주계약

가입나이		보험기간	납입기간	납입주기	보험 가입금액
남자	여자				
30~65세	30~65세	90세 만기	15년납	월납	500~1,000만원 (500만원 단위)
30~63세	30~65세		20년납		
30~63세	30~65세	95세 만기	15년납		
30~59세	30~64세		20년납		

② 특약: 장애인전용보험전환특약 2007

(3) 지정대리청구인 지정에 관한 사항

계약자가 본인을 위한 계약(계약자, 피보험자 및 보험수익자가 모두 동일)을 체결할 경우, 체신관서는 지정대리청구서비스 신청서를 교부하고 지정대리청구인 지정에 관련된 내용을 설명하여야 한다. 다만, 전화를 이용하여 계약을 체결하는 경우에는 음성 녹음함으로써 교부 및 설명한 것으로 본다.

① 계약자는 보험금을 직접 청구할 수 없는 특별한 사정이 있을 경우를 대비하여 계약을 체결할 때 또는 계약 체결 이후에 다음의 어느 하나에 해당하는 자 중에서 보험금의 대리청구인

[2인 이내에서 지정하되, 2인 지정 시 대표대리인을 지정(이하 '지정대리청구인')]을 지정(변경 지정 포함)할 수 있다. 다만, 지정대리청구인은 보험금 청구 시에도 다음의 어느 하나에 해당하여야 한다.
  ㉠ 피보험자의 가족관계등록부상의 배우자
  ㉡ 피보험자의 3촌 이내의 친족
② ①에도 불구하고 지정대리청구인이 지정된 이후에 보험수익자가 변경되는 경우에는 이미 지정된 지정대리청구인의 자격은 자동적으로 상실된 것으로 본다.

(4) 보장내용 – 주계약

지급 구분	지급사유	
사망보험금	사망하였을 때	장기요양(1~4등급)진단보험금의 지급사유 발생 전에 사망한 경우
		장기요양(1~4등급)진단보험금의 지급사유 발생 후에 사망한 경우
장기요양(1~4등급) 진단보험금	장기요양상태 보장개시일 이후에 최초로 장기요양 1등급, 2등급, 3등급 또는 4등급으로 진단이 확정되었을 때(단, 최초 1회에 한함)	

※ 장기요양상태 보장개시일은 계약일(부활일)부터 그날을 포함하여 180일이 지난 날의 다음 날로 함. 단, 재해를 직접적인 원인으로 장기요양상태가 발생한 경우 장기요양상태 보장개시일은 계약일(부활일)로 함

39 무배당 우체국온라인입원수술보험 2112

(1) 주요 특징
① 건강보험의 핵심보장인 입원 및 수술을 보장하는 온라인전용 보험 상품이다.
② 질병 또는 재해로 50% 이상 장해상태가 되었을 때 차회 이후의 보험료 납입을 면제한다.
③ 비갱신형 상품으로 보험료 인상 없이 처음과 동일한 보험료로 만기까지 보장한다.
④ 세제혜택: 근로소득자는 납입보험료(연간 100만원 한도)에 대하여 12% 세액을 공제받을 수 있다.

(2) 가입요건
① 주계약

가입나이	보험기간	납입기간	납입주기	보험 가입금액
20~50세	80세 만기	10, 20, 30년납	월납	500~1,000만원 (500만원 단위)
51~60세		10, 20년납		
20~60세	100세 만기	10, 20, 30년납		

② 특약: 이륜자동차 운전 및 탑승 중 재해부담보특약 2109, 지정대리청구서비스특약 2109, 장애인전용보험전환특약 2007

(3) 보장내용 – 주계약

지급 구분	지급사유
입원보험금	질병 또는 재해로 인하여 그 직접적인 치료를 목적으로 4일 이상 입원하였을 때(3일 초과 입원일수 1일당, 120일 한도)
수술보험금	질병 또는 재해로 인하여 그 직접적인 치료를 목적으로 수술을 받았을 때(수술 1회당)

40 무배당 우체국온라인종합건강보험(갱신형) 2201

(1) 주요 특징

① 현대인의 건강한 생활을 위하여 사망부터 생존(진단, 입원, 수술 등)까지 종합적으로 보장하는 온라인전용 종합건강보험 상품이다.
② 꼭 필요한 보장을 선택하여 가입할 수 있는 맞춤형 상품이다.
③ 부담 없는 보험료로 각종 질병과 사고는 물론 고액치료비 및 백내장·관절염·인공관절치환 수술 등 시니어질환을 보장(특약 가입 시)한다.
④ 세제혜택: 근로소득자는 납입보험료(연간 100만원 한도)에 대하여 12% 세액을 공제받을 수 있다.

(2) 가입요건

① 주계약

구분	가입나이	보험기간	납입기간	납입주기	보험 가입금액
최초계약	20~60세	10년 만기 (종신갱신형)	전기납	월납	1,000~2,000만원 (1,000만원 단위)
갱신계약	30세 이상				

② 특약

㉠ 무배당 암보장특약Ⅱ(갱신형) 2201, 무배당 뇌질환진단특약(갱신형) 2201, 무배당 심장질환진단특약(갱신형) 2201, 무배당 첫날부터입원특약Ⅱ(갱신형) 2201, 무배당 시니어플러스수술특약(갱신형) 2201

가입나이	보험기간	납입기간	납입주기	보험 가입금액
주계약과 동일				1,000만원(고정)

㉡ 이륜자동차 운전 및 탑승 중 재해부담보특약 2109, 지정대리청구서비스특약 2109, 장애인전용보험전환특약 2007

(3) 특약의 갱신에 관한 사항

갱신절차	보험기간 만료일 30일 전까지 계약자에게 서면 또는 전화(음성녹음)로 안내(보험료 등 변경내용) • 보험기간 만료일 15일 전까지 계약자의 별도 의사표시가 없으면 자동갱신 • 계약자가 갱신 거절의사를 통지하면 계약종료 ※ (무)암보장특약Ⅱ(갱신형) 2201의 경우, 피보험자에게 암진단보험금 지급사유가 발생한 경우에는 이 특약을 갱신할 수 없음. 단, 갑상선암, 기타피부암, 대장점막내암, 제자리암 또는 경계성 종양으로 진단을 확정받은 경우에는 특약을 갱신할 수 있음 ※ (무)뇌질환진단특약(갱신형) 2201의 경우, 세부보장은 동시에 갱신하여야 함. 다만, 보험금이 지급된 세부보장은 갱신할 수 없음 ※ (무)심장질환진단특약(갱신형) 2201의 경우, 세부보장은 동시에 갱신하여야 함. 다만, 보험금이 지급된 세부보장은 갱신할 수 없음
갱신계약 보험료	갱신계약의 보험료는 각각의 특약 상품에 따라 나이의 증가, 적용기초율의 변동 등의 사유로 인상 가능

(4) 보장내용

① 주계약

지급 구분	지급사유
재해사망보험금	보험기간 중 재해를 직접적인 원인으로 사망하였을 때

재해화상진단보험금	재해로 인하여 화상으로 진단이 확정되었을 때 (사고 1회당)
재해골절(치아파절 제외)보험금	재해로 인하여 골절상태가 되었을 때 (사고 1회당)
재해깁스치료(부목 제외)보험금	재해로 인하여 그 직접적인 치료를 목적으로 깁스(Cast)치료를 받았을 때(사고 1회당)

② 특약

㉠ 무배당 암보장특약Ⅱ(갱신형) 2201

지급 구분	지급사유
암진단보험금	• 보험기간 중 암보장개시일 이후에 최초의 암으로 진단이 확정되었을 때(단, 최초 1회에 한함) • 보험기간 중 최초의 갑상선암, 기타피부암, 대장점막내암, 제자리암 또는 경계성 종양으로 진단이 확정되었을 때(단, 갑상선암, 기타피부암, 대장점막내암, 제자리암 및 경계성 종양 각각 최초 1회에 한함)
고액암진단보험금	보험기간 중 암보장개시일 이후에 최초의 고액암으로 진단이 확정되었을 때(단, 최초 1회에 한함)
항암방사선·약물치료보험금	• 보험기간 중 암보장개시일 이후에 암으로 진단이 확정되고 그 암의 직접적인 치료를 목적으로 항암방사선치료 또는 항암약물치료를 받았을 때(단, 항암방사선치료 또는 항암약물치료 둘 중 최초 1회에 한함) • 보험기간 중 갑상선암, 기타피부암, 대장점막내암, 제자리암 또는 경계성 종양으로 진단이 확정되고 그 갑상선암, 기타피부암, 대장점막내암, 제자리암 또는 경계성 종양의 직접적인 치료를 목적으로 항암방사선치료 또는 항암약물치료를 받았을 때(단, 갑상선암, 기타피부암, 대장점막내암, 제자리암 및 경계성 종양 각각 항암방사선치료 또는 항암약물치료 둘 중 최초 1회에 한함)

※ 암보장개시일은 계약일(부활일)부터 그날을 포함하여 90일이 지난 날의 다음 날로 함

㉡ 무배당 뇌질환진단특약(갱신형) 2201

지급 구분(세부 보장)	지급사유
뇌출혈진단보험금	보험기간 중 최초의 뇌출혈로 진단이 확정되었을 때(단, 최초 1회에 한함)
뇌경색증진단보험금	보험기간 중 최초의 뇌경색증으로 진단이 확정되었을 때(단, 최초 1회에 한함)
뇌혈관질환진단보험금	보험기간 중 최초의 뇌혈관질환으로 진단이 확정되었을 때(단, 최초 1회에 한함)

㉢ 무배당 심장질환진단특약(갱신형) 2201

지급 구분(세부 보장)	지급사유
급성심근경색증진단보험금	보험기간 중 최초의 급성심근경색증으로 진단이 확정되었을 때(단, 최초 1회에 한함)
허혈성심장질환진단보험금	보험기간 중 최초의 허혈성심장질환으로 진단이 확정되었을 때(단, 최초 1회에 한함)

㉣ 무배당 첫날부터입원특약Ⅱ(갱신형) 2201

지급 구분	지급사유
입원보험금	보험기간 중 질병 또는 재해로 인하여 그 직접적인 치료를 목적으로 입원하였을 때(1일 이상 입원일수 1일당, 120일 한도)
중환자실입원보험금	보험기간 중 질병 또는 재해로 인하여 그 직접적인 치료를 목적으로 중환자실에 입원하였을 때(1일 이상 입원일수 1일당, 60일 한도)

[단권화 MEMO]

⑩ **무배당 시니어플러스수술특약(갱신형) 2201**

지급 구분	지급사유
인공관절치환수술보험금	보험기간 중 질병 또는 재해로 인하여 그 직접적인 치료를 목적으로 인공관절(견관절, 고관절, 슬관절)치환수술을 받았을 때(수술 1회당)
관절염수술보험금	보험기간 중 관절염으로 진단이 확정되고 그 직접적인 치료를 목적으로 수술을 받았을 때(수술 1회당)
백내장수술보험금	보험기간 중 백내장으로 진단이 확정되고 그 직접적인 치료를 목적으로 수술을 받았을 때(수술 1회당)
수술보험금	보험기간 중 질병 또는 재해로 인하여 그 직접적인 치료를 목적으로 별표 5(수술·신생물 근치 방사선 조사 분류표)에서 정한 수술을 받았을 때(수술 1회당)

41 무배당 우체국온라인종신보험 2201 ― 해당 상품 내용은 현재 판매 중지 진행 중에 있어 출제 범위에서 제외됩니다.

(1) 주요 특징

① 한 번 가입으로 평생 피보험자의 사망을 종신토록 보장하는 온라인전용 종신보험 상품이다.

② 고객의 보험료 부담을 완화하기 위해 보험 가입금액이 2천만원 이상인 경우 보험료를 할인한다.

③ 세제혜택: 근로소득자는 납입보험료(연간 100만원 한도)에 대하여 12% 세액을 공제받을 수 있다.

(2) 가입요건

① 주계약

가입나이	보험기간	납입기간	납입주기	보험 가입금액
20 ~ 60세	종신	10년납	월납	1,000 ~ 2,000만원 (500만원 단위)
20 ~ 52세		20년납		
20 ~ 44세		30년납		

② 특약: 이륜자동차 운전 및 탑승 중 재해부담보특약 2109, 지정대리청구서비스특약 2109, 장애인전용보험전환특약 2007

(3) 보험료 할인에 관한 사항 – 고액 할인

주계약 보험 가입금액	2천만원 이상
할인율	1.0%

(4) 보장내용 – 주계약

지급 구분	지급사유
재해사망보험금	재해를 직접적인 원인으로 사망하였을 때
일반사망보험금	재해 이외의 원인으로 사망하였을 때
재해장해보험금	재해를 직접적인 원인으로 장해분류표에서 정한 각 장해지급률에 해당하는 장해상태가 되었을 때

42 무배당 우체국온라인치매간병보험 2201

(1) 주요 특징
① 경도치매부터 중증치매까지 체계적으로 보장하는 온라인전용 치매전문보험이다.
② '중증치매상태'로 최종 진단이 확정되고, 매년 생존 시 최대 15년 동안 중증치매진단간병자금을 매월 지급한다.
③ 비갱신형 상품으로 보험료 인상 없이 처음과 동일한 보험료로 만기까지 보장한다.
④ 세제혜택: 근로소득자는 납입보험료(연간 100만원 한도)에 대하여 12% 세액을 공제받을 수 있다.

(2) 가입요건
① 주계약

가입나이	보험기간	납입기간	납입주기	보험 가입금액
30~65세	90, 95세 만기	15, 20년납	월납	500~1,000만원 (500만원 단위)

② 특약: 장애인전용보험전환특약 2007

(3) 지정대리청구인 지정에 관한 사항
계약자가 본인을 위한 계약(계약자, 피보험자 및 보험수익자가 모두 동일)을 체결할 경우, 체신관서는 지정대리청구서비스 신청서를 교부하고 지정대리청구인 지정에 관련된 내용을 설명하여야 한다. 다만, 전화를 이용하여 계약을 체결하는 경우에는 음성 녹음함으로써 교부 및 설명한 것으로 본다.

① 계약자는 보험금을 직접 청구할 수 없는 특별한 사정이 있을 경우를 대비하여 계약을 체결할 때 또는 계약 체결 이후에 다음의 어느 하나에 해당하는 자 중에서 보험금의 대리청구인[2인 이내에서 지정하되, 2인 지정 시 대표대리인을 지정(이하 '지정대리청구인')]을 지정(변경 지정 포함)할 수 있다. 다만, 지정대리청구인은 보험금 청구 시에도 다음의 어느 하나에 해당하여야 한다.
  ㉠ 피보험자의 가족관계등록부상의 배우자
  ㉡ 피보험자의 3촌 이내의 친족
② ①에도 불구하고 지정대리청구인이 지정된 이후에 보험수익자가 변경되는 경우에는 이미 지정된 지정대리청구인의 자격은 자동적으로 상실된 것으로 본다.

(4) 보장내용 - 주계약

지급 구분	지급사유
경도치매진단보험금	보험기간 중 치매보장개시일 이후에 '경도치매상태'로 진단되고 90일이 지난 이후에 '경도치매상태'로 최종 진단이 확정되었을 때(단, 최초 1회에 한함)
중등도치매진단보험금	보험기간 중 치매보장개시일 이후에 '중등도치매상태'로 진단되고 90일이 지난 이후에 '중등도치매상태'로 최종 진단이 확정되었을 때(단, 최초 1회에 한함)
중증치매진단보험금	보험기간 중 치매보장개시일 이후에 '중증치매상태'로 진단되고 90일이 지난 이후에 '중증치매상태'로 최종 진단이 확정되었을 때(단, 최초 1회에 한함)
중증치매진단간병자금	보험기간 중 치매보장개시일 이후에 '중증치매상태'로 진단 후 90일이 지난 이후에 '중증치매상태'로 최종 진단이 확정되고, 최종 진단 확정된 날을 최초로 하여 15년 동안 매년 최종 진단 확정일에 살아 있을 때(단, 최초 1회의 최종 진단 확정에 한함) ※ 15년(180개월)을 최고 한도로 지급

[단권화 MEMO]

※ 치매보장개시일은 계약일(부활일)부터 그날을 포함하여 1년이 지난 날의 다음 날로 함. 다만, 질병으로 인한 '경도치매상태', '중등도치매상태' 및 '중증치매상태'가 없는 상태에서 재해로 인한 뇌의 손상을 직접적인 원인으로 '경도치매상태', '중등도치매상태' 및 '중증치매상태'가 발생한 경우 치매보장개시일은 계약일(부활일)로 함

03 저축성 보험

1 무배당 청소년꿈보험 2109

(1) 주요 특징

공익보험으로 특정 피보험자 범위에 해당하는 청소년에게 무료로 보험 가입 혜택을 주어 학자금을 지급하는 교육보험이다.

(2) 가입요건

보험기간	가입나이	보험료 납입기간	보험료 납입주기	가입한도액
5년 만기	만 6 ~ 17세	일시납	일시납	250만원 (생존학자금 50만원 기준)

※ 보험계약자는 과학기술정보통신부장관으로 함

(3) 피보험자 범위

이 보험의 피보험자는 가정위탁을 받는 청소년, 아동복지 시설의 수용자, 「북한이탈주민의 보호 및 정착 지원에 관한 법률」의 적용을 받는 탈북청소년 등 과학기술정보통신부장관이 별도로 정한 바에 따른다.

(4) 보장내용

지급 구분	지급사유
생존학자금	보험계약일부터 매년 계약 해당일에 살아 있을 때(최대 5회 지급)
입원보험금	질병 또는 재해로 인하여 그 치료를 직접목적으로 4일 이상 입원하였을 때(3일 초과 입원일수 1일당, 120일 한도)

2 무배당 그린보너스저축보험플러스 2203

(1) 주요 특징

① **실세금리 적용**: 적립 부분 순보험료를 신공시이율Ⅳ로 부리·적립하며, 시중금리가 떨어지더라도 최저 1.0% 금리를 보증한다.

② 만기 유지 시 계약일부터 최초 1년간 보너스금리를 추가 제공한다.

3년 만기	5년 만기	10년 만기
1.0%	1.5%	3.0%

③ **절세형 상품**: 관련 세법에서 정하는 요건에 부합하는 경우 일반형은 이자소득이 비과세되고 금융소득종합과세에서도 제외되며, 비과세종합저축은 「조세특례제한법」 제88조의2에서 정한 노인 및 장애인 등의 계약자에게 만기뿐만 아니라 중도 해약 시에도 이자소득이 비과세된다.

④ 예치형, 적립형 및 보험기간(3년, 5년, 10년)에 따라 단기목돈 마련, 교육자금, 노후설계자금 등 다양한 목적의 재테크 수단으로 활용할 수 있다.

(2) 가입요건

① 주계약

상품 유형		보험기간	가입나이	납입기간	납입주기
일반형	예치형	3년, 5년, 10년 만기	0세 이상	일시납	일시납
	적립형	3년, 5년 만기		전기납	월납
		10년 만기		5년납, 전기납	
비과세 종합저축	예치형	3년, 5년, 10년 만기		일시납	일시납
	적립형	3년, 5년 만기		전기납	월납
		10년 만기		5년납, 전기납	

※ 비과세종합저축 계약자는 「조세특례제한법」 제88조의2 제1항에서 정한 요건을 충족해야 가능(직전 3개 과세기간 중 연속하여 「소득세법」 제14조 제3항 제6호에 따른 소득의 합계액이 연 2천만원 이하인 자로 한정)

② 특약: 지정대리청구서비스특약 2109

(3) 보험료 납입한도액

예치형	적립형		
	3년납	5년납	10년납
100 ~ 4,000만원	10 ~ 100만원	10 ~ 60만원	10 ~ 30만원

(4) 보장내용 – 주계약

지급 구분	지급사유
만기보험금	보험기간이 끝날 때까지 살아 있을 때
재해장해보험금	재해로 인하여 장해상태가 되었을 때

3 무배당 파워적립보험 2109

(1) 주요 특징

① **실세금리 적용**: 적립부분 순보험료를 신공시이율Ⅳ로 부리·적립하며, 시중금리가 떨어지더라도 최저 1.0% 금리를 보증한다.
② 중도에 긴급자금이 필요하면 이자부담 없이 중도인출하여 자금을 활용할 수 있고, 자유롭게 추가납입이 가능하다.
③ 기본보험료 30만원 초과금액에 대해 수수료를 인하함으로써 수익률을 증대할 수 있다.
④ 단기납(3년, 5년)으로 납입기간 부담을 완화하였다.
⑤ 1종(만기목돈형), 2종(이자지급형) 및 보험기간(3년, 5년, 10년)에 따라 단기목돈마련, 교육자금, 노후설계자금 등 다양한 목적의 재테크 수단으로 활용할 수 있다.
⑥ **절세형 상품**: 관련 세법에서 정하는 요건에 부합하는 경우 이자소득에 대한 비과세 혜택을 제공한다.

(2) 가입요건

① 주계약

상품 유형	보험기간	가입나이	기본보험료 납입기간	기본보험료 납입주기	추가납입보험료 납입주기
1종(만기목돈형)	3년, 5년	0세 이상	3년, 전기납	월납	수시납
	10년		5년, 전기납		
2종(이자지급형)	10년		5년		

② 특약: 지정대리청구서비스특약 2109

(3) 기본보험료 납입한도액

구분	기본보험료 한도		
	3년납	5년납	10년납
1종(만기목돈형)	5~100만원	5~50만원	5~30만원
2종(이자지급형)	5~50만원		

(4) 추가납입보험료 납입 한도액

① 보험기간 중 납입할 수 있는 1회 납입 가능한 추가납입보험료의 납입 한도는 시중금리 등 금융환경에 따라 '기본보험료 × 200% × 해당연도 가입경과월수 − 해당 연도 이미 납입한 추가납입보험료' 이내에서 체신관서가 정한 한도로 한다. 단, 보험료 납입기간 후에는 추가납입이 불가능하다.

② 해당 연도 가입경과월수는 가입할 때(가입 이후 다음 연도부터는 매년 1월)를 1개월로 하고, 이후 해당 월 기본보험료를 납입할 때마다 1개월씩 증가(최대 12개월)한다.

(5) 보장내용 – 주계약

지급 구분	지급사유
만기보험금	보험기간이 끝날 때까지 살아 있을 때
재해장해보험금	재해로 인하여 장해상태가 되었을 때

(6) 중도인출금에 대한 사항

① 1종(만기목돈형): 계약일 이후 1년이 지난 후부터 보험기간 중에 보험연도 기준 연 12회에 한하여 적립금액의 일부를 인출할 수 있으며, 1회에 인출할 수 있는 최고 한도는 인출 당시 해약환급금의 80%를 초과할 수 없다. 또한 총인출금액은 계약자가 실제 납입한 보험료 총액을 초과할 수 없다.

② 2종(이자지급형): 기본보험료의 납입을 완료하고 계약이 유효한 때에는 기본보험료 납입 완료 후 최초 도래하는 계약 해당일부터 매년 계약 해당일 시점의 적립금액에서 해당 시점에서 계산한 만기 시점 기준 총 납입보험료의 현재가치(최저보증이율로 할인)를 제외한 금액을 매년 계약 해당일의 신공시이율Ⅳ를 적용하여 잔여기간 동안 연단위로 분할하여 계산한 금액을 중도인출금으로 지급한다.

4 무배당 우체국온라인저축보험 2109

(1) 주요 특징
① 가입 1개월 유지 후 언제든지 해약하여도 납입보험료의 100% 이상을 보장하는 신개념 저축보험이다.
② 경과이자에 비례하여 사업비를 공제하므로 신공시이율Ⅳ가 변동되면 사업비 공제금액(상한금액 설정)도 함께 변동된다.
③ '신공시이율Ⅳ'(최저보증이율 1.0%)로 부리 적립 등 실세금리를 반영한다.
④ 중도에 긴급자금 필요 시 이자부담 없이 중도인출하여 자금을 활용할 수 있고 자유롭게 추가납입하는 등 고객편의를 제공한다.
⑤ 관련 세법이 정한 바에 따라 보험차익 비과세 요건 충족 시 이자소득세가 전액 면제되고 금융소득종합과세 대상에서도 제외된다.

(2) 가입요건
① 주계약

가입나이	보험기간	기본보험료 납입기간	기본보험료 납입주기	추가납입보험료 납입주기
만 19~65세	1년	전기납	월납	수시납
	3년	전기납		
	5년	3년납, 전기납		
	10년	5년납, 전기납		

② 특약: 지정대리청구서비스특약 2109

(3) 기본보험료 납입한도액

구분	기본보험료 한도			
	1년납	3년납	5년납	10년납
기본보험료	1~300만원	1~100만원	1~50만원	1~30만원

(4) 추가납입보험료 납입한도액
① 보험기간 중 납입할 수 있는 1회 납입 가능한 추가납입보험료의 납입 한도는 시중금리 등 금융환경에 따라 '기본보험료 × 200% × 해당연도 가입경과월수 - 해당 연도 이미 납입한 추가납입보험료' 이내에서 체신관서가 정한 한도로 한다. 단, 보험료 납입기간 후에는 추가납입이 불가능하다.
② 해당 연도 가입경과월수는 가입할 때(가입 이후 다음 연도부터는 매년 1월)를 1개월로 하고, 이후 해당 월 기본보험료를 납입할 때마다 1개월씩 증가(최대 12개월)한다.

(5) 보장내용 – 주계약

지급 구분	지급사유
만기보험금	보험기간이 끝날 때까지 살아 있을 때
재해장해보험금	재해로 인하여 장해상태가 되었을 때

(6) 중도인출금에 대한 사항

계약일 이후 1개월이 지난 후부터 보험기간 중에 보험연도 기준 연 12회에 한하여 적립금액의 일부를 인출할 수 있으며, 1회에 인출할 수 있는 최고 한도는 인출 당시 해약환급금의 80%를 초과할 수 없다. 또한 총 인출금액은 계약자가 실제 납입한 보험료 총액을 초과할 수 없다.

5 무배당 알찬전환특약 2109

(1) 주요 특징
① 만기보험금의 재예치로 알찬 수익을 보장한다.
② 적립부분 순보험료를 신공시이율Ⅳ로 부리하므로 수익률이 높을 뿐만 아니라 시중금리 하락과 관계없이 최저 1.0% 금리를 보증한다.
③ 보험기간을 2, 3, 4, 5, 7, 10년으로 다양화하여 학자금, 결혼비용, 주택마련자금, 사업자금 등 경제적 필요에 맞춰 자유롭게 선택 가능하며, 다양한 목적의 재테크 수단으로 활용할 수 있다.

(2) 가입 가능 계약
에버리치복지보험(일반형), 무배당 에버리치복지보험(일반형), 복지보험, 파워적립보험, 무배당 파워적립보험, 무배당 빅보너스저축보험 및 무배당 그린보너스저축보험(일반형), 무배당 그린보너스저축보험플러스(일반형) 및 무배당 우체국저축보험(확정금리형) 중 유효계약으로 무배당 알찬전환특약 2109을 신청한 계약은 가입 가능하다.

(3) 가입요건

보험기간	가입나이	납입기간	일시납 보험료
2, 3, 4, 5, 7, 10년 만기	0세 이상	일시납	전환 전 계약의 만기보험금과 배당금 합계액

(4) 가입신청일
전환 전 계약의 만기일 1개월 전부터 만기일 전일까지 가입을 신청할 수 있다.

(5) 보장내용

지급 구분	지급사유
만기보험금	보험기간이 끝날 때까지 살아 있을 때
재해장해보험금	재해로 인하여 장해상태가 되었을 때

04 연금보험

1 무배당 우체국연금보험 2109

(1) 주요 특징

① 실세금리 등을 반영한 신공시이율Ⅳ로 적립되며, 시중금리가 하락하더라도 최저 1.0%(다만, 가입 후 10년 초과 시 0.5%)의 금리를 보장한다.

② 다양한 목적의 재테크 기회로 활용할 수 있다.

종신연금형	평생 연금수령을 통한 생활비 확보 가능, 조기 사망 시 20년 또는 100세까지 안정적인 연금 수령
상속연금형·확정기간연금형	연금개시 후에도 해지 가능하므로 다양한 목적자금으로 활용 가능
더블연금형	연금개시 후부터 80세 계약 해당일 전일까지 암, 뇌출혈, 급성심근경색증, 장기요양상태(2등급 이내) 중 최초 진단 시 연금액 두 배로 증가

③ 관련 세법에서 정하는 요건에 부합하는 경우 이자소득 비과세 및 금융소득종합과세를 제외한다.

④ **45세 이후부터 연금 지급**: 45세 이후부터 연금을 받을 수 있어 노후를 위한 준비가 가능하다.

(2) 가입요건

① 주계약

구분	연금개시나이(A)	가입나이	납입기간	납입주기
종신연금형 (20년 또는 100세 보증지급)	45~75세	0~(A-5)세	일시납, 5, 7, 10, 15, 20년납	일시납, 월납
상속연금형				
확정기간연금형 (5년, 10년, 15년, 20년)				
더블연금형	45~70세			

② 특약: 지정대리청구서비스특약 2109

(3) 보험료 납입한도액

(단위: 만원)

가입나이	종신연금형, 상속연금형, 확정기간연금형			더블연금형		
	일시납	월납		일시납	월납	
		5년납, 7년납	10년납, 15년납, 20년납		5년납, 7년납	10년납, 15년납, 20년납
20세 미만	500~4,000	10~40	5~20	500~4,000	10~40	5~20
20~29세	500~6,000	10~60	5~30	500~6,000	10~60	5~25
30~39세	500~8,000	10~80	5~40	500~7,000	10~80	5~30
40~49세	500~10,000	10~100	5~50	500~7,500	10~90	5~35
50세 이상	500~10,000	10~120	5~50	500~8,500	10~100	5~40

(4) 보장내용 – 주계약

지급 구분		지급사유	지급액
제1보험기간	재해장해보험금	재해로 인하여 장해상태가 되었을 때	• 일시납: 일시납 보험료의 20% × 해당 장해지급률 • 월납: 월납 보험료의 20배 × 해당 장해지급률
제2보험기간	생존연금 - 종신연금형	매년 계약 해당일에 살아 있을 때	연금지급개시일의 적립금액을 기준으로 계산한 금액을 매년 지급(20년 또는 100세 보증지급)
	생존연금 - 상속연금형	매년 계약 해당일에 살아 있을 때	연금지급개시일의 적립금액을 기준으로 계산한 이자 상당액(사업비 차감)을 매년 지급
	생존연금 - 확정기간연금형	연금지급기간(5, 10, 15, 20)의 매년 계약 해당일	연금지급개시일의 적립금액을 기준으로 계약자가 선택한 연금지급기간 동안 나누어 계산한 금액을 연금지급기간 동안 매년 지급
	더블연금 - 더블연금형 - 기본연금	매년 계약 해당일에 살아 있을 때	연금지급개시일의 적립금액을 기준으로 계산한 금액을 매년 지급(20년 보증지급)
	더블연금 - 더블연금형 - 더블연금	연금개시나이 계약 해당일부터 80세 계약 해당일 전일까지 암, 뇌출혈, 급성심근경색증, 장기요양상태(1~2등급) 중 최초로 진단이 확정되었을 때	진단 확정 이후 최초 도래하는 기본연금 지급일부터 기본연금 연금연액의 100%를 매년 지급(20년 확정)

※ 제1보험기간: 계약일 ~ 연금개시나이 계약 해당일 전일
※ 제2보험기간: (종신연금형, 상속연금형, 더블연금형) 연금개시나이 계약 해당일 ~ 종신
　　　　　　　　(확정기간연금형) 연금개시나이 계약 해당일 ~ 최종연금 지급일

2 우체국연금저축보험 2109

(1) 주요 특징

① 실세금리 등을 반영한 신공시이율Ⅳ로 적립되며, 시중금리가 하락하더라도 최저 1.0%(다만, 가입 후 10년 초과 시 0.5%)의 금리를 보장한다.
② 니즈에 맞는 연금지급형태 선택으로 종신(종신연금형) 또는 확정기간(확정기간연금형)동안 안정적인 연금을 지급한다.
③ 관련 세법이 정한 바에 따라 납입한 보험료에 대하여 세액공제[연간 600만원 한도로 납입금액의 12% 세액공제, 종합소득금액이 4천500만원(근로소득만 있는 경우에는 총급여액 5천 500만원) 이하인 경우 납입금액의 15% 세액공제] 혜택을 제공한다.
④ 추가납입제도로 자유롭게 추가납입할 수 있다.
⑤ **유배당 상품**: 배당 상품으로 향후 운용이익금 발생 시 배당혜택을 제공한다.

(2) 가입요건

① 주계약

연금개시나이(A)	가입나이	기본보험료		추가납입보험료 납입주기
		납입기간	납입주기	
만 55~80세	0~(A−5)세	5년~전기납	월납	수시납

② 특약: 지정대리청구서비스특약 2019

(3) 보험료 납입한도액
① 기본보험료

납입기간	납입한도액
10년납 미만	10 ~ 75만원(1천원 단위)
10년납 이상	5 ~ 75만원(1천원 단위)

② 추가납입보험료
㉠ 추가납입보험료는 계약일 이후 1개월이 지난 후부터 (연금개시나이 − 1)세 계약 해당일까지 납입이 가능하다.
㉡ 추가납입보험료의 연간 납입 한도는 연간 총 기본보험료의 2배 이내이다. 단, 추가납입보험료의 최고 한도는 기본보험료 총액(기본보험료×12×기본보험료 납입기간)의 2배로 한다.
※ 단, 관련 법령에서 정한 한도를 초과하여 납입할 수 없다.

(4) 보장내용 − 주계약

지급 구분		지급사유	지급액
생존연금	종신연금형	제2보험기간 중 매년 계약 해당일에 살아 있을 때	연금지급개시일의 적립금액을 기준으로 계산한 금액을 매년 지급(20년 보증지급)
	확정기간연금형	제2보험기간 중 연금지급기간(10, 15, 20년)의 매년 계약 해당일	연금지급개시일의 적립금액을 기준으로 계약자가 선택한 연금지급기간 동안 나누어 계산한 금액을 연금지급기간 동안 매년 지급

※ 제1보험기간: 계약일 ~ 연금개시나이 계약 해당일 전일
※ 제2보험기간: (종신연금형) 연금개시나이 계약 해당일 ~ 종신
　　　　　　　(확정기간연금형) 연금개시나이 계약 해당일 ~ 최종연금 지급일

3 무배당 우체국연금저축보험(이전형) 2109

(1) 주요 특징
① 실세금리 등을 반영한 신공시이율Ⅳ로 적립되며, 시중금리가 하락하더라도 최저 1.0%(다만, 가입 후 10년 초과 시 0.5%)의 금리를 보장한다.
② 고객 니즈에 맞는 연금지급형태 선택으로 종신(종신연금형) 또는 확정기간(확정기간연금형) 동안 안정적인 연금을 지급한다.
③ 관련 세법이 정한 바에 따라 납입한 보험료에 대하여 세액공제[연간 600만원 한도로 납입금액의 12% 세액공제, 종합소득금액이 4천500만원(근로소득만 있는 경우에는 총급여액 5천 500만원) 이하인 경우 납입금액의 15% 세액공제] 혜택을 제공
④ 추가납입제도로 자유롭게 추가납입 가능

(2) 가입요건

① 주계약

연금개시나이(A)	가입나이	기본보험료		추가납입보험료 납입주기
		납입기간	납입주기	
만 55~80세	0~(A)세	일시납	일시납	–
	0~(A-1)세	1년~전기납	월납	수시납

※ 무배당 우체국연금저축보험(이전형) 2109로의 가입은 「소득세법 시행령」에서 정하는 연금저축계좌 범위에 속하는 다른 금융기관의 연금저축을 이전받는 경우에 한함

② 특약: 지정대리청구서비스특약 2109

(3) 보험료 납입한도액

① 기본보험료

		납입한도액
일시납		한도 없음
월납	10년납 미만	10~75만원(1천원 단위)
	10년납 이상	5~75만원(1천원 단위)

② 추가납입보험료

  ㉠ 추가납입보험료는 계약일 이후 1개월이 지난 후부터 (연금개시나이 – 1)세 계약 해당일까지 납입 가능하며, '월납계약'과 함께 가입할 경우에 한하여 납입이 가능하다.
  ㉡ 추가납입보험료의 연간 납입한도는 연간 총 월납 기본보험료의 2배 이내이다. 단, 추가납입보험료의 최고 한도는 월납 기본보험료 총액(월납 기본보험료 × 12 × 월납 기본보험료 납입기간)의 2배로 한다.

※ 단, 관련 법령에서 정한 한도를 초과하여 납입할 수 없다.

(4) 보장내용 – 주계약

지급 구분		지급사유	지급액
생존 연금	종신연금형	제2보험기간 중 매년 계약 해당일에 살아 있을 때	연금지급개시일의 적립금액을 기준으로 계산한 금액을 매년 지급(20년 보증지급)
	확정기간 연금형	제2보험기간 중 연금지급기간(10, 15, 20년)의 매년 계약 해당일	연금지급개시일의 적립금액을 기준으로 계약자가 선택한 연금 지급기간 동안 나누어 계산한 금액을 연금 지급기간 동안 매년 지급

※ 제1보험기간: 계약일 ~ 연금개시나이 계약 해당일 전일
  제2보험기간: (종신연금형) 연금개시나이 계약 해당일 ~ 종신
          (확정기간연금형) 연금개시나이 계약 해당일 ~ 최종연금 지급일

4 무배당 우체국온라인연금저축보험 2109

(1) 주요 특징

① 실세금리를 반영한 높은 금리로 부리 적립(가입 후 10년 이내 1.0%, 10년 초과 0.5% 최저보증)되는 보험이다.

② 만 55세부터 80세까지 연금개시나이를 선택할 수 있다.
③ **다양한 연금형태 제공**: '종신연금형'과 '확정기간연금형' 중 여건에 맞는 연금형태를 선택할 수 있다.
④ 관련 세법이 정한 바에 따라 납입한 보험료에 대하여 세액공제[연간 600만원 한도로 납입금액의 12% 세액공제, 종합소득금액이 4천 500만원(근로소득만 있는 경우에는 총급여액 5천 500만원) 이하인 경우 납입금액의 15% 세액공제] 혜택을 제공
⑤ 추가납입제도로 자유롭게 추가납입할 수 있다.

(2) 가입요건
① 주계약

연금개시나이(A)	가입나이	기본보험료		추가납입보험료 납입주기
		납입기간	납입주기	
만 55 ~ 80세	만 19 ~ (A-5)세	5년 ~ 전기납	월납	수시납

② 특약: 지정대리청구서비스특약 2109

(3) 보험료 납입한도액
① 기본보험료

납입한도액		
월납	10년납 미만	10 ~ 75만원
	10년납 이상	5 ~ 75만원

② 추가납입보험료
  ㉠ 추가납입보험료는 계약일 이후 1개월이 지난 후부터 (연금개시나이 - 1)세 계약 해당일까지 납입이 가능하다.
  ㉡ 추가납입보험료의 연간 납입한도는 연간 총 기본보험료의 2배 이내로 하며, 최고 한도는 기본보험료 총액(기본보험료 × 12 × 기본보험료 납입기간)의 2배로 한다.
  ※ 단, 관련 법령에서 정한 한도를 초과하여 납입할 수 없다.

(4) 보장내용 - 주계약

지급 구분		지급사유	지급액
생존 연금	종신연금형	제2보험기간 중 매년 계약 해당일에 살아 있을 때	연금지급개시일의 적립금액을 기준으로 계산한 금액을 매년 지급(20년 보증지급)
	확정기간 연금형	제2보험기간 중 연금지급기간(10, 15, 20년)의 매년 계약 해당일	연금지급개시일의 적립금액을 기준으로 계약자가 선택한 연금지급기간 동안 나누어 계산한 금액을 연금지급기간 동안 매년 지급

※ 제1보험기간: 계약일 ~ 연금개시나이 계약 해당일 전일
※ 제2보험기간: (종신연금형) 연금개시나이 계약 해당일 ~ 종신
　　　　　　　 (확정기간연금형) 연금개시나이 계약 해당일 ~ 최종연금 지급일

[단권화 MEMO]

5 무배당 우체국개인연금보험(이전형) 2109

(1) 주요 특징

① 이 보험으로의 가입은 종전의 「조세특례제한법」에서 정한 바에 따라 다른 금융기관의 개인연금저축을 이전받는 경우에 한한다.
② 계약을 이전받기 전 계약과 계약을 이전받은 후 계약의 총 보험료 납입기간은 10년 이상이어야 한다.
③ 계약을 이전 받기 전에 이미 연금을 지급받고 있었던 계약을 이전한 경우 가입 즉시부터 연금지급을 개시한다.

(2) 가입요건

① 주계약

연금개시나이	가입나이	납입기간	납입주기
만 55~80세	만 20~80세	일시납	일시납

② 특약: 지정대리청구서비스특약 2109

(3) 보장내용

지급 구분		지급사유
제1보험기간	재해장해보험금	동일한 재해로 여러 신체부위의 합산 장해지급률이 50% 이상 장해 시
제2보험기간	생존연금	매년 계약 해당일에 살아 있을 때(20년 보증 지급)

※ 제1보험기간: 계약일 ~ 연금개시나이 계약 해당일 전 일
※ 제2보험기간: 연금개시나이 계약 해당일 ~ 종신

6 어깨동무연금보험 2109

(1) 주요 특징

① **장애인전용연금보험**: 일반연금보다 더 많은 연금을 받도록 설계하여, 장애인의 안정적인 노후생활을 보장한다.
② 실세금리 등을 반영한 신공시이율Ⅳ로 적립되며, 시중금리가 하락하더라도 최저 1.0%(다만, 가입 후 10년 초과 시 0.5%)의 금리를 보장한다.
③ **보증지급기간 다양화**: 고객니즈에 맞는 보증지급기간(20년 보증지급, 30년 보증지급, 100세 보증지급)을 선택할 수 있다.
④ **연금개시연령 확대**: 장애인 부모의 부양능력 약화 위험 및 장애아동을 고려하여 20세부터 연금수급이 가능하다.
⑤ **유배당 상품**: 배당 상품으로 향후 운용이익금이 발생하는 경우 배당혜택을 제공한다.

(2) 가입요건

① 주계약

구분	연금개시나이(A)	가입나이	납입기간	납입주기
20년 보증지급, 100세 보증지급	20~80세	0~(A-5)세	5, 10, 15, 20년납	월납
30년 보증지급	20~70세			

② 특약: 지정대리청구서비스특약 2109

(3) 보험료 납입한도액

가입나이	납입한도액			
	5년납	10년납	15년납	20년납
20세 미만	50만원	30만원	20만원	15만원
20 ~ 29세	60만원	40만원	30만원	20만원
30 ~ 39세	80만원	50만원	30만원	30만원
40 ~ 49세	100만원	60만원	40만원	30만원
50세 이상	120만원	80만원	50만원	40만원

(4) 피보험자의 자격요건 등

① 장애인의 범위: 「장애인복지법」 제2조 제1호 및 제2호에 따른 장애인으로 동법 제32조 또는 제32조의2의 규정에 따라 등록된 장애인 또는 「국가유공자 등 예우 및 지원에 관한 법률」에 따라 등록한 상이자

② 청약 시 구비서류
  ㉠ 장애인등록증, 장애인복지카드 또는 국가유공자증 사본
  ㉡ 상이자의 경우, 국가유공자증에 기재된 상이등급(1 ~ 7급)으로 확인한다.

③ 보험수익자는 피보험자(장애인)와 동일하며, 변경할 수 없다.

(5) 보장내용 - 주계약

지급 구분	지급사유	지급액
생존연금	제2보험기간 중 매년 계약 해당일에 살아 있을 때	연금지급개시일의 적립금액을 기준으로 계산한 금액을 매년 지급(20년 보증지급, 30년 보증지급, 100세 보증지급)

※ 제1보험기간: 보험계약일 ~ 연금개시나이 계약 해당일 전일
※ 제2보험기간: 연금개시나이 계약 해당일 ~ 종신

05 우체국보험 관련 세제

※ 2023년 12월 기준 관련 법령에 의한 내용으로, 세제와 관련한 사항은 관련 세법 등의 제·개정이나 폐지에 따라 변경될 수 있다.

1 보장성 보험 관련 세제

보장성 보험 관련 세제로는 보장성 보험료 세액공제가 있다. 이는 국민경제생활안정을 목적으로 보장성 보험 가입을 유도하기 위하여 보장성 보험 가입자가 납입하는 보험료에 대해 「소득세법」에 따라 종합소득산출세액에서 일정 금액을 공제해 주는 제도이다.

(1) 세액공제 대상 상품(2023. 11. 3. 기준)

구분		상품 목록
판매 중지	보험료 전액	다보장·체신건강·암치료·우체국암치료·평생보장암·종합건강·어린이·(무)꿈나무(보장형)·교통안전·재해안심·의료비보장·우체국종신·직장인생활보장·우체국건강·하이커버건강·평생OK·하이로정기·우체국치아·우체국암보험·(무)100세종합보장·(무)우체국장제·(무)꿈나무·(무)우체국큰병큰보장·(무)우체국여성암·(무)우체국생애맞춤보험·(무)우체국자녀지킴이·(무)우체국100세건강·(무)우체국요양 및 부가특약
	보험료 일부	장학·(구)연금·알뜰적립·상록·파워적립·(무)장기주택마련저축·(무)꿈나무(저축형)

[단권화 MEMO]

판매 중	보험료 전액	(무)에버리치상해 · (무)우체국안전벨트 · (무)우체국건강클리닉 · (무)만원의행복 · (무)우체국급여실손의료비 · (무)우체국노후실손의료비 · (무)우체국간편실손의료비 · (무)우체국치아 · (무)어깨동무 · (무)우체국하나로OK · (무)우체국간병비 · (무)우리가족암 · (무)우체국간편가입건강 · (무)우체국더간편건강 · (무)우체국온라인암 · (무)우체국든든한종신 · (무)우체국실속정기 · (무)우체국당뇨안심 · (무)우체국온라인당뇨 · (무)우체국온라인어린이 · (무)우체국온라인착한안전 · (무)우체국온라인3대질병 · (무)우체국온라인정기 · (무)우체국더든든한자녀지킴이 · (무)우체국New100세건강 · (무)내가만든희망 · (무)온라인내가만든희망 · (무)win-win단체플랜 · (무)우체국치매간병 · (무)우체국통합건강 · (무)우체국나르미안전 · (무)우체국와이드건강 · (무)우체국온라인와이드암 · (무)우체국온라인미니암 · (무)우체국온라인요양 · (무)우체국온라인입원수술 · (무)우체국온라인종합건강 · (무)우체국온라인종신 · (무)우체국온라인치매간병병 및 각 보장성 특약

(2) 세액공제 가능 대상자 및 공제한도액

구분	내용
대상자	근로소득자(사업소득자, 일용근로자 등은 제외)
세액공제 한도액	연간 납입보험료(100만원 한도)의 12%(장애인전용보험은 15%)
계약요건	• 보장성 보험(생존보험금 ≤ 총 납입 보험료)에 한함 • 실질적인 계약자 = 세액공제를 받고자 하는 근로자 본인 • 피보험자 = 기본공제 대상자

※ 실질적인 계약자 = 실제로 보험료를 납입하는 자

2 장애인전용보험 관련 세제

근로소득자가 기본공제대상자 중 장애인을 피보험자 또는 보험수익자로 하는 보험을 가입한 경우, 근로소득자가 실제로 납입한 보험료(연간 100만원 한도)의 15%에 해당하는 금액을 해당 과세기간의 종합소득산출세액에서 공제받을 수 있는 제도이다. 세액공제 대상이 되는 장애인전용보험 상품 및 세부 요건은 다음과 같다.

구분	내용
대상 상품	(무)어깨동무보험(1종, 2종, 3종) 및 장애인전용보험전환특약을 부가한 보장성 보험
세액공제 한도액	연간 납입보험료(100만원 한도)의 15%
계약요건	• 피보험자 또는 보험수익자: 기본공제대상자로서 장애인일 것 • 계약자: 근로소득자 본인 또는 소득이 없는 가족

※ 장애인의 범위: 「장애인복지법」 제2조에 의한 장애인 및 「국가유공자 등 예우 및 지원에 관한 법률」 제6조에 의하여 등록한 상이자

◉ 장애인전용보험 상품 및 세부요건

3 연금저축보험 관련 세제

(1) 연금저축보험 세액공제

① 연금저축보험 관련 세제로는 연금저축보험료에 대한 세액공제가 있다. 이는 연금저축보험에 납입하는 보험료에 대해 종합소득산출세액에서 일정 금액을 공제해주어 소득세 절세 효과를 주는 대신에 연금을 수령할 때 과세를 하는 제도이다. 즉, 일반적으로 연금소득세는 저율로 과세되기 때문에 소득이 적은 노후에 연금 수령 시 소득세율을 낮추는 절세 효과가 있다.

② 연금저축 세액공제는 보장성 보험료 세액공제가 근로소득자만을 대상으로 하는 것과는 달리, 근로소득 외의 종합소득이 있는 경우에도 가능하며 세부 요건은 다음과 같다.

구분	내용
대상 상품	우체국연금저축보험 2109, (무)우체국연금저축보험(이전형) 2109, (무)우체국온라인연금저축보험 2109
대상자	종합소득이 있는 거주자로 연금저축 가입자
세액공제 한도액	연금저축 연간 납입보험료 600만원 한도의 12% 세액공제[종합소득금액 4천 500만원 이하(근로소득만 있는 경우 총 급여액 5천 500만원 이하)인 거주자는 15%]

◦ 연금저축보험 상품 및 한도액

③ 연금계좌 세액공제 납입한도 및 공제율

종합소득금액 (총급여액)	세액공제 대상 납입한도 (퇴직연금 합산 시)	공제율
4천 500만원 이하 (5천 500만원 이하)	600만원 (900만원)	15%
4천 500만원 초과 (5천 500만원 초과)		12%

④ 연금저축보험 세액공제 가능 대상계약 가입조건[「소득세법 시행령」 제40조의2(연금계좌 등)]

구분	내용
1	취급 금융기관(「우체국예금·보험에 관한 법률」에 의한 체신관서)
2	연 1,800만원 이내에서 납입할 것(체신관서는 월 75만원 한도)
3	연금수령 개시 이후에는 보험료를 납입하지 않을 것

(2) 연금저축보험 중도해지 또는 연금수령 시 세제

① 연금저축보험을 중도에 해지하는 경우에는 분리과세를 적용한다. 이는 일반연금 외 수령으로 기타소득세(지방소득세 포함 16.5%)가 부과되나, 부득이한 사유로 인한 연금 외 수령이 인정되는 경우에는 연금소득세(지방소득세 포함 3.3 ~ 5.5%)를 부과한다.

> **플러스이론 펼쳐보기 ▼   부득이한 사유의 범위**
>
> - 천재·지변
> - 사망
> - 가입자 또는 부양가족의 3개월 이상 요양이 필요한 질병 및 부상
> - 연금취급자 영업정지, 인·허가 취소, 해산 결의, 파산선고
> - 해외이주
> - 가입자의 파산 또는 개인회생절차 개시
> - 재난으로 15일 이상의 입원치료가 필요한 피해를 입은 경우

② 연금저축보험의 아래 조건을 부합하는 경우에는 그 지급금액은 연금소득으로 인정하여 연금소득세를 부과한다[단, 연간 연금액이 연금수령한도를 초과하는 경우, 그 초과금액은 연금 외 소득으로 간주하여 기타소득세(지방소득세 포함 16.5%)를 부과함].

구분	내용
1	가입자가 만 55세 이후 연금수령 개시를 신청한 후 인출할 것
2	연금계좌 가입일부터 5년이 경과된 후에 인출할 것

3	과세기간 개시일* 현재 연금수령한도** 이내에서 인출할 것 * 연금수령개시를 신청한 날이 속하는 과세기간에는 연금수령개시를 신청한 날로 함 ** 연금수령한도 = $\dfrac{\text{연금 계좌의 평가액}}{(11 - \text{연금수령연차})} \times \dfrac{120}{100}$ ※ 연금수령연차: 최초로 연금수령할 수 있는 날이 속하는 과세기간을 기산연차로 하여 그 다음 과세기간을 누적 합산한 연차를 말하며, 연금수령연차가 11년 이상이면 위 계산식 미적용

○ 연금수령 요건

③ 다만, 연간 연금액이 1,200만원 이하인 경우에는 분리과세할 수 있고, 1,200만원을 초과하면 종합과세 또는 15% 분리과세를 선택할 수 있다. 이때 연금소득에 대한 세율은 「소득세법」 제129조 제1항 제5의2(원천징수세율)에 따라 다음과 같다.

구분	세율	
	나이(연금수령일 현재)	세율(지방소득세 포함)
가. 연금소득자의 나이에 따른 세율	만 70세 미만	5.5%
	만 70세 이상 만 80세 미만	4.4%
	만 80세 이상	3.3%
나. 종신연금형	4.4%(지방소득세 포함)	

※ 가, 나를 동시 충족하는 경우에는 낮은 세율을 적용함

○ 연금소득 원천징수 세율

(3) 연금소득 확정·신고 시 연금소득공제

연금소득의 종합소득 확정·신고 시에는 「소득세법」 제47조의2(연금소득공제)에 의거하여 연금소득공제(필요 경비)를 적용받을 수 있다. 이때 연금소득이 있는 거주자에 대해서는 해당 과세기간에 받은 총 연금액에서 아래 규정된 연금소득 공제금액을 공제한다. 다만, 공제액이 900만원을 초과하는 경우에는 900만원을 공제한다.

총 연금액	공제금액(900만원 한도)
350만원 이하	총 연금액
350만원 초과 700만원 이하	350만원 + (350만원 초과금액) × 40%
700만원 초과 1,400만원 이하	490만원 + (700만원 초과금액) × 20%
1,400만원 초과	630만원 + (1,400만원 초과금액) × 10%

○ 연금소득 공제금액

4 개인연금저축 관련 세제

① 2000년 12월 31일 이전에 가입된 세제적격 개인연금저축보험은 관련 세법에 의해 연간 납입 보험료의 40%(72만원 한도)를 소득공제하며, 연금개시 이후 연금으로 수령받는 연금소득에 대해 비과세가 적용된다. 또한 중도해지 시에는 보험차익에 대한 소득세(지방소득세 포함 15.4%)와 해지추징세(5년 이내 해지 시, 지방소득세 포함 4.4%)가 부과된다. 다만, 천재·지변, 사망, 퇴직 등 불가피한 사유로 인한 해지 시에는 보험차익에 대해 소득세를 부과하지 아니한다.

| 플러스이론 펼쳐보기 ▼ | 개인연금저축 중도해지 시 보험차익과세 면제사유 |

- 천재·지변
- 사망
- 퇴직
- 해외 이주
- 직장폐업
- 3개월 이상 장기간 입원치료, 요양을 요하는 상해 및 질병 발생
- 취급기관 영업정지, 인·허가 취소, 해산결의 또는 파산선고

② 개인연금저축 소득공제 요건

구분	내용
대상 상품	개인연금보험, 백년연금보험
소득공제 한도액	연간 납입액의 40%(72만원 한도)

5 저축성 보험 과세

(1) 저축성 보험의 보험차익 비과세

'보험차익'이란 보험계약에 따라 만기에 받는 보험금·공제금 또는 계약기간 중도에 해당 보험계약이 해지됨에 따라 받는 환급금에서 납입보험료를 뺀 금액을 의미한다. 보험차익은 「소득세법」상 이자소득으로 분류되어 이자소득세(지방소득세 포함 15.4%)가 과세되지만, 저축성 보험의 보험차익 비과세 요건을 충족할 경우 이자소득세가 비과세된다.

구분	내용
저축성 보험 (아래 월적립식 또는 종신형 연금으로 분류되지 않는 저축성 보험)	• 최초로 보험료를 납입한 날부터 만기일 또는 중도해지일까지의 기간이 10년 이상으로서, 계약자 1명당 납입할 보험료 합계액이 아래의 구분에 따른 금액 이하인 저축성 보험 – 2017년 3월 31일까지 체결하는 보험계약의 경우: 2억원 – 2017년 4월 1일부터 체결하는 보험계약의 경우: 1억원 • 다만, 최초납입일부터 만기일 또는 중도해지일까지의 기간은 10년 이상이지만 최초납입일부터 10년이 경과하기 전에 납입한 보험료를 확정된 기간 동안 연금 형태로 분할하여 지급받는 경우를 제외함
월적립식 저축성 보험	• 최초로 보험료를 납입한 날부터 만기일 또는 중도해지일까지의 기간이 10년 이상으로서, 아래 요건을 모두 충족하는 계약 – 최초납입일로부터 납입기간이 5년 이상인 월적립식 계약일 것 – 최초납입일부터 매월 납입하는 기본보험료가 균등(최초계약한 기본보험료의 1배 이내로 기본보험료를 증액하는 경우를 포함)하고, 기본보험료의 선납기간이 6개월 이내일 것 – 계약자 1명당 매월 납입하는 보험료 합계액[계약자가 가입한 모든 월적립식 보험계약(만기에 환급되는 금액이 납입보험료를 초과하지 아니하는 보험계약으로서 기획재정부령으로 정하는 것은 제외)의 기본보험료, 추가로 납입하는 보험료 등 월별로 납입하는 보험료를 기획재정부령으로 정하는 방식에 따라 계산한 합계액]이 150만원 이하일 것(2017년 4월 1일부터 체결하는 보험계약으로 한정)

[단권화 MEMO]

| 종신형 연금보험 | • 아래 요건을 모두 충족하는 계약
– 계약자가 보험료 납입 계약기간 만료 후 55세 이후부터 사망 시까지 보험금·수익 등을 연금으로 지급받는 계약일 것
– 연금 외의 형태로 보험금·수익 등을 지급하지 아니할 것
– 사망 시「통계법」제18조에 따라 통계청장이 승인하여 고시하는 통계표에 따른 성별·연령별 기대여명 연수(소수점 이하는 버림, 이하 '기대여명연수') 이내에서 보험금·수익 등을 연금으로 지급하기로 보증한 기간(이하 '보증기간')이 설정된 경우로서, 계약자가 해당 보증기간 이내에 사망한 경우에는 해당 보증기간의 종료 시를 말함] 보험계약 및 연금재원이 소멸할 것
– 계약자와 피보험자 및 수익자가 동일하고 최초 연금지급개시 이후 사망일 전에 중도 해지할 수 없을 것
– 매년 수령하는 연금액[연금수령 개시 후에 금리변동에 따라 변동된 금액과 이연(移延)하여 수령하는 연금액은 포함하지 아니함]이 다음의 계산식에 따라 계산한 금액을 초과하지 아니할 것
$$\frac{\text{연금수령 개시일 현재 연금계좌 평가액}}{\text{연금수령 개시일 현재 기대여명 연수}} \times 3$$ |

○ 저축성 보험의 보험차익 비과세 요건(「소득세법 시행령」제25조)

(2) 비과세종합저축(보험)에 대한 조세특례

① 노인 및 장애인 등을 대상으로 하는 비과세저축 상품에 대해「조세특례제한법」제88조의2(비과세종합저축에 대한 과세특례)에 의거하여 다음의 비과세종합저축 가입 대상자는 1인당 저축원금 5,000만원(세금우대종합저축을 해지 또는 해약하지 아니한 경우에는 5,000만원에서 세금우대종합저축의 계약금액 총액을 뺀 금액) 이내에서 비과세가 적용(직전 3개 과세기간 중「소득세법」제14조 제3항 제6호에 따른 소득의 합계액이 1회 이상 연 2천만원을 초과한 자 제외)된다. 단, 2025년 12월 31일까지 가입하는 경우에 한하며 해당 저축에서 발생하는 이자소득 또는 배당소득에 대해서는 소득세를 부과하지 아니하며, 만기뿐만 아니라 중도 해지 시에도 비과세가 적용된다.

구분	내용
1	만 65세 이상인 거주자
2	「장애인복지법」제32조에 따라 등록한 장애인
3	「독립유공자 예우에 관한 법률」제6조에 따라 등록한 독립유공자와 그 유족 또는 가족
4	「국가유공자 등 예우 및 지원에 관한 법률」제6조에 따라 등록한 상이자(傷痍者)
5	「국민기초생활 보장법」제2조 제2호에 따른 수급자(단, 생계급여 및 의료급여수급자에 한함)
6	「고엽제후유의증 등 환자지원 및 단체설립에 관한 법률」제2조 제3호에 따른 고엽제후유의증환자
7	「5·18민주유공자 예우 및 단체설립에 관한 법률」제4조 제2호에 따른 5·18민주화운동부상자

○ 비과세종합저축 가입 대상자

② 우체국보험 중 비과세종합저축에 해당하는 상품으로는 (무)그린보너스저축보험플러스(비과세종합저축)이 있다.

6 상속·증여 관련 세제

(1) 상속세

① 개요

㉠ '상속세'란 사망으로 그 재산이 가족이나 친족 등에게 무상으로 이전되는 경우에 당해 상속재산에 대해 부과하는 세금을 의미한다. 상속세 납세의무가 있는 상속인 등은 신고서를 작성하여 신고기한까지 상속세를 신고·납부하여야 한다.

㉡ 「민법」에서는 상속이 개시되면 유언 등에 의한 지정상속분을 제외하고 사망자(피상속인)의 유산에 대해 그의 직계비속·직계존속·형제자매·4촌 이내의 방계혈족 및 배우자에게 상속권을 부여하고 있다. 「민법」 제1000조(상속의 순위)에 의한 상속 순위 및 법정상속분은 다음과 같다. 단, 배우자는 직계비속과 같은 순위로 공동상속인이 되며, 직계비속이 없는 경우에는 제2순위인 직계존속과 공동상속인이 되며, 직계비속과 직계존속이 없는 경우에는 단독 상속인이 된다.

순위	상속인	법정 상속분	비고
1순위	직계비속과 배우자	배우자: 1.5, 직계비속: 1	–
2순위	직계존속과 배우자	배우자: 1.5, 직계존속: 1	제1순위가 없는 경우
3순위	형제자매	균등분할	제1, 2순위가 없는 경우
4순위	4촌 이내의 방계혈족	균등분할	제1, 2, 3순위가 없는 경우

◯ 상속의 순위 및 상속분

② 금융재산 상속공제: 사망으로 인해 상속이 개시되는 경우로서 상속재산가액 중 순금융재산가액(금융재산의 가액 – 금융채무)이 포함되어 있는 경우 이를 상속세 과세가액에서 공제해 주는 제도이다. 금융재산에는 예금, 적금, 부금, 계금, 출자금, 금융신탁재산, 보험금, 공제금, 주식, 채권, 수익증권, 출자지분, 어음 등의 금액 및 유가증권 등을 모두 포함한다.

순금융재산금액	공제금액	비고
2천만원 초과	순금융재산가액의 20% 또는 2천만원 중 큰 금액	한도 2억원
2천만원 이하	순금융재산가액	–

◯ 금융재산 상속공제액

(2) 증여세

① 개요: '증여'란 당사자 일방(증여자)이 자신의 재산을 무상으로 상대방에게 양도하는 의사를 표시하고 상대방(수증자)이 이를 승낙함으로써 효력이 발생하는 계약이다. 증여는 계약이라는 법률행위이므로 당사자 간의 청약과 승낙이라는 의사표시를 하고 합의가 있어야 한다. 증여재산에 대하여는 상속세에 준하는 세금이 부과되며, 증여재산에 대한 공제금액은 다음과 같다.

증여자	공제한도액(10년간)
배우자	6억원
직계존속	5,000만원(미성년자는 2,000만원)
직계비속	5,000만원
직계 존·비속 이외 6촌 이내의 혈족, 4촌 이내의 인척	1,000만원

◯ 증여재산 공제금액

[단권화 MEMO]

> **플러스이론 펼쳐보기 ▼** **증여와 양도의 차이**
>
> 증여와 양도소득의 차이는 자산의 양도가 무상이냐, 유상이냐를 기준으로 구분된다. 대가를 받고 자산을 양도할 때는 양도소득세, 대가를 받지 않고 양도할 때는 증여세가 각각 부과된다.

② **보험금의 증여의제**: 「상속세 및 증여세법」 제34조(보험금의 증여)에 의거하여 계약자와 보험수익자가 서로 다른 경우에는 계약자가 납부한 보험료 납부액에 대한 보험금 상당액을 증여재산으로 간주하여 증여세를 부과한다. 또한 계약자와 보험수익자가 동일해도 보험계약기간 동안에 타인으로부터 증여받은 금액으로 보험료를 불입한 경우에는 보험금 상당액에서 보험료 불입액을 뺀 가액을 증여한 것으로 보아 증여세를 부과한다.

③ **장애인이 수령하는 보험금에 대한 증여세 비과세**: 「상속세 및 증여세법」 제46조(비과세되는 증여재산)에 의한 장애인을 보험금수취인으로 하는 보험 가입 시, 장애인이 수령하는 보험금에 대해서는 연간 4,000만원을 한도로 증여세가 비과세된다.

(3) 상속 및 증여세율

과세표준	세율
1억원 이하	과세표준의 10%
1억원 초과 5억원 이하	1천만원 + (1억원을 초과하는 금액의 20%)
5억원 초과 10억원 이하	9천만원 + (5억원을 초과하는 금액의 30%)
10억원 초과 30억원 이하	2억 4천만원 + (10억원을 초과하는 금액의 40%)
30억원 초과	10억 4천만원 + (30억원을 초과하는 금액의 50%)

개념확인 핵심지문 O/X — PART Ⅲ. 우체국보험 상품

01 어깨동무연금보험 2109는 장애인 부모의 부양능력 약화 위험 및 장애아동을 고려하여 15세부터 연금 수급이 가능하다. (○ | ×)

02 보장성 보험은 만기 시 환급되는 금액이 없거나 이미 납입한 보험료보다 적거나 같다. (○ | ×)

03 보장성 보험은 주계약뿐만 아니라 특약으로 가입한 것도 세액공제를 받을 수 있다. (○ | ×)

04 무배당 어깨동무보험 2109는 보험수익자가 장애인인 경우 연간 4천만원 한도에서 증여세 면제혜택이 있다. (○ | ×)

05 무배당 우체국실속정기보험 2109는 1종(일반가입)과 2종(간편가입)에 중복가입할 수 없다. (○ | ×)

06 무배당 그린보너스저축보험플러스 2203은 만기 유지 시 계약일로부터 최초 1년간 보너스금리를 추가 제공한다. (○ | ×)

07 무배당 우체국든든한종신보험 2109에 주계약 보험 가입금액 2천만원 이상 가입할 경우, 주계약뿐만 아니라 특약보험료도 할인받을 수 있다. (○ | ×)

08 보장성 보험의 경우 근로소득자와 사업소득자는 연간 납입보험료의 일정액을 세액공제 받을 수 있다. (○ | ×)

09 무배당 우체국하나로OK보험 2109는 보험 가입금액 1,000만원에서 4,000만원까지 500만원 단위로 가입이 가능하다. (○ | ×)

10 장애인전용보험전환특약 2007의 대상계약은 전환 대상 상품의 피보험자 또는 수익자가 「소득세법」상 장애인인 계약이다. (○ | ×)

11 지정대리청구서비스특약 2109에서 지정대리청구인은 피보험자의 가족관계등록부상의 배우자 또는 4촌 이내의 친족이다. (○ | ×)

12 지정대리청구서비스특약 2109의 대상계약은 계약자, 피보험자 및 수익자(사망 시 수익자 제외)가 모두 동일한 계약이다. (○ | ×)

정답 & X해설

01	02	03	04	05	06	07	08	09	10	11	12
×	○	○	○	○	○	×	×	○	○	×	○

01 20세부터 연금수급이 가능하다.
07 고액 할인은 주계약 보험료(특약보험료 제외)에 한해 적용된다.
08 사업소득자, 일용근로자 등은 세액공제를 받을 수 없다.
11 피보험자의 가족관계등록부상의 배우자 또는 3촌 이내의 친족이다.

13 이륜자동차 운전 및 탑승 중 재해부담보특약 2109의 가입대상은 이륜자동차 운전자 및 소유자이며, 관리하는 경우는 포함되지 않는다. (O | X)

14 무배당 알찬전환특약 2109의 일시납 보험료는 전환 전 계약의 만기보험금과 배당금의 합계액이다. (O | X)

15 무배당 에버리치상해보험 2109는 보험 만기일 1개월 전부터 만기일 전 일까지 무배당 알찬전환특약 2109로 가입 신청이 가능하다. (O | X)

16 무배당 파워적립보험 2109는 기본보험료 20만원 초과금액에 대해 수수료를 인하함으로써 수익률을 증대한 상품이다. (O | X)

17 무배당 우체국온라인저축보험 2109는 계약일 이후 1년이 지난 후부터 보험기간 중에 보험연도 기준 연 12회에 한하여 적립금액의 일부를 인출할 수 있다. (O | X)

18 무배당 우체국치매간병보험 2109의 해약환급금 50% 지급형 상품에 가입한 경우, 보험기간 중 계약이 해지될 경우에는 표준형 해약환급금의 50%를 해약환급금으로 지급받는다. (O | X)

19 무배당 우체국실속정기보험 2109 2종(간편가입)에 가입 후 계약일부터 3개월 이내에 1종(일반가입)으로 가입을 희망하는 경우, 일반계약 심사를 통하여 1종(일반가입)에 청약할 수 있다. (O | X)

20 무배당 우체국와이드건강보험 2112에 주계약 보험 가입금액 2,500만원을 가입하는 경우, 주계약 보험료에 대해서 고액계약 보험료 할인을 받을 수 있다. (O | X)

정답 & X해설

13	14	15	16	17	18	19	20
X	O	X	X	X	X	O	O

13 이륜자동차 운전자(소유 및 관리하는 경우 포함)이다.

15 무배당 알찬전환특약 2109에 가입이 가능한 계약은 에버리치복지보험(일반형), 무배당 에버리치복지보험(일반형), 복지보험, 파워적립보험, 무배당 파워적립보험, 무배당 빅보너스저축보험, 무배당 그린보너스저축보험(일반형), 무배당 그린보너스저축보험플러스(일반형) 및 무배당 우체국저축보험(확정금리형) 중 유효계약으로 무배당 알찬전환특약 2109를 신청한 계약이다. 또한 전환 전 계약의 만기일 1개월 전부터 만기일 전일까지 무배당 알찬전환특약 2109로 가입 신청이 가능하다. 즉, <u>무배당 에버리치상해보험 2109는 가입 가능 계약이 아니다.</u>

16 기본보험료 <u>30만원</u> 초과금액에 대해 수수료를 인하함으로써 수익률을 증대한 상품이다.

17 계약일 이후 <u>1개월</u>이 지난 후부터 보험기간 중에 보험연도 기준 연 12회에 한하여 적립금액의 일부를 인출할 수 있다.

18 무배당 우체국치매간병보험 2109의 '해약환급금 50% 지급형'의 계약이 보험료 납입기간 중 해지될 경우의 해약환급금은 '표준형' 해약환급금의 50%에 해당하는 금액으로 한다. 다만, 보험료 납입기간이 완료된 이후 계약이 해지되는 경우에는 '표준형'의 해약환급금과 동일한 금액을 지급받는다.

실전적용 기출&예상문제 — PART Ⅲ. 우체국보험 상품

01 보장성 보험료의 세액공제에 대한 설명으로 옳은 것은?

2023 계리직 9급

① 근로소득이 없는 연금소득 거주자도 세액공제 대상이다.
② 보장성 보험을 해지할 경우, 이미 세액공제 받은 보험료는 기타소득세로 과세된다.
③ 보험료를 미리 납부했을 경우, 그 보험료는 실제 납부일이 속하는 과세기간에 세액공제가 가능하다.
④ 장애인전용 보장성 보험의 경우, 납입한 보험료(100만원 한도)의 12%에 해당하는 금액을 해당 과세기간의 종합소득산출세액에서 공제한다.

02 우체국보험 상품에 대한 설명으로 옳은 것은?

2023 계리직 9급

① 무배당 청소년꿈보험 2109는 체신관서가 공익재원으로 보험료를 50% 지원하는 상품이다.
② 무배당 우체국예금제휴보험 2109는 체신관서가 공익재원으로 보험료를 80% 지원하는 상품이다.
③ 무배당 우체국나르미안전보험 2109는 체신관서가 공익재원으로 보험료를 50% 지원하는 상품이다.
④ 무배당 만원의행복보험 2109는 성별·나이에 상관없이 체신관서가 공익재원으로 보험료 1만원(1년 만기 기준)을 지원하는 상품이다.

정답&해설

01 〈오답 확인〉 ① 보장성 보험 세액공제 가능 대상자는 근로소득자(사업소득자, 일용근로자 등은 제외)만을 대상으로 하므로, 근로소득이 없는 연금소득자 또는 개인사업자 등은 보장성 보험에 가입하더라도 세액공제를 받을 수 없다.
② 보장성 보험을 중도해지할 경우 해지 시점까지 납입한 보험료에 대해 세액공제가 가능하며 이미 세액공제 받은 보험료에 대한 추징 또한 없다.
④ 장애인전용 보장성 보험의 경우, 납입한 보험료(100만원 한도)의 15%에 해당하는 금액을 해당 과세기간의 종합소득산출세액에서 공제받을 수 있다.

02 〈오답 확인〉 ① 무배당 청소년꿈보험 2109는 공익보험으로 특정 피보험자 범위에 해당하는 청소년에게 무료로 보험 가입혜택을 주어 학자금을 지급하는 교육보험이다.
② 무배당 우체국예금제휴보험 2109는 1종(휴일재해보장형)은 '시니어싱글벙글정기예금' 가입 시, 2종(주니어보장형)은 '우체국 아이LOVE적금' 가입 시, 3종(청년우대형)은 우체국예금 신규 가입 고객 중 가입기준을 충족할 경우 무료로 가입 가능한 보험이다.
④ 무배당 만원의행복보험 2109는 성별·나이에 상관없이 보험료 1만원(1년 만기 기준), 1회 납입 1만원(1년 만기 기준) 초과 보험료는 체신관서가 공익자금으로 지원하는 상품이다.

01 ③ 02 ③

03 〈보기〉에서 월적립식 저축성 보험의 보험차익 비과세 요건에 대한 설명으로 옳은 것은 모두 몇 개인가?

2022 계리직 9급

보기

ㄱ. 최초 납입일로부터 납입기간이 5년 이상인 월적립식 보험계약
ㄴ. 최초로 보험료를 납입한 날부터 만기일 또는 중도해지일까지의 기간이 10년 이상
ㄷ. 2017년 4월 1일 이후 가입한 보험계약에 한하여 보험계약자 1명당 매월 납입하는 보험료 합계액이 250만원 이하
ㄹ. 최초 납입일로부터 매월 납입하는 기본보험료가 균등(최초 계약한 기본보험료의 1배 이내로 기본보험료를 증액하는 경우 포함)하고 기본보험료의 선납기간이 6개월 이내

① 1개 ② 2개
③ 3개 ④ 4개

04 우체국보험 상품별 보장개시일에 대한 설명으로 옳은 것은?

2022 계리직 9급 변형

① 무배당 우체국당뇨안심보험 2109의 당뇨보장개시일은 계약일(부활일)부터 그날을 포함하여 180일이 지난 날의 다음 날이다.
② 무배당 우체국치매간병보험 2109의 치매보장개시일은 질병으로 인하여 치매상태가 발생한 경우, 계약일(부활일)부터 그날을 포함하여 1년이 지난 날의 다음 날이다.
③ 무배당 우리가족암보험 2109의 피보험자 나이가 10세인 경우, 암보장개시일은 계약일(부활일)부터 그날을 포함하여 90일이 지난 날의 다음 날이다.
④ 무배당 우체국간병비보험 2309의 장기요양상태 보장개시일은 재해를 직접적인 원인으로 장기요양상태가 발생한 경우, 계약일(부활일)부터 그날을 포함하여 180일이 지난 날의 다음 날이다.

정답&해설

03 〈오답 확인〉 ㄷ. 2017년 4월 1일 이후부터 가입한 보험계약에 한하여 보험계약자 1명당 매월 납입하는 보험료 합계액이 150만원 이하인 경우 보험차익을 비과세한다.

04 〈오답 확인〉 ① 무배당 우체국당뇨안심보험 2109의 당뇨보장개시일은 계약일(부활일)부터 그날을 포함하여 1년이 지난 날의 다음 날이다.
③ 무배당 우리가족암보험 2109의 암보장개시일은 계약일(부활일)부터 그날을 포함하여 90일이 지난 날의 다음 날이다. 단, 피보험자 나이가 15세 미만인 경우 암보장개시일은 계약일(부활일)로 한다.
④ 무배당 우체국간병비보험 2309의 장기요양상태 보장개시일은 계약일(부활일)부터 그날을 포함하여 180일이 지난 날의 다음 날이다. 단, 재해를 직접적인 원인으로 장기요양상태가 발생한 경우 장기요양상태 보장개시일은 계약일(부활일)로 한다.

05 우체국 연금보험 상품에 대한 설명으로 옳은 것은?

2022 계리직 9급

① 무배당 우체국연금저축보험(이전형) 2109는 기본보험료가 일시납일 경우에는 납입한도액이 없다.
② 어깨동무연금보험 2109는 장애인전용 연금보험으로 55세부터 연금수령이 가능하다.
③ 무배당 우체국연금보험 2109는 연간 400만원 한도 내에서 납입한 보험료에 대해 세액공제혜택을 제공한다.
④ 우체국연금저축보험 2109는 계약일 이후 1개월이 지난 후부터 연금개시나이 계약 해당일까지 보험료 추가납입이 가능하다.

06 무배당 우체국급여실손의료비보험(갱신형) 2109에 대한 설명으로 옳은 것은?

2022 계리직 9급

① 보장내용 변경주기는 3년이며, 종신까지 재가입이 가능하다.
② 최초계약 가입나이는 0세부터 60세까지이며, 임신 23주 이내의 태아도 가입이 가능하다.
③ 갱신 직전 '무사고 할인판정기간' 동안 보험금 지급 실적이 없는 경우, 갱신일부터 차기 보험기간 1년 동안 보험료의 5%를 할인해준다.
④ 비급여실손의료비특약의 갱신보험료는 갱신 직전 '요율상대도 판정기간' 동안의 비급여특약에 따른 보험금 지급 실적을 고려하여 영업보험료에 할인·할증요율을 적용한다.

정답&해설

05 〈오답 확인〉 ② 어깨동무연금보험 2109는 장애인전용 연금보험으로, 20세부터 연금수급이 가능하다.
③ 무배당 우체국연금보험 2109는 관련 세법에서 정하는 요건에 부합하는 경우 이자소득 비과세 및 금융소득 종합과세를 제외한다. 하지만 우체국 연금저축보험과 다르게 세액공제 상품은 아니다.
④ 우체국연금저축보험 2109의 추가납입보험료는 계약일 이후 1개월이 지난 후부터 '연금개시나이 − 1'세 계약 해당일까지 납입이 가능하다.

06 〈오답 확인〉 ① 보장내용 변경주기는 5년이며, 종신까지 재가입이 가능하다.
③ 갱신(또는 재가입) 직전 '무사고 할인판정기간' 동안 보험금 지급 실적이 없는 계약을 대상으로 갱신일(또는 재가입일)부터 차기 보험기간 1년 동안의 보험료의 10%를 할인해 준다.
④ 비급여실손의료비특약의 갱신보험료는 갱신 직전 '요율상대도 판정기간' 동안의 비급여특약에 따른 보험금 지급 실적을 고려하여 보험료 갱신 시 순보험료(비급여특약의 순보험료 총액을 대상)에 요율상대도(할인·할증요율)를 적용한다.

05 ① 06 ②

07 우체국보험 상품에 대한 설명으로 옳은 것은?

2021 계리직 9급 변형

① 무배당 우체국안전벨트보험 2109의 보험료는 성별에 따른 차이는 없으나 연령별로 차이가 있다.
② 우체국연금저축보험 2109의 경우, 연금 지급 구분에는 종신연금형, 상속연금형, 확정기간연금형, 더블연금형이 있다.
③ 무배당 우체국간병비보험 2309는 장기요양 3~4등급으로 진단 확정되고, 진단 확정된 날을 최초로 하여 매년 생존 시 최대 5년 동안 간병자금을 매월 지급(장기요양간병비특약 Ⅱ 가입 시, 최대 60개월 한도)한다.
④ 무배당 우체국New100세건강보험 2203에 가입한 피보험자가 '국민체력100' 체력인증을 받은 경우, 보험료 일부를 지원받을 수 있다.

08 40세인 A씨의 우체국연금저축보험 2109 가입 현황이 〈보기〉와 같을 때 연금수령 1차년도 산출세액(지방소득세 포함)으로 옳은 것은?

2021 계리직 9급

보기

- 연금지급 구분: 종신연금형
- 연금수령 개시나이: 만 55세
- 연금수령한도 이내 연금수령액: 1,200,000원
- 연금수령한도 초과 연금수령액: 1,000,000원
(단, 납입보험료 전액을 세액공제받았으며, 의료목적 또는 부득이한 사유로 인한 연금수령액 및 다른 연금소득은 없는 것으로 한다)

〈적용세율〉

연금소득세율(지방소득세 포함)		기타소득세율 (지방소득세 포함)
연금수령 나이 (만 70세 미만)	종신 연금형	
5.5%	4.4%	16.5%

① 96,800원
② 121,000원
③ 217,800원
④ 231,000원

정답&해설

07 〈오답 확인〉 ① 무배당 우체국안전벨트보험 2109의 보험료는 성별에 따른 차이는 있으나 나이(연령)에 관계 없이 동일한 보험료이다.
② 우체국연금저축보험 2109의 경우, 연금 지급 구분에는 종신연금형, 확정기간연금형이 있다. 우체국연금보험 2109의 경우, 연금 지급 구분에는 종신연금형, 상속연금형, 확정기간연금형, 더블연금형이 있다.
③ 무배당 우체국간병비보험 2309는 장기요양 1~2등급으로 진단 확정되고, 매년 생존 시 최대 10년 동안 간병자금을 매월 지급(장기요양간병비특약 Ⅱ 가입 시, 최대 120개월 한도)한다.

08 산출세액(지방소득세 포함) 계산은 다음과 같다.
- 연금수령한도 이내의 연금소득금액은 연금소득세 적용
  1,200,000원 × 4.4%(종신연금형) = 52,800원
- 연금수령한도 초과 연금액은 기타소득세 적용
  1,000,000원 × 16.5%(기타소득세) = 165,000원
- 합산 시: 52,800원 + 165,000원 = 217,800원

■ **연금수령 요건**
연금저축보험의 지급금액이 다음의 내용을 충족할 경우에는 연금소득으로 인정하여 연금소득세를 부과한다. 단, 연간 연금액이 연금수령한도를 초과하는 경우, 그 초과금액은 연금 외 소득으로 간주하여 기타소득세(지방소득세 포함 16.5%)를 부과한다.

구분	내용
1	가입자가 만 55세 이후 연금수령 개시를 신청한 후 인출할 것
2	연금계좌 가입일부터 5년이 경과된 후에 인출할 것
3	과세기간 개시일 현재 연금수령한도 이내에서 인출할 것 • 과세기간 개시일: 연금수령 개시를 신청한 날이 속하는 과세기간에는 연금수령 개시를 신청한 날로 한다. • 연금수령한도 = $\dfrac{연금계좌의 평가액}{(11 - 연금수령연차)} \times \dfrac{120}{100}$ • 연금수령연차: 최초로 연금수령할 수 있는 날이 속하는 과세기간을 기산연차로 하여 그 다음 과세기간을 누적 합산한 연차를 말하며, 연금수령연차가 11년 이상이면 위 계산식을 미적용한다.

07 ④   08 ③

09 우체국보험 상품에 대한 설명으로 옳은 것은?

2019 계리직 9급 변형

① 우체국연금저축보험의 연금개시나이는 만 50세부터이다.
② 무배당 우체국나르미안전보험은 운송업 종사자 전용 공익형 교통상해보험 상품으로 나이에 상관없이 성별에 따라 1회 보험료 납입으로 1년 만기 보장이 가능하다.
③ 무배당 우체국간편가입건강보험(갱신형)의 경우, 주계약은 종신까지 갱신 가능하고 특약은 100세까지 갱신 가능하다.
④ 무배당 우체국든든한종신보험은 보험기간 중 계약이 해지될 경우, 예정해약환급금은 1종(해약환급금 50% 지급형)이 2종(표준형)보다 적다.

10 현행 「우체국예금·보험에 관한 법률 시행규칙」에서 정한 우체국보험에 대한 설명으로 옳은 것은?

2019 계리직 9급

① 재보험의 가입한도는 영업보험료의 100분의 80 이내이다.
② 우체국보험의 종류에는 보장성 보험, 저축성 보험, 연금보험, 단체보험이 있다.
③ 계약보험금 한도액은 보험종류별(연금보험 제외)로 피보험자 1인당 5천만원이다.
④ 세액공제 혜택이 없는 연금보험의 최초 연금액은 피보험자 1인당 1년에 900만원 이하이다.

정답&해설

09 〈오답 확인〉 ① 우체국연금저축보험의 연금개시나이는 만 55세부터이다.
③ 무배당 우체국간편가입건강보험(갱신형)의 경우 주계약은 종신까지 갱신 가능하고, 무배당 간편사망보장특약은 85세까지 갱신 가능하다.
④ 무배당 우체국든든한종신보험은 납입기간 중 계약이 해지될 경우, 예정해약환급금은 1종(해약환급금 50% 지급형)이 2종(표준형)보다 적다.

■ 우체국 연금보험 연금개시나이

(무)우체국연금보험	45세 ~ 75세(더블연금형 45 ~ 70세)
(무)우체국개인연금보험(이전형)	만 55세 ~ 80세
(무)우체국온라인연금저축보험	만 55세 ~ 80세
(유)우체국연금저축보험	만 55세 ~ 80세
(유)어깨동무연금보험	20세 ~ 80세(30년 보증지급의 경우 20세 ~ 70세)

■ 보험나이 계산방법
보험나이는 계약일 현재 피보험자의 실제 만 나이를 기준으로 6개월 미만의 끝수는 버리고 6개월 이상의 끝수는 1년으로 하여 계산하며, 이후 매년 계약 해당일에 나이가 증가하는 것으로 한다.

■ 보험나이 계산 예시
생년월일: 1988년 10월 2일, 현재(계약일): 2016년 4월 13일
⇒ 2016년 4월 13일 - 1988년 10월 2일 = 27년 6월 11일 = 28세

10 〈오답 확인〉 ① 재보험의 가입한도는 사고 보장을 위한 보험료의 100분의 80 이내로 한다[시행규칙 제60조의2(재보험의 가입한도)].
② 우체국보험의 종류에는 보장성 보험, 저축성 보험, 연금보험이 있다[시행규칙 제35조(보험의 종류)].
③ 계약보험금 한도액은 보험종류별(연금보험 제외)로 피보험자 1인당 4천만원이다[시행규칙 제36조(계약보험금 및 보험료의 한도)].

■ 「우체국예금·보험에 관한 법률 시행규칙」

제36조(계약보험금 및 보험료의 한도) ① 법 제28조에 따른 계약보험금 한도액은 보험종류별(제35조 제1항 제3호의 연금보험은 제외한다)로 피보험자(被保險者) 1인당 4천만원(제35조 제1항 제1호의 보장성 보험 중 우체국보험사업을 관장하는 기관의 장이 「국가공무원법」 제52조에 따라 그 소속 공무원의 후생·복지를 위하여 실시하는 단체보험 상품의 경우에는 2억원으로 한다)으로 하되, 보험종류별 계약보험금 한도액은 우정사업본부장이 정한다.
② 제35조 제1항 제3호의 연금보험(「소득세법 시행령」 제40조의2 제2항 제1호에 따른 연금저축계좌에 해당하는 보험은 제외한다)의 최초 연금액은 피보험자 1인당 1년에 900만원 이하로 한다.
③ 제35조 제1항 제3호의 연금보험 중 「소득세법 시행령」 제40조의2 제2항 제1호에 따른 연금저축계좌에 해당하는 보험의 보험료 납입금액은 피보험자 1인당 연간 900만원 이하로 한다.

11 우체국보험 상품의 보험세제에 대한 설명으로 옳은 것은?

2019 계리직 9급 변형

① 무배당 어깨동무보험의 경우, 연간 납입보험료 100만원 한도 내에서 연간 납입보험료의 12%가 세액공제금액이 된다.

② 무배당 그린보너스저축보험플러스는 보험계약자, 피보험자, 보험수익자가 동일하여야 월적립식 저축성 보험 비과세를 받을 수 있다.

③ 무배당 파워적립보험은 보험기간이 10년인 경우, 납입기간은 보험종류에 관계없이 월적립식 저축성 보험 비과세 요건의 납입기간을 충족한다.

④ 무배당 우체국연금보험에 가입한 만 65세 연금소득자가 종신연금형으로 연금수령 시 연금소득에 대해 적용되는 세율은 종신연금형을 기준으로 한다.

12 우체국보험 상품에 대한 설명으로 옳은 것은?

2018 계리직 9급 변형

① 무배당 우체국실속정기보험은 1종(일반가입)과 2종(간편가입)을 중복 가입할 수 없다.

② 어깨동무연금보험은 장애인 부모의 부양능력 약화 위험 및 장애아동을 고려하여 15세부터 연금수급이 가능하다.

③ 무배당 우체국든든한종신보험에 주계약 보험 가입금액 2천만원 이상 가입할 경우, 주계약뿐만 아니라 특약보험료도 할인받을 수 있다.

④ 무배당 우체국통합건강보험은 사망부터 생존(진단, 입원, 수술 등)까지 종합적으로 보장되며 대상포진 및 통풍 등 생활형 질병을 보장받을 수 있고, 주계약 가입 당시 피보험자가 61세 이상인 경우 보험 가입금액은 1천만원 한도이다.

정답&해설

11 〈오답 확인〉 ① 무배당 어깨동무보험의 경우, 연간 납입보험료 100만원 한도 내에서 연간 납입보험료의 15%가 세액공제금액이 된다.

② 무배당 그린보너스저축보험플러스는 보험계약자가 「조세특례제한법」 제88조의2 제1항에서 정한 요건을 충족하면 월적립식 저축성 보험 비과세를 받을 수 있다.

④ 무배당 우체국연금저축보험에 가입한 만 65세 연금소득자가 종신연금형으로 연금수령 시 연금소득에 대해 적용되는 세율은 종신연금형을 기준으로 한다. 무배당 우체국연금보험은 세액공제는 되지 않지만 관련 세법에서 정하는 요건에 부합하는 경우 이자소득 비과세 및 금융소득종합과세가 제외되는 상품이다.

■ 연금저축보험 수령 시 세율

구분		나이(연금수령일 현재)	세율(지방소득세 포함)
가. 연금소득자의 나이에 따른 세율		만 70세 미만	5.5%
		만 70세 이상 만 80세 미만	4.4%
		만 80세 이상	3.3%
나. 종신연금형		4.4%(지방소득세 포함)	

※ 가, 나를 동시 충족하는 경우에는 낮은 세율을 적용한다.

12 〈오답 확인〉 ② 어깨동무연금보험은 장애인 부모의 부양능력 약화 위험 및 장애아동을 고려하여 20세부터 연금수급이 가능하다.

③ 고액 할인은 주계약 보험료에 한해 적용하며, 특약보험료는 제외된다.

④ 무배당 우체국통합건강보험은 사망부터 생존(진단, 입원, 수술 등)까지 종합적으로 보장되며 대상포진 및 통풍 등 생활형 질병을 보장받을 수 있고, 주계약 가입 당시 피보험자가 61세 이상인 경우 보험 가입금액은 2천만원 한도이다.

■ 무배당 우체국통합건강보험 2109

- 사망부터 생존(진단, 입원, 수술 등)까지 종합적으로 보장하는 통합건강보험
- 대상포진 및 통풍 등 생활형 질병 보장
- 시니어보장강화로 면역 관련(다발경화증, 특정 류마티스관절염 등) 질환 및 시니어수술(백내장·관절염·인공관절 치환 수술)에 특화된 보험
- 중증치매로 최종 진단 확정 시 평생 중증치매진단간병자금 지급
- 장해(50% 이상) 발생 시 보험료 납입면제 제공 및 주계약 보험료 고액계약 할인으로 보험료 납입부담을 완화
- 첫날부터 입원비 보장(일반 입원 및 중환자실 입원)
- 세제혜택: 근로소득자는 납입보험료(연간 100만원 한도)에 대하여 12% 세액을 공제받을 수 있음

11 ③ 12 ①

13 보장성 보험에 대한 설명으로 옳지 <u>않은</u> 것은?

2018 계리직 9급

① 만기 시 환급되는 금액이 없거나 이미 납입한 보험료보다 적거나 같다.
② 주계약뿐만 아니라 특약으로 가입한 보장성 보험도 세액공제를 받을 수 있다.
③ 보장성 보험료를 산출할 때에 예정이율, 예정위험률, 예정사업비율이 필요하다.
④ 근로소득자와 사업소득자는 연간 납입보험료의 일정액을 세액공제받을 수 있다.

14 〈보기〉의 내용을 모두 충족하는 보험 상품으로 옳은 것은?

2018 계리직 9급 변형

> **보기**
> - 최초 계약 가입 나이는 0 ~ 65세
> - 보험기간은 10년 만기(종신갱신형)
> - 보험 가입금액(구좌 수) 1구좌 기준으로 3대 질병 진단(최대 3,000만원), 중증수술(최대 500만원) 및 중증재해장해(최대 5,000만원) 시 치료비 보장
> - '국민체력100' 체력인증 시 보험료 지원혜택 제공
> - 10년 만기 생존 시마다 건강관리자금 지급

① 무배당 우체국New100세건강보험
② 무배당 우체국실손의료비보험(갱신형)
③ 무배당 우체국건강클리닉보험(갱신형)
④ 무배당 우체국간편가입건강보험(갱신형)

정답&해설

13 보장성 보험은 근로소득자(사업소득자, 일용근로자 등은 제외)가 보장성 보험에 가입한 경우 납입한 연간 보험료(100만원 한도)의 12%(장애인전용 보험은 15%)에 해당하는 금액을 해당 과세기간의 종합소득산출세액에서 공제해주는 제도이다.
〈오답 확인〉 ① 주로 사망, 질병, 재해 등 각종 위험보장에 중점을 둔 보험으로, 보장성 보험은 만기 시 환급되는 금액이 없거나 기납입 보험료보다 적거나 같다.
② 특약으로 가입한 보장성 보험도 세액공제 대상 보험계약에 포함된다.
③ 보험료는 수지상등의 원칙에 의거하여 예정사망률(예정위험률), 예정이율, 예정사업비율의 3대 예정률을 기초로 계산한다.

14 〈보기〉의 내용은 무배당 우체국건강클리닉보험(갱신형)에 해당하는 내용이다.

13 ④　14 ③

15 우체국보험 상품에 대한 설명으로 옳지 <u>않은</u> 것은?

2016 계리직 9급 변형

① 무배당 우체국건강클리닉보험(갱신형)의 최초 계약 가입나이는 0~65세이다.
② 무배당 내가만든희망보험은 20세부터 60세까지 가입 가능한 건강보험으로 각종 질병과 사고 보장을 본인이 선택하여 설계 가능하며, 보험기간 중 매 10년마다 생존 시 건강관리자금을 지급한다.
③ 무배당 우체국온라인암보험의 보험료는 나이의 증가, 적용기초율의 변동 등의 사유로 인상 가능하다.
④ 무배당 파워적립보험은 기본보험료 30만원 초과금액에 대해 수수료를 인하함으로써 수익률을 증대시킨 보험 상품이다.

16 다음의 우체국보험 상품 중 보장성 보험 상품만으로 바르게 짝지어진 것은?

2016 계리직 9급 변형

① 우체국안전벨트보험, 만원의행복보험, 청소년꿈보험
② 우체국안전벨트보험, 하나로OK보험, 어깨동무연금보험
③ 우체국치매간병보험, 파워적립보험, 어깨동무보험
④ 우체국치아보험, 우체국가족암보험, 우체국간병비보험

정답&해설

15 무배당 우체국온라인암보험은 보험료 인상 없이 처음과 동일한 보험료로 보험기간 동안 보장받을 수 있다.

16 무배당 우체국치아보험, 무배당 우체국가족암보험, 무배당 우체국간병비보험은 보장성 보험 상품에 해당한다.

15 ③ 16 ④

부록
관련 법령집

상법

[시행 2020. 12. 29.] [법률 제17764호, 2020. 12. 29., 일부개정]

제4편 보험

제1장 통칙

본문 ▶ P.75, P.78, P.79, P.82, P.85, P.88

제638조 【보험계약의 의의】 보험계약은 당사자 일방이 약정한 보험료를 지급하고 재산 또는 생명이나 신체에 불확정한 사고가 발생할 경우에 상대방이 일정한 보험금이나 그 밖의 급여를 지급할 것을 약정함으로써 효력이 생긴다.

제638조의2 【보험계약의 성립】 ① 보험자가 보험계약자로부터 보험계약의 청약과 함께 보험료 상당액의 전부 또는 일부의 지급을 받은 때에는 다른 약정이 없으면 30일 내에 그 상대방에 대하여 낙부의 통지를 발송하여야 한다. 그러나 인보험계약의 피보험자가 신체검사를 받아야 하는 경우에는 그 기간은 신체검사를 받은 날부터 기산한다.
② 보험자가 제1항의 규정에 의한 기간 내에 낙부의 통지를 해태한 때에는 승낙한 것으로 본다.
③ 보험자가 보험계약자로부터 보험계약의 청약과 함께 보험료 상당액의 전부 또는 일부를 받은 경우에 그 청약을 승낙하기 전에 보험계약에서 정한 보험사고가 생긴 때에는 그 청약을 거절할 사유가 없는 한 보험자는 보험계약상의 책임을 진다. 그러나 인보험계약의 피보험자가 신체검사를 받아야 하는 경우에 그 검사를 받지 아니한 때에는 그러하지 아니하다.

제638조의3 【보험약관의 교부·설명 의무】 ① 보험자는 보험계약을 체결할 때에 보험계약자에게 보험약관을 교부하고 그 약관의 중요한 내용을 설명하여야 한다.
② 보험자가 제1항을 위반한 경우 보험계약자는 보험계약이 성립한 날부터 3개월 이내에 그 계약을 취소할 수 있다.

제639조 【타인을 위한 보험】 ① 보험계약자는 위임을 받거나 위임을 받지 아니하고 특정 또는 불특정의 타인을 위하여 보험계약을 체결할 수 있다. 그러나 손해보험계약의 경우에 그 타인의 위임이 없는 때에는 보험계약자는 이를 보험자에게 고지하여야 하고, 그 고지가 없는 때에는 타인이 그 보험계약이 체결된 사실을 알지 못하였다는 사유로 보험자에게 대항하지 못한다.
② 제1항의 경우에는 그 타인은 당연히 그 계약의 이익을 받는다. 그러나 손해보험계약의 경우에 보험계약자가 그 타인에게 보험사고의 발생으로 생긴 손해의 배상을 한 때에는 보험계약자는 그 타인의 권리를 해하지 아니하는 범위 안에서 보험자에게 보험금액의 지급을 청구할 수 있다.
③ 제1항의 경우에는 보험계약자는 보험자에 대하여 보험료를 지급할 의무가 있다. 그러나 보험계약자가 파산선고를 받거나 보험료의 지급을 지체한 때에는 그 타인이 그 권리를 포기하지 아니하는 한 그 타인도 보험료를 지급할 의무가 있다.

제640조 【보험증권의 교부】 ① 보험자는 보험계약이 성립한 때에는 지체 없이 보험증권을 작성하여 보험계약자에게 교부하여야 한다. 그러나 보험계약자가 보험료의 전부 또는 최초의 보험료를 지급하지 아니한 때에는 그러하지 아니하다.
② 기존의 보험계약을 연장하거나 변경한 경우에는 보험자는 그 보험증권에 그 사실을 기재함으로써 보험증권의 교부에 갈음할 수 있다.

제641조 【증권에 관한 이의약관의 효력】 보험계약의 당사자는 보험증권의 교부가 있은 날로부터 일정한 기간 내에 한하여 그 증권내용의 정부에 관한 이의를 할 수 있음을 약정할 수 있다. 이 기간은 1월을 내리지 못한다.

제642조 【증권의 재교부청구】 보험증권을 멸실 또는 현저하게 훼손한 때에는 보험계약자는 보험자에 대하여 증권의 재교부를 청구할 수 있다. 그 증권작성의 비용은 보험계약자의 부담으로 한다.

제643조 【소급보험】 보험계약은 그 계약 전의 어느 시기를 보험기간의 시기로 할 수 있다.

제644조 【보험사고의 객관적 확정의 효과】 보험계약 당시에 보험사고가 이미 발생하였거나 또는 발생할 수 없는 것인 때에는 그 계약은 무효로 한다. 그러나 당사자 쌍방과 피보험자가 이를 알지 못한 때에는 그러하지 아니하다.

제645조 삭제

제646조 【대리인이 안 것의 효과】 대리인에 의하여 보험계약을 체결한 경우에 대리인이 안 사유는 그 본인이 안 것과 동일한 것으로 한다.

제646조의2 【보험대리상 등의 권한】 ① 보험대리상은 다음 각 호의 권한이 있다.
1. 보험계약자로부터 보험료를 수령할 수 있는 권한
2. 보험자가 작성한 보험증권을 보험계약자에게 교부할 수 있는 권한
3. 보험계약자로부터 청약, 고지, 통지, 해지, 취소 등 보험계약에 관한 의사표시를 수령할 수 있는 권한
4. 보험계약자에게 보험계약의 체결, 변경, 해지 등 보험계약에 관한 의사표시를 할 수 있는 권한

② 제1항에도 불구하고 보험자는 보험대리상의 제1항 각 호의 권한 중 일부를 제한할 수 있다. 다만, 보험자는 그러한 권한 제한을 이유로 선의의 보험계약자에게 대항하지 못한다.

③ 보험대리상이 아니면서 특정한 보험자를 위하여 계속적으로 보험계약의 체결을 중개하는 자는 제1항 제1호(보험자가 작성한 영수증을 보험계약자에게 교부하는 경우만 해당한다) 및 제2호의 권한이 있다.

④ 피보험자나 보험수익자가 보험료를 지급하거나 보험계약에 관한 의사표시를 할 의무가 있는 경우에는 제1항부터 제3항까지의 규정을 그 피보험자나 보험수익자에게도 적용한다.

제647조 【특별위험의 소멸로 인한 보험료의 감액청구】 보험계약의 당사자가 특별한 위험을 예기하여 보험료의 액을 정한 경우에 보험기간 중 그 예기한 위험이 소멸한 때에는 보험계약자는 그 후의 보험료의 감액을 청구할 수 있다.

제648조 【보험계약의 무효로 인한 보험료반환청구】 보험계약의 전부 또는 일부가 무효인 경우에 보험계약자와 피보험자가 선의이며 중대한 과실이 없는 때에는 보험자에 대하여 보험료의 전부 또는 일부의 반환을 청구할 수 있다. 보험계약자와 보험수익자가 선의이며 중대한 과실이 없는 때에도 같다.

제649조 【사고발생 전의 임의해지】 ① 보험사고가 발생하기 전에는 보험계약자는 언제든지 계약의 전부 또는 일부를 해지할 수 있다. 그러나 제639조의 보험계약의 경우에는 보험계약자는 그 타인의 동의를 얻지 아니하거나 보험증권을 소지하지 아니하면 그 계약을 해지하지 못한다.

② 보험사고의 발생으로 보험자가 보험금액을 지급한 때에도 보험금액이 감액되지 아니하는 보험의 경우에는 보험계약자는 그 사고발생 후에도 보험계약을 해지할 수 있다.

③ 제1항의 경우에는 보험계약자는 당사자 간에 다른 약정이 없으면 미경과보험료의 반환을 청구할 수 있다.

제650조 【보험료의 지급과 지체의 효과】 ① 보험계약자는 계약체결 후 지체 없이 보험료의 전부 또는 제1회 보험료를 지급하여야 하며, 보험계약자가 이를 지급하지 아니하는 경우에는 다른 약정이 없는 한 계약성립 후 2월이 경과하면 그 계약은 해제된 것으로 본다.

② 계속보험료가 약정한 시기에 지급되지 아니한 때에는 보험자는 상당한 기간을 정하여 보험계약자에게 최고하고 그 기간 내에 지급되지 아니한 때에는 그 계약을 해지할 수 있다.

③ 특정한 타인을 위한 보험의 경우에 보험계약자가 보험료의 지급을 지체한 때에는 보험자는 그 타인에게도 상당한 기간을 정하여 보험료의 지급을 최고한 후가 아니면 그 계약을 해제 또는 해지하지 못한다.

제650조의2 【보험계약의 부활】 제650조 제2항에 따라 보험계약이 해지되고 해지환급금이 지급되지 아니한 경우에 보험계약자는 일정한 기간 내에 연체보험료에 약정이자를 붙여 보험자에게 지급하고 그 계약의 부활을 청구할 수 있다. 제638조의2의 규정은 이 경우에 준용한다.

제651조 【고지의무위반으로 인한 계약해지】 보험계약 당시에 보험계약자 또는 피보험자가 고의 또는 중대한 과실로 인하여 중요한 사항을 고지하지 아니하거나 부실의 고지를 한 때에는 보험자는 그 사실을 안 날로부터 1월 내에, 계약을 체결한 날로부터 3년 내에 한하여 계약을 해지할 수 있다. 그러나 보험자가 계약 당시에 그 사실을 알았거나 중대한 과실로 인하여 알지 못한 때에는 그러하지 아니하다.

제651조의2 【서면에 의한 질문의 효력】 보험자가 서면으로 질문한 사항은 중요한 사항으로 추정한다.

제652조 【위험변경증가의 통지와 계약해지】 ① 보험기간 중에 보험계약자 또는 피보험자가 사고발생의 위험이 현저하게 변경 또는 증가된 사실을 안 때에는 지체 없이 보험자에게 통지하여야 한다. 이를 해태한 때에는 보험자는 그 사실을 안 날로부터 1월 내에 한하여 계약을 해지할 수 있다.

② 보험자가 제1항의 위험변경증가의 통지를 받은 때에는 1월 내에 보험료의 증액을 청구하거나 계약을 해지할 수 있다.

제653조【보험계약자 등의 고의나 중과실로 인한 위험증가와 계약해지】 보험기간 중에 보험계약자, 피보험자 또는 보험수익자의 고의 또는 중대한 과실로 인하여 사고발생의 위험이 현저하게 변경 또는 증가된 때에는 보험자는 그 사실을 안 날부터 1월 내에 보험료의 증액을 청구하거나 계약을 해지할 수 있다.

제654조【보험자의 파산선고와 계약해지】 ① 보험자가 파산의 선고를 받은 때에는 보험계약자는 계약을 해지할 수 있다.
② 제1항의 규정에 의하여 해지하지 아니한 보험계약은 파산선고 후 3월을 경과한 때에는 그 효력을 잃는다.

제655조【계약해지와 보험금청구권】 보험사고가 발생한 후라도 보험자가 제650조, 제651조, 제652조 및 제653조에 따라 계약을 해지하였을 때에는 보험금을 지급할 책임이 없고 이미 지급한 보험금의 반환을 청구할 수 있다. 다만, 고지의무(告知義務)를 위반한 사실 또는 위험이 현저하게 변경되거나 증가된 사실이 보험사고 발생에 영향을 미치지 아니하였음이 증명된 경우에는 보험금을 지급할 책임이 있다.

제656조【보험료의 지급과 보험자의 책임개시】 보험자의 책임은 당사자 간에 다른 약정이 없으면 최초의 보험료의 지급을 받은 때로부터 개시한다.

제657조【보험사고발생의 통지의무】 ① 보험계약자 또는 피보험자나 보험수익자는 보험사고의 발생을 안 때에는 지체 없이 보험자에게 그 통지를 발송하여야 한다.
② 보험계약자 또는 피보험자나 보험수익자가 제1항의 통지의무를 해태함으로 인하여 손해가 증가된 때에는 보험자는 그 증가된 손해를 보상할 책임이 없다.

제658조【보험금액의 지급】 보험자는 보험금액의 지급에 관하여 약정기간이 있는 경우에는 그 기간 내에 약정기간이 없는 경우에는 제657조 제1항의 통지를 받은 후 지체 없이 지급할 보험금액을 정하고 그 정하여진 날부터 10일 내에 피보험자 또는 보험수익자에게 보험금액을 지급하여야 한다.

제659조【보험자의 면책사유】 ① 보험사고가 보험계약자 또는 피보험자나 보험수익자의 고의 또는 중대한 과실로 인하여 생긴 때에는 보험자는 보험금액을 지급할 책임이 없다.

② 삭제

제660조【전쟁위험 등으로 인한 면책】 보험사고가 전쟁 기타의 변란으로 인하여 생긴 때에는 당사자 간에 다른 약정이 없으면 보험자는 보험금액을 지급할 책임이 없다.

제661조【재보험】 보험자는 보험사고로 인하여 부담할 책임에 대하여 다른 보험자와 재보험계약을 체결할 수 있다. 이 재보험계약은 원보험계약의 효력에 영향을 미치지 아니한다.

제662조【소멸시효】 보험금청구권은 3년간, 보험료 또는 적립금의 반환청구권은 3년간, 보험료청구권은 2년간 행사하지 아니하면 시효의 완성으로 소멸한다.

제663조【보험계약자 등의 불이익변경금지】 이 편의 규정은 당사자 간의 특약으로 보험계약자 또는 피보험자나 보험수익자의 불이익으로 변경하지 못한다. 그러나 재보험 및 해상보험 기타 이와 유사한 보험의 경우에는 그러하지 아니하다.

제664조【상호보험, 공제 등에의 준용】 이 편(編)의 규정은 그 성질에 반하지 아니하는 범위에서 상호보험(相互保險), 공제(共濟), 그 밖에 이에 준하는 계약에 준용한다.

※ 제2장 손해보험 부분 제외

제3장 인보험

본문 ▶ P.65, P.68, P.75, P.85

제1절 통칙

제727조【인보험자의 책임】 ① 인보험계약의 보험자는 피보험자의 생명이나 신체에 관하여 보험사고가 발생할 경우에 보험계약으로 정하는 바에 따라 보험금이나 그 밖의 급여를 지급할 책임이 있다.
② 제1항의 보험금은 당사자 간의 약정에 따라 분할하여 지급할 수 있다.

제728조【인보험증권】 인보험증권에는 제666조에 게기한 사항 외에 다음의 사항을 기재하여야 한다.
1. 보험계약의 종류
2. 피보험자의 주소·성명 및 생년월일
3. 보험수익자를 정한 때에는 그 주소·성명 및 생년월일

제729조【제3자에 대한 보험대위의 금지】보험자는 보험사고로 인하여 생긴 보험계약자 또는 보험수익자의 제3자에 대한 권리를 대위하여 행사하지 못한다. 그러나 상해보험계약의 경우에 당사자 간에 다른 약정이 있는 때에는 보험자는 피보험자의 권리를 해하지 아니하는 범위 안에서 그 권리를 대위하여 행사할 수 있다.

제2절 생명보험

제730조【생명보험자의 책임】생명보험계약의 보험자는 피보험자의 사망, 생존, 사망과 생존에 관한 보험사고가 발생할 경우에 약정한 보험금을 지급할 책임이 있다.

제731조【타인의 생명의 보험】① 타인의 사망을 보험사고로 하는 보험계약에는 보험계약 체결시에 그 타인의 서면(「전자서명법」 제2조 제2호에 따른 전자서명이 있는 경우로서 대통령령으로 정하는 바에 따라 본인 확인 및 위조·변조 방지에 대한 신뢰성을 갖춘 전자문서를 포함한다)에 의한 동의를 얻어야 한다.
② 보험계약으로 인하여 생긴 권리를 피보험자가 아닌 자에게 양도하는 경우에도 제1항과 같다.

제732조【15세 미만자 등에 대한 계약의 금지】15세 미만자, 심신상실자 또는 심신박약자의 사망을 보험사고로 한 보험계약은 무효로 한다. 다만, 심신박약자가 보험계약을 체결하거나 제735조의3에 따른 단체보험의 피보험자가 될 때에 의사능력이 있는 경우에는 그러하지 아니하다.

제732조의2【중과실로 인한 보험사고 등】① 사망을 보험사고로 한 보험계약에서는 사고가 보험계약자 또는 피보험자나 보험수익자의 중대한 과실로 인하여 발생한 경우에도 보험자는 보험금을 지급할 책임을 면하지 못한다.
② 둘 이상의 보험수익자 중 일부가 고의로 피보험자를 사망하게 한 경우 보험자는 다른 보험수익자에 대한 보험금 지급 책임을 면하지 못한다.

제733조【보험수익자의 지정 또는 변경의 권리】① 보험계약자는 보험수익자를 지정 또는 변경할 권리가 있다.
② 보험계약자가 제1항의 지정권을 행사하지 아니하고 사망한 때에는 피보험자를 보험수익자로 하고 보험계약자가 제1항의 변경권을 행사하지 아니하고 사망한 때에는 보험수익자의 권리가 확정된다. 그러나 보험계약자가 사망한 경우에는 그 승계인이 제1항의 권리를 행사할 수 있다는 약정이 있는 때에는 그러하지 아니하다.

③ 보험수익자가 보험존속 중에 사망한 때에는 보험계약자는 다시 보험수익자를 지정할 수 있다. 이 경우에 보험계약자가 지정권을 행사하지 아니하고 사망한 때에는 보험수익자의 상속인을 보험수익자로 한다.
④ 보험계약자가 제2항과 제3항의 지정권을 행사하기 전에 보험사고가 생긴 경우에는 피보험자 또는 보험수익자의 상속인을 보험수익자로 한다.

제734조【보험수익자지정권 등의 통지】① 보험계약자가 계약체결 후에 보험수익자를 지정 또는 변경할 때에는 보험자에 대하여 그 통지를 하지 아니하면 이로써 보험자에게 대항하지 못한다.
② 제731조 제1항의 규정은 제1항의 지정 또는 변경에 준용한다.

제735조 삭제

제735조의2 삭제

제735조의3【단체보험】① 단체가 규약에 따라 구성원의 전부 또는 일부를 피보험자로 하는 생명보험계약을 체결하는 경우에는 제731조를 적용하지 아니한다.
② 제1항의 보험계약이 체결된 때에는 보험자는 보험계약자에 대하여서만 보험증권을 교부한다.
③ 제1항의 보험계약에서 보험계약자가 피보험자 또는 그 상속인이 아닌 자를 보험수익자로 지정할 때에는 단체의 규약에서 명시적으로 정하는 경우 외에는 그 피보험자의 제731조 제1항에 따른 서면 동의를 받아야 한다.

제736조【보험적립금반환의무 등】① 제649조, 제650조, 제651조 및 제652조 내지 제655조의 규정에 의하여 보험계약이 해지된 때, 제659조와 제660조의 규정에 의하여 보험금액의 지급책임이 면제된 때에는 보험자는 보험수익자를 위하여 적립한 금액을 보험계약자에게 지급하여야 한다. 그러나 다른 약정이 없으면 제659조 제1항의 보험사고가 보험계약자에 의하여 생긴 경우에는 그러하지 아니하다.
② 삭제

제3절 상해보험

제737조【상해보험자의 책임】상해보험계약의 보험자는 신체의 상해에 관한 보험사고가 생길 경우에 보험금액 기타의 급여를 할 책임이 있다.

제738조【상해보험증권】상해보험의 경우에 피보험자와 보험계약자가 동일인이 아닐 때에는 그 보험증권기재사항 중 제728조 제2호에 게기한 사항에 갈음하여 피보험자의 직무 또는 직위만을 기재할 수 있다.

제739조【준용규정】상해보험에 관하여는 제732조를 제외하고 생명보험에 관한 규정을 준용한다.

제4절 질병보험

제739조의2【질병보험자의 책임】질병보험계약의 보험자는 피보험자의 질병에 관한 보험사고가 발생할 경우 보험금이나 그 밖의 급여를 지급할 책임이 있다.

제739조의3【질병보험에 대한 준용규정】질병보험에 관하여는 그 성질에 반하지 아니하는 범위에서 생명보험 및 상해보험에 관한 규정을 준용한다.

에듀윌
계리직
공무원

내가 꿈을 이루면
나는 다시 누군가의 꿈이 된다.

– 이도준

여러분의 작은 소리
에듀윌은 크게 듣겠습니다.

본 교재에 대한 여러분의 목소리를 들려주세요.
공부하시면서 어려웠던 점, 궁금한 점,
칭찬하고 싶은 점, 개선할 점, 어떤 것이라도 좋습니다.

에듀윌은 여러분께서 나누어 주신 의견을
통해 끊임없이 발전하고 있습니다.

에듀윌 도서몰 book.eduwill.net
- 부가학습자료 및 정오표: 에듀윌 도서몰 → 도서자료실
- 교재 문의: 에듀윌 도서몰 → 문의하기 → 교재(내용, 출간) / 주문 및 배송

에듀윌 계리직공무원 기본서 보험일반

발 행 일	2024년 2월 20일 초판
편 저 자	에듀윌 공무원시험연구소 · 박상규
펴 낸 이	양형남
펴 낸 곳	(주)에듀윌
등록번호	제25100-2002-000052호
주 소	08378 서울특별시 구로구 디지털로34길 55 코오롱싸이언스밸리 2차 3층

* 이 책의 무단 인용 · 전재 · 복제를 금합니다.

www.eduwill.net
대표전화 1600-6700

에듀윌에서 꿈을 이룬
합격생들의 진짜 합격스토리

에듀윌 강의·교재·학습시스템의 우수성을
합격으로 입증하였습니다!

김○은 국가직 9급 일반행정직 최종 합격

에듀윌만의 커리큘럼 덕분에 공시 3관왕 달성

혼자서 공부하다 보면 지금쯤 뭘 해야 하는지, 내가 잘하고 있는지 걱정이 될 때가 있는데 에듀윌 커리큘럼은 정말 잘 짜여 있어 고민할 필요 없이 그대로 따라가면 되는 시스템이었습니다. 커리큘럼이 기본이론-심화이론-단원별 문제풀이-기출 문제풀이-파이널로 풍부하게 구성되어 인강만으로도 국가직, 지방직, 군무원 3개 직렬에 충분히 합격할 수 있었습니다. 혼자 공부하다 보면 내 위치를 스스로 가늠하기 어려운데, 매달 제공되는 에듀윌 모의고사를 통해서 제 수준이 어느 정도인지 파악할 수 있어서 좋았습니다.

황○규 국가직 9급 세무직 최종 합격

아케르 시스템으로 생활 패턴까지 관리해 주는 에듀윌

공무원 시험을 준비하려고 마음먹었을 때 에듀윌이 가장 먼저 떠올랐습니다. 특히 에듀윌 학원은 교수님 선택 폭도 넓고 세무직은 현강에서 스터디까지 해 주기 때문에 선택했습니다. 학원에서는 옆에 앉은 학생들의 공부하는 모습을 보면서 자극을 받고 집중해서 공부할 수 있었습니다. 무엇보다 잘 짜인 에듀윌 학원 커리큘럼과 매니저님들의 스케줄 관리, 아케르 출석 체크를 활용한 규칙적인 생활 패턴 덕분에 합격할 수 있었다고 생각합니다.

편○혁 일반 순경 최종 합격

에듀윌의 강의로 경찰 공무원 합격

에듀윌 교수님들이 수업 시간에 친절하고 자세하게 설명해 주셔서 초반에 어려움 없이 학업을 이어갈 수 있었습니다. 열심히 하다 보면 붙는다는 말이 처음에는 미덥지 않았지만, 열심히 하다 보니까 합격까지 오게 되었습니다. 여러분들도 에듀윌을 믿고 따라가다 보면 분명히 합격할 수 있을 것입니다.

다음 합격의 주인공은 당신입니다!

더 많은
합격스토리

합격자 수 2,100% 수직 상승!
매년 놀라운 성장

에듀윌 공무원은 '합격자 수'라는 확실한 결과로 증명하며
지금도 기록을 만들어 가고 있습니다.

합격자 수를 폭발적으로 증가시킨 **0원 평생패스**

| 합격 시 수강료 0원 | + | 합격할 때까지 평생 무제한 수강 | + | 24년 시험 대비 개정 학습자료 모두 제공 |

※ 환급내용은 상품페이지 참고. 상품은 변경될 수 있음.

상품 페이지

* 2017/2022 에듀윌 공무원 과정 최종 환급자 수 기준

에듀윌 **직영학원**에서 합격을 수강하세요

언제나 전문 학습 매니저와 상담이 가능한 안내데스크

고품질 영상 및 음향 장비를 갖춘 최고의 강의실

재충전을 위한 카페 분위기의 아늑한 휴게실

에듀윌의 상징 노란색의 환한 학원 입구

에듀윌 직영학원 대표전화

공인중개사 학원 02)815-0600	공무원 학원 02)6328-0600	편입 학원 02)6419-0600
주택관리사 학원 02)815-3388	소방 학원 02)6337-0600	세무사·회계사 학원 02)6010-0600
전기기사 학원 02)6268-1400	부동산아카데미 02)6736-0600	

공무원학원 바로가기

꿈을 현실로 만드는
에듀윌

DREAM

공무원 교육
- 선호도 1위, 신뢰도 1위!
  브랜드만족도 1위!
- 합격자 수 2,100% 폭등시킨
  독한 커리큘럼

자격증 교육
- 8년간 아무도 깨지 못한 기록
  합격자 수 1위
- 가장 많은 합격자를 배출한
  최고의 합격 시스템

직영학원
- 직영학원 수 1위
- 표준화된 커리큘럼과 호텔급 시설
  자랑하는 전국 22개 학원

종합출판
- 온라인서점 베스트셀러 1위!
- 출제위원급 전문 교수진이
  직접 집필한 합격 교재

어학 교육
- 토익 베스트셀러 1위
- 토익 동영상 강의 무료 제공
- 업계 최초 '토익 공식' 추천 AI 앱 서비스

콘텐츠 제휴 · B2B 교육
- 고객 맞춤형 위탁 교육 서비스 제공
- 기업, 기관, 대학 등 각 단체에 최적화된
  고객 맞춤형 교육 및 제휴 서비스

부동산 아카데미
- 부동산 실무 교육 1위!
- 상위 1% 고소득 창업/취업 비법
- 부동산 실전 재테크 성공 비법

학점은행제
- 99%의 과목이수율
- 16년 연속 교육부 평가 인정 기관 선정

대학 편입
- 편입 교육 1위!
- 업계 유일 500% 환급 상품 서비스

국비무료 교육
- '5년우수훈련기관' 선정
- K-디지털, 산대특 등 특화 훈련과정
- 원격국비교육원 오픈

에듀윌 교육서비스 **공무원 교육** 9급공무원/7급공무원/경찰공무원/소방공무원/계리직공무원/기술직공무원/군무원 **자격증 교육** 공인중개사/주택관리사/감정평가사/노무사/전기기사/경비지도사/검정고시/소방설비기사/소방시설관리사/사회복지사1급/건축기사/토목기사/직업상담사/전기기능사/산업안전기사/위험물산업기사/위험물기능사/유통관리사/물류관리사/행정사/한국사능력검정/한경TESAT/매경TEST/KBS한국어능력시험/실용글쓰기/IT자격증/국제무역사/무역영어 **어학 교육** 토익 교재/토익 동영상 강의/인공지능 토익 앱 **세무/회계** 회계사/세무사/전산세무회계/ERP정보관리사/재경관리사 **대학 편입** 편입 교재/편입 영어·수학/경찰대/의치대/편입 컨설팅·면접 **직영학원** 공무원학원/소방학원/공인중개사 학원/주택관리사 학원/전기기사학원/세무사·회계사 학원/편입학원 **종합출판** 공무원·자격증 수험교재 및 단행본 **학점은행제** 교육부 평가인정기관 원격평생교육원(사회복지사2급/경영학/CPA)/교육부 평가인정기관 원격 사회교육원(사회복지사2급/심리학) **콘텐츠 제휴·B2B 교육** 교육 콘텐츠 제휴/기업 맞춤 자격증 교육/대학 취업역량 강화 교육 **부동산 아카데미** 부동산 창업CEO/부동산 경매 마스터/부동산 컨설팅 **국비무료 교육 (국비교육원)** 전기기능사/전기(산업)기사/소방설비(산업)기사/IT(빅데이터/자바프로그램/파이썬)/게임그래픽/3D프린터/실내건축디자인/웹퍼블리셔/그래픽디자인/영상편집(유튜브)디자인/온라인 쇼핑몰광고 및 제작(쿠팡, 스마트스토어)/전산세무회계/컴퓨터활용능력/ITQ/GTQ/직업상담사

교육문의 1600-6700 www.eduwill.net

• 2022 소비자가 선택한 최고의 브랜드 공무원·자격증 교육 1위 (조선일보) • 2023 대한민국 브랜드만족도 공무원·자격증·취업·학원·편입·부동산 실무 교육 1위 (한경비즈니스) • 2017/2022 에듀윌 공무원 과정 최종 환급자 수 기준 • 2023년 성인 자격증, 공무원 직영학원 기준 • YES24 공인중개사 부문, 2024 공인중개사 오시훈 합격서 부동산공법 이론+체계도(2024년 1월 월별 베스트) 그 외 다수 교보문고 취업/수험서 부문, 2020 에듀윌 농협은행 6급 NCS 직무능력평가+실전모의고사 4회 (2020년 1월 27일~2월 5일, 인터넷 주간 베스트) 그 외 다수 YES24 컴퓨터활용능력 부문, 2024 컴퓨터활용능력 1급 필기 초단기끝장(2023년 10월 3~4주 주별 베스트) 그 외 다수 인터파크 자격서/수험서 부문, 에듀윌 한국사능력검정시험 2주끝장 심화 (1, 2, 3급) (2020년 6~8월 월간 베스트) 그 외 다수 • YES24 국어 외국어사전 영어 토익/TOEIC 기출문제/모의고사 분야 베스트셀러 1위 (에듀윌 토익 READING RC 4주끝장 리딩 종합서, 2022년 9월 4주 주별 베스트) • 에듀윌 토익 교재 입문~실전 인강 무료 제공 (2022년 최신 강좌 기준/109강) • 2023년 종강반 중 모든 평가항목 정상 참여자 기준, 99% (평생교육원, 사회교육원 기준) • 2008년~2023년까지 약 220만 누적수강학점으로 과목 운영 (평생교육원 기준) • A사, B사 최대 200% 환급 서비스 (2022년 6월 기준) • 에듀윌 국비교육원 구로센터 고용노동부 지정 "5년우수훈련기관" 선정 (2023~2027) • KRI 한국기록원 2016, 2017, 2019년 공인중개사 최다 합격자 배출 공식 인증 (2024년 현재까지 업계 최고 기록)